СЕКРЕТНО

1932
ГРУДЕНЬ
найкращі члени
Команда
Української Військової
Організації
ЮРКО ТЮТЮНИКА

Володимир В'ятрович
УКРАЇНА
ІСТОРІЯ З ГРИФОМ
СЕКРЕТНО
ХАРКІВ
2022
КСД

УДК 94(477)
В995

Центр досліджень визвольного руху
cdvr.org.ua

Електронний архів визвольного руху

робимо минуле доступним **avr.org.ua**

Тисячі раніше недоступних матеріалів
із архівів КҐБ тепер у відкритому он-лайн доступі

Дизайнер обкладинки *Яна Крутій*

Популярне видання

В'ЯТРОВИЧ Володимир
Україна. Історія з грифом «Секретно»

Головний редактор *С. І. Мозгова*
Відповідальний за випуск *І. Г. Веремій*
Літературний редактор *О. А. Оксимець*
Художній редактор *С. В. Місяк*
Обробка фотографій *П. С. Клим*
Технічний редактор *В. Г. Євлахов*
Коректор *О. М. Журенко*

Підписано до друку 30.12.2021. Формат 60х90/16. Друк офсетний.
Гарнітура «Candara». Ум. друк. арк. 32. Дод. наклад 2500 пр. Зам. № ЗК-003711.

Книжковий Клуб «Клуб Сімейного Дозвілля»
Св. № ДК65 від 26.05.2000
61001, м. Харків, вул. Б. Хмельницького, буд. 24
E-mail: cop@bookclub.ua

Віддруковано у АТ «Харківська книжкова фабрика “Глобус”»
61011, м. Харків, вул. Різдвяна, 11.
Свідоцтво ДК № 7032 від 27.12.2019 р.
www.globus-book.com

ISBN 978-617-12-8910-9 (дод. наклад)

Зміст

Вступ, або Українське XX століття....8

Які таємниці зберігають архіви КҐБ....13

Григорій Чупринка: бунтар і поет....19

Спочатку була УВО....25

Від УВО до ОУН....35

Пастка для отамана....40

Юрко Тютюнник у ролі Юрка Тютюнника....46

Олександра Радченко — репресована за пам'ять....55

Голодомор. Стирання пам'яті....66

Finita la tragedia Миколи Хвильового....72

Розгром «Слова»....77

Лесь Курбас у сталінському театрі абсурду....88

Кінці в землю....95

Чистильник, або Розжалуваний герой....103

Радянський «бліцкриг» 1939 року....109

«…являясь отцом руководителя националистической организации», або Трагедія отця Андрія Бандери....114

«Матч смерті» в інформаційній грі....120

Життя і смерть священика Омеляна Ковча....124

Страшний маскарад Хаїма Сигала....135

Повстанський Гаврош Мандик Хасан....153

Федір Вовк — український націоналіст та праведник народів світу....159

Олена Вітер. Сила добра....166

Тарас Боровець. Отаман, загублений у часі....177

Наказ, якого не було....191

«Сокирники», або Про селянську війну на Волині в 1943 році 198
11.07.1943: трагедія і спекуляції 202
Третя сторона в польсько-українській війні 213
Буря наді Львовом 217
Різдвяний бій УПА. Бірча, 7 січня 1946 року 225
Колишні вороги. Грубешівська операція 1946 року 233
Хто запустив «Віслу», або «Остаточне вирішення української проблеми в Польщі» 239
Дмитро Вітовський, син Дмитра 245
Бочка для Мотрі, або Історія однієї зради 253
Людмила Фоя — агент «Апрєльская», повстанець «Перелесник» 259
Перша леді підпілля Наталія Шухевич 268
Архімандрит Климентій, обвинувачений за віру 277
Радянська демократія: вибори 1946 року 285
Єдність, гартована голодом 291
Рейд у Прибалтику 299
Слідство ведуть… м'ясники 306
Бандерівець Ющенко 313
«Перехоплення» почуттів, або Любов як зброя 326
Агент «Блакитний», або Параноя як зброя 340
Останній бій останнього командира 348
Бандера: старі та нові міфи 358
ГУЛАГ. Кінець імперії терору 369
Пам'ятник ворогу, або Як КҐБ писав історію УПА 382
Кухня антисемітизму від КҐБ 388
Українське відлуння Празької весни 398
Прага-68: вигляд із танка окупанта 403
Самвидав під прицілом КҐБ 408

Зміст

Операція «Блок». Дія перша 413
Заблокована країна. 1972—1973 роки 418
Острів свободи за колючим дротом 428
Бердянське «ЧП» 1974 року 436
КҐБ проти правди про Голодомор 440
Чорнобиль: курс на катастрофу 445
«Что это означает?», або Боротьба СРСР із радіацією 450
Post-Чорнобиль: спершу інформація, а радіація потім 457
Остання чекістська п’ятирічка 461
Останні дні імперії. 1991-й очима КҐБ 483
У пошуках могили героя 492
Епілог, або Відкриваючи секрети 502

Вступ, або Українське XX століття

«Історія з грифом "Секретно"» продовжує жити не тільки тому, що готується до друку вже четверте за чотири роки видання, але й тому, що до кожного з них я маю вносити певні зміни, пов'язані із сучасністю. Текст вступу 2013 року був просякнутий тривогою за те, що описане в книзі тоталітарне минуле повертається. Вже через кілька місяців після виходу «Історії» у світ це стало помітно не лише для дослідників, які займаються XX століттям, але й для усіх небайдужих громадян України. Тому вони масово вийшли на вулиці, захищаючи своє майбутнє.

Майже сто днів завзятого протистояння проти свавілля Віктора Януковича та його команди, у якій вони жертвували своїм здоров'ям та навіть життям, знову привели українців до перемоги. Символічно, що їх боротьба за демократичне майбутнє супроводжувалася стихійними спробами порвати із тоталітарними минулим, котрі вилилися у так званий «ленінопад» та ліквідацію інших радянських символів.

Попри перемогу Майдану, боротьба не закінчилася. В дні, коли пишеться цей текст, її епіцентр перемістився на Донбас, ближче до Москви — головного «експортера» тоталітарного минулого в нашу країну. Там вона набула ще більш кривавих форм.

Історики погані пророки, тому важко сказати, коли закінчиться протистояння. Але вони спроможні назвати, що з того, що колись сталося, вже ніколи не повинно відбутися знову. І саме таким чином завадити його повторенню. Про події, які мають назавжди залишитися в минулому, відгороджені від нас міцними ґратами історії, ця книга.

Не буває історії без «білих плям» та загадок. І це природно, адже вона розповідає про минуле, і чим це минуле давніше, тим більше в ньому забутого, втраченого, того, що вже не може дати відповідей допитливим дослідникам. Але в українській історії все не зовсім так — чи не найбільше невідомого стосується найближчого до нас XX століття. Попри те, що рівень письменності різко зростав і досяг майже стовідсоткової позначки, коли свідчення про минуле залишали не лише окремі хроністи та органи влади, але й мільйони приватних осіб, котрі вели щоденники та листувалися. Попри те, що, крім письмових джерел, інформацію вже фіксували і на аудіо-, кіно- та відеоносіях, у пам'яті комп'ютерів.

«Білі плями» української історії XX століття є наслідком зумисних дій: знищення документальних джерел чи навіть фізичної ліквідації людей як носіїв пам'яті про події, котрі слід було забути. Ті, хто пережив страшні роки, пам'ятаючи про репресії, самі воліли мовчати про «незручне» минуле. Чому саме останніх сто років мали зникнути з пам'яті народу? Річ у тім, що цей період був надзвичайно важливим для українців, він став часом їхнього національного пробудження. Саме у XX віці український національний рух, перейшовши через фазу культурного відродження, характерну для попереднього століття, трансформувався в політичний рух. Саме тоді чітких обрисів стала набувати його головна мета — створення незалежної української держави, яка стала національною ідеєю українців. Саме тоді почали творитися конкретні інструменти задля її досягнення у формі різного роду політичних та військових формацій.

У XX столітті українці кількаразово відроджували свою незалежність, і так само кількаразово її втрачали, аж поки визвольний рух не досяг мети у 1991 році. Боротьба за історію, за власний погляд на своє минуле була елементом визвольного руху, а знищення чи перекручення цієї історії було інструментом боротьби з ним. Адже історія легітимізувала боротьбу українців за незалежність, була важливим аргументом на користь права на власну державу. Як не дивно, але ця боротьба не завершилася навіть сьогодні, після проголошення незалежності України. Нам досі нав'язують бачення нашого минулого ті чи інші сусіди, які дають безапеляційні оцінки діячам чи подіям, настирливо пропонують творити спільні тексти підручників. Навіть більше — у середині країни знаходяться політичні сили, що намагаються завадити поширенню правдивої історії та відновлюють історичні міфи, які використовувалися комуністичним режимом для придушення українського національного руху.

Останнє особливо стало помітно з 2010 року, коли до влади прийшов Віктор Янукович. Нова команда політиків, що опинилася біля керма, дуже швидко проявила себе неабиякою енергією та наполегливістю, яка, на жаль, була спрямована не на рух вперед до майбутнього, а у зворотному напрямку. Реалізовані ними політичні зміни повернули країну в період до 2004 року, більш того, вже незабаром Україна опинилася перед загрозливою перспективою ще глибшого провалювання в минуле, аж до сумного радянського.

Поворот у напрямку back to USSR став помітним в актуальній політиці, де знову політичних опонентів стали перетворювати в політичних в'язнів, а опозиційним медіа — затуляти рота цензурою. Не менше проявів і в оцінках минулого — старанням чиновників українську історію почали потроху перетворювати на історію Української СРСР. А для цього цензурували підручники, викидаючи з них матеріали, які суперечать радянському канону, закривали архіви, документи яких руйнують старі радянські історичні міфи. І знову-таки найактивніше ножиці «історичних цензорів» працювали із ХХ століттям. Саме тут вони знаходили найбільше матеріалу, що може завадити сповзанню України в бік авторитарної держави радянського зразка. Адже історія минулого століття свідчить: українці здатні організуватися і протистояти навіть найбільш потужним тоталітарним режимам, вони, врешті, здатні перемагати.

Спроби повернути розвиток країни у зворотному напрямку забрали безліч зусиль і врешті зазнали краху. Відкриту одного разу історичну правду знову заховати неможливо. Тим паче коли зацікавленість українською історією продовжує зростати. У цьому легко переконатися, завітавши до будь-якого книжкового магазину — видань про українське минуле стає з кожним роком більше. Зростає не лише їхня кількість, але й якість. Серед українських бестселерів останніх років домінують твори саме на історичну тему, зокрема ті, які в художній формі розповідають про маловідомі сторінки ХХ століття — «Музей покинутих секретів» Оксани Забужко, «Чорний Ворон» Василя Шкляра, «Танго смерті» Юрія Винничука та інші. Популярною стає не лише художня, але й науково-популярна література про минуле. Серед книг, які дуже добре були сприйняті читацькою аудиторією, — підготовлені мною видання «Історія з грифом "Секретно"» (2011) та «Історія з грифом "Секретно"». Нові сюжети» (2012).

Книги стали результатом моєї кількарічної співпраці з сайтом www.tsn.ua, на якому в однойменній рубриці друкувалися статті, що потім увійшли до видання. Проте самій ідеї готувати публікації про маловідомі сторінки минулого ХХ століття, оперті на документи ЧК — КҐБ, слід завдячувати... Службі безпеки України. І не лише тому, що на посаді директора архіву української спецслужби протягом 2008—2010 років я мав можливість ознайомитися з надзвичайно цікавими й цінними матеріалами чекістів. Вести тижневу авторську колонку спонукали брутальні дії співробітників спецслужби — затримання у вересні 2010 року історика Руслана Забілого. Дослідника, який працював із документами 1940—1950-х років, намагалися звинуватити у «підготовці до розголошення державної таємниці». Задля підтримки свого друга я включився не лише в підготовку та проведення протестних акцій проти спроб СБУ гратися в КҐБ, але й вирішив долучитися до його «розголошення державної таємниці»: показати, які саме історичні документи зберігаються в архівах української спецслужби, розповісти на їхній основі історії людей, котрі піднялися на боротьбу проти тоталітарного режиму й потрапили під жорна репресій, показати, як нищилося й переписувалося наше минуле.

Статті публікувалися на сайті в міру їх написання у довільному порядку. Натомість, упорядковуючи книги, я розмістив їх у хронологічній послідовності. Таким чином і перша, і друга книги охоплювали однаковий період у понад сім десятиліть радянського часу. У виданні, яке шановний читач тримає зараз у руках, я об'єднав ці матеріали, додавши дванадцять нових статей, і таким способом зумів урешті зробити «Історію з грифом "Секретно"» саме такою, якою задумував від самого початку — як своєрідну історію України минулого XX століття.

У фокусі моєї уваги — період, коротший, ніж сто років: описані події між 1918—1991 роками. Це пояснюється тим, що головним джерелом інформації для мене були документи комуністичних спецслужб від ЧК до КҐБ. Отже, мова йтиме про радянський період українського минулого, який був не просто найтривалішим, а визначальним для минулого століття і справляє значний вплив на сьогодення країни. Можливо, саме тому в описах цього часу зустрічаємо найбільше недомовок та тенденційних перекручень.

Книгу можна назвати моїм баченням історії українського XX століття. Українського — тому що події в книзі відбуватимуться в основному на теренах, які сьогодні входять до нашої держави. Українського — тому що я спробував дивитися на минуле століття саме з українського погляду. Врешті, я пишу про українське XX століття, тому що воно було часом, коли світ по-справжньому відкрив для себе Україну та українців.

Книга не є суцільним текстом чи тим паче ретельною хронікою подій від 1918 до 1991 року. Описуючи один із найдраматичніших періодів українського минулого, я хотів подати його не лише як історію, але й як історії. Для вирізнення цих понять в англійській мові використовуються два слова: у першому випадку говорять про *history*, у другому — про *story*. Тож моя історія українського XX століття складається з 66 різних епізодів. У них ідеться як про відомі, так і здебільшого про незнані загалу події. Їхніми героями є дуже різні люди: як ті, які з повним правом можуть вважатися героями у двох значеннях цього слова, так і ті, хто на це претендувати не може. Серед них є патріоти та зрадники, ті, кого важко віднести до якоїсь із цих категорій, або й ті, кого слід віднести до обох. Темами книги стали злочини тоталітарного режиму (масові репресії, Голодомор) та боротьба з ним у формі збройного повстання чи ненасильницького опору, українсько-польські й українсько-єврейські стосунки та причини їхнього загострення.

Я свідомо обирав сюжети, які руйнують спрощені уявлення про історію. Переконаний, що кожне складне історичне явище має просте, однозначне й неправильне пояснення. Українцям ще слід навчитися відверто дивитися нас своє минуле, адже тільки такий погляд може бути запорукою їхнього впевненого погляду в майбутнє.

Книга з'явилася на світ як результат спільних зусиль багатьох людей, які допомагали мені у час роботи над нею, і їм належиться велика подяка. Це передусім редактори сайту ТСН Орест Сохар та Вадим Осадчий — за пропозицію вести колонку і приємну співпрацю в підготовці та публікації матеріалів, які протягом трьох років з'являлися в Інтернеті. Це люди, які були і героями, і уважними читачами описаних історій, — Юрій Шухевич, Євген Сверстюк, Ігор Калинець, на жаль, уже покійні Іван Гель та Ірина Калинець. Це Влад Кириченко, спільно з яким ми заснували серію «Наш формат історії», у якій з'явилося три видання книги. Це мої колеги з Центру досліджень визвольного руху, особливо редактор наших видань Олександр Оксимець та технічний редактор Петро Клим.

І найбільше дякую дружині, Ярині Ясиневич, не лише за щоденне натхнення, але й за цікаві думки, а головне — за здатність організувати часом нелегкий перехід від ідей до їхньої реалізації.

Київ, липень 2014 року

Які таємниці зберігають архіви КҐБ

Першу статтю присвячено не конкретній особі чи події, а загальному оглядові історичних документів, що містяться у сховищі української спецслужби. Сподіваюся, вдасться сформувати об'єктивне бачення цих матеріалів і позбавити багатьох зацікавлених від невиправданих очікувань щодо них. Відразу скажу: ті, хто переконаний, що цей архів є великим зібранням компромату на «всіх і вся», будуть розчаровані. Хто ж справді шукатиме правди про наше минуле, зможуть зробити безліч відкриттів.

Для початку ознайомимося з установою, про яку йдеться. Офіційна назва архіву — Галузевий державний архів Служби безпеки України, адреса: Київ, вул. Золотоворітська, 7. Назва, як бачимо, не особливо вдала — з неї виходить, що тут містяться матеріали, які створені СБУ та стосуються саме її діяльності. Натомість маємо справу з документами карально-репресивних органів радянського періоду ЧК, ҐПУ, НКВД, МҐБ, КҐБ. У країнах, які активно проводили політику подолання тоталітарного минулого, такі матеріали вже давно виділено в окремі архіви чи передано в інститути національної пам'яті. Україна ж у цьому відношенні досі складає компанію таким «передовим» демократичним державам, як Росія, Білорусь, Казахстан.

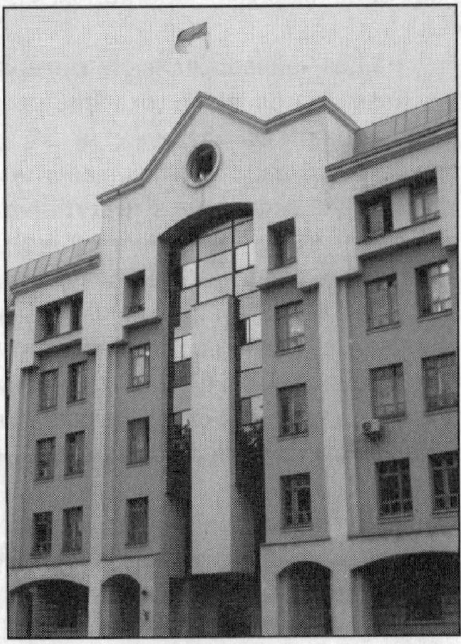
Будівля Галузевого державного архіву СБУ. Київ, вул. Золотоворітська, 7

Специфікою України у цьому випадку залишається, на жаль, притаманна і в багатьох інших сферах недовершеність певних починань. Ще у вересні 1991 року розпочато передання документів архіву в обласні державні архіви. Протягом кількох років передано понад 1,5 мільйона справ, але згодом ця робота з незрозумілих причин зупинилася. Не увінчалися успіхом і спроби створення окремого архіву, здійснені у 2008—2010 роках: Верховною Радою не було прийнято потрібного для цього закону, Кабінет Міністрів не спромігся на необхідну постанову. Тож основний

Картотека відділу архіву НКВД СРСР, 1939 р.

масив документів залишився у віданні теперішньої спецслужби, і, як показують події останніх років, перетворився на заручника політичної ситуації в країні.

Надзвичайна важливість матеріалів архіву зумовлюється вже їх походженням. Особливістю тоталітарних режимів є прагнення їхніх функціонерів контролювати всі сфери життя людини, а для цього їм потрібно було знати про неї все. Ці завдання покладалися на карально-репресивні органи. Результатом стала величезна кількість зібраних свідчень, спостережень, таємних повідомлень, компрометуючої інформації про осіб, котрі стали об'єктом зацікавлень спецслужб режиму, та про діяльність опозиційних організацій. З іншого боку, органи залишили після себе не меншу кількість приписів, розпоряджень, вказівок, які мали забезпечити їхню роботу та життєздатність самого режиму. Всі ці дані зосереджувалися у спеціальних архівосховищах, доступ до яких особливо ретельно обмежувався. Архіви карально-репресивної системи були серцевиною функціонування тоталітарного механізму.

Тому на сьогодні найцінніші матеріали про методи роботи радянського режиму знаходимо не в збірках документів комуністичної партії, що керувала державою, а саме в архівах комуністичних органів безпеки. Якщо документи партії містять часто прикрашену, ідеологічно витриману інформацію, то в документах ЧК — ҐПУ — НКВД — МҐБ — КҐБ вона подається з граничною відвертістю та навіть цинічністю. Стражі режиму не дозволяли собі «запудрювати мізки», оскільки від чіткого бачення ситуації залежала можливість швидко й ефективно корелювати її.

Хронологічно матеріали ГДА СБУ охоплюють період від 1918 року (часу створення сумнозвісного ЧК) до останніх днів існування Радянського Союзу у 1991 році. Крізь призму цих документів можна оглянути «зсередини» весь радянський період історії України, дати відповіді на сотні запитань про минуле, які досі гаряче дискутуються в суспільстві. Тож не дивно, що в часи СРСР доступ до цих документів був практично неможливим. Дивує, що за радянськими грифами цю інформацію намагаються приховати сучасні чиновники, які, напевно, забули, що є керівниками незалежної української держави, а не УРСР.

Весь масив історичних документів Архіву СБУ (а це понад 800 тисяч справ, окремі справи містять по кілька десятків томів) згрупований за фондами, що об'єднують матеріали за видами і темами. Найбільшим є масив кримінальних справ — сотні тисяч свідчень про жертв масових політичних репресій 1920—1950-х років, наступного витка терору проти інакодумців у 1960—1980-х. Перелік прізвищ діячів української історії, щодо яких наявні кримінальні справи, зайняв би кілька сторінок, тому назву лише найвідоміших із різних періодів — Юрій Тютюнник, Сергій Єфремов, Микола Куліш, Василь Кук, Катерина Зарицька, Василь Стус, В'ячеслав Чорновіл. Ці документи чи не найкраще показують масовість антирадянського опору в країні і те, що режим протягом усього часу існування СРСР тримався на насильстві супроти своїх громадян.

Читальний зал архіву НКВД СРСР, 1939 р.

Наслідком боротьби проти режиму стала також величезна кількість конфіскованих документів організацій та окремих осіб, починаючи від матеріалів повстанських загонів Центральної і Південної України 1920-х років і закінчуючи документами Народного руху України кінця 1980-х — початку 1990-х. Серед цих конфіскатів — унікальна колекція документів ОУН та УПА, про яку йтиметься в окремій статті.

Безпосередньо про роботу органів безпеки СРСР розповідають тисячі нормативно-розпорядчих документів, інформаційно-аналітичні записки, створені для вищих органів влади, у яких містяться узагальнені відомості щодо державно-політичного, соціально-економічного, культурного й духовного життя України, громадсько-політичної діяльності закордонних українців, статистичні зведення про результати роботи карально-репресивної системи. Серед цієї групи матеріалів є агентурні справи, де знаходимо відомості про співпрацю певних осіб з органами безпеки СРСР. Утім, таких документів дуже небагато — лише кілька відсотків від загальної кількості.

Небагато залишилося й іншого роду справ — оперативно-розшукових, або справ-формулярів із зібраною КҐБ інформацією про особу чи групу осіб, що викликали зацікавлення спецслужб. Саме тут можна віднайти матеріали підслуховування, зовнішнього спостереження, доноси, матеріали перлюстрації листування. Тобто документи, які ілюструють грубе втручання спецслужб у приватне чи творче життя, фізичне і духовне ламання людей.

Архівне сховище СБУ, 2008 р.

Серед оперативно-розшукових — справи на ключових осіб культурної та політичної історії України минулого століття: Михайла Грушевського, Миколу Бажана, Андрія Малишка, Володимира Сосюру, Павла Тичину, Максима Рильського, Юрія Яновського, Остапа Вишню, Олександра Довженка, Дмитра Клячківського, Романа Шухевича, Василя Кука, групова справа на провід ОУН в Україні «Берлога» та багато інших. Ще донедавна ніхто, крім співробітників архіву, і не знав про існування цих документів: щойно в 2009 році опубліковано спра-

Путівник по матеріалах Архіву СБУ.
Видання ГДА СБУ та Харківської правозахисної групи, 2009 р.

Інформаційно-довідковий зал Відкритого електронного архіву СБУ, 2008 р.

ву-формуляр на Миколу Хвильового, розпочато підготовку до друку справи Олександра Довженка.

Як бачимо, в архіві збереглася велика кількість унікальних документів, без яких неможливе цілісне розуміння історії України XX століття. Проте архів був не лише місцем, де їх ховали від стороннього ока, але й місцем, де їх знищували. Великі чистки для приховування слідів злочинів відбулися у 1944, 1953, 1954 роках. Одна з останніх і наймасштабніших пройшла влітку 1990 року. Тоді найбільше нищили документи 1960—1980-х, у яких могла бути компрометуюча інформація про тодішніх співробітників. Саме тоді було знищено багатотомну оперативно-розшукову справу «Блок» про боротьбу з дисидентами в Україні. Від неї залишилися лише складені на основі її матеріалів доповідні КҐБ на ім'я Щербицького.

Багато з документів, про які йшлося вище, вже доступні для всіх охочих у вигляді книжкових публікацій або електронних копій. Їх використовують у своїх роботах історики, журналісти, письменники. У 2009 році Галузевий державний архів СБУ спільно з Харківською правозахисною групою підготував і видав унікальний путівник по архіву.

Отже, маємо вже цілий ряд незворотних змін, які свідчать: знову заховати історію під грифами не вдасться. Запорукою цьому буде наша наполегливість у відстоюванні права на доступ до інформації та невгамовне бажання дізнатися правду.

Григорій Чупринка: бунтар і поет

Я прийду до тебе, доле,
На страшне криваве поле,
На останній смертний бій.

Г. Чупринка. «Перемога», 1911 р.

Він називав себе козаком. Бунт був його стихією. І час, у який він жив, дозволив сповна насолодитися нею. Він повставав проти царської та більшовицької влади, проти літературних традицій та світських норм. Революціонер і поет у всіх виявах свого надзвичайно строкатого життя, Чупринка врешті загинув від рук чекістів, які прийшли упокорити нашу землю.

Григорій Чупринка відомий сьогодні насамперед знавцям і шанувальникам української літератури. Після тривалого забуття його ім'я поступово посіло належне місце у пантеоні українських поетів першої третини минулого століття.

Натомість повернення в нашу історію повною мірою не відбулося. Ще донедавна сам факт участі Чупринки у повстанському русі 1919—1921 років піддавали сумніву, висувалася версія про його смерть у 1919 році. Проте коли знайомишся з фактами біографії, важко позбутися відчуття, що поезія була для нього лише засобом вгамування власної бунтарської сутності. Григорій цілковито посвячувався їй у час, коли неможливими були інші вияви протесту. І, беручись за перо, перетворював вірші на особливу форму бунту.

Але той же вічно невгамовний характер не дозволив йому стати і «професійним революціонером» та посісти важливе місце серед діячів національної революції 1917—1918 років. Про цю особливість вдачі юнака ще з гімназійних років згадували однокласники. Один із них, Микола Галаган, у 1903 році намагався залучити Чупринку до підпільної діяльності в рамках Революційної української партії, але безрезультатно: Григорій «вічно мав конфлікти з поліцією, робив усякі "вибрики", а до систематичної революційної роботи не був здібний».

Попри «нездібність», через два роки Чупринка стає активним діячем революції 1905 року та організатором селянських протестів на рідній Чернігівщині. Тоді ж його вперше заарештовано. Перебування в Лук'янівській в'язниці у Києві, контакти з іншими політичними в'язнями потроху перетворювали бунтаря на

Григорій Чупринка, повстанець та поет. Останнє прижиттєве фото

революціонера. Але проявити себе не було жодних можливостей: після 1907 року протестні рухи в Російській імперії цілковито придушено.

Натомість на українському поетичному небосхилі з'являється молодий, амбітний і навіть скандальний поет Григорій Чупринка. «Вірний своїй вдачі, — писав про його життя у Києві 1907—1914 років Володимир Дорошенко, — що не терпіла утертих шляхів та не зносила громадської дисципліни, жив він правдивим бурлакою. Мешкав в якихось "сумесних" квартирах, де займав один із кутів. Водив компанію здебільшого з "бувшими людьми" по різних чайних та глухих куточках на Деміївці або на Подолі. Мав там серед злодіїв та проституток знайомих і приятелів, що любили його і називали нашим поетом. Відкидаючи з огидою облудний і фарисейський світ "приличних людей" за його неправду і низькопоклонство, почувався Чупринка добре лише "на дні"». Саме в цей період богемного життя і з'являються його найвідоміші поетичні збірки.

Події 1917 року знову дали шанс проявитися бунтарству: захоплений революційною стихією, Григорій, який завжди вважав себе козаком, вступає до лав Першого українського козацького полку ім. Богдана Хмельницького. При цьому відмовляється від можливості працювати в полковій канцелярії, а виявляє бажання служити на передовій.

«Разом із полком вирушив на фронт, — читаємо у Володимира Дорошенка, — держався дуже добре, був пильний до своїх обов'язків і мав великий вплив на козаків, які його любили і поважали. Давніших, передвоєнних "бешкетів", немов не бувало». Та армійські порядки і дисципліна виявилися надто важкими для богемного поета та невгамовного козака. Тож незабаром він попросив свого товариша Миколу Галагана, ад'ютанта командира полку, відпустити його «на волю».

Проте вже дуже швидко Чупринці знову довелося повоювати. Цього разу не як солдату регулярної армії, а як отаману повстанського загону. «В липні

1919 року, — пише Дорошенко, — на доручення Повстанського комітету у Києві організовує Чупринка повстання на Чернігівщині з метою дезорганізації більшовицького запілля. Ім'я поета між селянством було таке популярне, що йому не треба було організовувати ніяких відозв. Чули люди, що "Григорій Оврамович отаманом став", і самі йшли до нього».

Повстання закінчилося поразкою. Газета «Київський комуніст» гордо звітувала про «ліквідацію банди Чупринки». Сам Григорій опинився під арештом у Київському губернському ЧК. Публікація зі згадкою імені відомого поета привернула увагу цілого ряду письменників, які написали клопотання до голови Всеукраїнського ЧК Мартина Лациса. Їх підтримав тодішній нарком освіти радянської України Олександр Шумський, попросивши звернути увагу «на величезні заслуги Чупринки як поета».

Ці клопотання врятували Григорію життя. Його не розстріляли, а відправили до Кожухівського концентраційного табору під Москвою. «Я був вивезений у Москву, — розповідатиме він згодом на допиті в ЧК, — і сидів у концтаборі один рік». Як йому вдалося повернутися до Києва, невідомо. Натомість у тому ж протоколі знаходимо інформацію про ще одне засудження Григорія Чупринки: «Вдруге засуджений у січні 1921-го за антирадянську агітацію, сидів три тижні і засуджений був до висилки в Москву — не виїхав через відсутність коштів».

Імовірність розстрілу, а згодом ув'язнення в таборі не змінили відверто антирадянської поведінки Чупринки. Більше того, незабаром він знову поринає у підпільну боротьбу.

1921 рік став переломним для української історії. Саме він мав вирішити (та, зрештою, й вирішив), чи вдасться українцям відродити свою державність. Попри те, що ще наприкінці попереднього року збройні сили Української Народної Республіки змушені були залишити рідні землі, більшовики на окупованих теренах почувалися дуже невпевнено. Адже тут продовжували боротьбу отаманські загони, особливо в районі Холодного Яру, а настрої населення загалом перетворювали окуповану країну на бочку з порохом, готову щомиті вибухнути. Станом на весну 1921 року цілком імовірним було повалення більшовицької влади через повстання в Україні і долучення до них збройних сил УНР, інтернованих у Польщі. Власне, до такого сценарію готувалися як українці, так і більшовики.

В еміграції створено Партизансько-повстанський штаб (ППШ) при Головній команді військ УНР на чолі з Юрієм Тютюнником. Його завданням була підготовка рейду армії на окуповані більшовиками території і координація дій місцевих загонів, які піднімуть повстання.

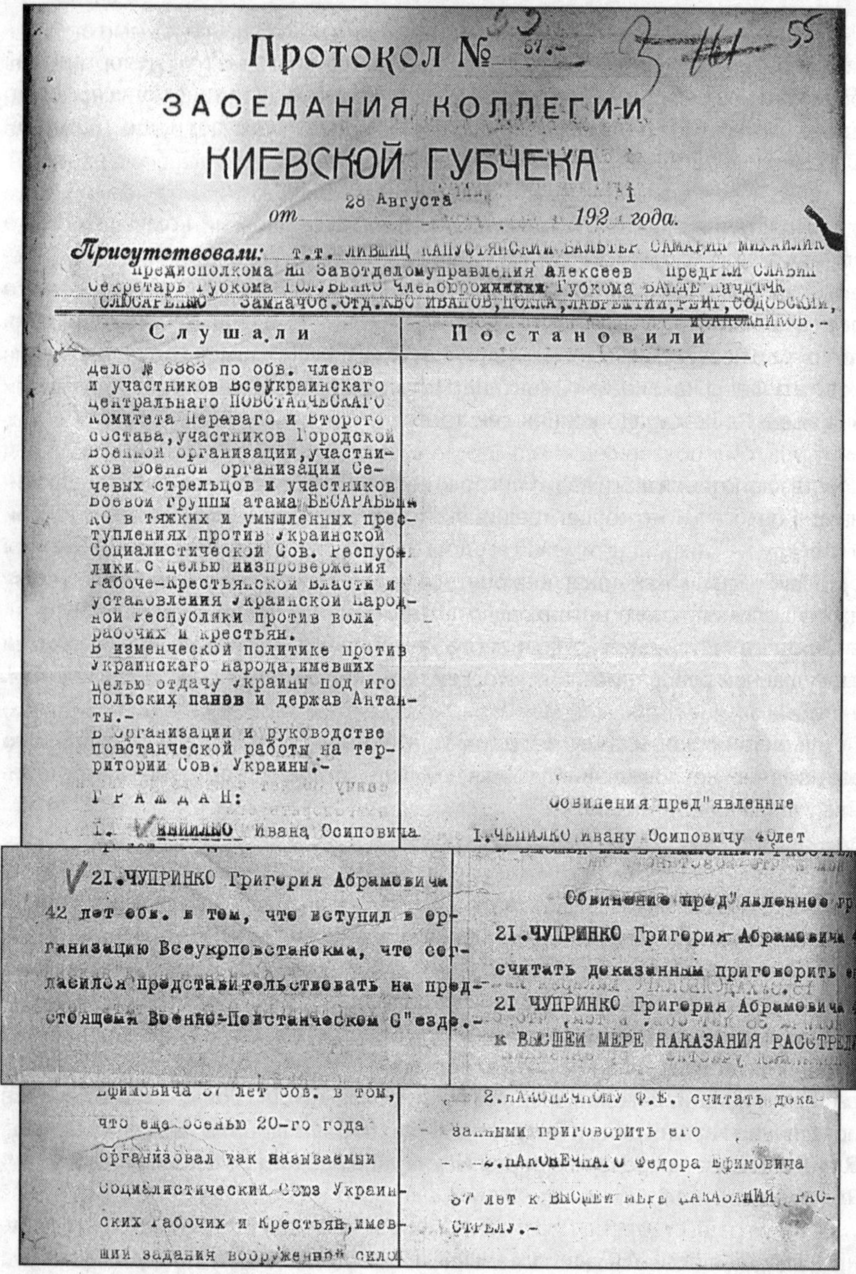

Протокол № 57.-

ЗАСЕДАНИЯ КОЛЛЕГИИ КИЕВСКОЙ ГУБЧЕКА

от 28 Августа 1921 года.

Присутствовали: т.т. ЛИВШИЦ КАПУСТЯНСКИЙ БАЛЬТЕР САМАРИН МИХАЙЛИК предисполкома нл Завотделомуправления Алексеев предгки СЛАВИН Секретарь Губкома ГОЛУБЕНКО Членбюро Губкома БАНДЕ нач.ДТЧК СЛЮСАРЕНКО Замначос.Отд.КВО ИВАНОВ, ПОКЛА, ЛАВРЕНТИЙ, РЕЙТ, СОДОВСКИЙ, и САПОЖНИКОВ.-

Слушали	Постановили
дело № 6883 по обв. членов и участников Всеукраинскаго центральнаго ПОВСТАНЧЕСКАГО комитета перваго и второго состава, участников Городской Военной организации, участников Военной организации Сечевых стрельцов и участников Боевой группы атама БЕСАРАБЕНКО в тяжких и умышленных преступлениях против Украинской Социалистической Сов. Республики с целью низпровержения Рабоче-Крестьянской Власти и установления Украинской Народной Республики против воли рабочих и крестьян. В изменческой политике против Украинскаго народа, имевших целью отдачу Украины под иго польских панов и держав Антанты.- В организации и руководстве повстанческой работы на территории Сов. Украины.- ГРАЖДАН:	
1. ЧЕПИЛКО Ивана Осиповича	Обвинения пред"явленные 1. ЧЕПИЛКО Ивану Осиповичу 40 лет
21. ЧУПРИНКО Григория Абрамовича 42 лет обв. в том, что вступил в организацию Всеукрповстанкома, что согласился представительствовать на предстоящем Военно-Повстанческом С"езде.-	Обвинение пред"явленное 21. ЧУПРИНКО Григория Абрамовича считать доказанным приговорить 21 ЧУПРИНКО Григория Абрамовича к ВЫСШЕЙ МЕРЕ НАКАЗАНИЯ РАССТРЕЛ
Ефимовича 37 лет обв. в том, что еще осенью 20-го года организовал так называемый Социалистический Союз Украинских Рабочих и Крестьян, имевший задания вооруженной силой	2. НАКОНЕЧНОМУ Ф.Е. считать доказанными приговорить его 2. НАКОНЕЧНАГО Федора Ефимовича 37 лет к ВЫСШЕЙ МЕРЕ НАКАЗАНИЯ РАССТРЕЛУ.-

Протокол Київської ЧК з рішенням у справі членів ЦУПКОМу, 1921 р. Витяг із протоколу з вироком Григорію Чупринці

Незалежно від цього, 18 березня 1921 року в Києві група громадсько-політичних діячів на чолі з Іваном Чепілком створює Всеукраїнський центральний повстанський комітет (ВУЦПК, або, як його називали чекісти, ЦУПКОМ). За короткий час учасники комітету налагодили зв'язок з іншими підпільними групами (зокрема з Військовою організацією січових стрільців, згодом перейменованою на Українську військову організацію) та повстанськими загонами (зокрема під керівництвом відомих отаманів Юліана Мордалевича та Федора Артеменка — «Орлика»).

У час розбудови підпільної мережі до неї приєднується Григорій Чупринка. Він отримав завдання представляти комітет на військовому з'їзді отаманів Холодного Яру і домовитися про координацію дій. Паралельно з цим інший представник комітету Федір Наконечний налагодив зв'язок із керівниками УНР, які перебували в Польщі. Як не парадоксально, але саме цей, здавалося б, логічний і необхідний крок, спрямований на консолідацію сил, згодом відіграє фатальну роль для повстанців. Вони визнали верховенство ППШ Юрія Тютюнника та керівництва УНР на чолі з Симоном Петлюрою й очікували від них вказівок щодо початку повстання.

Тим часом закордонне керівництво залежало від рішень польського уряду, на допомогу якого розраховувало. Поляки, у свою чергу, після підписання в березні 1921 року Ризького мирного договору з більшовиками не поспішали з виконанням зобов'язань, взятих перед своїми колишніми союзниками — українцями. Тож повстанці в Україні отримували з-за кордону вказівки за підписом Петлюри та Тютюнника про необхідність підготовки до загального зриву, в яких зокрема наголошувалося: «Жодного неорганізованого вибуху. Чекайте наказу!» Очікування було тривалим і вилилося в те, що відкладено загальний виступ, запланований на травень—червень.

Тим часом більшовики не чекали, а завдали удару на випередження. Завдяки своїм інформаторам вони володіли даними як про події за кордоном, так і про ситуацію в українському повстанському комітеті і підпорядкованих йому структурах.

«Контрреволюційна підпільна робота перерахованих організацій та осіб, — читаємо у звіті чекістів, — не виходила з поля зору Київської губернської ЧК через майстерне введення внутрішніх інформаторів». Побоювання, що діяльність підпільного комітету, яка набирала обертів, вийде поза межі їхнього контролю, зокрема через «імовірний перехід ЦУПКОМу в Холодний Яр», спровокувало швидку реакцію чекістів.

Операція розпочалася 18 червня 1921 року таємним затриманням керівників повстанського комітету. Місце зниклих посіли інші підпільники, але і їм не вдалося відірватися від «опіки» спецслужби, тому арешти тривали. 23 червня серед інших затримано Григорія Чупринку. Через тиждень після цього керівництво київського ЧК прозвітувало про завершення розгрому повстанського комітету й ув'язнення всіх його членів.

Розпочалися допити, протоколи яких знаходимо в 17-томній справі № 225596. Як звинувачені у ній проходять 132 особи, в тому числі поет і революціонер Григорій Чупринка. Протокол його допиту датований 9 серпня 1921 року.

Вражає обсяг документа: всього чотири аркуші, заповнені недбалим почерком слідчого. Перший — анкета заарештованого, з якої, між іншим, дізнаємося, що «Чупринка Григорій Аврамович безпартійний, за походженням козак, соціальним становищем — літератор, притягався до відповідальності київським ЧК». З інших сторінок стає відомо, що Чупринка на пропозицію свого знайомого Бендрика Капитона вступив у підпільну організацію, яка ставила собі за мету повалення радянської влади і відновлення Української Народної Республіки. Цього зізнання чекістам було цілком достатньо для засудження Григорія, тому детальнішої інформації про участь у підпіллі протокол не містить.

У підсумковому звинуваченні читаємо: «Чупринку Григорія Аврамовича, 42-х років, винного в тому, що вступив в організацію Всеукрцентрповстанком, що погодився представляти Всеукрцентрповстанком на військово-політичному з'їзді в Холодному Яру, як ворога республіки засудити до найвищої міри покарання — розстріляти».

28 серпня 1921 року відбулося засідання колегії Київського губернського ЧК, де заслухали справу «зі звинувачення членів і учасників Всеукраїнського центрального повстанського комітету». У пункті 21 протоколу засідання вказується, що «звинувачення, пред'явлені громадянину Чупринці Григорію Аврамовичу, вважати доведеними і засудити його до найвищої міри покарання — розстрілу». Документів про дату виконання вироку Григорія та ще 45 засуджених до смертної кари справа не містить.

Так закінчилося життя поета, революціонера та вічного бунтаря Григорія Чупринки. Але не закінчилася його легенда. Мине понад двадцять років, і чекісти знову змушені будуть воювати з «Чупринкою». Такий псевдонім обере для себе Роман Шухевич, Головний командир УПА, який боротиметься до своєї героїчної смерті у 42 роки.

***P. S.* У 1996 році Григорій Чупринка реабілітований рішенням Київської обласної прокуратури. Документ містить промовистий напис: «Довідка про реабілітацію Г. А. Чупринки нікому не надсилалася за відсутністю зацікавлених осіб».**

Спочатку була УВО

Масовий національно-визвольний рух з участю сотень тисяч є завершальною стадією розвитку боротьби поневоленого народу за незалежність. Йому передують інші етапи, коли цей рух не настільки масштабний, а тому не настільки помітний. Часто все починається з невеликої групи людей, натхненних ідеєю визволення і готових померти за неї.

Нечисленна підпільна організація, сформована здебільшого колишніми військовиками, які протистоять окупаційній владі гучними актами терору, — так починали збройну боротьбу за незалежність поляки, ірландці, євреї, українці. Вони були далекими від політичних програм, їхньою ідеологією була незалежність, а головним засобом її досягнення вважали зброю. Як люди армії, вони творили чіткі ієрархічні структури з принципом єдиноначальності, адже підпільні умови не створювали можливостей для розвитку внутрішньоорганізаційної демократії.

Через десятки років мілітаризм, антидемократизм, революційний запал деякі науковці визначать як головні ознаки фашизму і намагатимуться накласти цей термін на підпільні визвольні організації. Напевно, члени цих об'єднань здивувалися б такому означенню, адже вважали себе лише солдатами, які продовжують війну за незалежність.

Зародком масового збройного руху 1940—1950-х років, який охопив велику частину України, була підпільна Українська військова організація — УВО. Її творцями стали старшини та вояки армій Української Народної Республіки та Західноукраїнської Народної Республіки.

Точну дату створення організації назвати неможливо — вона губиться десь у бурхливих подіях 1920—1921 років. І справді, на фоні глобальних змін того часу (підписання Симоном Петлюрою угоди з Польщею і зречення від західноукраїнських земель, спільний наступ та відступ польсько-українського війська, наступ та відступ більшовиків, що мало не захопили Варшави, врешті підписання Ризького договору між Польщею і Радянською Росією, яке поставило крапку на підтримці першою української справи) зустріч невеликої групи офіцерів, які вирішили продовжити боротьбу за незалежність, була непомітною. Тим паче, що, можливо, й не було однієї такої зустрічі чи однієї групи, а організація постала з кількох ініціатив, що згодом об'єдналися.

Творці Української військової організації. Нарада Стрілецької ради у Празі, липень 1920 р. Зліва направо сидять: сотник І. Андрух, полковник Є. Коновалець, сотник В. Кучабський; стоять: невідомий, сотник М. Матчак, сотник Я. Чиж

Українські вояки, які три роки зі зброєю в руках боролися за незалежність, опинилися в той час у скрутному становищі. Здавалося б, для них усе мало бути чітким і зрозумілим: є мета, є ворог, що стоїть на заваді її реалізації, має бути політичне керівництво, котре знає, як найкраще досягнути мети. Але саме останнього якраз і бракувало. Тож вояки Української галицької армії вважали себе зрадженими Петлюрою через його союз із Польщею, вояки Дієвої армії УНР вважали зрадниками галичан, які спочатку пішли на мир із військами Денікіна, а потім навіть із більшовиками.

Тому ідея боротьби за соборну (єдину) Україну, якої дотримувалися вояки корпусу Січових стрільців, виглядала нереальною. Але для цієї військової формації вона була основоположною: корпус складався в основному з галичан, що в роки Першої світової потрапили до російського полону, а згодом, після української революції, створили найбоєздатнішу частину Армії УНР. Вкриті славою минулих боїв, Січові стрільці на чолі з командиром Євгеном Коновальцем у час внутрішнього розбрату здавалися підозрілими як для земляків-галичан (бо не влилися в УГА, а діяли під командою Петлюри), так і для керівництва УНР, яке побоювалося втрати їхньої лояльності. Крім того, на кінець 1919 року вояки корпусу були вкрай перевтомленими нескінченними боями на фронтах, багато з них захворіло на тиф. Тому командування прийняло рішення про припинення існування цього підрозділу.

Проте продовжувала діяти Стрілецька рада офіцерів корпусу. Її очільник Євген Коновалець не збирався припиняти боротьби й шукав виходу з критичної ситуації. Він уже не вірив найвищому політичному керівництву визвольного руху — обидва українських уряди УНР та ЗУНР скомпрометували себе нездатністю порозумітися та надмірними сподіваннями на зовнішню допомогу. Ідею боротьби за соборну Україну їхні лідери відклали до кращих часів, укладаючи угоди з поляками коштом української території (Петлюра) чи намагаючись вести переговори з більшовиками (Петрушевич).

Євген Коновалець у 1920—1921 роках відчайдушно намагався створити новий військово-політичний центр, який міг би стати альтернативою попереднім. Його метою було об'єднати в боротьбі за соборну Україну представників усіх військових та політичних формацій. Тому він їздив по таборах українських військовополонених, проводив зустрічі зі старшинами Армії УНР та УГА, представниками українського політикуму, котрі опинилися у Празі, Відні, Варшаві.

Політичні обставини не сприяли реалізації задуму — тривала війна більшовицької Росії з Польщею. На боці останньої боролися її українські союзники на чолі з Петлюрою, які сподівалися в разі перемоги відновити українську державу бодай на частині української землі. Інша частина українців вважала головним ворогом саме поляків, які попереднього, 1919-го, року окупували Західноукраїнську Народну Республіку, і чекала їхньої поразки в цьому протистоянні.

Результат війни поклав край сподіванням одних і других — польсько-українські війська, які спочатку майже відвоювали Україну, згодом змушені були відступити аж під Варшаву. Більшовики, що мало не захопили польську столицю, також відступили, попередньо вщент зруйнувавши своєю жорстокою політикою сподівання на них жителів Західної України. Проте навіть цей крах не сприяв об'єднанню зусиль українців у подальшій боротьбі, яких і далі розділяло уявлення про головного ворога — поляків чи більшовиків.

Саме тоді, у другій половині 1920 року, творяться підпільні групи, що згодом об'єдналися в єдину Українську військову організацію. За однією з версій, її початок закладено безпосередньо Євгеном Коновальцем на засіданні Стрілецької ради у Празі в липні 1920 року. За іншою — організацію створила група старшин Січових стрільців (сотники Ярослав Чиж, Василь

Кучабський, Михайло Матчак) та Української галицької армії у Львові незабаром після відступу більшовиків. Нове підпільне об'єднання називалося «Українська військова організація Воля». Його головною метою, як свідчить наказ № 1 з вересня того року (фактично перший документ, який засвідчує існування УВО), була боротьба проти польського панування в Галичині, тому й структура охоплювала саме цей терен. Зважаючи на це, організація спиралася на підтримку керівництва ЗУНР.

Історики сперечаються, наскільки пов'язаним із УВО на цьому етапі був Євген Коновалець. За такий зв'язок промовляє те, що її творили підпорядковані йому старшини, проти — те, що сам командир Січових стрільців тоді вважав важливішим продовжувати боротьбу на Наддніпрянській Україні, де тривали масові антибільшовицькі повстання. Коли його колеги розбудовують структури УВО в Галичині для боротьби проти поляків, Євген Коновалець намагається започаткувати діяльність підпільної організації в Києві. Для цього сюди наприкінці 1920 року відправлено сотника Івана Андруха, якого чекісти згодом називали правою рукою Коновальця. Згадки про його скерування до Києва можна знайти в багатьох авторів історії УВО. Натомість невідомим дотепер залишався той факт, що сюди прибув ще один соратник командира по корпусу Січових стрільців — Осип Думін.

Відтворити діяльність Андруха і Думіна в Києві надзвичайно важко через брак джерел. Перший, потрапивши в 1921 році до рук чекістів, практично нічого не розповів, а другий, хоча й зумів уникнути арешту і прожив ще багато років на еміграції, у спогадах ніколи не писав про київський період. Тож знову для відтворення невідомих сторінок нашої історії слід звернутися до документів чекістів. Саме з веденої ними справи «ЦУПКОМ» дізнаємося про створення УВО в Києві, у серці більшовицької армії — у Школі червоних старшин...

18 березня 1921 року більшовикам вдалося остаточно придушити Кронштадтське повстання, яке підняли моряки Балтійського флоту, донедавна — головна опора нової влади. Попри таку важливу перемогу, Ленін і його соратники знали: це ще не кінець, і можливості для нових повстань дуже великі. Особливо в Україні, де вогнище протесту не згасало з перших днів радянської окупації.

Саме 18 березня в Києві створюється нова організація — Всеукраїнський центральний повстанський комітет (у документах чекістів — ЦУПКОМ). Серед тих, хто долучився до неї, — колишній вояк корпусу Січових стрільців Іван Андрух, який на той момент уже кілька місяців працював чиновником у райспілці під прізвищем Авраменко.

Осип Думін — член ВКП(б)У, викладач Школи червоних старшин, він же керівник Української військової організації в Києві

Його товариш по корпусу Осип Думін зумів ще краще прилаштуватися в Києві — став викладачем тактики в нещодавно створеній Школі червоних старшин, більше того, вступив до комуністичної партії. Згідно з документами ЧК, саме він, а не Андрух (як про це пишуть багато істориків) був засновником та керівником Української військової організації, створеної в Києві на базі школи.

Перша назва нового об'єднання — Військова організація Січових стрільців. Але згодом, 12 квітня 1921 року, Осип Думін запропонував змінити назву на Українську військову організацію, бо попередній бракувало всеукраїнського масштабу. Запропонована ним структура п'ятірок також збігалася з побудовою УВО, котра в той самий час творилася в Галичині. Це дозволяє припустити координацію роботи різних осередків у розбудові підпільної мережі.

Уже незабаром обидва колишні Січові стрільці зустрілися, щоб узгодити свою діяльність. Вирішено, що УВО як військове крило повстання буде підпорядкована політичному керівництву Всеукраїнського центрального повстанського комітету. Андрух утримуватиме зв'язок між обома організаціями, а також контактуватиме із закордонним проводом. Незрозуміло, кого саме Андрух вважав своїм зверхником за межами Радянської України. У протоколі допиту він розповідає про поїздку до очільників УНР, про зустрічі з Симоном Петлюрою та Юрієм Тютюнником. Про жодні контакти з колишнім командиром не йдеться. Тож сьогодні важко сказати, чи справді Андрух не зустрічався з Євгеном Коновальцем, чи просто приховував це від чекістів.

Тим часом тривала розбудова УВО у Школі червоних старшин. До роботи в підпіллі залучено заступника командира 1-ї роти Терентія Шостака. Від 24 березня до 11 травня він перебував у відрядженні на Єлисаветградщині з метою вербування курсантів. Підпільники вирішили скористатися цією нагодою

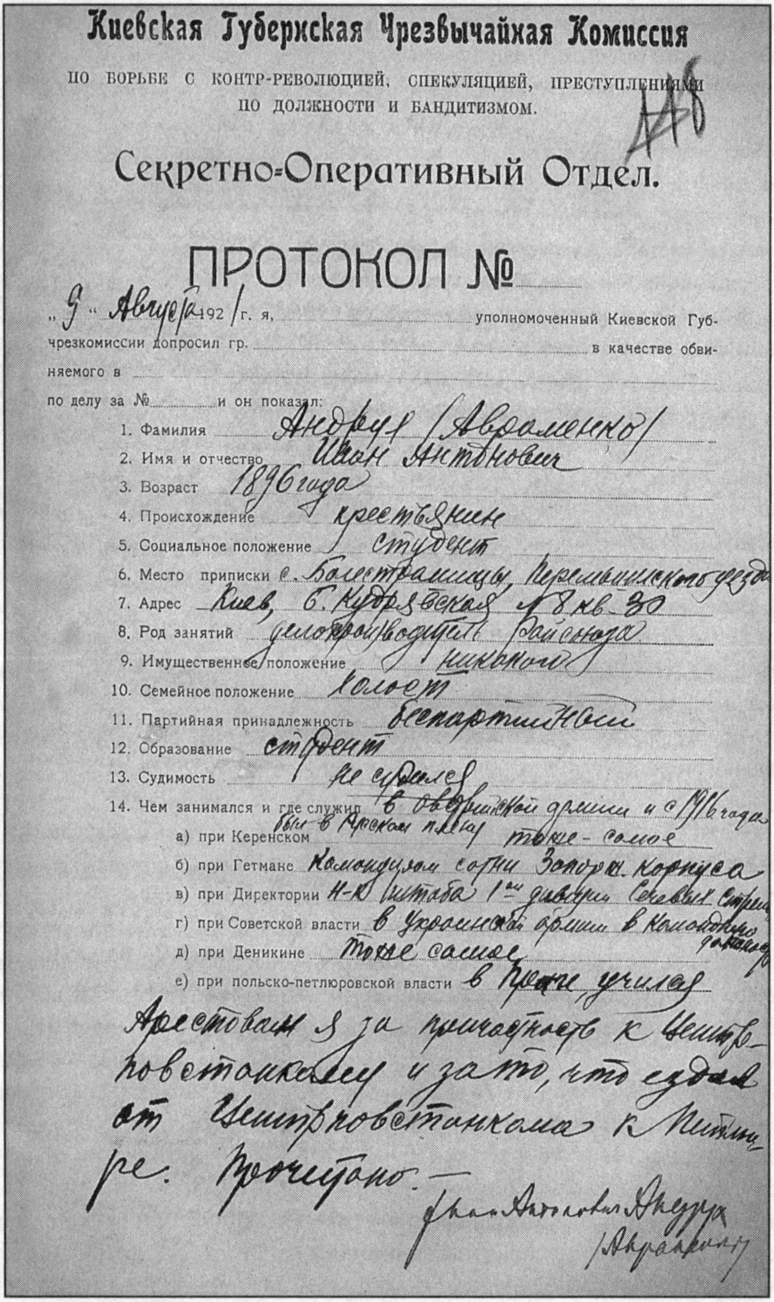

Киевская Губернская Чрезвычайная Комиссия

ПО БОРЬБЕ С КОНТР-РЕВОЛЮЦИЕЙ, СПЕКУЛЯЦИЕЙ, ПРЕСТУПЛЕНИЯМИ ПО ДОЛЖНОСТИ И БАНДИТИЗМОМ.

Секретно-Оперативный Отдел.

ПРОТОКОЛ №

„9" Августа 1921 г. я, ... уполномоченный Киевской Губчрезкомиссии допросил гр. .... в качестве обвиняемого в ....

по делу за № .... и он показал:

1. Фамилия Андрух (Авраменко)
2. Имя и отчество Иван Антонович
3. Возраст 1896 года
4. Происхождение крестьянин
5. Социальное положение студент
6. Место приписки с. Болестрашицы, Перемышльского уезда
7. Адрес Киев, Б. Кудрявская № 8 кв. 30
8. Род занятий делопроизводитель [illegible]
9. Имущественное положение никакого
10. Семейное положение холост
11. Партийная принадлежность беспартийный
12. Образование студент
13. Судимость не судился
14. Чем занимался и где служил в австрийской армии и с 1916 года был в Русском плену
   а) при Керенском тоже-самое
   б) при Гетмане командиром сотни Запорож. корпуса
   в) при Директории н-к штаба 1-ой дивизии Сечевых Стрельцов
   г) при Советской власти в Украинской армии в [illegible]
   д) при Деникине тоже самое
   е) при польско-петлюровской власти в Праге учился

Арестован я за причастность к Центроповстанкому и за то, что ездил от Центроповстанкома к Петлюре. Прочитано.

Иван Антонович Андрух (Авраменко)

Протокол допиту ЧК Івана Андруха, 9 серпня 1921 р.

і доручили йому збирати відомості про розташування більшовицьких військ, їхній склад, настрої, про наявність і активність повстанських загонів. Він також міг вербувати не лише курсантів для школи, але й підпільників для УВО.

Проте поїздка, замість того, щоб принести користь підпільникам, стала причиною їхнього провалу.

В Єлисаветграді Терентій Шостак зустрівся з колишнім однокурсником Сергієм Даниленком, якого вирішив втягнути у створювану підпільну організацію. Знайомий виявився… свіжоспеченим чекістом (почав працювати з «органами» кілька місяців тому, в січні 1921 року). Так більшовики отримали чудового інформатора, який надсилав їм детальні повідомлення про підготовку повстання, підписуючись псевдонімом «Карін».

Випадкова зустріч стала початком кінця для підпільної організації в Києві і злетом для молодого чекіста, який через 26 років піде у відставку у званні полковника МҐБ визнаним «борцем з українським націоналізмом», учасником операцій проти УПА та ліквідації греко-католицької церкви.

Для отримання важливішої і оперативнішої інформації агента Даниленка переводять до Києва. Тут він увійшов у довіру до безпосереднього начальника Шостака, також діяча УВО, командира 1-ї роти Школи червоних старшин Антона Решетухи. «Карін» намагався (щоправда, безуспішно) зав'язати тісніше знайомство з Осипом Думіним.

Завдяки зусиллям агента чекісти знали про плани підпільників, зокрема про ідею захоплення школи на момент початку повстання, наміри долучити курсантів до повстанців, котрі підійдуть до Києва з околиць міста. Із повідомлень інформатора дізнаємося, що керівник УВО Осип Думін наприкінці травня формально взяв відпустку і залишив Київ, а насправді попрямував у Трипілля, щоб приєднатися до місцевого повстанського загону, з яким планував повернутися до міста в день виступу.

Оперативна інформація, яку отримувала ЧК, дала їй можливість цілком контролювати ситуацію і працювати на випередження. Тим паче, що підготовка повстання, яка координувалася з Партизансько-повстанським штабом на чолі з Юрієм Тютюнником, затягалася, і початок збройного зриву відкладався. Подіями зацікавилося найвище партійне та чекістське керівництво. Начальник секретного управління ВУЧК Євдокимов повідомляв: «Товариш Дзержинський вимагає додаткового детального матеріалу про перебіг справи».

Передавайте з рук до рук, з хати до хати!
Ховайте „СУРМУ" перед ворогами, бо це нелеґальний орган!

Ціну 30 сот.
Проситься складати в краю на „Політичних Вязнів".

СУРМА

орган

„Української Військової Орґанізації."

12 (62)	ГРУДЕНЬ	1932

БОЄВИКИ!

Геройською смертю згинули Ваші Товариші найкращі члени

У. В. О.

Мирослав Юрій БЕРЕЗИНСЬКИЙ **Володимир СТАРИК**

† 30. листопада 1932. р. у Городку Ягайлонським при виконуванні боєвого завдання.

Дмитро ДАНИЛИШИН **Василь БІЛАС**

† 23. грудня 1932. р. у Львові, по смертнім присуді ляцького доразового суду.

Вічна память Лицарям-найкращим Синам України! Їх Дух буде нас провадити на шляху боротьби за волю України.

Команда Української Військової Орґанізації.

Підпільне видання УВО «Сурма», виходило з 1927 р.

Отаман Юрій Тютюнник, 1919 р.

Юрій Тютюнник у ролі отамана Тютюнника у фільмі «ПКП», 1926 р.

Фото з кримінальної справи Юрія Тютюнника, 1929 р.

Від УВО до ОУН

У липні 1921 року з Відня до Львова прибув Євген Коновалець. Це відбулося незабаром після розгрому УВО в Києві. Можливо, саме ця подія стала причиною того, що колишній командир корпусу Січових стрільців переїхав до столиці Галичини.

Утім, Коновалець і далі не полишав спроб розбудувати підпілля на Наддніпрянщині. Так, восени 1921 року для відродження місцевої мережі сюди відправлено емісара УВО полковника Івана Рогульського. Тим часом у Галичині вже діяла організація, створена соратниками Коновальця Ярославом Чижем, Василем Кучабським та Михайлом Матчаком.

Головною метою підпільників була боротьба проти польських окупаційних структур краю. Після поразки українців у польсько-українській війні 1918—1919 років остаточне вирішення долі Галичини на міжнародному рівні відкладалося на майбутнє. Тому завершення фронтових дій не принесло миру на цю землю — кожна зі сторін конфлікту далі намагалася утвердити власне право на територію.

Полякам це давалося легше — вони спиралися на державний апарат, силові структури та міжнародне визнання їхньої країни. Українці Галичини могли лише чинити підпільний спротив та спробувати змінити ситуацію на міжнародному рівні активною дипломатичною діяльністю уряду Західноукраїнської Народної Республіки. Тому співпраця між керівництвом ЗУНР, яке перебувало на еміграції, та командуванням УВО, що розбудовувала структуру безпосередньо в Галичині, була закономірною та взаємовигідною. Однак вона суперечила ідейно-політичним переконанням Євгена Коновальця.

Він і надалі вважав: метою має бути створення незалежної соборної України, а не лише її західної частини. Крім того, сама особа колишнього командира Січових стрільців, якого вважали «петлюрівцем», викликала несприйняття в багатьох галицьких політиків, що засуджували союз Петлюри з Пілсудським.

Тому перші кілька місяців у Львові Коновалець перебував поза політичними процесами і не мав впливу на мережу УВО. Тут саме готувався перший гучний теракт підпільників проти керівника польської держави Юзефа Пілсудського. Замах 26 вересня 1921 року у Львові був невдалим: польський очільник не постраждав, а виконавця атентату Степана Федака затримала поліція. Згодом почалися арешти інших членів УВО, і лідери українського підпілля опинилися за ґратами.

Полковник Євген Коновалець, командант УВО, засновник ОУН

Замість того, щоб поставити крапку на існуванні організації, цей провал фактично посприяв її становленню. «Арешт Федака і виявлення сітки змовників на якийсь час паралізувало діяльність УВО, — читаємо в документі польської поліції з 1935 року. — Одночасно на чолі конспіративного руху став новоприбулий до краю полковник Євген Коновалець, колишній командувач Січових стрільців на Україні. Коновалець, попри нехіть Петрушевича, зміг швидко здобути довіру колишніх військовиків Галицької армії і завдяки одруженню з дочкою адвоката Федака отримати доступ до політичних кіл. Підвищений до посади головного команданта УВО, Коновалець перетворив Організацію за зразком військових формацій з одноосібним ієрархічним керівництвом округ і відділів».

Про визначальну роль свого колишнього командира у становленні УВО розповідав НКВД на слідстві Михайло Курах, старшина корпусу Січових стрільців: «Після приїзду Коновальця до міста Львова розпочалася підготовка до створення єдиної націоналістичної організації, яка мала би об'єднати націоналістичні кадри, формації колишніх Січових стрільців, Галицької армії, есерів, радикалів та інших, організувати роботу націоналістичних збройних сил і перекидання їх на Радянську Україну з таким розрахунком, що на території України вдасться на момент перекидання збройних сил підняти повстання. Таку організацію Коновалець створив, і вона отримала назву — Українська військова організація (УВО)». Отже, саме Євген Коновалець наприкінці 1921 року завершив формування єдиної структури з різних підпільних військових груп.

Це сталося дуже вчасно, адже невдача Другого зимового походу в листопаді 1921 року означала завершення цілого етапу визвольного руху, який починався обнадійливої весни 1917 року. Новий період передбачав інші форми боротьби, і саме Коновалець став одним із небагатьох політиків, котрий це зрозумів та зумів відгукнутися на новий виклик часу. Тому й вийшов на провідну роль в українському визвольному русі 1920—1930-х років.

Восени 1922 року УВО організувала масштабну саботажну акцію, щоб продемонструвати нездатність поляків контролювати окуповані території. Дії підпільників отримали серйозний міжнародний резонанс — світові медіа писали про західноукраїнські терени як про «східноєвропейську Ірландію». І справді, боротьба ірландців, їхня перемога в повстанській війні з англійцями і відновлення незалежності надихали українських підпільників. Проте їм судилося інше — тривале, здавалося б, безперспективне протистояння, у якому вони могли зіпертися лише на власні сили.

Наслідком придушення саботажної акції стали масові арешти українських підпільників. Керівник УВО уник затримання, але змушений був залишити Львів. Наступного року українці зазнали ще одного удару — окупацію західноукраїнських земель Польщею визнали на міжнародному рівні. Але УВО продовжувала боротьбу.

Засновники ОУН. Конгрес українських націоналістів. Відень, 1929 р. Зліва направо: перший ряд — Юліан Вассиян, Дмитро Андрієвський, Микола Капустянський, Євген Коновалець, Микола Сціборський, Яків Моралевич, Володимир Мартинець, Микола Вікул; другий ряд — Іван Малько, Осип Бойдуник, Максим Загривний, Євген Зиблікевич, Петро Кожевників, Дмитро Демчук, Леонід Костарів, Олесь Бабій, Ріко Ярий, Михайло Антоненко, Зенон Пеленський; третій ряд — Юрій Руденко, Ярослав Барановський, Степан Охримович, Степан Ленкавський, Андрій Федина, Ярослав Герасимович, Теофіл Пасічник-Тарновський, Олександр Згорлякевич

Оскільки на початку основу організації становили військовики, які не особливо розбиралися в політичних ідеологіях та програмах, вона фактично не мала власної ідейної платформи й об'єднувала людей різних політичних орієнтацій. Бажання боротися за незалежну Україну вважалося достатнім критерієм для означення «свого».

Але в той час український національний рух уже був достатньо політизований, представлений різними політичними партіями та течіями. Процес цей не оминув і УВО. Частина підпільників підтримувала еміграційний уряд ЗУНР на чолі з Євгеном Петрушевичем, який головною метою бачив спротив польській окупації і вважав за можливе опертися в цій боротьбі навіть на радянську допомогу. Категоричним противником цього виступив Євген Коновалець.

Криза завершилася відходом від УВО частини підпільників на чолі з її колишнім керівником у Києві Осипом Думіним, які створили Західноукраїнську народну революційну організацію. Нова структура не особливо проявила себе і незабаром зникла з історичної арени. Натомість УВО активізувала діяльність, зокрема завдяки залученню молодих людей, що не мали військового досвіду. Роман Шухевич, Степан Бандера, Ярослав Стецько та сотні інших, що за першими визвольними змаганнями спостерігали зацікавленими дитячими очима, саме через УВО перейняли естафету боротьби.

Саме молодь поступово стала не лише основою членства ОУН, але й перебрала на себе керівництво організацією. Група членів ОУН, 1930-і рр.

Представники старшого покоління по-різному ставилися до новоприєднаних членів — «зелені», «не нюхали пороху». Тому ставка Євгена Коновальця на молодь стала вирішальною. Саме завдяки цьому наприкінці 1920-х відбулася трансформація підпільної військової організації у військово-політичну Організацію українських націоналістів, де саме молодь перебирає керівну роль. На відміну від УВО, ОУН опиралася на націоналістичну ідеологію, на базі якої почала формувати власну політичну програму. Поруч зі збройною боротьбою нова організація проводила активну інформаційну війну проти окупанта.

Офіціоз ОУН «Розбудова нації», видавався з 1928 р.

Програмові засади ОУН з часом еволюціонували та зазнали змін, проте незмінною залишалася теза про боротьбу за Українську самостійну соборну державу, сформульована Коновальцем ще в 1918-му. Врешті за реалізацію цієї ідеї він заплатив життям. Останньою в житті полковника була зустріч 23 травня 1938 року з «представником націоналістичного підпілля в УРСР» — агентом НКВД Павлом Судоплатовим.

Пастка для отамана

Розгром Всеукраїнського повстанського комітету (ЦУПКОМу) улітку 1921 року не став вирішальним у придушенні антирадянського руху в Україні. Це прекрасно розуміли чекісти, які продовжували активну роботу з виявлення та ліквідації окремих повстанських загонів і підпільних організацій. Це також усвідомлювало і керівництво УНР в еміграції, готуючи рейд української армії на контрольовану більшовиками територію, щоб об'єднати військо з місцевими повстанськими силами.

Проте підготовка явно затяглася — перенесене з травня на період жнив повстання знову відклали. Врешті відчайдушний рейд загонів Української повстанської армії (саме тоді ця назва вперше прозвучала в українській історії) на чолі з генерал-хорунжим Юрієм Тютюнником відбувся аж наприкінці листопада 1921 року. Тоді, коли вже годі було сподіватися на підтримку розбитих чекістами повстанських загонів, а погодні умови не сприяли розгортанню діяльності повстанців.

Тому Другий зимовий похід Армії УНР став завершальним, але не переможним акордом боротьби за незалежність України, розпочатої кілька років тому, у 1917 році. Його учасники, зокрема 359 із них, розстріляних більшовиками під Базаром, поповнили пантеон загиблих за свободу, а сам рейд став героїчною та трагічною сторінкою нашої історії.

І наприкінці 1921 року серед учасників подій, і тепер серед істориків обговорювалися й обговорюються причини поразки. Одна з них — незгода і суперництво між керівниками українського руху Симоном Петлюрою та Юрієм Тютюнником. Люди, яким судилося стати на чолі визвольного руху, були надто різними, і, на жаль, не намагалися доповнювати один одного. Першому бракувало рішучості — він надто узалежнював початок повстання від рішення своїх союзників поляків і фактично не скористався готовністю отаманських загонів на теренах України. Другий, навпаки, був схильний до непродуманих, часом авантюрних кроків.

Юрко Тютюнник, який нещадно критикував Петлюру за повільну підготовку операції, врешті розпочав її, не підготувавшись. Воякам бракувало не лише зброї та набоїв, а навіть взуття і верхнього одягу. В умовах наближення зими найбільш раціональним було б відкласти рейд, але це означало поступитися в гарячій суперечці, що було невластивим для Тютюнника. Попри вкрай несприятливі обставини, він був упевнений у власній перемозі, яка

Творці Української військової організації. Нарада Стрілецької ради у Празі, липень 1920 р. Зліва направо сидять: сотник І. Андрух, полковник Є. Коновалець, сотник В. Кучабський; стоять: невідомий, сотник М. Матчак, сотник Я. Чиж

Засновники ОУН. Конгрес українських націоналістів. Відень, 1929 р. Зліва направо: перший ряд — Юліан Вассиян, Дмитро Андрієвський, Микола Капустянський, Євген Коновалець, Микола Сціборський, Яків Моралевич, Володимир Мартинець, Микола Вікул; другий ряд — Іван Малько, Осип Бойдуник, Максим Загривний, Євген Зиблікевич, Петро Кожевників, Дмитро Демчук, Леонід Костарів, Олесь Бабій, Ріко Ярий, Михайло Антоненко, Зенон Пеленський; третій ряд — Юрій Руденко, Ярослав Барановський, Степан Охримович, Степан Ленкавський, Андрій Федина, Ярослав Герасимович, Теофіл Пасічник-Тарновський, Олександр Згорлякевич

Читальний зал архіву НКВД СРСР, 1939 р.

Інформаційно-довідковий зал Відкритого електронного архіву СБУ, 2008 р.

Озброєний охоронець біля комори з зерном, село Вільшани Харківської області, 1932 р.

Тіла померлих від голоду не встигали прибирати з вулиць. Харківщина, 1933 р.

Успіх чекістів мало не зірвався через прикру випадковість. «Зустрівшись із Шостаком, — доповідав агент Карін 18 червня, — з'ясував, що вони знають, що ЧК відомо про їхню організацію в Червоній школі через начальника особливого відділу Губерта, який, будучи в інтимних стосунках із ад'ютантом школи Залужним, поділився з ним, а Залужний із Решетухою».

Можливо, саме цей прикрий інцидент пришвидшив розв'язок справи. Аби не втратити контролю над ситуацією, «органи» розпочали таємні арешти підпільників, спочатку членів ЦУПКОМу, а згодом УВО. «Внаслідок вимушеної поспішної ліквідації, — повідомляли вони, — довелося обмежитися зняттям верхівки організації, не зачепивши периферії, яка ліквідується в порядку переформування Школи червоних старшин спеціальною комісією».

У результаті швидких дій заарештовано 13 співробітників школи, 11 із них — офіцери. Антон Решетуха та Терентій Шостак затримані 30 червня 1921 року під час лекції у штабі Київського військового округу. Обидва зізналися в членстві в УВО і дали розгорнуті свідчення про підготовку повстання. Натомість раніше заарештований Іван Андрух визнав лише належність до ЦУПКОМу і заявив слідчим, що після зустрічі за кордоном із керівниками УНР розчарувався в можливості повстання, тому почав відходити від підпільної роботи.

Євдокимов, який від імені керівництва ВУЧК здійснював нагляд за справою, залишився незадоволеним. «На мою думку, — заявляв він, — ліквідація

Група членів УВО. Івано-Франківська область, 1920-і рр.

УВО не повинна завершитися арештом 13 осіб у той час, як ви цілком конкретно вказували на причетність до УВО майже двох рот… Центр, як у нас, так і в Москві, виявляє великий інтерес до справи, тому необхідні вичерпні відомості в терміновому порядку».

У відповідь київські чекісти повідомляли про розроблену систему фільтрації курсантів та співробітників Школи червоних старшин, яка мала виявити учасників підпілля. Проте вони не в силах були приховати найбільшого провалу операції — арешту уник керівник УВО Осип Думін. Афішувати невдачу чекісти не збиралися, тож залишилося лише опублікувати в місцевій газеті коротке оголошення: «Солом'янський партком оголошує дезертиром члена КП(б)У, курсанта [насправді викладача — В. В.] Школи червоних старшин Думіна Осипа, тимчасове посвідчення № 2295».

Інших затриманих членів підпілля, зокрема Івана Андруха, Антона Решетуху, Терентія Шостака, 28 серпня засудили до розстрілу. Думін же повернувся в Галичину і приєднався до місцевої УВО. Його досвід виявився дуже корисним для підпільників, тому незабаром він очолив референтуру розвідки організації.

мала зробити саме його «українським Бонапартом». Завзяття, впевненість у собі, віра у нього інших завжди допомагали Юркові долати непереборні перешкоди. Так було раніше, так мало би бути й надалі.

Отаман Юрій Тютюнник, 1919 р.

Щаслива зірка Тютюнника не раз рятувала його, здавалося б, у цілком безвихідних ситуаціях. Він вижив у м'ясорубці Першої світової, незважаючи на два поранення, у тому числі важке в голову. У 1917 році стає активним учасником революції та творцем української армії, згодом — одним із керівників Вільного козацтва, в лавах якого на початку 1918 року розгорнув діяльну антибільшовицьку боротьбу.

З приходом до влади гетьмана Скоропадського Тютюнник продовжує воювати проти нього та його німецьких союзників. За це отамана заарештували і засудили до смертної кари, яка, проте, не була виконана — Юрко переагітував своїх охоронців, які приєдналися до антигетьманського повстання, очоленого Директорією. У спогадах сучасників він неодноразово постає як блискучий оратор, здатний опанувати натовп.

На початку 1919 року Юрко Тютюнник на чолі повстанського відділу об'єднується із загонами Матвія Григор'єва і йде на боці Червоної армії проти військ Антанти, Денікіна та… Директорії. Під час боїв потрапляє в полон, знову смертний вирок і знову щасливий порятунок, якому знову він завдячував своєму красномовству.

Через кілька місяців загін Тютюнника об'єднується з військами УНР, і Юрко продовжує війну з більшовиками. Залишається живим, незважаючи на страшний урожай смерті, яка тифом скосила тисячі вояків української армії у другій половині 1919 року.

З кінця цього року до травня наступного Юрко Тютюнник на чолі Київської дивізії бере участь у Першому зимовому поході. Під час боїв він у лавах кавалерії, на передньому краю атаки, вів за собою на смерть, яка,

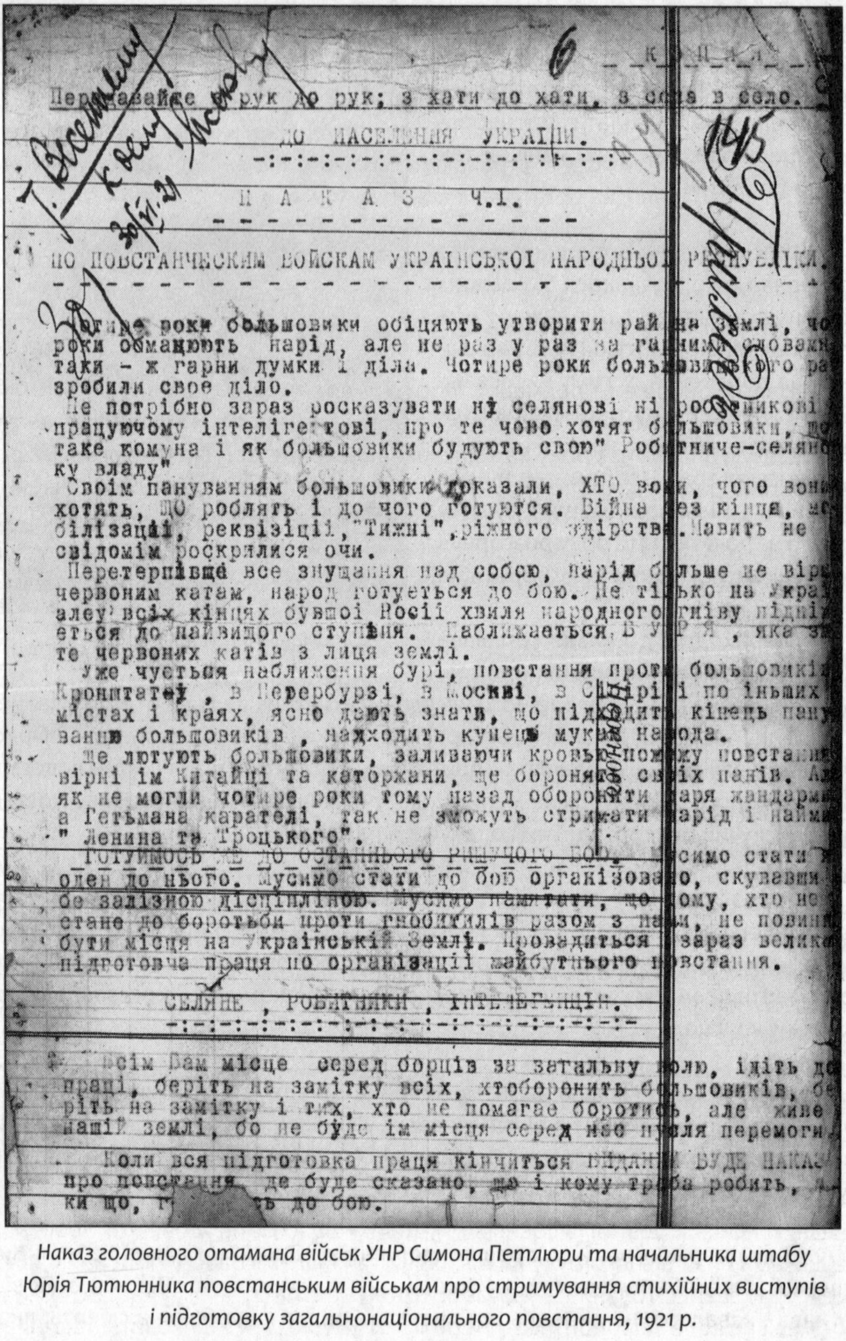

КОПІЯ

Передавайте з рук до рук; з хати до хати, з села в село.

ДО НАСЕЛЕННЯ УКРАЇНИ.

Н А К А З Ч.1.

ПО ПОВСТАНЧЕСКИМ ВОЙСКАМ УКРАЇНСЬКОЇ НАРОДНЬОЇ РЕСПУБЛІКИ.

Чотире роки большовики обіцяють утворити рай на землі, чотире роки обманюють нарід, але не раз у раз за гарними словами таки - ж гарни думки і діла. Чотире роки большовицького ра[illegible] зробили своє діло.

Не потрібно зараз росказувати ні селянові ні робітникові працуючому інтелігентові, про те чово хотят большовики, що таке комуна і як большовики будують свою" Робітниче-селянську владу"

Своїм пануванням большовики доказали, ХТО вони, чого вони хотять, ЩО роблять і до чого готуются. Війна без кінця, мобілізації, реквізіції, "Тижні", ріжного здірства. Навіть не свідомім роскрилися очи.

Перетерпівше все знущання над собою, нарід больше не вірить червоним катам, народ готується до бою. Не тілько на Україні але у всіх кінцях бувшої Росії хвиля народного гніву підніметься до найвищого ступіня. Наближається В У Р Я, яка змете червоних катів з лиця землі.

Уже чується наближення бурі, повстання проти большовиків в Кронштаті, в Перербурзі, в Москві, в Сибірі і по іньших містах і краях, ясно дають знати, що підходить кінець панування большовиків, наджодить кунець мукам народа.

Ще лютують большовики, заливаючи кровью пожежу повстання вірні їм Китайці та каторжани, ще боронять своїх панів. Але як не могли чотире роки тому назад оборонити царя жандарми, а Гетьмана карателі, так не зможуть стримати нарід і наймити " Ленина та Троцького".

Готуймось же до останнього рішучого бою. Мусимо стати всі один до нього. Мусимо стати до бою організовано, скувавши себе залізною дісціпліною. Мусимо памятати, що тому, хто не стане до боротьби проти гнобителів разом з нами, не повинно бути місця на Українській Землі. Провадиться зараз велика підготовча праця по організації майбутнього повстання.

СЕЛЯНЕ, РОБІТНИКИ, ІНТЕЛІГЕНЦІЯ.

Всім Вам місце серед борців за загальну волю, ідіть до праці, беріть на замітку всіх, хтоборонить большовиків, беріть на замітку і тих, хто не помагає боротись, але живе на нашій землі, бо не буде їм місця серед нас пусля перемоги.

Коли вся підготовка праця кінчиться ВИДАНИЙ БУДЕ НАКАЗ про повстання де буде сказано, що і кому треба робить, а поки що, г[illegible]ть до бою.

Наказ головного отамана військ УНР Симона Петлюри та начальника штабу Юрія Тютюнника повстанським військам про стримування стихійних виступів і підготовку загальнонаціонального повстання, 1921 р.

проте, не чіпала його самого. Ось як згадували про нього учасники операції: «Твоє життя, повне великої моральної сили єство в найбільшій мірі одушевило історичний похід армії УНР в запілля ворога, коли ім'я отамана Юрка Тютюнника стало синонімом непереможного лицарського духу, коли воно промовлялося ворогами зі страхом і пошаною, а в серцях народу будило надії на визволення, на остаточну перемогу».

Удача не мала відвернутися від нього і в листопаді 1921 року. Частково вона й не підвела — попри загальну катастрофу операції, загибель багатьох її учасників, Тютюннику вдалося вибратися живим із пастки.

Напевно, саме ці посмішки Фортуни посилювали впевненість Юрка у власній невразливості і штовхали на авантюрні кроки. Тому й не дуже вагався, коли влітку 1923 року на нього вийшли представники підпільної Вищої військової ради і запропонували повернутися в Україну для продовження повстанської боротьби. Повідомлення про діяльність організації, учасники якої чекають, що їх очолить легендарний отаман, затьмарило очі Тютюннику. Крім того, давалося взнаки нудне еміграційне життя серед чвар та суперечок.

17 червня отаман переходить кордон на територію УРСР і у прикордонному селі Вихватнівці потрапляє до рук чекістів. Саме вони виходили на Юрка як «представники українського підпілля» і повністю контролювали операцію.

Лише в останній момент перед арештом інтуїція змусила Тютюнника засумніватися у доцільності свого вчинку. Перш ніж сісти у човен, який мав відвести його до радянської України, він відвів убік Петра Стахіва, «представника» Вищої військової ради, колись свого вірного товариша, а на той момент вже агента ҐПУ. «Я, Петре, вас знаю, і ви мене знаєте, — передає слова отамана чекістський документ, — один одного ми не будемо підводити. Чи ВВР не фікція?» Відповідь агента його переконала: «Цього, пане генерале, не може бути. Я їх усіх знаю, і люди, які зі мною, мені чудово відомі. Ви ж, знаючи мене, можете покластися на мене і на моїх справжніх козаків». Через кілька хвилин на іншому березі Дністра «справжні козаки» накинулися на Тютюнника, роззброїли і зв'язали його.

Захоплення легендарного повстанського отамана, керівника Партизансько-повстанського штабу генерал-хорунжого Юрія Тютюнника стало величезним успіхом для більшовиків і чудовим шансом продовжити боротьбу з діячами визвольного руху як в Україні, так і на еміграції. «Тютюнник нами секретно заарештований, — читаємо в документі ҐПУ, — тут у нас про це знає обмежене коло співробітників. Необхідно це тримати в цілковитій таємниці,

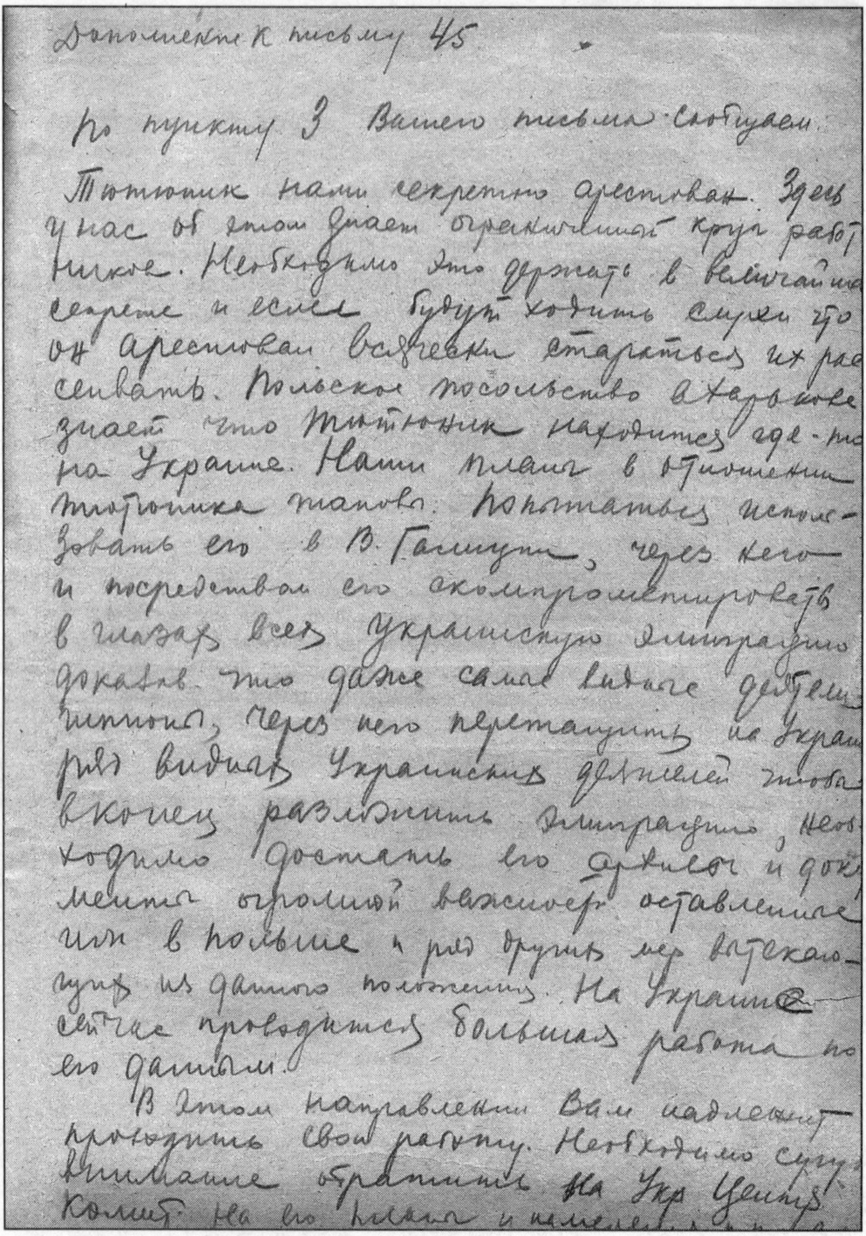

Дополнение к письму 45

По пункту 3 Вашего письма сообщаем.

Тютюнник нами секретно арестован. Здесь у нас об этом знает ограниченный круг работников. Необходимо это держать в величайшем секрете и если будут ходить слухи что он арестован всячески старайтесь их рассеивать. Польское посольство в Харькове знает что Тютюнник находится где-то на Украине. Наши планы в отношении Тютюнника таковы: попытаться использовать его в В. Галиции, через него и посредством его скомпрометировать в глазах всех украинскую эмиграцию доказав что даже самые видные деятели шпионы, через него перетащить на Украину ряд видных украинских деятелей чтобы вконец разложить эмиграцию, необходимо достать его архив и документы огромной важности оставленные им в Польше и ряд других мер вытекающих из данного положения. На Украине сейчас проводится большая работа по его данным.

В этом направлении Вам надлежит проводить свою работу. Необходимо сугубое внимание обратить на Укр Центр Комитет. На его планы и намерения [illegible]

Повідомлення ҐПУ про таємне затримання Юрія Тютюнника, 1923 р.

і, якщо з'являтимуться чутки, що він заарештований, всіляко намагатися їх спростовувати».

Головними завданнями операції з використанням пійманого отамана було приведення в СРСР інших діячів українського визвольного руху, а також компрометація тих, які продовжували роботу в еміграції, передусім головного отамана Симона Петлюри. «Цей план, — читаємо у вказівках одному з учасників операції, — затверджений товаришем Балицьким [тодішній керівник ҐПУ УРСР. — *В. В.*] і погоджений із ЦК партії… Цій справі надається колосальне значення в ділянці ліквідації бойової еміграції і тиску на польський уряд».

Очевидно, Тютюнник невипадково був обраний чекістами. Вони уважно вивчали, знали його авантюрний характер та складні стосунки з Петлюрою. Бажання звести рахунки із колишнім керівником справді відіграло важливу роль у згоді Юрка взяти участь у більшовицькій грі.

Хоча в автобіографії, написаній для чекістів незабаром після затримання, він говорить про інші мотиви: «Коротке, хоч вимушене моє перебування на території Радянської України, поки що поверхневе ознайомлення з радянською пресою з національного питання, з практичними кроками, вживаними радянською владою для забезпечення вільного розвитку колишніх поневолених націй, а також особисте знайомство з деякими відомими представниками радянської влади докорінно похитнуло мої переконання в антиукраїнській природі радянської влади в Україні… Врахувавши всі обставини в даний момент і беручи до уваги всі наслідки на майбутнє, я вирішив віддати себе в розпорядження Українського Радянського Уряду».

Юрко Тютюнник у ролі Юрка Тютюнника

Влітку—восени 1923 року на Захід починають приходити листи за підписом Юрія Тютюнника, який повідомляв товаришів на еміграції про свою активну діяльність у рамках підпільної «Вищої військової ради».

В одному з таких листів, адресованих полковнику Дзіковському, читаємо: «Зараз працюю в Україні. Працювати можна. Працюю в організації Всеукраїнська військова рада, яка ставить собі за мету об'єднання всіх українських земель в єдину Українську державу. З моменту створення Союзу Радянських Республік, в який входить Україна, багато чого змінилося в практичній політиці і повернулося на нашу користь. Писати багато вважаю зайвим, зі сказаного ви самі зрозумієте, що доцільність боротьби проти СРСР (в той же час проти України) в даний час відпала. ВВР пустила великі коріння в Україні, як у масах, так і в різних прошарках, а тому може багато що зробити. Не виключена можливість примирення з більшовиками».

Лист, очевидно, писався під диктовку чекістів, проте цілком можливо, що Тютюнник бодай частково вірив у те, що писав, адже на той момент вже практично не було можливостей проводити успішну збройну антирадянську

Юрій Тютюнник у ролі отамана Тютюнника у фільмі «ПКП», 1926 р.

боротьбу. З іншого боку, влада для утримання свого контролю над територією змушена була піти на серйозні поступки в економічній та національній політиці, які призвели до національного відродження в Україні.

Натомість не доводиться сумніватися в щирості його слів з іншого листа на еміграцію: «Тепер про Петлюрівщину. Тут треба діяти швидко, рішуче, твердо. Треба добити Петлюру морально». Схоже, для полоненого отамана не було гірших ворогів, ніж колишній соратник у боротьбі. Часом він ніби не помічав, як завдяки цьому засліпленню ставав інструментом чекістських провокацій.

З приводу листа Тютюнника до генерала Удовиченка, у якому він закликає свого товариша, котрий діяв на еміграції, «раз і назавжди порвати з Петлюрівщиною», чекісти писали: «З Удовиченком наша мета така — розсварити його з Петлюрою, зіпхнути Петлюру, і тоді перетягти його на наш бік». З іншого звіту дізнаємося, що лист від ВВР за підписом Тютюнника був переданий Удовиченку через зв'язок псевдопідпільників у польському посольстві в Харкові. Таким чином чекісти «вирішили створити деяку популярність Удовиченка в очах польського уряду, створюючи враження, що наша організація (ВВР) більше симпатизує йому, а не Петлюрі».

В узагальненому документі «Огляд оперативної розробки, проведеної органами ЧК — ҐПУ у 1921—1923 роках. Вивід з-за кордону і захоплення ватажка закордонного націоналістичного центру генерала Тютюнника» чекісти із задоволенням підсумовували результати використання полоненого: «Листи Тютюнника за кордон внесли дезорганізацію в лави контрреволюції за кордоном і підірвали авторитет ватажків націоналістичних закордонних центрів... Під впливом цих листів припинили свою боротьбу проти радянської влади і повернулися з еміграції деякі відомі українські буржуазні націоналісти (Бондаренко, Очеретько, Добротворський та інші), а також склали свою зброю озброєні банди на території України, отамани яких дізналися про перехід Тютюнника на бік більшовиків».

Проте в цілому більшовицькі інтриги і просування «підпільної організації ВВР» були, напевно, не надто успішними. Тому через кілька місяців радянська влада відкрила правду про перебування Юрка Тютюнника в її руках, намагаючись надати цьому відкриттю максимального пропагандистського ефекту. Сенсаційну новину про легендарного отамана, який перейшов на радянський бік, публікували газети, що спеціально поширювалися за кордоном у середовищі українських політичних та військових діячів.

1924 року в Харкові в офіційному державному видавництві друкується підписаний колишнім отаманом памфлет «З поляками проти Вкраїни», головна мета якого — дискредитація української політичної еміграції.

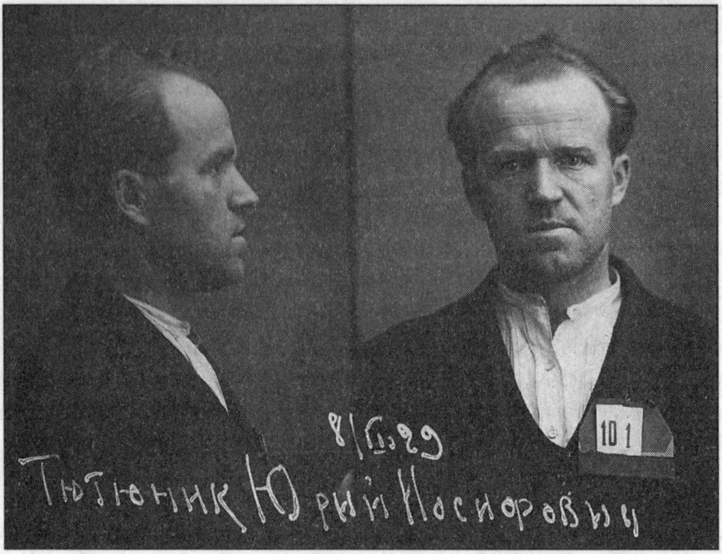

Фото з кримінальної справи Юрія Тютюнника, 1929 р.

Це була не перша книга Тютюнника — за рік перед полоненням він видав цікаві спогади «Революційна стихія» та «Зимовий похід 1919—1920 років», у яких описав свою завзяту антибільшовицьку боротьбу. Літературну діяльність він продовжував і в наступні роки перебування в УРСР: під псевдонімом «Г. Юртик» з'являються кіносценарії. Зрештою, як свідчить заповнена ним у 1929 році анкета, він сам вважав себе літератором.

1926 року Юрко Тютюнник проявив ще одну грань свого творчого характеру, знявшись у кіно. У фільмі «ПКП» («Пілсудський купив Петлюру») він зіграв… отамана Юрка Тютюнника. Цей епізод чи не найкраще ілюструє, на який гротеск перетворилося життя колишнього повстанця, що змушений був відмовитися від свого минулого і стати карикатурою на самого себе.

Інший штрих до цієї ж картини абсурду — викладання тактики партизанської війни в Харківській школі Червоних старшин. Юрко Тютюнник, завзятий ворог комуністичної влади, розповідав про свої подвиги тим, проти кого вони були спрямовані, навчав воювати та перемагати тих, кого ще кілька років тому намагався знищити. На жаль, ні документи, ні мемуари не здатні відповісти на питання, що відчував у ці дні колишній «батько-отаман». Навряд чи це було щире захоплення собою, радше сарказм і жорстока самоіронія. «Даю лекції бандитизму», — так розказував він знайомим про свою викладацьку діяльність.

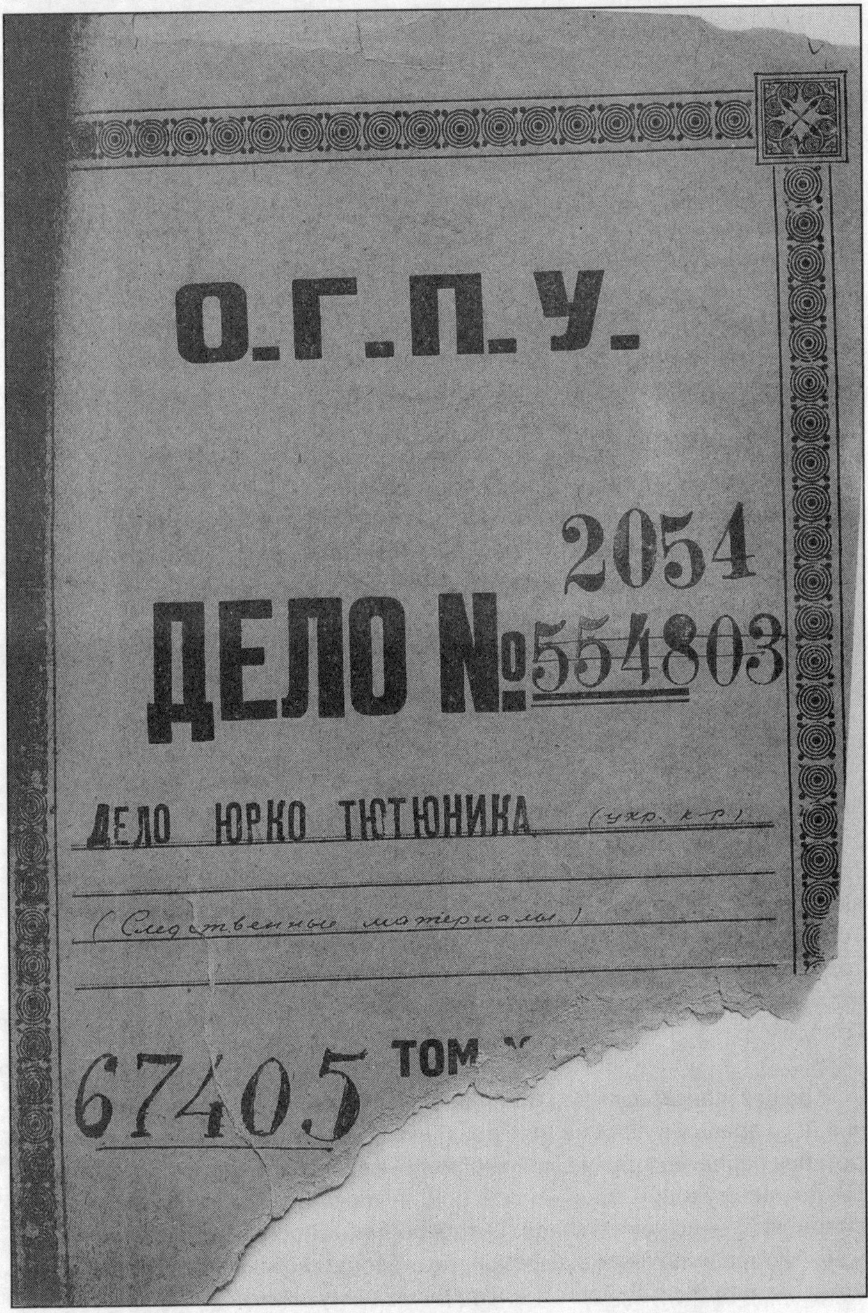

О.Г.П.У.

2054

ДЕЛО №554803

ДЕЛО ЮРКО ТЮТЮНИКА (укр. к-р)

(Следственные материалы)

67405 ТОМ

Обкладинка кримінальної справи Юрія Тютюнника, 1929 р.

Можливо, за цим сарказмом приховувалися не лише душевні муки, але й терпляче очікування, що незабаром все може змінитися, треба лише зачекати слушної нагоди. Юрко далі вірив у свою щасливу долю, яка дасть змогу знову перехитрити ворогів. Ці припущення підтверджуються його словами: «Сучасний період я вважаю за період наростання національних сил... Займаючи позицію вичікування, наростаючі національні сили організаційно не оформлюються, бо всяка організаційна робота може бути тільки в підпіллі, а на існування підпілля влада мусить відповідно реагувати».

Цитовані твердження взяті з протоколу допиту Юрка Тютюнника від 12 лютого 1929 року. Заарештований цього дня, він, схоже, не збирався більше приховувати своїх антирадянських поглядів.

«Практична політика Радянської влади, — заявляв він під час слідства, — сприяє розвитку української національної культури [нагадаємо, ідеться про період "українізації", згортання якої почалося якраз у 1929 році. — В. В.], але інтереси нації не обмежуються національним розвитком... Незалежна Українська держава може бути тільки буржуазною, бо радянська концепція усуває принцип незалежної держави. Керівна роль повинна належати селянству... Коротко формулюючи мою політичну платформу, повинен сказати:

1) пригноблена нація, визволяючись, перш за все мусить встановити національну диктатуру;
2) оскільки на Україні більшістю національною є селянство, йому як класу належить керівна роль у державі».

Радянське керівництво на чолі зі Сталіним у Кремлі дійшло схожих висновків щодо українського селянства та його можливої ролі у відродженні України. Тому для того, аби остаточно зламати український національний опір, саме тоді, у 1929 році, більшовики розпочали справжню війну з селянами — спочатку через так зване розкуркулення, а згодом, у 1932—1933 роках, — через Голодомор.

Відверті антирадянські погляди Юрка Тютюнника стали однією з причин його арешту в лютому 1929 року. Іншою стало звинувачення, що він не розкрив перед чекістами підпільної мережі в Україні, яка створювалася ним ще до арешту в 1923 році. «У 1928 році, — повідомляє "Огляд оперативної розробки", — до чекістів надходить інформація про те, що Тютюнник, мешкаючи в Україні, починає відновлювати зв'язок із своїми колишніми однодумцями і намагається відновити контрреволюційну діяльність». Скільки правди в цьому другому обвинуваченні, чи справді існувала ще якась підпільна ме-

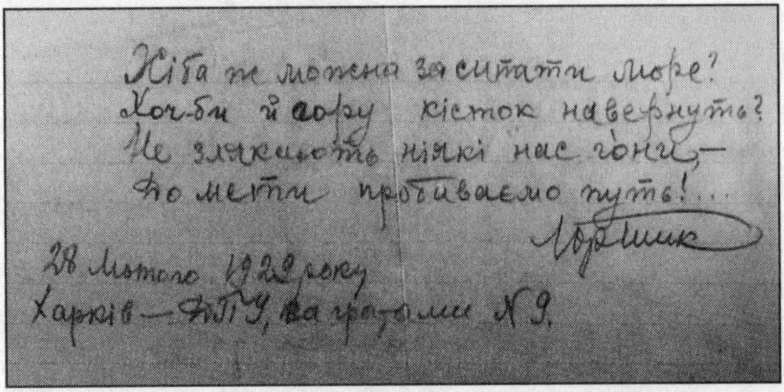

Хіба ж можна засипати море?
Хоч-би й гору кісток навернуть?
Не злякають ніякі нас гони,—
До мети пробиваємо путь!..

28 лютого 1929 року
Харків — ДПУ, [illegible] № 9.

Вірш Юрка Тютюнника, написаний у тюремній камері у Харкові 28 лютого 1929 р.

режа і чи підтримував Юрко з нею контакти, чи слідчі лише «шили» йому цю справу, зараз сказати важко. Матеріали кримінальної справи не дають чіткої відповіді на ці питання. В обвинувальному висновку, зокрема, зазначається про ліквідацію Могилівським ҐПУ однієї з груп, яка нібито належала до цієї мережі і готувала вибухи у Жмеринці.

Тютюннику також інкримінують зв'язки з колишніми товаришами в антирадянській боротьбі, зокрема Головком-Левицьким, який переховувався від радянської влади, а також тими, котрі перебували в концентраційних таборах. «У 1929 році, — читаємо у справі, — заарештовано сподвижника Тютюнника Янковського і отримано ряд даних про те, що в Україні переховуються не тільки окремі особи, а навіть групи, послані свого часу Тютюнником для повстанської роботи, наприклад, група полковника Гамзи і нині розшукувана ҐПУ».

Юрко не заперечував контактів із колишніми соратниками, але стверджував, що, навпаки, говорив із ними про неможливість збройного опору радянській владі в цей період. Щодо звинувачень у приховуванні контактів, гордо відповів: «Повідомлення ҐПУ про будь-кого — це проти моєї моралі». Жодної додаткової інформації про підпілля слідчі, які проводили допити протягом кількох тижнів, більше не отримали. Чи це було приховування правди, чи Тютюнник і справді не мав чого сказати, бо не існувало якогось підпілля, з яким він був пов'язаний? Знову питання, на які принаймні зараз годі відповісти.

У березні 1929 року заарештованого переводять до Москви. Це дає підстави припустити, що чекісти намагалися використати Тютюнника у своїх нових кривавих іграх. Адже саме тоді готувалася масштабна операція проти діячів української культури та науки, яка стала відомою навесні наступного,

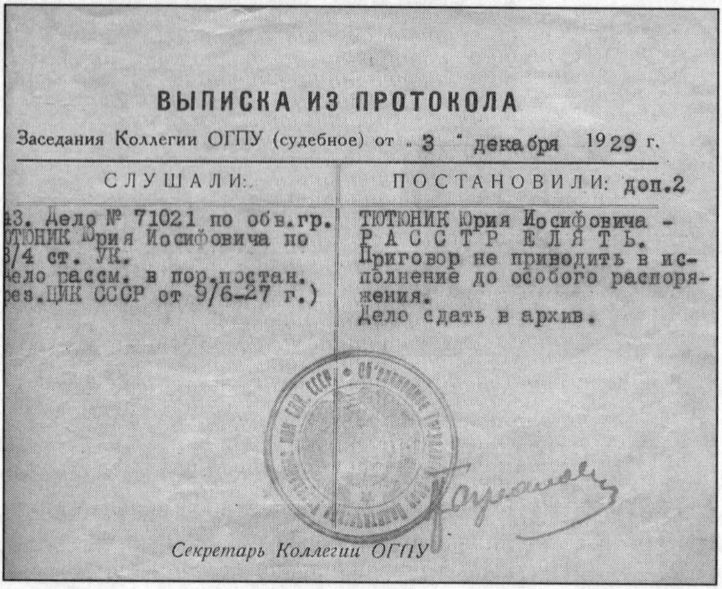

ВЫПИСКА ИЗ ПРОТОКОЛА

Заседания Коллегии ОГПУ (судебное) от „3“ декабря 1929 г.

СЛУШАЛИ:	ПОСТАНОВИЛИ: доп.2
з3. Дело № 71021 по обв.гр. ТЮНИК Юрия Иосифовича по 3/4 ст. УК. (ело рассм. в пор.постан. рез.ЦИК СССР от 9/6-27 г.)	ТЮТЮНИК Юрия Иосифовича – РАССТРЕЛЯТЬ. Приговор не приводить в исполнение до особого распоряжения. Дело сдать в архив.

Секретарь Коллегии ОГПУ

Виписка з протоколу колегії ОҐПУ з вироком Юрію Тютюннику, 3 грудня 1929 р.

1930-го, року під час так званого процесу «Спілки визволення України». За цієї справою згодом пішли інші — «Українського національного комітету», «Української військової організації», суть яких зводилася до того, що чекістами «викривалася» якась антирадянська підпільна організація, за «участь» в якій потім заарештовували незручних для радянської влади осіб. Таким чином згорталася «українізація» і починалося знищення всього національного в Україні.

Можливо, колишньому отаману, котрий свого часу справді намагався розбудувати антирадянське підпілля, пропонувалася роль одного з викривачів цих «організацій». Його свідчення могли би стати ключовими доказами. Проте цього разу чекісти прорахувалися, і зламаний ними одного разу повстанець відмовився грати придуману для нього роль. Напевно, ролі в «ПКП» було для нього досить. В Тютюннику знову прокинувся гордий отаман, готовий до кінця боротися за свою мету. 28 лютого 1929 року, перебуваючи у в'язниці, він написав короткого, але промовистого вірша:

Хіба ж можна засипати море?
Хоч би й гору кісток навернуть?
Не злякають ніякі нас гони, —
До мети пробиваємо путь!

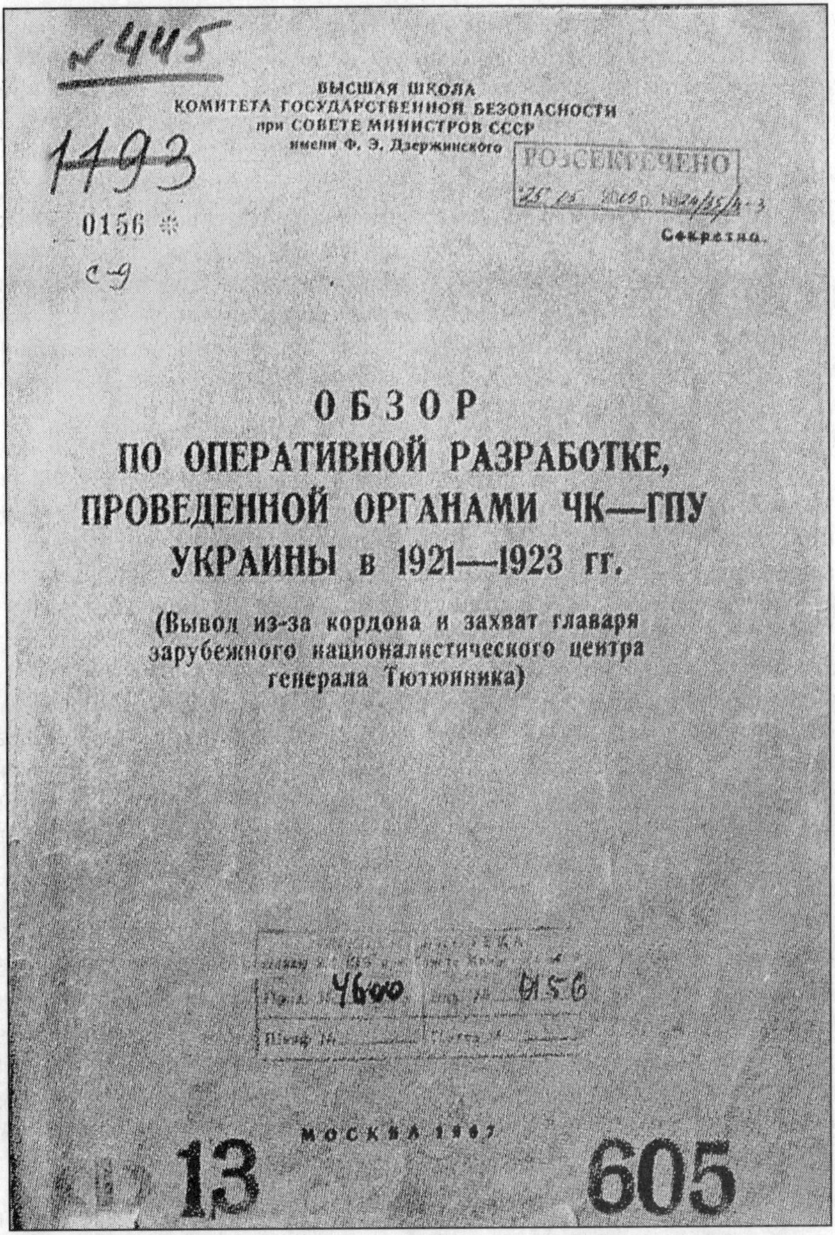

№445

ВЫСШАЯ ШКОЛА
КОМИТЕТА ГОСУДАРСТВЕННОЙ БЕЗОПАСНОСТИ
при СОВЕТЕ МИНИСТРОВ СССР
имени Ф. Э. Дзержинского

1493

РОЗСЕКРЕЧЕНО

0156

с-9

Секретно.

ОБЗОР
ПО ОПЕРАТИВНОЙ РАЗРАБОТКЕ,
ПРОВЕДЕННОЙ ОРГАНАМИ ЧК—ГПУ
УКРАИНЫ в 1921—1923 гг.

(Вывод из-за кордона и захват главаря
зарубежного националистического центра
генерала Тютюнника)

4600 0156

МОСКВА 1967

13 605

Огляд оперативної розробки Юрія Тютюнника, виданий у 1967 р. Вищою школою КҐБ імені Ф. Дзержинського. Використовувався як підручник для майбутніх чекістів

Отже, про співпрацю тепер не могло бути й мови. Зважаючи на це, колегія ОҐПУ 3 грудня 1929 року винесла вирок про розстріл Юрія Тютюнника, третій за його життя. Протокол рішення містив цікаву приписку: «Вирок не виконувати до особливого розпорядження». Влада давала час отямитися.

Розпорядження Юрко чекав у камері смертників десять місяців. Про що він думав тоді? Як очікував смерті? Можливо, шкодував, що цього не сталося раніше, у 1923-му, і йому не довелося б перейти через роки приниження і самозаперечення? Можливо, проклинав свою щасливу зірку, яка дозволила вибратися живим у 1921-му і не дала полягти «батьком-отаманом» біля своїх побратимів-героїв під Базаром? На жаль, відповіді на ці питання не знайдемо в документах. Натомість маємо лише суху інформацію про те, що «вирок виконаний 20.10.1930».

Постріл чекіста того дня поставив крапку в житті дуже неоднозначної людини — повстанського отамана і викладача школи Червоних старшин, автора героїчних спогадів «Революційна стихія» і крикливого пасквіля «З поляками проти Вкраїни», легенди визвольної боротьби 1917—1921 років та її карикатури у фільмі «ПКП», зломленого полоненого 1923-го та незламного в'язня 1929-го. Здається, що тоді не стало кількох людей, які мали би бути заклятими ворогами. Насправді у вічність відійшов Юрко Тютюнник.

Олександра Радченко — репресована за пам'ять

Комуністична влада на більшості українських територій закріпилася після падіння Української Народної Республіки в 1921 році. Серед її активістів було чимало українців, але становлення режиму стало можливим лише завдяки завоюванню України більшовицькою армією та постійній підтримці з Москви. Адже масштабний антикомуністичний опір та численні повстання тривали до середини 1920-х років.

Врешті для утримання контролю над територією комуністи змушені були піти на компроміс із українським національним рухом і почали так звану українізацію — українська мова стала офіційною у владних установах, відкрито українські театри та університети. Сприятливі умови спричинили справжній бум в українській культурі, з'явилася ціла генерація письменників, поетів, художників, театральних та кінорежисерів. Оголошена комуністами «нова економічна політика» дозволила селянам відчути себе власниками землі та розвинути власні господарства. Але вже через десять років на село прийде вбивчий голод, а письменники та митці стануть Розстріляним відродженням.

Учителька Олександра Радченко

Більшовики розуміли: економічні та культурні поступки бунтуючим українцям можуть бути лише тимчасовими, і вже в кінці 1920-х, після остаточного утвердження Сталіна біля керма влади, розпочато масштабний наступ проти всього українського. Цю атаку всесвітньовідомий юрист Рафаель Лемкін, автор терміну «геноцид», назвав «радянським геноцидом українців». Складовими геноциду були репресії (розстріли та ув'язнення) діячів культури, ліквідація національної церкви. Врешті, створення умов, які призвели до масової смерті українських селян — головних носіїв національної ідентичності, що стало найбільшим злочином радянського комуністичного режиму. Штучно організований голод протягом 1932—1933 років

Озброєний охоронець біля комори з зерном, село Вільшани Харківської області

забрав життя мільйонів (за різними підрахунками, від 4 до 7) життів. Цей злочин ввійшов в українську та світову історію під назвою Голодомор.

На початку 1930-х років колективізація українських сіл завершилася, і їхні мешканці, примусово загнані до колгоспів, стали цілком залежними від влади. Масовими репресіями та депортаціями комуністи зуміли ліквідувати прошарок заможних і незалежних власників на селі — «куркулів», тих, які могли становити основу національного руху. Але й після цього в Україні періодично спалахували місцеві антирадянські повстання. Для того, аби остаточно придушити рух опору, влада вирішила покарати непокірних селян голодом.

Спочатку було встановлено непомірно високі норми заготівлі зерна, а їх очікуване невиконання оголошено саботажем і спротивом владі. Після цього почалися насильницькі реквізиції, на села відправлено спеціальні «буксирні» бригади, що конфісковували все виявлене у селян зерно. Влада жорстоко карала за будь-які спроби приховати хліб, який оголошувався державною власністю.

У серпні 1932 року прийнято спеціальну постанову, названу в народі «законом про п'ять колосків», яка передбачала багатолітнє ув'язнення або навіть розстріл за те, що трактувалося як «розкрадання соціалістичної власності». Насправді мова йшла про спроби зберегти для себе бодай залишки їжі чи віднайти рештки зерна на полях після збору врожаю. Ще одним інструментом вбивства селян стало запровадження так званих натуральних штрафів: у родин, які не виконали запланованих норм здачі зерна, як покарання вилучалася вся їжа. Відповідальність за «саботаж» покладалася також на цілі села, які заносилися на «чорну дошку», — такі населені пункти повністю ізолювалися від решти світу, а довезення туди будь-яких товарів чи харчів припинялося. Зрештою, вся територія України перетворилася у своєрідне «голодне гетто», адже її кордони було оточено військами, які не давали голодуючим тікати.

Позбавлені будь-якої їжі та можливостей залишити уражені голодом терени, люди масово помирали. Гинули цілі сім’ї, вимирали цілі села, людей не встигали хоронити в могилах, тому закопували неподалік поселень у великих ямах. Іноді ховали навіть ще живих: ті, хто збирав тіла, самі були настільки ослаблені, що не могли приходити двічі.

Страшна трагедія — смерть мільйонів — приховувалася від світу. Про неї не можна було говорити і в Україні. Цензуровані газети писали про значні успіхи радянської влади, а будь-яка інформація про голод трактувалася як антидержавна пропаганда і суворо каралася.

Дехто з постраждалих від голоду був певен: біда є наслідком злочинних дій місцевої влади, і варто лише повідомити центральне керівництво, аби беззаконня припинилося. Люди писали листи на ім’я Сталіна, «відкриваючи

Місце масового поховання жертв Голодомору

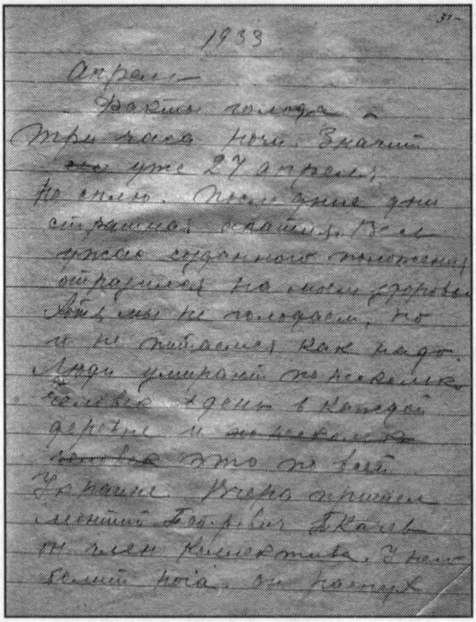

Сторінка щоденника Олександри Радченко

вождю народів очі» на жахи голоду. Авторів таких листів влада уважно вислуховувала, а потім... заарештовувала.

Тим не менше люди, які переживали Голодомор, намагалися зберегти пам'ять про нього, передати її нащадкам. Одним із мільйонів свідків вбивства голодом була Олександра Радченко, яка в той час працювала вчителем на Харківщині. Як службовець, вона мала певне харчове забезпечення, яке допомогло їй вижити та врятувати від голодної смерті своїх дітей. Проте отримуваний від держави «пайок» не міг відгородити її від довколишніх жахів. Можливо, тому, що як учителька змушена була кожного дня дивитися в голодні очі учнів, адже не могла не помічати, як їх ставало дедалі менше. Вона усвідомлювала: будь-яка спроба поширити інформацію про те, що робиться в Україні, означатиме для неї ув'язнення, а отже, і смерть для її дітей, залишених напризволяще. Олександра Радченко знала, на який ризик іде, навіть довіряючи правду про побачене лише своєму щоденнику, розуміла, що її очікуватиме у випадку виявлення записів. Але стриматися від цього не могла, тому й писала:

«5 квітня 1932 року, вівторок. Голод, штучно створений голод, набуває жахливого характеру. Навіщо забирають до зернини хліб — нікому не зрозуміло, і тепер, коли вже бачать результат такого забирання, все-таки продовжують вимагати хліба для посіву... А діти голодують замучені, худі, мордовані глистами, тому що їдять одні лиш буряки, та й ті от-от закінчаться, а до врожаю ще чотири місяці. Що буде?

6 квітня 1932 року, середа. Іноді мене охоплює така нестримна злість, що починаю хворіти. Читаю про "радянські темпи" (газета "Правда"), про відкриття першої в Європі домни, про завершення греблі в Дніпробуді і багато іншого. Все це добре, але навіщо ці темпи при розпухлих від голоду дітях та людях. Взагалі голод починає лютувати і несе з собою усі біди, які лише можна уявити. Злочинність розвивається з якоюсь особливою швидкістю... Мучать думки про розпухлих від голоду селянських дітей, і злість зростає...

Дівчинка — жертва голоду. Харків, 1933 р.

2 червня 1932 року, четвер. Як важко жити, до відчаю важко. Взагалі надзвичайний час, небачений в історії. Всі страждають від недоїдання або голоду, та й взагалі від напівжебрацького життя. До того ж безликість страшна, гнітюча.

20 листопада 1932 року, неділя. Діда, що працює у крільчатнику, «пограбували власті», як він доповів. Це означає, що забрали все, що було зі злаків та овочів. Він уже розкуркулений два роки, майже жебрак, хіба що не просить милостиню. Йому 70 років, старій — років 65 і з ними на квартирі їхня дочка-каліка. І ось у них, убогих, забрали все, чим вони могли прожити до лютого.

9 січня 1933 року, понеділок. У Харкові творяться жахи голоду. Крадуть дітей і продають ковбасу з людського м'яса. Заводять обманом дорослих людей (більш повних) під приводом продажу взуття. Навіть у газетах про це писали, заспокоюючи, що вживають заходи, але… діти все зникають.

23 березня 1933 року, четвер… Горя людського в цей день я бачила жахливо багато. З важкими враженнями верталась додому. По дорозі в Зарожне в полі, біля самої дороги, побачили ми старого, обірваного, худого, чобіт на ньому не було. Ймовірно, він упав знеможений і замерз, чи зразу помер, чоботи хтось зняв. Повертаючись, ми знову бачили цього старого, нікому він не потрібен…

Виїжджаючи в Бабку, ми наздогнали хлопчика семи років, мій супутник гукнув, але хлопчик ішов, похитуючись, і ніби не чув, кінь догнав його, я крикнула, хлопчик неохоче звернув з дороги, мене тягнуло подивитися йому в обличчя. І жахливе, страшне, незабутнє враження залишив вираз цього обличчя. Напевно, вираз очей такий буває у людей, коли вони знають, що повинні ось-ось померти і не хочуть смерті. Але це була дитина! Нерви у мене не витримували: "За що? За що діти?". Я плакала тихенько, щоб не бачив мій супутник. Думка, що я не можу нічого зробити, що мільйони дітей гинуть від голоду, що це все стихія, довела мене до відчаю…

Тіла померлих від голоду не встигали прибирати з вулиць. Харківщина, 1933 р.

Кілька днів тому приходив конюх — лице вже опухло, руки опухлі. Каже, що ноги важкі, спокійно приготувався вмерти. "Дітей жаль, — каже. — Вони нічого не розуміють — не винні"».

Олександра Радченко та троє її доньок, наймолодша з яких народилася 1931 року, пережили Голодомор, їх також не зачепила хвиля репресій Великого терору 1937—1938 років. Та на їхню долю випало ще чимало лиха.

У 1940 році сім'я Радченків переїхала в нещодавно приєднану до Радянського Союзу Буковину. Тут їх і застав початок німецько-радянської війни влітку 1941-го. Олександра та її чоловік Василь були заарештовані румунськими військовими, що як союзники Третього Райху окупували цю українську територію. Разом вони кілька тижнів перебували в таборах, допоки не були визволені звідти колегами її чоловіка, інженерами лісового господарства. Звільнившись, Василь Радченко продовжив працювати лісником.

Перші дні після зміни влади багато місцевих людей, серед них і Олександра, вірили в «німецьке визволення від комуністів». Тому вона розповіла про свої записи німецькому чиновнику, який раніше в себе на батьківщині працював кореспондентом. Той запропонував їх видати. Німецька пропаганда неодноразово використовувала інформацію про злочини комуністів (так було з інформацією про масові страти в'язнів влітку 1941 року, про віднайдення поховання польських офіцерів у Катині). Проте записи про Голодомор не потрапили до преси нової влади. А вже незабаром Радченко зрозуміла, що ця нова нічим не краща за попередню. Тому в записах за 1941—1942 роки вона записувала вже про злочини нацистів. У 1943 році жорстока окупаційна політика торкнулася безпосередньо її родини — на примусові роботи до Німеччини вивезено її 17-літню доньку Еліду.

Повернення радянської влади в Україну у 1944 році обернулося ще однією втратою для сім'ї Радченків. Чоловіка Олександри Василя забрали на фронт, причому у штрафні батальйони, адже він «служив окупантам як лісник».

У 1945 році завершилася війна. Ще до того на батьківщину з Німеччини повернулася Еліда, а в серпні й Василь Радченко, нагороджений медаллю «За бойові заслуги». Врешті сім'я Радченків знову була разом.

І саме в цей щасливий момент в їхнє життя знову втрутився тоталітарний режим. 7 липня 1945 року слідчий Кам'янець-Подільського обласного управління НКВД підписав постанову про арешт Радченко Олександри Миколаївни. Під час обшуку в помешканні затриманої виявлено сім зошитів зі щоденниками колишньої учительки за 1926—1943 роки. Саме вони стали головним доказом в обвинуваченні заарештованої в «антирадянській пропаганді та агітації».

Донька Еліда згадувала цей трагічний момент в історії сім'ї: «Мама щоденників ніколи не ховала. Добралися до скриньки, де лежали щоденники. Я п'ять-шість загальних зошитів, які лежали на столі, встигла закинути під

Щаслива сім'я Радченків: Олександра з донькою та чоловіком

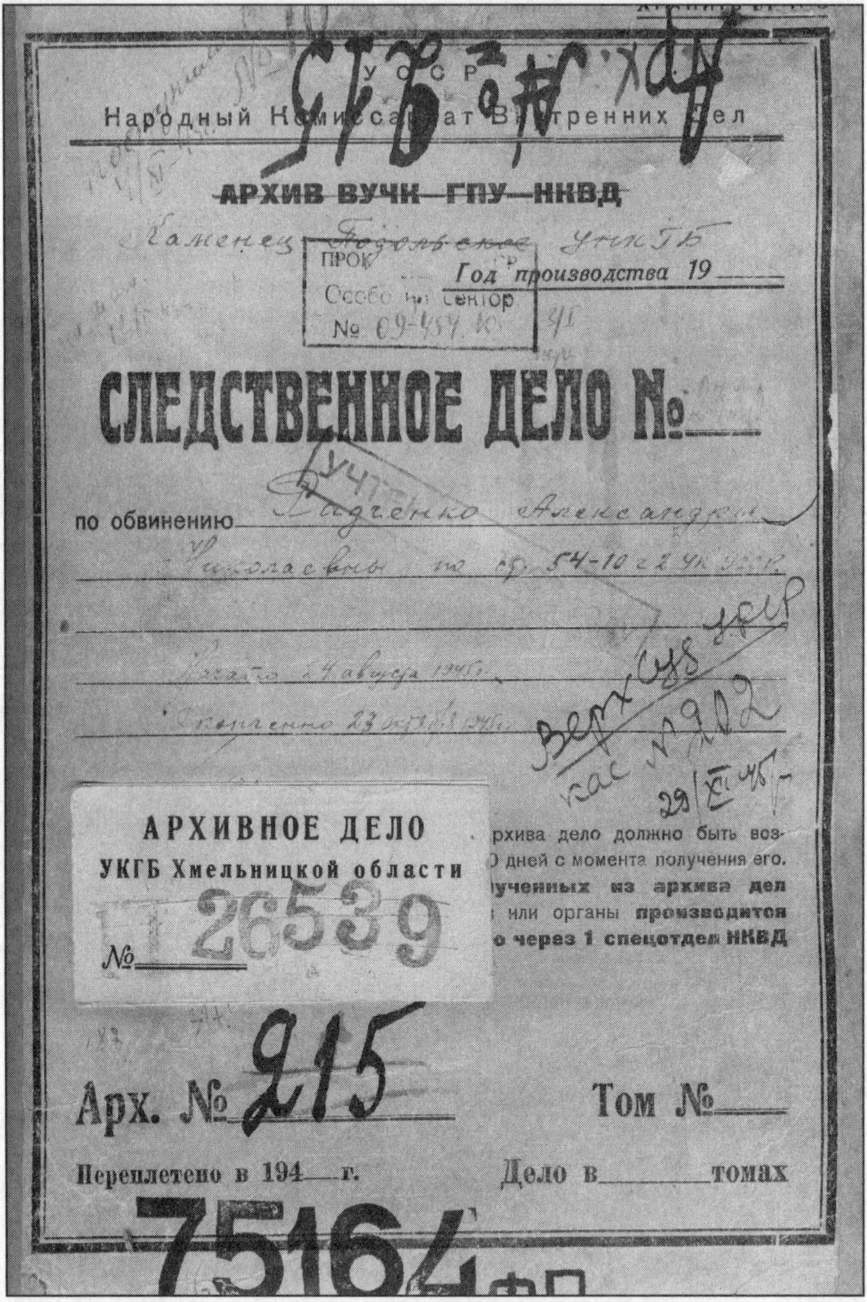

УССР

Народный Комиссариат Внутренних Дел

~~АРХИВ ВУЧК ГПУ НКВД~~

ПРОК

Особый сектор

№ 09-454

Год производства 19

СЛЕДСТВЕННОЕ ДЕЛО №

по обвинению

АРХИВНОЕ ДЕЛО

УКГБ Хмельницкой области

№ 26539

...рхива дело должно быть воз-
...0 дней с момента получения его.
...лученных из архива дел
... или органы производится
...о через 1 спецотдел НКВД

Арх. № 215

Том №

Переплетено в 194 г.

Дело в томах

75164 ФП

Обкладинка справи на Олександру Радченко з Архіву СБУ

СССР
МИНИСТЕРСТВО
ЮСТИЦИИ
Итк "ВП"
п/я- 120
«30» 7 1955 г.

Форма «А»
ВИДОМ НА ЖИТЕЛЬСТВО НЕ СЛУЖИТ.
ПРИ УТЕРЕ НЕ ВОЗОБНОВЛЯЕТСЯ

5— I-АА

СПРАВКА №0043050

Выдана гражданке Радченко Александре Николаевне 1896 года рождения, уроженка с. Ахтверка, Харьковской обл.

гражданство СССР, национальность Украинка

осужденная Каменец-Подольским Областным Судом «14» декабря 1945 г. по ст.ст. 54-10ч.2 УК УССР к лишению свободы на 10 лет, с поражением в правах на 5 года, имеюще... в прошлом судимость не судима

в том, что она отбывала наказание в местах заключения по «30» июля 1955 г. и по отбытию срока наказания

С применением зачетов рабочих дней

Освобождена «30» июля 1955 г. и следует к избранному месту жительства Волчанский р-н Харьковской обл.
(город, село, деревня, район, область)

до ст. .... жел. дор.

Начальник лагеря (ИТК) [подпись]
(..........)

Начальник отдела (части) [подпись]
(..........)

Печать

№ ВП-120-1 МВД-СССР

Довідка про звільнення з таборів, 1955 р.

Олександра Радченко після повернення із заслання

подушку. Після арешту мами ми почали їх читати, а там стільки жахів було написано про Голодомор, що ми вирішили, що всю сім'ю розстріляють, тому ми спалили їх...» Проте й виявлених чекістами зошитів виявилося досить для того, аби засудити вчительку.

Слідство тривало майже півроку. На допитах Олександра відразу визнала авторство своїх записів, але цього було замало. Слідчий намагався змусити її визнати нотатки фальшивими, написаними спеціально для компрометації радянської влади. «Слідство було глибоко упередженим, — писала згодом вона у скарзі прокурору. — Мені погрожували багаторічним сидінням під слідством, доки не підпишуть протокол, де вже було написано, що на початку 1930-х років я вела контрреволюційного змісту щоденник. Враження від тюрми, страх і поганий стан здоров'я були причиною підписання протоколів».

Суд відбувся в місті Проскурів 14 грудня 1945 року. У своєму слові Олександра фактично відмовилася від свідчень, записаних у справі, і заявила: «Мета моїх записів — присвятити їх дітям. Я писала, що через 20 років діти не повірять, що такими жорстокими методами будували соціалізм. На Україні в 1930—1933 роках український народ переживав страхіття...»

Звичайно, судді не дослухалися до її слів, тому у звинуваченні йшлося про те, що Олександра Радченко, «будучи вороже налаштованою до радянської влади в період 1930—1933 років, писала щоденник контрреволюційного змісту, в якому засуджувала дії комуністичної партії з організації колгоспів у СРСР та описувала тяжкий матеріальний стан трудящих». Попри абсурдність звинувачення, покарання за нього було дуже реальним та жорстоким — 10 років таборів ГУЛАГу. Уже в таборі колишня учителька продовжувала боротися за своє звільнення, писала скарги та протести, які, втім, не змінили її долі.

Олександра Радченко повернулася в Україну лише в серпні 1955 року, після відбуття повного терміну ув'язнення. З надірваним здоров'ям вона прожила після цього на волі ще лише десять років.

Вдруге радянська влада згадала про неї за кілька тижнів до свого кінця. 23 липня 1991 року Олександру Радченко посмертно реабілітували, тобто визнали несправедливо засудженою. Тим часом її щоденники (на жаль, не всі — три зошити було спалено ще під час слідства як такі, що «не мають жодної цінності») і далі зберігалися в архіві КҐБ, де про їх існування ніхто не знав. Згодом ці документи разом з іншими успадкувала спецслужба незалежної України. Але до того часу, як вони потрапили до рук істориків, минуло ще десять років.

Українці зуміли зберегти пам'ять про страшну трагедію і тепер намагаються розповісти про неї світові. Меморіал пам'яті жертв Голодомору в Києві

Тільки в 2001-му ці матеріали разом з іншими, які розповідають про Голодомор, знайшли в архіві. «Я випадково почула по радіо, що можна ознайомитися зі щоденниками Олександри Миколаївни Радченко, які містяться в СБУ, — згадує її донька Еліда. — Я була зворушена, розплакалася. Мама недарма десять років відсиділа, і її робота не пропала марно. Вона писала правду…».

У 2007 році фрагменти щоденника були опубліковані в книзі «Розсекречена пам'ять». Сьогодні вони стали важливим історичним джерелом для дослідження подій 1930-х років в Україні. Написані небайдужою учителькою щирі слова руйнують збудований комуністичною пропагандою міф про «щасливе радянське життя», розповідають страшну правду про те, що робилося в Україні у 1932—1933 роках.

Тож Олександра Радченко таки виконала свою місію: зберегла і передала нащадкам пам'ять про трагедію Голодомору.

Голодомор. Стирання пам'яті

Інформаційна блокада була важливим інструментом реалізації Голодомору як геноциду в Україні. Потрапляння за кордон інформації про масову голодну смерть людей могло не лише зінсувати міжнародний імідж Радянського Союзу, котрий саме на початку 1930-х почав активно налагоджувати дипломатичні відносини із державами Заходу, але й вилитися у спроби допомогти голодуючим.

Саме значний міжнародний розголос голоду 1921—1922 років дозволив надати постраждалим суттєву допомогу, що врятувало багатьох від голодної смерті. У 1932—1933 роках це не повинно було повторитися. Приречені Сталіним на смерть через голод мусіли померти. Тож військова облога територій, яка мала за мету не дозволити вирватися із голодоморного гетто, ефективно доповнювалася стіною мовчання, за яку не повинно було проникнути жодне слово правди.

І все ж, у 1932 році з'явилися публікації британських журналістів Гарета Джонса з лондонської «The Times» та Малкольма Маггериджа з «The Guardian», які на свій страх і ризик здійснили подорож українськими селами, щоб розповісти про жахливі сцени побаченого голоду. У відповідь Радянський Союз завдав серйозного інформаційного удару. Як ефективний інструмент використано відомого американського журналіста з газети «The New York Times». Лауреат Пулітцерівської премії 1932 року Волтер Дюранті, котрий неодноразово бував у СРСР, і, як він сам зізнався в приватних розмовах, достеменно знав про страшний голод, публічно заперечив його і назвав вигадкою.

Сталінське «В СССР голода нет!», озвучене вустами Дюранті, прозвучало переконливо для багатьох західних політиків. Тим паче, що вони хотіли повірити цим словам, аби якомога швидше налагодити «взаємовигідні економічні відносини» з державою, готовою за безцінь продавати відібране у селян зерно й у величезних кількостях закуповувати промислове обладнання.

Радянські органи безпеки пильно стежили за німецьким, італійським та японським консулами, які цікавилися ситуацією в Україні і могли передати інформацію про голод за межі СРСР. Крім того, чекісти вміло проводили «злив» потрібних їм даних. У серпні 1933 року, у супроводі трьох інших французьких політиків, Україну відвідав колишній прем'єр Франції Едуард Ерріо. Цей візит розглядався як важливий крок піар-кампанії, яка мала засвідчити ефективність форсованих сталінських реформ. Тому радянські послідовники графа Потьомкіна працювали не покладаючи рук.

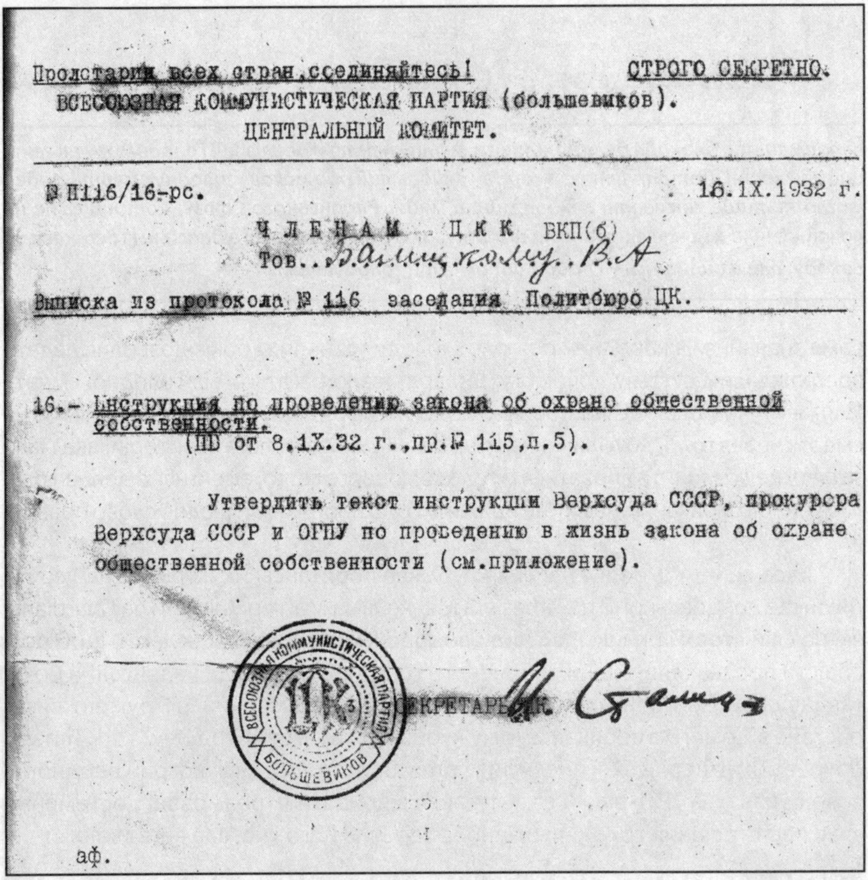

Пролетарии всех стран,соединяйтесь! СТРОГО СЕКРЕТНО.

ВСЕСОЮЗНАЯ КОММУНИСТИЧЕСКАЯ ПАРТИЯ (большевиков).

ЦЕНТРАЛЬНЫЙ КОМИТЕТ.

№ П116/16-рс. 16.IX.1932 г.

ЧЛЕНАМ ЦКК ВКП(б)

Тов. Балицкому В.А

Выписка из протокола № 116 заседания Политбюро ЦК.

16.- Инструкция по проведению закона об охране общественной собственности.
(ПБ от 8.IX.32 г.,пр.№ 115,п.5).

Утвердить текст инструкции Верхсуда СССР, прокурора Верхсуда СССР и ОГПУ по проведению в жизнь закона об охране общественной собственности (см.приложение).

ВСЕСОЮЗНАЯ КОММУНИСТИЧЕСКАЯ ПАРТИЯ БОЛЬШЕВИКОВ ЦК

СЕКРЕТАРЬ ЦК. И. Сталин

аф.

Виписка з інструкцією про затвердження сумнозвісного закону «про три колоски» із факсимільним підписом Й. Сталіна. 16 вересня 1932 р.

Згідно з інформаційними повідомленнями Одеського обласного відділу ҐПУ, французькі політики весь час перебували під пильним наглядом чекістів, які визначали їхній маршрут, влаштовували для них зустрічі зі «щасливими колгоспниками». Селяни розповідали про своє «сите життя»: їм видають на день 15 кг хліба, крім овочів та фруктів, вони мали право на сад, город, рогату худобу, одержуючи для неї корм, гарячу їжу для колгоспників керівництво привозить просто в поле. Для переконання, що жодних труднощів із харчами немає, колгоспники демонстрували «переповнені зерном комори». А на завершення «щасливі українці» подарували французам українські вишивані сорочки та рушники, які, очевидно, мали символізувати, що колгоспники ситі не лише хлібом, але й багаті духовно завдяки своїм національним традиціям.

Голодомор на вулицях Харкова. Фото з колекції кардинала Теодора Інніцира

Голодомор на вулицях Харкова. Фото з колекції кардинала Теодора Інніцира

Одна з фотографій Миколи Боканя, яка стала підставою для звинувачень в антирадянській пропаганді

В результаті спецслужба у звітах задоволено констатувала, що пан Ерріо висловлював захоплення побаченим на урочистих прийомах і вносив відповідні нотатки до свого записника. Французькі журналісти відправили у свої редакції репортажі, під якими цілком могли підписатися й самі чекісти.

Жорстка інформаційна блокада довкола страшного голоду тривала й після його завершення. Тепер її головною метою стало приховати величезні масштаби злочину. Різке зменшення кількості населення у той час було помітне усім. Колгоспник Микола Рева у своєму листі до Йосипа Сталіна, яким він наївно хотів відкрити очі «вождю народів» на голод, розповідає, що в 1941 році до школи мали йти лише троє першокласників. Це зменшення не могла не відзначити статистика. Тому призначений на січень 1937 року перепис населення жорстко контролювався НКВД. Незважаючи на це, результати перепису не влаштовували комуністів: відображені втрати населення все одно були надто великими. Тому дані спочатку засекретили, а згодом значну частину знищили. Потому ліквідували й виконавців перепису — їх звинуватили у змові і шкідницькій антирадянській діяльності.

У 1941 році в Києві знищено тисячі справ Наркомату охорони здоров'я з початку 1930-х років, які, очевидно, могли містити інформацію про голод. Не повинно було залишитися жодного документального матеріалу з інформацією про трагедію. В результаті сьогодні вціліли майже виключно секретні документи — радянська влада вважала свої грифи таємності надійною гарантією недоступності інформації, тому й не нищила їх.

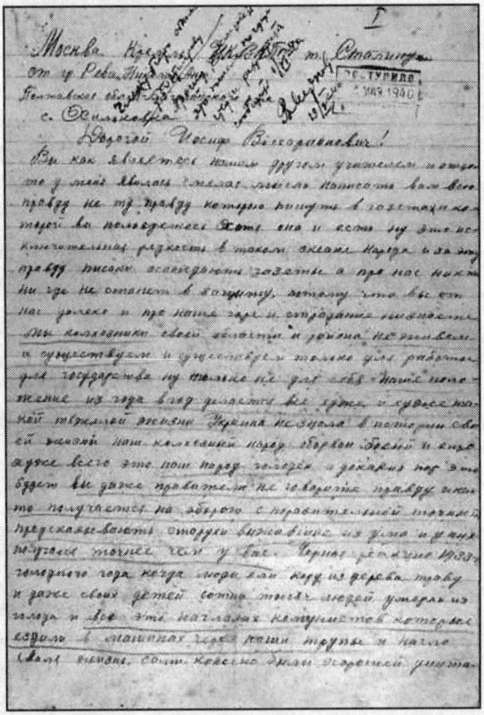

Лист колгоспника М. Реви до Сталіна

Пам'ять про Голодомор мала бути стерта не тільки з офіційних паперів, але й із пам'яті свідків трагедії. Тому чекісти жорстоко переслідували усіх, хто намагався утримати цю пам'ять чи, тим паче, передати її комусь. Доля Олександри Радченко, засудженої за ведення щоденника, була правилом, а не винятком. За згадуваний вище лист колгоспник Микола Рева отримав шість років ув'язнення. Його справа в Архіві СБУ далеко не єдина — протягом 1930—1940-х років людей засуджували до кримінальної відповідальності за будь-яку згадку про Голодомор, усну чи письмову. У справах таких «наклепників» знаходимо «докази злочину»: листи, зокрема адресовані Сталіну, вірші чи щоденникові записи. Доказом антирадянської агітації стали виявлені у жителя Батурина Миколи Боканя фотографії, одна з яких, датована 3 квітня 1933 року, містить промовистий напис «300 днів без шматка хліба».

Чекісти були впевнені, що пам'ять про Голодомор, стерта з документів та спогадів свідків, зникла назавжди. І один із наймасштабніших злочинів в історії людства — геноцид проти українців — надійно захований. Проте тисячі українців, що пережили трагедію, опинилися поза межами досяжності радянської безпеки. Вони отримали можливість розказати світові правду, а тому стали небезпечними для комуністичного режиму. У 1980-і, через багато років після вчинення злочину, чекісти розпочали проти них інформаційну війну, яку цілком програли.

Finita la tragedia Миколи Хвильового

Його життя було зіткане із суперечностей. Етнічний росіянин та ідейний комуніст, який став одним із символів «українського буржуазного націоналізму».

Читаючи біографію Хвильового, важко відтворити в уяві його цілісний образ. Схоже, він був чудовим актором, який уміло надівав потрібні маски. Улюбленою була роль безтурботного й навіть безвідповідального блазня. Саме за цією маскою Хвильовий намагався заховатися в часи, коли усіх змушували грати за одним жорстоким сценарієм, написаним вождем усіх народів. Саме вона дозволяла водночас відмовлятися від власних поглядів і бодай іноді залишатися самим собою.

Проте декорації, підготовлені сценаристом, не призначалися для комедій, тому останнім актом у житті безтурботного блазня стала трагедія.

«Правильним» комуністом Микола Хвильовий був недовго, десь до середини 1920-х. Щойно його письменницький талант набрав сили, він швидко почав вибиватися з рівних лав «пролетарських письменників».

Він голосно заявив про себе в часи, коли радянська влада змушена була загравати з українцями, впроваджуючи політику «українізації». Тоді письменникам і поетам дозволялося багато такого, за що згодом та сама влада їх і розстрілювала. Та навіть на цьому доволі ліберальному фоні вона не могла не помітити сформульованого Хвильовим радикального гасла «Геть від Москви!», адже минуло зовсім небагато часу, відколи чекісти придушили визвольний рух в Україні.

Тож не дивно, що в 1926 році ще донедавна цілком лояльний комуністичний письменник потрапляє на сторінки таємного аналітичного документа ҐПУ «Про український сепаратизм». Працівники спецслужб відзначали: після придушення збройного повстанського руху на теренах України в середині 1920-х боротьба перейшла в іншу площину. «Термін культурна робота, — читаємо в документі, — прийшов на зміну гаслу збройної боротьби за незалежність, яке провалилося». У такій ситуації творчість Хвильового могла стати небезпечною зброєю проти влади.

Тоді ж, 1926 року, письменник добився ще більшого «визнання» — у листі до членів Політбюро ЦК КП(б)У його критикував сам Йосип Сталін. Микола

Хвильовий зрозумів, що зайшов надто далеко, тому вирішив зробити крок назад. 4 грудня 1926 року з'являється перший, але не останній «покаянний» лист, у якому письменник разом зі своїми друзями і колегами по літературі Олесем Досвітнім та Михайлом Яловим зрікався власних політичних та ідеологічних «помилок». Через три місяці після цього з'являється ще одне «покаяння», цього разу вже особисте.

Наскільки щирим був Хвильовий? Відповідь на це питання можна побачити в донедавна таємних документах чекістів, які збирали інформацію на письменника. Отже, тут маємо донесення секретних агентів, де висловлюється сумнів у щирості каяття. У перехопленому чекістами листі Хвильового до Ялового він сам пише: «Ми написали зречення? Написали. Чого ж іще від нас вимагають? Лизати комусь задницю чи що?» Він просто грав роль, яку від нього очікували, сподіваючись таким чином уникнути небезпеки. Але чекісти його розкусили: «М. Хвильовий заявляє, що він редакційній блазень… Адже все одно ніхто не повірить, що він всерйоз писав оті безглузді дурниці. Ну а блазневі дозволено все… Наш блазень є людина нормальна, не в стані афекту, цілком свідома щодо своєї поведінки. А така людина відповідає за свої вчинки повною мірою». Це фрагмент із цікавого тексту «Нове амплуа Миколи Хвильового» невідомого автора, ймовірно, співробітника ҐПУ, який поруч із секретними донесеннями агентів підшито до справи-формуляра письменника.

Справа-формуляр, заведена чекістами на Миколу Хвильового

Сама справа з'явилася в 1930 році, у ній почала накопичуватися інформація, яка могла би стати підставою для арешту та подальших репресій. Її поява засвідчила: Хвильовий, на думку влади, остаточно перетнув межу дозволеного і мав бути знищений — або морально, або фізично. Хоча, швидше за все, і морально, і фізично. Та починали все ж із першого.

Саме тоді, в 1930 році, у Харкові розпочався гучний процес проти Спілки визволення України, який став початком показових винищень української інтелектуальної еліти. Запідозрений у схильності до українського націоналізму, Хвильовий дістає шанс відмежуватися від своїх поглядів, публічно звинувативши в цьому гріху інших, зокрема оголошеного лідером СВУ Сергія Єфремова. І він це робить. Проте знову доходить у цих звинуваченнях до межі фарсу, заявляючи: судити слід не лише «єфремовщину», але й «хвильовизм», якого він успішно зрікся.

За таку заповзятість у боротьбі з «контрреволюцією» Хвильовий врешті ніби здобуває милість влади — на його захист виступив сам керівник українських комуністів Станіслав Косіор.

Проте так само, як нещирими були покаяння, фальшивим виявилося і прощення.

Чекісти продовжували накопичувати інформацію про Миколу Хвильового, якого щільно обсадили агентами. Сексоти, приховані під оперативними псевдонімами «Літератор», «Донбасівець», «Юнак» та інші, уважно стежать за ним удома і на роботі, записують його висловлювання у своїх донесеннях, фіксуючи необхідний чекістам компромат. З 1931-го справа-формуляр поповнюється новим видом документів — витягами зі свідчень заарештованих представників української інтелігенції. Слова уже визнаних «ворогами народу» стають неспростовними звинуваченнями у причетності до антирадянських злочинів.

Тож кільце оточення довкола письменника ставало з кожним днем щільнішим, і пастка ось-ось мала закритися. Чергове каяття колишнього літературного бунтівника у 1931 році лише на короткий час відтягнуло останній вирішальний момент. Хвильовий розумів, що блазнювання його вже не врятує. Воно ставало тим паче недоречним в умовах, коли довкола почала розгортатися справжня, а не театральна трагедія. Під косу репресій потрапляло дедалі більше людей, котрі ще нещодавно творили основу культурного та політичного життя суспільства. Врешті в 1932 році розпочалося розгортання ще однієї страшної операції, яка мала забрати життя мільйонів людей, — Голодомору.

Якби Хвильовий бажав не помічати того, що робиться довкола, можливо, йому це вдалося б: адже його, жителя столиці, представника привілейованої комуністичної верстви, голод не зачіпав. Проте письменник не хотів ховатися від правди — навпаки, у квітні 1933 року поїхав селами Харківщини. Побачене переконало: голод зумисно організований владою. Тією самою владою, за яку він боровся в 1919-му, до послуг якої став у 1930-му.

Остаточний злам настав, коли Хвильовий дізнався про арешт 12 травня 1933 року Михайла Ялового, свого колеги і товариша, з яким вони спільно кидали виклик системі, що лише народжувалася, а згодом так само дружно «каялися».

Наступного дня, 13 травня, до Хвильового прийшли його друзі — письменники Микола Куліш та Олесь Досвітній. Усі троє розуміли: вже дуже скоро чекісти прийдуть за ними. Вони не помилялися. Олесю Досвітньому залишилося бути на волі менше шести місяців, а жити — менше року. Миколі Кулішу трохи більше: на волі — півтора року, серед живих — чотири з половиною. Обидва, зламані чекістами, визнали себе винними у всіх безглуздих звинуваченнях.

Уникнути ще одного каяття та арешту зумів тільки господар квартири. На момент зустрічі із друзями в сусідній кімнаті на нього чекав револьвер

Похорон Миколи Хвильового. Харків, 14 травня 1933 р.

та вже написана записка: «Сьогодні прекрасний соняшний день. Як я люблю життя — ви й не уявляєте. Сьогодні 13. Пам'ятаєте, як я був закоханий в це число? Страшенно боляче. Хай живе комунізм!» Під час розмови Хвильовий встав і вийшов до сусідньої кімнати, а за мить звідти пролунав постріл…

P. S. Справа-формуляр на письменника Миколу Хвильового збереглася в Архіві СБУ, переживши війну й неодноразові знищення документів. У 2009 році її підготував до друку і опублікував у книзі «Полювання на Вальдшнепа. Розсекречений Микола Хвильовий» відомий український історик Юрій Шаповал.

Розгром «Слова»

Уночі 12 травня 1933 року «чорний ворон» зупинився поблизу великого шестиповерхового п'ятипід'їзного будинку за адресою: вулиця Червоних письменників, 5 у Харкові. Чоловіки в чорних шкірянках піднялися на третій поверх, гучно загримали у двері квартири під тридцятим номером.

Розмова була коротка, і господаря помешкання, письменника Михайла Ялового, гості забрали із собою. Згодом схожі нічні сцени в цьому будинку повторюватися настільки часто, що мешканці тишком називали його між собою ДПЗ (від рос. «дом предварительного заключения» — будинок попереднього ув'язнення), а чекісти відверто глузували, що для економії пального достатньо було б встановити на всіх вікнах та дверях будинку ґрати і нікого нікуди не вивозити.

Будинок на той час був ще зовсім новий, його почали заселяти лише в 1930 році. Мешканцями елітного житла були вибрані люди — найкращі українські радянські письменники. Шестиповерхова споруда, збудована у формі літери «С», і називалася будинком «Слова». У 1933-му, коли від голоду вже ко-

«Дом предварительного заключения», він же будинок «Слово». Харків, вул. Червоних письменників, 5 (тепер — вул. Культури, 9)

Письменник Михайло Яловий, мешканець квартири № 30. Саме з його арешту 12 травня 1933 р. розпочався розгром «Слова»

нало українське село, почався справжній розгром харківського «Слова» й українського слова загалом.

Михайло Яловий, очевидно, не очікував арешту і не розумів, чому за ним прийшли. Чекісти, схоже, не поспішали пояснювати причини затримання, залишаючи письменнику можливість самому зрозуміти їх. Думка, що сталася «помилка», швидко минула, адже її протягом кількох днів ніхто не збирався виправляти.

На третій день ув'язнення Яловий у написаній тоді автобіографії починає дошукуватися причини арешту. Розлогий багатосторінковий текст професійного майстра пера є, по суті, спробою критичного самоаналізу. Письменник детально розповідає про своє минуле, акцентуючи на заслугах перед комуністичною владою. Головним гріхом вважає участь у партії боротьбистів. Це група активістів Української партії соціалістів-революціонерів, яка відкололася від материнської організації і почала швидко дрейфувати в бік більшовиків. Врешті її члени влилися до лав КП(б)У. І попри те, що Яловий був одним із прихильників злиття з більшовиками, саме своє боротьбистське минуле він спочатку вважав причиною арешту. Тож, ніби докопавшись до головного, спробував використати вживаний уже ним метод каяття заради спасіння.

Вперше Яловий каявся за «ухили» у творчості ще в 1926-му. Тоді спрацювало — він не лише уник репресій, але й зміг продовжити свою літературну роботу. У 1930 році під час процесу СВУ літератор виконав свій обов'язок лояльності супроти влади, затаврувавши засуджених як ганебних зрадників. Тож і тепер, вважав він, можливо, досить буде щиро розкаятися в політичній незрілості в молоді роки.

Узявши на озброєння весь літературний талант, Михайло Яловий писав про свої «гріхи»: «Моя поведінка теж у цей час була віддзеркаленням відроджених старих боротьбистських настроїв, котрі, очевидно, не знайшли в мені

Письменник Олесь Досвітній, мешканець квартири № 31, заарештований 19 грудня 1933 р.

самому достатньо большевицького опору. Щоб стати до мозку кісток і до сироватки партійним у більшовицькій партії, для цього потрібно всередині себе психічно розстріляти все своє небільшовицьке минуле, точніше впливи цього минулого на найпотаємніші куточки теперішнього».

Він далі наполегливо шукає причин арешту, переповідаючи про різноманітні зустрічі чи контакти, навіть розмови на пиятиках, які могли бути потрактовані чекістами як ворожі. Коли читаєш ці рядки, складається враження, що в'язень хоче виправдати не себе, а тих, хто його затримав, тому так наполегливо шукає підстав їхнього вчинку. Розповідаючи про давні контакти зі знайомим, який згодом був заарештований, Яловий пише: «Якщо припустити, що його участь у контрреволюційній організації — факт, стає, безумовно, зрозумілим і, так би мовити, неминучим, мій об'єктивний зв'язок із такою організацію, попри відсутність у мене суб'єктивної волі й бажання як у думках, так і в діях це робити». Ось така жахлива, самовбивча логіка.

Урешті письменник сам формулює звинувачення проти себе, головне з яких — недостатнє засудження свого минулого: «Я повинен погодитися, що вона [поведінка — *В. В.*] має в собі достатньо підстав, щоб кваліфікувати її як контрреволюційну, хоч і сформувалася вона не внаслідок моїх зловмисних антирадянських дій, а внаслідок недостатньої чесності моєї партійної поведінки, точніше — недостатньої її партійності, яка, у свою чергу, є впливом дрібнобуржуазних пережитків політичного минулого». Михайло Яловий заявляє, що визнає вину і готовий спокутувати її, нагадуючи поруч із тим слідчим, що може бути корисним для радянської влади, адже «моя журналістсько-літературна діяльність майже вся від початку до кінця просякнута боротьбою проти українського націоналізму, проти петлюрівщини».

Але «органам» не потрібні були такі зізнання та каяття, адже ніхто не збирався його прощати. Для них арешт Ялового був лише початком масштабної

Гуморист Остап Вишня, мешканець квартири № 22, заарештований 25 грудня 1933 р.

операції проти українських письменників. Вони шукали значно страшніших злочинів, платою за які мала бути смерть. Утім, чекісти нічого не шукали — вони вже знали, у чому має зізнатися затриманий. Решта — питання тільки їхньої наполегливості та часу.

Один із наступних документів у справі Ялового має назву «Моя практична контрреволюційна робота». Тобто вже йшлося не про помилки, а про зумисну ворожу діяльність. Письменник змушений «зізнатися» в участі в контрреволюційній організації, приписує їй ідеологічну диверсію та шкідливий вплив на радянську культуру. Але він знову не вгадав бажання чекістів, їх цікавило інше — не ідеологічна диверсія, а терор і повстанська боротьба. Навіть зрозумівши, яких жахливих «зізнань» від нього хочуть, Яловий ще деякий час опирався слідчим: «Стосовно повстанської роботи боротьбистського підпілля або націоналістичного блоку в цілому — нічого про це не знав і не знаю».

Але наприкінці липня його остаточно зламали. Наступні свідчення у справі за стилем навіть близько не нагадують розлогий текст письменника, якими вона відкривається. Суха, лаконічна мова, слів небагато, але всі вони вбивчі. Вбивчі у прямому значенні цього слова, адже принесли смерть багатьом людям, яких вони зачепили.

На допиті 28 липня 1933 року Михайло Яловий серед учасників контрреволюційної організації називає своїх колег — покійного на той момент М. Хвильового та інших, яким живими чи вільними залишилося бути небагато часу: О. Досвітнього, М. Куліша, Г. Епіка, М. Йогансена, О. Вишню.

До завдань структури, окрім ідеологічної диверсії, тепер додавалося створення повстанських сил. Підготовка до повстання тривала від липня 1932 року. «Повстанські сили по ваплітянській [від ВАПЛІТЕ — літературного об'єднання, до якого входив і Михайло Яловий — *В. В.*] лінії охоплюють близько

Письменник Григорій Епік, мешканець квартири № 7, заарештований 5 грудня 1934 р.

15 районів на Харківщині, Полтавщині, Херсонщині, Чернігівщині, — повідомляв письменник, — із середньою чисельністю повстанських загонів від 10 до 15 душ. Забезпеченість зброєю й хімзасобами удвічі більша, ніж сама чисельність повстанських кадрів». Повстанські групи мали потенціал до три- чи чотирикратного збільшення. Письменники Остап Вишня, Олесь Досвітній та Петро Панч відповідали за озброєння. Але з цим проблем не повинно було бути, адже вони мали підтримку закордонної Української військової організації (якої насправді на той час уже не існувало) і навіть німців. Планувалися замахи на партійних керівників Постишева та Балицького, захоплення членами ВАПЛІТЕ харківської електричної та телефонної станцій, авіазаводу. Остання нарада заколотників відбулася у квартирі Миколи Хвильового 6 травня, за шість днів до арешту Ялового і за тиждень до самогубства Хвильового.

Ці неймовірні свідчення письменника, який ніколи не працював у жанрі фантастики, аніскільки не здивували чекістів, адже авторами «зізнань» були саме вони. Тож після того, як Михайло Яловий їх озвучив, роль була виконана. 29 вересня 1933 року судова трійка ҐПУ засудила Ялового до 10 років ув'язнення.

Навіть у таборі Михайло Яловий не хотів зрозуміти, що для чекістів він уже лише «використаний матеріал». Тому 20 лютого 1935 року він написав листа до Верховної колегії НКВД у Свірських таборах, у якому дякував партії за збережене життя, а також звертав увагу на те, що його неправильно використовують. Він змушений важко фізично працювати на лісозаготівлі, хоча є хворим і фізично слабким і значно краще міг би прислужитися владі за своїм головним фахом: «Зрозуміло, що основним полем діяльності, на якому я бачив можливість показати й проявити свій рішучий розрив із ганебним минулим, мали би бути моя літературно-художня діяльність, написання творів або ж твору, який би переконливо дискредитував моє власне минуле й минуле моєї суспільно-політичної

Письменник Валер'ян Підмогильний, мешканець квартири № 19, заарештований 8 грудня 1934 р.

формації у сфері зростаючого й міцніючого соціалістичного будівництва».

Проте комуністичній владі не потрібен був ані його письменницький талант, ані, зрештою, він сам. Тому 3 листопада 1937 року Михайла Ялового розстріляли, а разом з ним багатьох із тих, кого він називав у своїх страшних фантазіях, оформлених як свідчення…

Після пострілу, який пролунав зранку 13 травня 1933 року в одній із кімнат квартири № 9 у будинку «Слово», туди вбігли Юлія, дружина господаря, та двоє гостей — письменники Куліш та Досвітній. Сам господар, Микола Хвильовий, лежав у калюжі крові з простреленою скронею. Поруч — записка, яка пояснювала його вчинок. Вона починалася зі слів: «Арешт Ялового — це розстріл цілої генерації». Слова померлого стали страшним пророцтвом, яке збувалося з фантастичною швидкістю.

Арешт та слідство були справжнім шоком для затриманих. Більшість письменників поводилася дуже типово. Спочатку — сподівання на те, що затримання випадкове, потім — заперечення будь-якої вини, відтак — пошук якоїсь маленької «вини», яка мала би пояснити арешт і дозволила б відбутися невеликим покаранням. А далі йшов злам — під тиском слідчих затримані починали наговорювати на себе та своїх колег фантастичні речі: визнавали себе та інших терористами, які готували повстання, вбивства керівників держави, захоплення важливих виробничих та оборонних об'єктів. Для зламу одного використовували свідчення іншого, зламаного раніше. Так творилася цілком вигадана, але дуже переконлива реальність, де фігурували справжні прізвища, збігалися свідчення про місця та час зустрічей, дослівно повторювалися плани дій.

Заарештований 7 грудня 1933 року письменник Володимир Гжицький теж спершу вважав причиною своїх бід роман «Чорне озеро» (1929), у якому він, за власними словами, «трохи збочив у бік націоналізму». Але че-

Драматург Микола Куліш, мешканець квартири № 33, заарештований 8 грудня 1934 р.

кістів не цікавили літературні «збочення» — їм потрібні були зізнання про контрреволюційну організацію. Тому вже незабаром Гжицький визнає належність до такої структури, хоча далі зовсім не здатен сформулювати ні її цілей, ні методів роботи. Очевидно, він уважав, що цього зізнання вистачить, особливо коли розкаятися. «Я щиро жалію, що допустився зради, — писав він, не розуміючи, про яку зраду говорить. — Не вчинив я реальної шкоди радвладі, але сам факт належності до контрреволюційної організації є великий злочин. Я усвідомив його до кінця і, коли мені буде дано змогу вернути до моєї любимої літератури, я докажу ділом свою щирість і корисною працею для пролетаріату я заплачу за свою ганебну зраду».

Але вже через тиждень слідства письменник почав дуже детально «пригадувати» діяльність та плани контрреволюції. «Терор, — свідчив він, — як один із методів політичної боротьби завжди висувався нашою організацією на передній край у періоди найбільшого загострення боротьби». У терористичної групи з'явилася й належна їй назва: «Українська військова організація» (УВО). Справжня структура з такою назвою існувала на Західній Україні, але на той час уже влилася в ОУН. Натомість в УРСР «діяла» особлива УВО, яка складалася з письменників-терористів і готувала замахи на керівників радянської держави.

Володимир Гжицький пережив сталінські репресії, тож у скарзі в 1955 році привідкрив правду про те, яким чином з'явилися ці сенсаційні викриття. «У період ведення слідства мені давали тільки 300 грамів хліба і тарілку супу, через що я дуже заслаб… За ніч мене піднімали разів по 10 і вели до Грушевського [слідчий ҐПУ — *В. В.*], який щоразу вимагав у мене зізнання… На допиті я сказав Грушевському, що Досвітній, Губенко та інші готувалися вбити Чубаря, але ці свідчення не відповідають дійсності. Вони були сфабриковані й написані самим слідчим Грушевським, а мною за його ж таки пропозицією підписані. Підписав я їх через те, що не міг витримати таких гонінь стосовно мене в період ведення слідства».

Пережив Сталіна і ще один «терорист», а насправді письменник-гуморист Остап Вишня. Він теж описав особливості чекістського слідства. Заарештований 25 грудня 1933 року, він готовий був визнати деякі помилки у своєму минулому, зокрема роботу в есерівській газеті. Проте слідчий «Бордон заявив, що в цьому мене не звинувачує. Він звинувачує мене в участі в контрреволюційній організації й підготовці замаху на Постишева. Оскільки я довго не давав потрібних свідчень, Бордон вирішив вплинути на мене фізично».

Письменник Валер'ян Поліщук, мешканець квартири № 65, заарештований наприкінці 1934 р.

Але арсенал чекістів не обмежувався грубою фізичною силою. Вони також намагалися вплинути на арештантів психологічно: «Бордон мене переконував, що мої зізнання потрібні для комуністичної партії і радянського народу». І для того, щоб проявити лояльність до влади і любов до країни, потрібно взяти на себе вину.

У результаті Остап Вишня готовий був «іти назустріч слідству»: «Я запропонував Бордону, що, якщо йому це потрібно, то можу визнати себе винним у тому, що мене завербувала німецька розвідка. Бордон заявив, що йому це ні до чого». Врешті слідчий досяг мети: «Бордон склав списки людей, яких я мав уписати у свої свідчення як учасників організації. Бордон попереджав, щоб я у своїх свідченнях не надто фантазував. Наприкінці слідства зі мною розмовляв прокурор ДПУ Крайній. Йому я також зізнався в злочинах. До зустрічі з Крайнім мене підготував Бордон, мовляв, я маю бути послідовним і підтвердити свої свідчення, що я й зробив».

Тим часом арешти тривали. У грудні 1934 року НКВД ув'язнив групу з 17 осіб, серед них відомі письменники та мешканці злощасного «Слова» Микола Куліш, Григорій Епік, Валер'ян Підмогильний, Євген Плужник, Валер'ян Поліщук. Усіх, як зазвичай, звинувачено в участі в контрреволюційній організації, тепер уже не УВО, а ОУН. На кожного на той момент був великий обсяг компромату, зафіксований у «свідченнях» раніше затриманих письменників. Під час одного з допитів слідчий запитав Куліша, чи є серед його знайомих заарештовані НКВД. Відповідь вражала: «8 осіб, з якими мав близькі відносини, 9 осіб, з якими спілкувався, 23 знайомих, з якими рідко зустрічався».

Поет Майк Йогансен, мешканець квартири № 12, заарештований 18 серпня 1937 р.

Микола Куліш протягом перших десяти днів слідства вперто відкидав усі звинувачення проти себе, які зачитувалися зі справ його колег. Врешті 25 грудня зламали і його — він «визнав» свою участь у терористичній організації. «Я визнаю себе винним, — читаємо у протоколі з початку 1935 року, — і підтверджую свої свідчення. До арешту я був налаштований проти ҐПУ, але тут я дійшов інших висновків, оскільки зустрів з боку слідства добре ставлення. Я знову заявляю, що був активним учасником контрреволюційної організації, яка намагалася повалити радянську владу шляхом терору. Я не все пригадав, але спробую все відновити в пам'яті сам… Я все продумав. Мене треба було заарештувати й треба судити. Будь-яку кару прийму як правильну і заслужену. Я повинен ще глибше пізнати вчинені мною злочини, зв'язки з діяльністю інших осіб, що дотикалися до мене. Можливо, відкриються ще якісь моменти. Повторюю, мені важко згадувати».

Зламаний фізично письменник готовий був визнавати все, але йому бракувало сил для фантазій, щоб у деталях описувати власну «злочинну» діяльність. Тому в справі з'являються свідчення співкамерника Куліша — Едуарда Штайнберга. Це розлогий 12-сторінковий текст із детальним аналізом дій та ідей Миколи Куліша, який нібито з'явився внаслідок того, що співкамерник зафіксував на папері слова письменника, сказані ним після повернення з допиту. «Ні, пан Куліш ще свого контрреволюційного жала не випустив», — так патетично закінчується камерний донос.

Сімнадцять обвинувачених отримали як вирок багатолітнє табірне ув'язнення — страшного рубікону 1937 року не пережив ніхто.

Меморіальна таблиця на будинку «Слово» з прізвищами його мешканців

Поет Михайло Семенко, мешканець квартири № 39, заарештований 23 жовтня 1937 р.

У 1956 році, після засудження «культу особи», їх реабілітували. У реабілітаційних документах зазначено: «Додатковим розслідуванням встановлено, що колишні працівники НКВД УРСР Пустовойтов, Проскуряков, Грушевський, Бордон та інші, які брали участь у розслідування цієї справи в 1937 році, засуджені за фальсифікацію слідчих справ і застосування незаконних методів ведення слідства».

Генерація представників української культури, знищена в 1930-і роки, увійшла в історію під назвою «Розстріляне відродження». Однією з головних сцен цієї трагедії став сумнозвісний будинок № 5 на вулиці Червоних письменників у Харкові. Звідси «чорні ворони» вивозили Григорія Епіка, Валер'яна Підмогильного, Олеся Досвітнього, Майка Йогансена, Валер'яна Поліщука, Євгена Плужника, Михайла Семенка, Леся Курбаса, Володимира Гжицького, Остапа Вишню, Миколу Куліша та інших.

Загальна статистика втрат мешканців цього будинку страшна: на 62 квартири — 33 розстріляних та понад 70 репресованих. Харківський будинок «Слово» став своєрідним фокусом трагедії українського слова у ХХ столітті.

Сьогодні це звичайний житловий будинок. Про жахи, які відбувалися тут майже 80 років тому, нічого не нагадує. На встановленій у роки незалежності меморіальній табличці — список із іменами письменників. Тут вони всі разом — ті, кого вбили, ті, хто пережив табори, та ті, кого перемололи не фізично, а духовно, перетворивши у трубадурів режиму.

Лесь Курбас у сталінському театрі абсурду

Створити неіснуючий світ, змусити глядачів повірити у нього, жити ним, перетворити власну фантазію в химерну захопливу реальність. Такими, на думку Леся Курбаса, були завдання режисера. Віддавши все своє життя театрові, пройшовши шлях від маловідомого актора до знаменитого режисера, він не очікував, що стане жертвою постановки іншого «геніального режисера» — Йосипа Сталіна.

Актор і режисер Лесь Курбас

Вождь народів теж любив творити вигаданий світ із безмежно страхітливою фантазією, жертвами якої стали мільйони, змушені повірити або загинути. А часто і повірити, і загинути. У сталінському театрі абсурду нещасні актори блискуче грали свої ролі шпигунів, шкідників, диверсантів, терористів. Адже це була водночас і прем'єра, і лебедина пісня кожного — після падіння завіси на них очікувала смерть.

Один із найбільших сталінських спектаклів в Україні відбувався з 9 березня до 19 квітня 1930 року в Харківському оперному театрі. Сорок п'ять представників української науки та культури (серед них двоє академіків та п'ятнадцять професорів університетів) постали членами підпільної диверсійної «Спілки визволення України», що готувала повалення радянської влади. Успіх вистави спонукав до праці над новими, не менш творчими постановками. Однією з них стала справа Української військової організації. Цього разу чекісти взяли за основу сюжету реальну організацію на Західній Україні, тож їм залишилося лише «викрити» ланки в УРСР.

Лесь Курбас жив і працював у той час у Харкові, тож не міг не чути про гучні процеси. Можливо, разом з іншими дивувався, як колишні професори, науковці, письменники визнавали себе шпигунами та диверсантами. Можливо, талант режисера дозволив йому побачити фальш в їхніх «зізнаннях». Проте талант не допоміг уникнути подібної долі, більше того, можливо, саме через нього Курбас став мішенню.

Митці, академіки та поети не випадково опинялися на лаві підсудних — радянський режим згортав «українізацію». Змушений «українізовуватися» задля утримання в Україні влади, Кремль після придушення антирадянських повстань на початку 1920-х років тепер вбачав у ній неабияку загрозу.

«Українізація» спричинила небачене піднесення нашої культури: літератури, театру, кіно, малярства. Культурний спалах 1920-х став своєрідним реваншем українського національного руху, який, зазнавши поразки в політичній та військовій площині, почав активно перемагати режим у культурній. При цьому погляди окремих діячів набували й політичних рис. Одним із ключових гасел у тодішньому українському культурному дискурсі стало сформульоване українським письменником Миколою Хвильовим «Геть від Москви!».

Лесь Курбас, безперечно, був однією із зірок українського відродження, тож не міг не привернути уваги чекістів. Почалося все із жорстокої критики його творчості як невідповідної стандартам «пролетарського» мистецтва.

Звинувачений у схильності до українського націоналізму, Курбас наприкінці 1933 року залишив свій театр у Харкові та переїхав до Москви. Тут працював у державному єврейському театрі, що, між іншим, мало би продемонструвати безпідставність підозр. Проте цей крок не врятував режисера — 26 грудня 1933 року чекісти заарештували Курбаса в Москві. Висунуті звинувачення не мали нічого спільного з творчими «огріхами»: «Курбас Олександр Степанович, — читаємо у постанові про арешт, — викривається в тому, що був членом контрреволюційної Української військової організації».

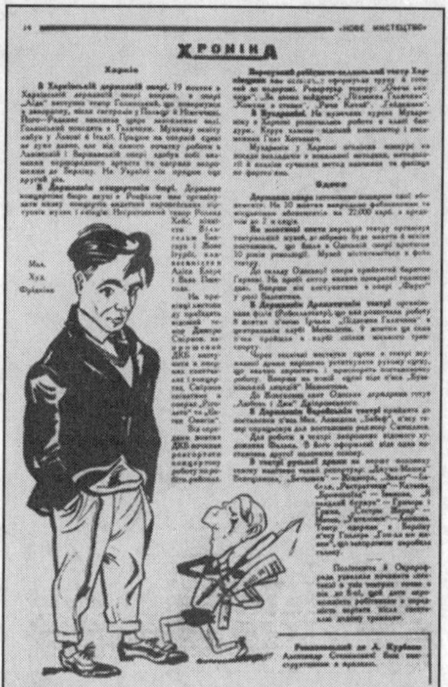
14 «НОВЕ МИСТЕЦТВО»

ХРОНІКА

Шарж на Леся Курбаса в журналі «Нове мистецтво», 1928 р.

Допити почалися лише через три тижні, тож Курбас міг тільки здогадуватися про причини затримання. Перший же протокол

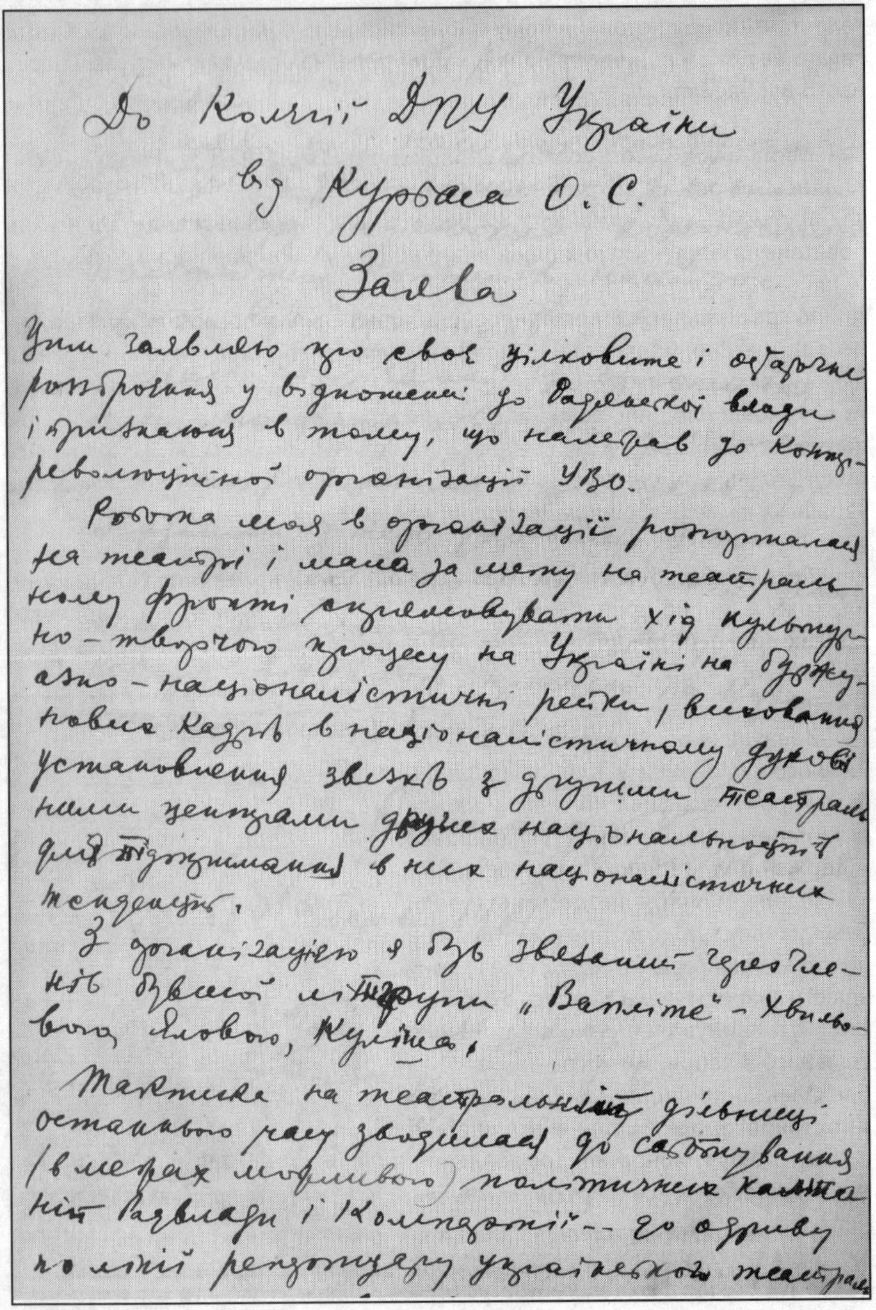

До Колегії ДПУ України
від Курбаса О. С.

Заява

Цим заявляю що своє цілковите і остаточне роззброєння у відношенні до Радянської влади і признаюсь в тому, що належав до контр-революційної організації УВО.

Робота моя в організації розгорталась на театрі і мала за мету на театральному фронті скеровувати хід культурно-творчого процесу на Україні на буржуазно-націоналістичні рейки, виховання нових кадрів в націоналістичному духові, установлення звязків з другими театральними центрами других національностей для підтримання в них націоналістичних тенденцій.

З організацією я був звязаний через членів бувшої літгрупи „Вапліте" - Хвильового, Ялового, Куліша.

Тактика на театральній діяльності останнього часу зводилася до саботування (в межах можливого) політичних кампаній Радвлади і Компартії -- що одриву по лінії репертуару українського театра

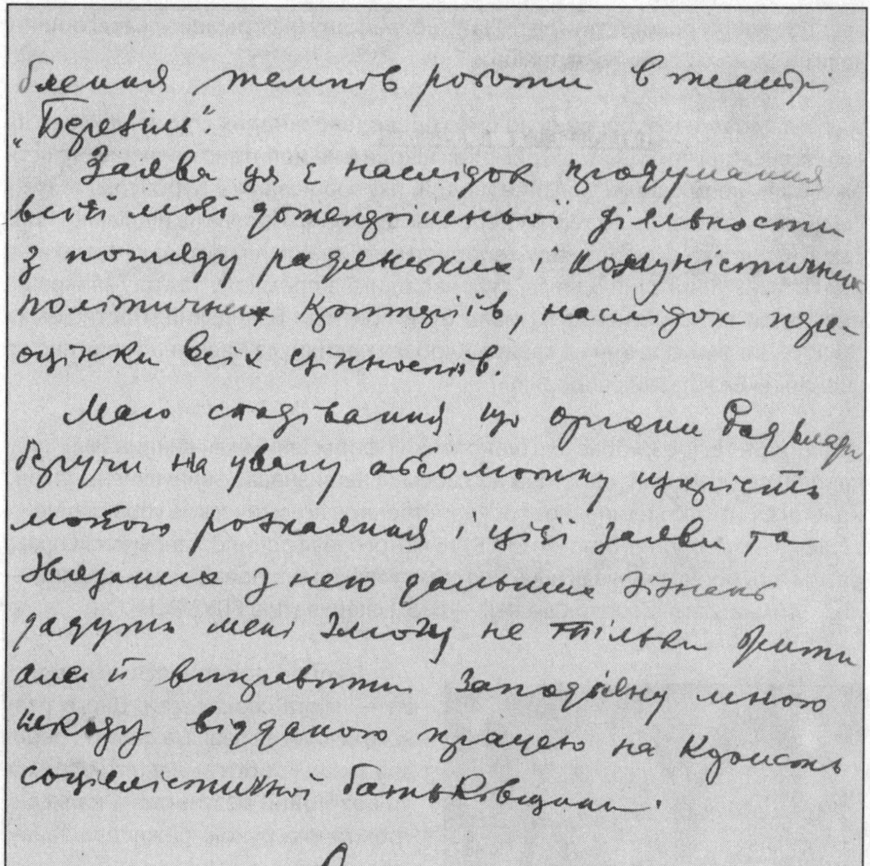

блення темпів роботи в театрі „Березіль".

Заява ця є наслідок згодування всієї моєї дожовтневої діяльності з погляду радянських і комуністичних політичних критеріїв, наслідок переоцінки всіх цінностей.

Маю сподівання, що органи Радвлади, взявши на увагу абсолютну щирість мого розкаяння і цієї заяви та зверження з нею дальших з'явлень дадуть мені змогу не тільки бути але й виправити заподіяну мною шкоду відданою працею на користь соціалістичної батьківщини.

Олександр Курбас

Харків 10 березня 1934 р.

Заяву прийняв опр. уп. СПО

«Покаянна» заява Леся Курбаса, 10 березня 1934 р.

від 17 січня 1934 року містить детальну біографічну інформацію і категоричну заяву: «Винним себе не визнаю».

Для доведення провини не було проведено жодних слідчих дій: ані обшуків, ані допитів рідних, зокрема так ніколи й не допитано дружину. Чекісти вже мали необхідні їм зізнання людей, які працювали з Курбасом. Із їхніх свідчень випливало, що театр «Березіль» був одним із пунктів підпільної УВО, сам Курбас входив до складу терористичної ланки, яка готувала замахи на радянських державних діячів, і під час однієї з прем'єр у театрі (найкраще підходило відкриття сезону) мали бути вбитими Балицький, Постишев та Косіор. Виглядає, що чи не справа Курбаса надихнула Квентіна Тарантіно на сценарій «Безславних виродків»?

Попри те, що Курбас був шокований оформленими як викривальні свідчення нісенітницями, він стояв на своєму і не визнавав звинувачень. Отож, колегія ОҐПУ (Объединённое государственное политическое управление — тодішня назва органів безпеки СРСР) 26 лютого 1934 року постановила: «Справу разом з особою звинувачуваного [саме так: справа понад усе, а людина — лише тимчасовий додаток до неї. — *В. В.*] скерувати в ҐПУ УРСР».

Микола Куліш та Лесь Курбас

Курбас повернувся до Харкова — міста своєї слави. Цього разу його чекали не овації, а допити. Через два тижні «роботи» чекісти отримали потрібний результат — написану тремтячою рукою режисера заяву.

«Цим заявляю, — писав Лесь Курбас, — про своє цілковите і остаточне роззброєння у відношенні до Радянської влади і признаюся в тому, що належав до контрреволюційної організації УВО». Завданням режисера, згідно із заявою, було «на театральному фронті спрямовувати хід культурно-творчого процесу в Україні на буржуазно-націоналістичні рейки».

Неповних дві сторінки тексту — надто мало для викриття, і допити тривали. 17 березня режисер детально розповідає про три лінії своєї роботи — «репертуарну, художньо-формальну та виховання кадрів у націоналістичному дусі». Можливо, ретельно вигадуючи факти антирадянської роботи в ідеологічній сфері, Курбас намагався відійти від раніше сформульованих звинувачень у тероризмі і полегшити свою долю.

В'язничне фото Леся Курбаса

Чекістам було замало зламати людину, вони прагнули знищити її морально і фізично, змусити заперечити все, що було суттю життя. 3 квітня 1934 року ув'язненого режисера відвідав заступник прокурора, щоби перевірити, чи не було порушень у слідстві. Архівна справа зберегла протокол цих відвідин, чудовий зразок владного блюзнірства.

«Питання: Чи є у Вас якісь скарги на дії ҐПУ? Можливо, до Вас тут погано ставилися, змушували зізнаватися.

Відповідь: Абсолютно ніяких. Ставлення до мене у всіх випадках було наскрізь коректним і виключно ввічливим».

У подальшій розмові прокурор, схоже, очікував від підсудного захоплення його долею і справедливістю радянської влади:

«Питання: Як Ви розцінюєте Ваш арешт і які він, по-вашому, мав наслідки?

Відповідь: Мій арешт особиста катастрофа, і для мене — суспільна. Я визнаю, що тепер у суспільному сенсі щонайменше інвалід. Але як політичний і творчий суб'єкт почуваю себе поздоровілим, причому спосіб лікування підказує мені порівняння: почуваю себе як істерик після дуже вдалого лікування доктора Фройда».

Безглузді, зазомбовані відповіді швидше наштовхують на порівняння з пацієнтами іншого доктора — Павлова.

9 квітня 1934 року судова трійка колегії ҐПУ засудила зламаного фізично і психічно режисера до 5 років таборів — досить м'який як на ті часи вирок. Тож Лесь Курбас мав шанси ще вийти на волю й повернутися до життя.

Та великий акторський талант не допоміг йому переконати чекістів у своїй щирості. На волю режисер ніколи не вийшов — таборове поневіряння закінчилося в страшний для української культури день — 3 листопада 1937 року. Тоді до двадцятої річниці Жовтневої революції у Соловецькому таборі особливого призначення за вироками позасудових органів розстріляні Лесь Курбас, Микола Куліш, Валер'ян Підмогильний, Павло Филипович, Валер'ян Поліщук, Григорій Епік, Мирослав Ірчан, Марко Вороний, Михайло Яловий...

В один день було страчено понад сто представників української інтелігенції: відродження 1920-х стало «Розстріляним відродженням».

Кінці в землю

Французький священик Патрік Дебуа об'їздив усю Україну в пошуках місць масових поховань жертв Голокосту. Поблизу Буська на Львівщині він віднайшов сімнадцять великих ровів, заповнених людськими рештками.

«Перед тим, як закопати рови, — пише він у своїй книзі, — я винайняв гелікоптер, щоб ми могли зробити аерозйомку всіх відкритих ям... Завдяки цьому транспортному засобу можна було оцінити розмах убивства. Сімнадцять ровів розташовані поряд із цвинтарем, який із висоти пташиного польоту здавався зовсім невеликим проти них. Я уявив собі, що було б із краєвидами України, якби можна було відкрити всі ці спільні рови і з гелікоптера зробити фотозйомку. Перед очима відкрилося б величезне кладовище анонімних могил, до яких були кинуті чоловіки, жінки та діти. Це не цвинтар, а просто величезний континент ровів». Якби отцю Дебуа вистачило сміливості уявити відкритими не лише поховання жертв Голокосту, але й ті, що з'явилися лише на кілька років раніше, масштаби «континенту ровів» та трагедії, через яку перейшла Україна минулого століття, були б ще наочнішими і промовистішими.

Страшна хвиля репресій 1930-х, яка накрила Радянський Союз, забрала сотні тисяч життів. Частина арештованих загинула далеко від рідних земель у безкрайніх сибірських просторах, де й досі спочивають їхні тлінні останки. Інші були розстріляні на місці, відразу після короткого «слідства».

Шалені темпи, яких набрав маховик смерті, особливо в час Великого терору 1937—1938 років, змусив чекістів замислитися над важливою проблемою: як позбавлятися тіл своїх жертв? Через п'ять років аналогічне питання постане перед нацистами.

Рови, у яких закопували жертв репресій у Вінниці. 91 масове поховання, виявлене у травні 1943 р.

Вони вирішать його із притаманною німцям технічною точністю та акуратністю — окуповані терени вкриють крематорії. Чекісти такого собі дозволити не могли, адже діяли в мирний час і не проти громадян інших держав чи «недолюдей», а проти своїх же, тих, для кого ніби будувалася «перша в історії країна робітників та селян». Тому сліди власної роботи просто закопували в землю, перетворюючи країну на суцільний таємний могильник.

31 січня 1939 року капітан держбезпеки Федір Горбань, начальник Запорізького обласного управління НКВД, вирішив ознайомитися із приміщенням міського відділення. Огляд робили у зв'язку з переданням будівлі заводу «Комунар» в обмін на заводську, більш зручну для чекістів. Об'єкт виявився неготовим до передачі цивільним, адже тут залишилася надто промовиста згадка про попередніх господарів. «Я виявив, — доповідав Горбань у Київ, — що у дворі, у вигрібній ямі, яка слугувала для збирання нечистот, під час операції навесні 1938 року за розпорядженням колишнього начальника міського відділу НКВД Янковича (заарештований) було складено і засипано 100—110 трупів… Вийняти трупи зараз є неможливим через їх розкладання. Оскільки вигрібна яма розміщена на відстані одного метра від триповерхового приміщення, я вирішив: на глибині 2,5—3 метрів залити вигрібну яму міцним розчином цементу, що унеможливить подальше осідання ґрунту і викопування в цьому місці якихось котлованів». Таким способом завод, який згодом став виробником перших українських автівок, разом із приміщенням отримав зацементовану могилу понад сотні людей, яку, цілком можливо, досі ніхто не відкрив.

Кістки невинно замордованих не бажали спокійно лежати в землі і часто нагадували про себе несподіваними знахідками в несподіваних місцях. Улітку 1969 року троє школярів із селища П'ятихатки, що під Харковом, граючись у лісі, випадково знайшли металеві ґудзики із зображенням орла, військові чоботи іноземного зразка, згодом обручку з ініціалами, металеві пластини з написами «тов. Пташинському І. І. за боротьбу з контрреволюцією від колегії ҐПУ». Захоплені хлопчаки продовжували копати, сподіваючись віднайти ще більше цікавих скарбів. Але їх очікувало навіть не розчарування, а переляк — подальші пошуки виявляли лише кістки. Багато кісток і черепів. Людських. Налякані діти розповіли дорослим про страшні знахідки, і вже незабаром цією справою зайнявся КҐБ.

7 червня того ж року інформацію про знахідку за підписом голови КҐБ УРСР Віталія Нікітченка відправили керівникові українських комуністів Петрові Шелесту та самому голові КҐБ Юрію Андропову. Переляк чекістів був недаремний, і вже перше обстеження могили підтвердило їхні побоювання: поруч із репресованими громадянами Радянського Союзу тут були поховані

Тлінні останки жертв репресій. Жителі Вінниці намагаються розпізнати серед них рідних та близьких, що зникли в роки Великого терору

польські офіцери. Саме ті, від причетності до зникнення яких радянська влада відмовлялася ще з 1943 року, коли німці виявили поховання під Катинню. «Встановлено, — писав Нікітченко, — що у вказаному місці в 1940 році УНКВД у Харківській області було поховано значну кількість (кілька тисяч) розстріляних офіцерів і генералів буржуазної Польщі, останки яких виявили діти за випадкових обставин. Пенсіонер КҐБ Галіцин, котрий працював водієм в органах держбезпеки, пояснив, що на цьому місці могли бути поховані і радянські громадяни, а також у 1941 році під час евакуації УНКВД були закопані різні предмети особистого вжитку, конфісковані при арештах 1937—1938 років. Серед них могли бути папки і портфелі з дарчими написами на пластинах». Судячи з того, що про поховання спецслужби дізналися лише зі свідчень цитованого вище пенсіонера та ще кількох колишніх чекістів, жодних документальних слідів про те, що відбувалося в 1930—1940-і роки, станом на 1969-й уже не існувало.

Проте з'ясування правди про масове поховання було лише частиною проблеми для каґебістів. Вони мали знову приховати його сліди. У першому ж листі керівництву Нікітченко пропонує конкретні кроки: «Вважаємо за доцільне роз'яснити населенню довкола, що в період окупації німцями Харкова каральні органи Німеччини у вказаному місці проводили поховання без почестей розстріляних за дезертирство та інші злочини солдатів та офіцерів

Результати розкопок нацисти ретельно фіксували і згодом використовували у пропаганді. Тим часом вони самі всіювали українську землю свіжими ровами, у яких ховали сліди власних злочинів

німецької і союзних із нею армій. Разом з тим у тому ж місці поховані німцями померлі від різних небезпечних інфекційних хвороб (тиф, холера, сифілітики тощо), а тому вказане поховання має бути визнане органами охорони здоров'я небезпечним для відвідування. Це місце буде оброблене хлорним вапном, взяте на карантин і в майбутньому засипане ґрунтом».

Найвище керівництво КҐБ (зокрема заступник голови Семен Цвигун та сам Юрій Андропов) уважно вивчили пропозиції Нікітченка. У результаті «було прийнято рішення про ліквідацію спецоб'єкта через застосування хімікатів — лускатого технічного їдкого натрію». Щоб не привертати уваги до робіт, чекісти вирішили проводити їх під виглядом будівництва спеціального об'єкта КҐБ, у зв'язку з чим навіть звернулися до Харківського облвиконкому. «Згідно з ухваленим рішенням, об'єкт буде обгороджено парканом із колючим дротом, на його території споруджено дві будови, одна — для персоналу охорони, інша — зберігання хімікатів. До повної ліквідації об'єкта (не менше чотирьох років) він охоронятиметься двома постами наглядацького складу слідчого ізолятора. Ці ж особи будуть безпосередньо здійснювати головні роботи з ліквідації об'єкта». Для виконання поставленого завдання харківське обласне управління КҐБ затребувало в керівництва спеціальний штат із 21 особи, а також фінансування в сумі 10 тисяч рублів.

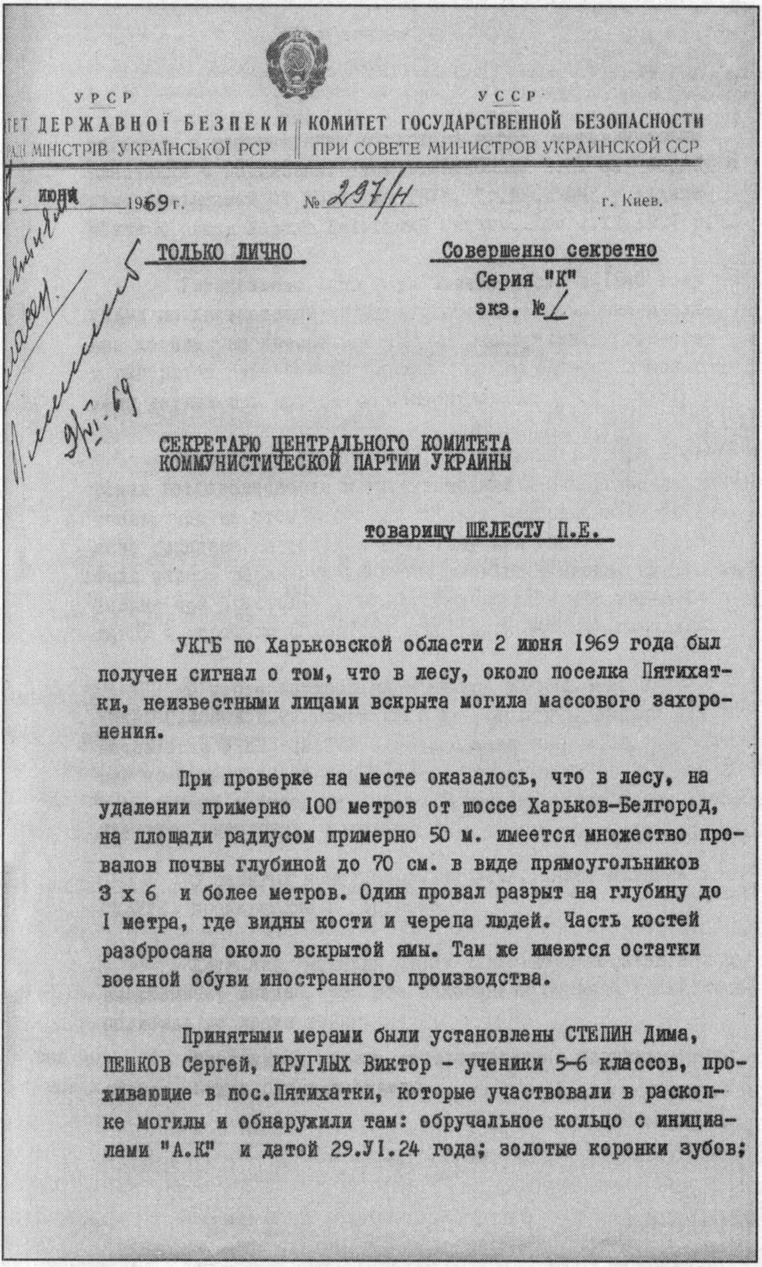

УРСР

ТЕТ ДЕРЖАВНОЇ БЕЗПЕКИ
АДІ МІНІСТРІВ УКРАЇНСЬКОЇ РСР

УССР

КОМИТЕТ ГОСУДАРСТВЕННОЙ БЕЗОПАСНОСТИ
ПРИ СОВЕТЕ МИНИСТРОВ УКРАИНСКОЙ ССР

7. июня 1969 г. № 297/н г. Киев.

ТОЛЬКО ЛИЧНО

Совершенно секретно
Серия "К"
экз. № 1

СЕКРЕТАРЮ ЦЕНТРАЛЬНОГО КОМИТЕТА
КОММУНИСТИЧЕСКОЙ ПАРТИИ УКРАИНЫ

товарищу ШЕЛЕСТУ П.Е.

УКГБ по Харьковской области 2 июня 1969 года был получен сигнал о том, что в лесу, около поселка Пятихатки, неизвестными лицами вскрыта могила массового захоронения.

При проверке на месте оказалось, что в лесу, на удалении примерно 100 метров от шоссе Харьков-Белгород, на площади радиусом примерно 50 м. имеется множество провалов почвы глубиной до 70 см. в виде прямоугольников 3 х 6 и более метров. Один провал разрыт на глубину до 1 метра, где видны кости и черепа людей. Часть костей разбросана около вскрытой ямы. Там же имеются остатки военной обуви иностранного производства.

Принятыми мерами были установлены СТЕПИН Дима, ПЕШКОВ Сергей, КРУГЛЫХ Виктор - ученики 5-6 классов, проживающие в пос.Пятихатки, которые участвовали в раскопке могилы и обнаружили там: обручальное кольцо с инициалами "А.К" и датой 29.УІ.24 года; золотые коронки зубов;

КҐБ повідомляло найвище партійне керівництво про випадки віднайдення таємних поховань жертв репресій, 1969 р.

[У]КРАЇНСЬКА РСР
[Управлі]ння Комітета Державної Безпеки
[при Ра]ді Міністрів Української РСР
по Харківській області

УКРАИНСКАЯ ССР
Управление Комитета Государственной Безопасности
при Совете Министров Украинской ССР
по Харьковской области

июня 1969г. № 10/9736 г. Харьков

ст.2

Сов.секретно
Серия "К"
Экз.№__

ПРЕДСЕДАТЕЛЮ КОМИТЕТА ГОСБЕЗОПАСНОСТИ ПРИ
СОВЕТЕ МИНИСТРОВ УКРАИНСКОЙ ССР
ГЕНЕРАЛ-ПОЛКОВНИКУ

тов. НИКИТЧЕНКО В.Ф.

гор. Киев.

В дополнение к нашему № 10/9354 от 12 июня 1969г. сообщаю, что согласно Вашему указанию я выехал в КГБ СССР для решения ряда вопросов, связанных с ликвидацией спецобъекта.

В течение 16-18 июня совместно с Заместителем Председателя КГБ при СМ СССР генерал-лейтенантом ЦВИГУНОМ С.К., а затем с Председателем КГБ при СМ СССР тов. АНДРОПОВЫМ Ю.А. было принято решение о ликвидации спецобъекта путем применения химикатов - чешуйчатого технического едкого натрия.

Ликвидация спецобъекта будет осуществлена под видом строительства специального объекта КГБ, в связи с чем УКГБ по Харьковской области возбудит ходатайство перед Харьковским Облисполкомом о выделении земельного участка.

По принятому решению объект будет огражден забором из колючей проволоки и на его территории возведены два строения: одно - для персонала охраны, другое - для хранения химикатов.

Інструкція КҐБ щодо ліквідації таємного поховання під Харковом

МІТЕТ ДЕРЖАВНОЇ БЕЗПЕКИ | КОМИТЕТ ГОСУДАРСТВЕННОЙ БЕЗОПАСНОСТИ
УКРАЇНСЬКОЇ РСР | УКРАИНСКОЙ ССР

2 февраля 1989 г. г. Київ

№ 27

Секретно

ЦК Компартии Украины
тов.Щербицкому В.В.

О поиске мест захоронений
жертв репрессий в годы
нарушений социалистической
законности

В соответствии с Постановлением ЦК КПСС "О дополнительных мерах по восстановлению справедливости в отношении жертв репрессий, имевших место в 30-40-х и начала 50-х годов" Комитетом госбезопасности УССР проводится работа по поиску мест захоронений приговоренных к расстрелу репрессированных в указанные годы советских граждан. Документальных материалов по данному вопросу в архивах Комитета госбезопасности и УКГБ областей республики не выявлено. Поиск подобных документов в Центральном архиве КГБ СССР также положительных результатов не дал. Прямых свидетелей захоронений или сотрудников НКВД, которые имели отношение к репрессиям и могли знать о местах захоронений, также установить не удалось, поскольку, как правило, такие лица в последующие годы сами были репрессированы и приговорены к расстрелу, а другие сосланы в различные лагеря.

Вместе с тем в процессе опроса бывших сотрудников НКВД-НКГБ, не причастных к репрессиям, других очевидцев того времени получена отрывочная информация, которая путем сопоставления с архивными материалами позволила установить отдельные места захоронений безвинно пострадавших советских людей.

– Так, на основании дополнительного опроса очевидцев УКГБ по Винницкой области подтверждены опубликованные в 1943 г. в трофейных печатных изданиях (брошюры, газета "ВІнницькІ вІстІ")

Вх. № 29к на „3" лист.
«01» 03 1989 г.
Подлежит возврату во II сектор
общего отдела ЦК Компартии Украины

Віяння перебудови — чекісти взялися розшукувати місця масових поховань жертв репресій. Інформація голови КҐБ УРСР Миколи Голушка на ім'я керівника компартії Володимира Щербицького, 1989 р.

Приховування страшної правди, закопаної в землі, вимагало значних зусиль та ресурсів, але не давало гарантованого результату. Безіменних могил, зроблених чекістами, було занадто багато.

Зрештою, наприкінці 1980-х років політична ситуація змінилася. Відповідно до постанови ЦК КПРС «Про додаткові заходи з відновлення справедливості стосовно жертв політичних репресій 30—40-х і початку 50-х років», КҐБ було доручено пошук місць масових поховань. Тепер чекісти мали не приховувати наслідки роботи попередників, а викривати їх. 28 лютого 1989 року очільник української спецслужби Микола Голушко інформував керівника Компартії УРСР Володимира Щербицького про результати виконаної роботи. Він відзначив, що в архівах спецслужби практично немає документів, які вказували б на місця та процедури поховання. Так само бракувало прямих свідків, «оскільки, як правило, такі особи в наступні роки самі були репресовані і засуджені до розстрілу, а інші заслані до різних таборів». Утім, у результаті дослідницької роботи КҐБ вдалося виявити низку таких місць — у Вінниці (у парку культури та відпочинку, на колишньому міському цвинтарі, в саду на вулиці Підлісній), у Чернігівській області (у районі села Халявин), в Одесі (на другому християнському цвинтарі), у Черкасах (на старому єврейському цвинтарі на вулиці Шевченка), у Полтавській області (у піщаному кар'єрі на 8-му кілометрі на схід від Полтави і 3-му кілометрі від села Макухівка), у Хмельницьку (на території колишнього управління, де в 1960-і роки споруджено Центральний універмаг), у Києві (на околиці Лук'янівського кладовища). Тоді ж КҐБ і радянська влада визнали Биківню місцем масових поховань жертв політичних репресій, поклавши край багаторічній брехні про захоронення тут убитих німцями.

Молоді співробітники КҐБ, які на доручення керівництва досліджували ці питання, а також ті з них, хто з 1990 року був залучений до перегляду архівно-кримінальних справ для реабілітації невинно засуджених, почали по-іншому сприймати радянську дійсність. Крижана оболонка брехні тріскала і танула, відкриваючи їм, а згодом і всім іншим громадянам страшну радянську історію. Лояльність до влади в тих, хто мав її охороняти, поступово зникала. Впевненість у тих, які хотіли її змінити, навпаки, зростала.

Правда, яку намагалися поховати в землі, проросла з неї і через десятиліття зруйнувала імперію, збудовану на брехні й терорі.

Чистильник, або Розжалуваний герой

Я чистильник — той, хто вирішує проблеми.

З фільму Люка Бессона «Нікіта»

«Очищення», «чистка» — терміни, які часто використовувала радянська влада, особливо в періоди масових репресій. Вони не мали нічого спільного із санітарним станом країни, адже чистили країну від «соціального бруду», тобто від людей, які заважали будувати світле майбутнє. Від чисток постраждали сотні тисяч або й мільйони.

Але були не лише жертви цих операцій, але й їхні виконавці — чистильники. Часом після зміни політичної ситуації вони самі ставали жертвами чисток від рук наступної генерації. Саме завдяки такій операції проявив себе в історії Іван Олександрович Сєров, якого по праву можна назвати одним із головних радянських чистильників.

Добігав кінця 1938 рік, а з ним і апогей сталінських репресій, відомий під назвою Великий терор, а з ним і… життя головних виконавців цього терору. 14 листопада 1938 року Сталін підписав секретний циркуляр, яким наказував: «Провести ретельну перевірку всіх узятих на облік працівників НКВД… Внаслідок цієї перевірки органи НКВД повинні бути очищені від усіх ворожих осіб, які шляхом обману потрапили в органи НКВД, від осіб, які не заслуговують на політичну довіру».

Іван Сєров, 1939 р.

Серед «ворожих осіб» — найвище керівництво спецслужби (майже всі керівники республіканських наркомів та обласних управлінь) на чолі з шефом Єжовим. На зміну їм

Депортація «неблагонадійних» народів — один із головних інструментів їх упокорення. Північний Кавказ, 1944 р.

прийшло нове покоління чекістів, яке, попри засудження попередників, дуже швидко перейняло їхні методи.

До нового призову потрапив і Іван Олександрович Сєров, кар'єра якого справді вражала. Народився він у рік першої російської революції, у 1905-му, в одному із сіл Вологодської губернії і навряд чи досяг би службових висот, якби не інша революція, більшовицька. Майбутній чекіст швидко проявив неабиякий політичний хист — у 18 років стає членом комсомолу, а відтак секретарем сільської ради, головою повітвиконкому. У 20 років стає курсантом військової школи, у 30 — начальником штабу дивізії.

У поколінні Сєрова можна знайти чимало зразків стрімких кар'єрних злетів, особливо військових. Проте більшість із них обривається страшною датою — 1937. Сєров уникнув небезпеки потрапити до когорти «ворогів народу», більше того, їх нещадне знищення дало йому шанс зробити чи не найбільший стрибок у власній кар'єрі. Він вливається в поріділі після чисток 1938 року лави чекістів і у вересні наступного року стає керівником НКВД Української РСР. Це сталося на другий день після початку Другої світової, у яку Радянський Союз вступив союзником Третього Райху, за що отримав свою частину здобичі — терени Західної України та Західної Білорусі, а потім і країни Прибалтики.

До приєднання нових територій готувалися, ретельно збираючи інформацію про потенційних ворогів радянської влади — політиків, військових, громадських діячів, державних службовців чи незалежних інтелектуалів. Після 17 вересня 1939 року такі відомості використовували чекісти для розгортання в Західній Україні операції під не дуже оригінальною назвою «Очищення».

Іван Сєров у радянській зоні окупації Німеччини, 1945 р.

Це була перша масштабна чистка, яку організовував Іван Сєров, але далеко не остання. Вже через два тижні головний чекіст України доповідав керівництву про арешт 3 914 осіб (не рахуючи військовополонених), до кінця жовтня 1939 року кількість зросла до 5 972, а в наступному, 1940 році, йшлося вже про 44 тисячі в'язнів. Аби вирішити проблему переповнених тюрем, Сєров звертався до керівництва НКВД СРСР з пропозицією про відправлення в табори ГУЛАГу 29 тисяч арештованих з України. Він був серед тих, хто вирішував долю ув'язнених вояків та офіцерів польської армії, майже 22 тисячі з яких були розстріляні в Україні, Білорусі та Росії.

Десятки тисяч заарештованих та вбитих стали лише підготовкою до наступного грандіозного етапу — «очищення» західноукраїнських теренів. Протягом неповних двох років звідси депортовано сотні тисяч (за деякими підрахунками, близько мільйона) мешканців — українців, поляків, євреїв.

Досвід Сєрова в організації таких операцій став у пригоді в Прибалтиці. Тож у квітні 1941 року він береться за втілення в життя постанови ЦК Компартії «Про заходи щодо очищення Литовської, Латвійської і Естонської РСР від антирадянського, кримінального і соціально небезпечного елемента».

Поки Іван Сєров активно боровся із «внутрішніми ворогами» СРСР, країну атаковано зовнішніми. 22 червня колишні союзники, німці, розпочали реалізацію плану «Барбаросса». Але навіть тоді актуальність боротьби із внутрішнім опором для радянської влади не зникла, а отже, не зникала робота для чекістів, особливо таких досвідчених, як Іван Сєров. Саме йому доручено створити і командувати сумнозвісними загороджувальними загонами («заградотрядами») та винищувальними батальйонами. Під час війни він встиг повоювати і під Москвою, і в Криму, і на Кавказі. У два останніх регіони чекіст повернеться незабаром після відходу німців у звичній для себе ролі чистильника — Сєров був

Іван Сєров, 1956 р.

одним із організаторів масових депортацій у 1944 році народів Кавказу та Криму, обвинувачених радянською владою у співпраці з нацистськими окупантами. За це доблесний чекіст отримав високу нагороду — орден Суворова І ступеня.

Просуваючись на Захід разом із Червоною армією, Іван Сєров знову опинився на Західній Україні. Ані його особисто, ані чекістів чи радянську владу загалом тут не чекали як визволителів, пам'ятаючи жахи першої радянської окупації. Тому нову адміністрацію зустріли активним рухом опору, який не вщухав ще десять років після завершення війни. Свою лепту в боротьбу з українським визвольним рухом, звичайно, вніс і наш досвідчений чекіст: Сєров здійснював підготовку до депортації «бандпосібників та членів їхніх сімей».

Проте на Західній Україні він надовго не затримався, а рухався далі за Червоною армією. Іван Сєров брав участь у боротьбі з польським підпіллям Армії Крайової, у розбудові структур органів безпеки комуністичної Польщі як офіційний радник при Міністерстві громадської безпеки. І знову-таки активна робота не лишилася без державного відзначення — борець із польським рухом за незалежність отримав найвищу польську військову нагороду «Віртуті мілітарі».

Сєров розбудовував структури безпеки в радянській зоні окупації Німеччини. Саме він заклав основи комуністичної спецслужби, яка згодом стала відомою як «Штазі». Проте в Німеччині він опікувався не тільки державними справами, але й особистими. За численними свідченнями, чекіст був чи не найактивнішим серед представників радянської армії та адміністрації, які активно збагачувалися в переможеній Німеччині. Сєров, між іншим, звинувачувався в присвоєнні значної суми грошей після організованого ним штурму «Райхсбанку» і навіть у спробі залишити у себе бельгійську корону.

Проте це не завадило йому отримати найвищу радянську нагороду — 29 травня 1945 року Указом Президії Верховної ради СРСР Івану Сєрову присвоєно звання Героя Радянського Союзу із врученням ордена Леніна і ме-

Придушення повстання радянськими військами, 1956 р.

далі «Золота Зірка». І навіть серйозні внутрішньополітичні заворушення, які струсонули радянську верхівку після смерті Сталіна, не зачепили Сєрова. Він вчасно підтримав знайомого йому ще з 1939 року Микиту Хрущова в його боротьбі проти свого колишнього шефа Лаврентія Берії. Останньому поразка коштувала життя, а Івану Олександровичу підтримка переможця обернулася отриманням найвищого військового звання — генерал армії. Незважаючи на відсутність війни, новоспечений генерал армії зумів окропити своє звання у свіжій крові, цього разу придушуючи Будапештське повстання 1956 року.

Проте з вершини є лише один шлях — униз, і вже незабаром Сєров переконався в цьому. Цього разу йому не допомогли навіть неабиякий політичний досвід та вміння підлаштовуватися під ситуацію. Піддавшись новим віянням «відлиги», у 1957 році він звертався до Генпрокурора СРСР з пропозицією провести реабілітацію жертв сталінізму, однак рекомендував обмежитися лише 1937—1938 роками. Адже з 1939 року наступала черга його жертв.

У 1958 році Сєров зміщений з посади керівника КҐБ на менш впливову посаду керівника Головного розвідувального управління. Але це був тільки початок: у 1962 році, після викриття полковника ГРУ Пеньковського, який працював на західні розвідки, Сєров втратив і цю посаду. Далі одна за другою з нього почали «облітати» нагороди та звання: першим позбавлено (заслуженого за депортації) ордена Суворова, далі — ордена Леніна і звання Героя Радянського Союзу. Згодом Сєрова понизили на три ступені до звання генерал-майора і, нарешті, у 1965 році його було виключено з партії.

Іван Сєров, поки ще герой та орденоносець. Початок 1960-х

Сподівання Івана Олександровича, що й цього разу якось утрясеться і він знову повернеться на вершини влади, не виправдалися. Спроби реабілітуватися перед новими керівниками країни Брежнєвим, Андроповим та Горбачовим не дали жодних результатів.

Помер Сєров 1 липня 1990 року, не дочекавшись ані поновного визнання своїх заслуг перед радянської владою, ані суду за участь в її злочинах після падіння СРСР.

P. S. Ще одну нагороду розжалуваний герой втратив вже після смерті — указом президента Польщі Леха Валенси Івана Сєрова в 1995 році позбавили найвищої польської військової нагороди «Віртуті мілітарі».

Радянський «бліцкриг» 1939 року

Після появи книги Віктора Суворова «Криголам» наприкінці 1980-х досі не вщухають дискусії щодо того, чи готував Сталін напад на Німеччину в 1941 році.

За цей час накопичилося чимало аргументів за і проти цієї версії, але суперечка залишається невирішеною передусім через брак документів. Натомість маємо велику кількість документів стосовно іншого радянського наступу на захід, який відбувся двома роками раніше — у 1939-му. Внаслідок цих дій до СРСР були приєднані західноукраїнські та західнобілоруські терени.

До цього наступу радянське керівництво, безперечно, готувалося, здійснювало підготовчі заходи ідейно-пропагандистського характеру (через рекламу визволення єдинокровних братів українців та білорусів) та безпосереднього практичного (розгортання військових з'єднань, підготовка НКВД до репресій проти осіб, які могли становити загрозу новій владі).

Попри це, документи свідчать: операція, яка розпочалася 17 вересня 1939 року, була не підготовлена. І хоча поляки фактично не чинили спротиву, Червона армія просувалася на захід дуже повільно, борючись насамперед проти власної неорганізованості та нею ж спровокованого хаосу.

Першим великим містом, до якого підійшла «доблесна армія-визволителька», був Тернопіль. Радянські солдати з'явилися тут тільки ввечері 17 вересня, проїхавши від колишнього радянсько-польського кордону лише 46 кілометрів.

Повільна швидкість пересування була зумовлена безладом на дорогах. «Дорога забита частинами війська, — повідомляв у Москву нарком внутрішніх справ УРСР Іван Сєров, — часто створювалися пробки, що надовго затримували рух».

До кінця наступного дня оперативна група НКВД встигла захопити найважливіші урядові приміщення в місті, почала збирати зброю та розбиратися з кількома тисячами заарештованих.

Тим часом червоноармійці, захопившись роллю визволителів, у першу чергу розбили місцеві тюрми і звільнили в'язнів, чим додали роботи енкаведистам, які змушені були наново їх виловлювати.

На кінець 18 вересня чекісти звітували, що «частину колишніх в'язнів, зокрема кримінальних, вдалося затримати і повернути назад». Очевидно, інша частина кримінальників залишилася на волі й посилювала безлад.

Головним завданням НКВД було сприяти закріпленню радянської влади та забезпечити швидкий перехід армії через місто далі на захід, до Львова. А це було дуже непросто. «Армійського командування в місті немає, — жалілися чекісти, — тому спостерігається безлад: частини не знають, де розміщені їхні штаби. Призначений комендантом міста майор Вервицький не має у своєму розпорядженні жодної особи. Тому питаннями охорони і конвоювання полонених доводиться опікуватися нам, хоча це справа армії, зокрема коменданта гарнізону».

Брак зв'язку та загальної координації призвів до того, що в першу ж ніч дві роти прикордонників, які прийшли в Тернопіль, потрапили під обстріл… вояків Червоної армії. У результаті двоє були поранені. «За ніч, — читаємо у звіті, — стрілянина відновлювалася декілька разів, причому перший спалах тривав близько години».

Наступного дня, 19 вересня, армія врешті залишила місто, але сюди досі не підтяглися представники нової влади. «Партійно-радянський актив ще не прибув, — повідомляли чекісти. — Газета не випускається, агітація не ведеться, а нам ніколи цим займатися».

Червоноармійці біля трофейної польської зброї. Львів, вересень 1939 р.

Чекістам справді було ніколи займатися пропагандою, адже вони мали провести термінову чистку «суспільно небезпечних елементів» та завербувати агентуру для закріплення в терені. Невдовзі вони доповідали про успіхи — лише в Тернополі почали роботу 32 агенти та 141 інформатор. Однак уже через півтора місяця керівництво НКВД змушене було визнати, що «агентурно-інформаційна мережа, як правило, вербувалася з випадкових неперевірених елементів».

Тим часом радянський «бліцкриг» 22 вересня 1939 року (подолавши трохи більше 150 кілометрів за п'ять днів!) нарешті досягнув Львова — найбільшого міста Західної України. Перед тим відбулася зустріч із командиром польського корпусу генералом Лянгером, на якій були прийняті умови здачі міста Червоній армії.

Польське військо мало залишити Львів до 14:00, військові склади передавалися радянському командуванню, госпіталі з пораненими залишалися на місці, а офіцерському складу гарантувалася особиста свобода. «Я висловився проти останнього пункту, стосовно особистої свободи, — писав керівник НКВД УРСР Іван Сєров своєму шефові Берії, — на це комбриг Курочкін, який представляв червоне командування, відповів, що він може порвати цей документ у будь-який момент». Отакий справжній офіцер, вірний своєму слову!

Радянські пропагандистські плакати з вересня 1939 р.

Натомість польський командир свого слова дотримав і розпочав здачу міста. Аби не виникло непорозумінь, Лянгер наказав розклеїти оголошення, що Львів передано Червоній армії.

Проте уникнути безладу не вдалося й тут: «Військові частини, очевидно, не попереджені про те, щоб не відкривати вогню, відразу відкрили рушничний та кулеметний вогонь. Почалася паніка на головній вулиці. Всі бійці Червоної армії стріляють, але більшість не бачать цілі. Багато стріляють по вікнах будинків. Не попадаючи у вікна, кулі піднімають пилюку, а інший вояк сприймає цю пилюку за дим пострілу й відкриває вогонь. Командування взагалі не керувало стріляниною. Хто хотів, той і стріляв, цілей стрілянини не було».

У результаті постраждали випадкові люди, були загиблі, зокрема журналіст газети «Комуніст», який приїхав висвітлювати «торжество історичної справедливості».

«Налякані такою стріляниною вояки і командири, — доповідав Сєров, — далі пересувалися по Львову з оголеною зброєю. Все це справляло враження розгубленості й відсутності керівництва з боку командного і політичного складу».

Окрім дезорієнтованих червоноармійців, столицею Галичини в той час розгулювали й вояки німецької армії. «Німці, — обурено інформував начальство Сєров, — щоденно роз'їжджають по Львову під різними приводами: повернути полонених, броньовик, підбиту гармату, довідку про біженців. Наше командування не звертає належної уваги на такі візити». Переймаючись своїм облаштуванням у місті, солдати також не пильнували залишених військових складів, які грабувало цивільне населення.

Радянські пропагандистські плакати з вересня 1939 р.

Незабаром до Львова під'їхало високе начальство — командувач Українського фронту Семен Тимошенко та секретар ЦК КП(б)У Микита Хрущов. Перший із гостей зажадав перемістити танкову бригаду на західну околицю міста, на що отримав від підлеглих відповідь, що «зі 160 танків на ходу лише 40, оскільки інші відстали в дорозі».

Партійного ж боса роздратувала «бездіяльність» НКВД: «Яка це робота? — кричав Хрущов. — Жодного розстріляного!» На це він отримав заспокійливу відповідь чекіста: «У Золочеві розстріляли 12 осіб, а без справи не стріляємо».

Але таки стріляли — і не лише чекісти, але й червоноармійці. Безлад, який постійно супроводжував військо, що сунуло на захід до річки Сян (тодішнього кордону з німцями), створював передумови для злочинів. Про один із них за участю політрука ескадрону 28-го кавалерійського полку Бердникова доповіли самому Берії.

Отож, 2 жовтня 1939 року політрук виїхав до містечка Кам'янка колишнього Люблінського воєводства у фільварок Павла Буречика. Увірвавшись до будинку, Бердников розстріляв господаря та ще п'ятьох членів його сім'ї, намагався перед смертю зґвалтувати його дружину.

«Оскільки територію найближчим часом мали захопити німці, — повідомляли чекісти, — трупи були терміново закопані, тому встановити, чи була жінка зґвалтована, тепер неможливо». 10 жовтня правопорушника затримали і розстріляли.

Проте цим покаранням злочинів не спинили. Більше того, влада, яка карала й нібито встановлювала справедливість, насправді таким чином лише відстоювала свою монополію на злочини. «Кількість заарештованих оперативно-чекістськими групами по західних областях України станом на 1 жовтня включно становить 3 914 осіб», — доповідав незабаром НКВД. І це був лише початок: протягом наступних місяців під жорна репресій потраплять ще сотні тисяч, депортованих та вбитих.

«...являясь отцом руководителя националистической организации», або Трагедія отця Андрія Бандери

Історики жартують, що якби у греко-католицькій церкві існував целібат, як у римо-католиків, українського національного відродження початку минулого століття могло б і не бути. У кожному жарті є частка жарту.

Отець Андрій, хоч рано овдовів, зумів виховати сімох дітей, дати їм добру освіту, зробити справжніми патріотами: троє доньок і чотири сини були членами національно-культурних і виховних організацій («Просвіти», «Лугу», «Пласту»), а згодом стали діячами націоналістичного підпілля. Усі дорого заплатили за свою активність: Оксана, Володимира, Марта — відбули багато років сталінських таборів, Богдан — імовірно, загинув як член похідної групи на півдні України, Василь та Олександр — замордовані в нацистському концтаборі Освенцім, Степан — убитий кілером КҐБ.

Отець Андрій Бандера та його дружина Мирослава Глодзінська

Не обійшла жорстока доля і їхнього батька, отця Андрія Бандеру. Активний учасник становлення Західноукраїнської Народної Республіки, згодом капелан Української галицької армії, діяч цілого ряду громадських установ, він не міг не потрапити у поле зору радянських органів безпеки, що розпочали свою діяльність на Західній Україні після 1939 року. Проте вирішальним для отця Андрія стало те, що він був «батьком керівника націоналістичної антирадянської організації» Степана Бандери, ім'я якого і для прихильників, і для ворогів стало символом непокори режиму. Про трагедію священика дізнаємося зі справи № 75140-ФП обсягом трохи більше ста аркушів, що вмістили інформацію про останні дні його життя.

Навесні 1941 року Сталін отримав уже безліч попереджень від своїх розвідників і дипломатів про те, що його вірний союзник Гітлер ось-ось розпочне наступ на СРСР. Та вождь народів не зважав на ці попередження — він був зайнятий іншою війною, яку розгорнув на новоздобутих західних територіях. Ворог був йому добре знайомий — «український буржуазний націоналізм». Минуло не так багато часу, відколи Сталін переміг його на Великій Україні. Знищення еліти, церкви, депортації і вимордування Голодомором селян як основних носіїв національної ідентичності — надійні методи у цій війні. Вони мали би спрацювати й на Західній Україні.

Отець Андрій Бандера

22 травня, рівно за місяць до німецького нападу, тут проводилися звичні для вождя народів «бойові дії»: тривала депортація сімей репресованих та ще не пійманих підпільників. У селі Тростянець на Долинщині в хаті місцевого священика Андрія Бандери чекісти знайшли «нелегала» — члена ОУН, що переховувався тут від агентів радянської влади. Це стало безпосередньою причиною арешту отця, якого спочатку відправили до обласного центру, а згодом (коли зрозуміли, хто потрапив до їхніх рук) — до самого Києва. Тут він перебував у внутрішній тюрмі НКВД за сумнозвісною адресою: Короленка, 33. Перебував недовго — лише кілька тижнів, адже нічого корисного для НКВД розказати не міг.

Допити, що розпочалися 9 червня, проводилися українською мовою, бо російською підслідний не володів. Отець Андрій і не намагався лукавити зі слідчими, бавитися в підпільника: він щиро зізнався, що вважає себе націоналістом за світоглядом, хоча до ОУН ніколи не належав. Чи усвідомлював, що переховує в себе державного злочинця? Так, усвідомлював, саме тому й переховував, що той боровся проти радянської влади та міг бути репресований.

Нічого надзвичайно корисного для себе чекісти не почули і про дітей. Про те, що всі вони покинули домівку і поринули в націоналістичне підпілля, знали давно. Очевидно, найбільше цікавили контакти зі Степаном, який очолював Революційний провід ОУН. Отець Андрій розповів, що останні звістки від сина отримав у серпні 1940 року. Тоді до нього прийшов зв'язковий, який передав священику хрестика, купленого Степаном у Римі. У Вічному місті провідник ОУН, за словами зв'язкового, мав зустрічатися з італійським міністром закордонних справ графом Чіано. Причиною такої зустрічі було те, що Степан Бандера не довіряв німцям як союзникам. Як виявилося згодом, його побоювання зовсім не були марними. Зв'язковий мав іще одне завдання від провідника — перевести отця Андрія через кордон, врятувавши від репресій радянської влади. Проте священик відмовився, вважаючи за обов'язок розділити важку долю своєї пастви.

Допити, очевидно, не без застосування насильства, тривали кілька тижнів до 25 червня 1941 року. Їх не перервав навіть початок німецько-радянської війни. 29 червня, у той час, коли німецькі танки, врізавшись углиб СРСР, з кожним днем скорочували відстань до Києва, доблесні чекісти були дуже зайняті. Вони палили «націоналістичну» літературу, конфісковану в Андрія Бандери. Акт про знищення шкідливого чтива містить 24 позиції, серед яких «Історія України-Руси», «Історичні пісні», «Повість врем'яних літ», «Проповіді» митрополита Андрея Шептицького.

Слідство у справі завершилося 2 липня 1941 року. В обвинувальному висновку, складеному слідчими, йшлося про переховування нелегала, наявність націоналістичної літератури, націоналістичні переконання підслідного.

Родина Бандер. Отець Андрій сидить перший ліворуч. Другий праворуч стоїть Степан Бандера

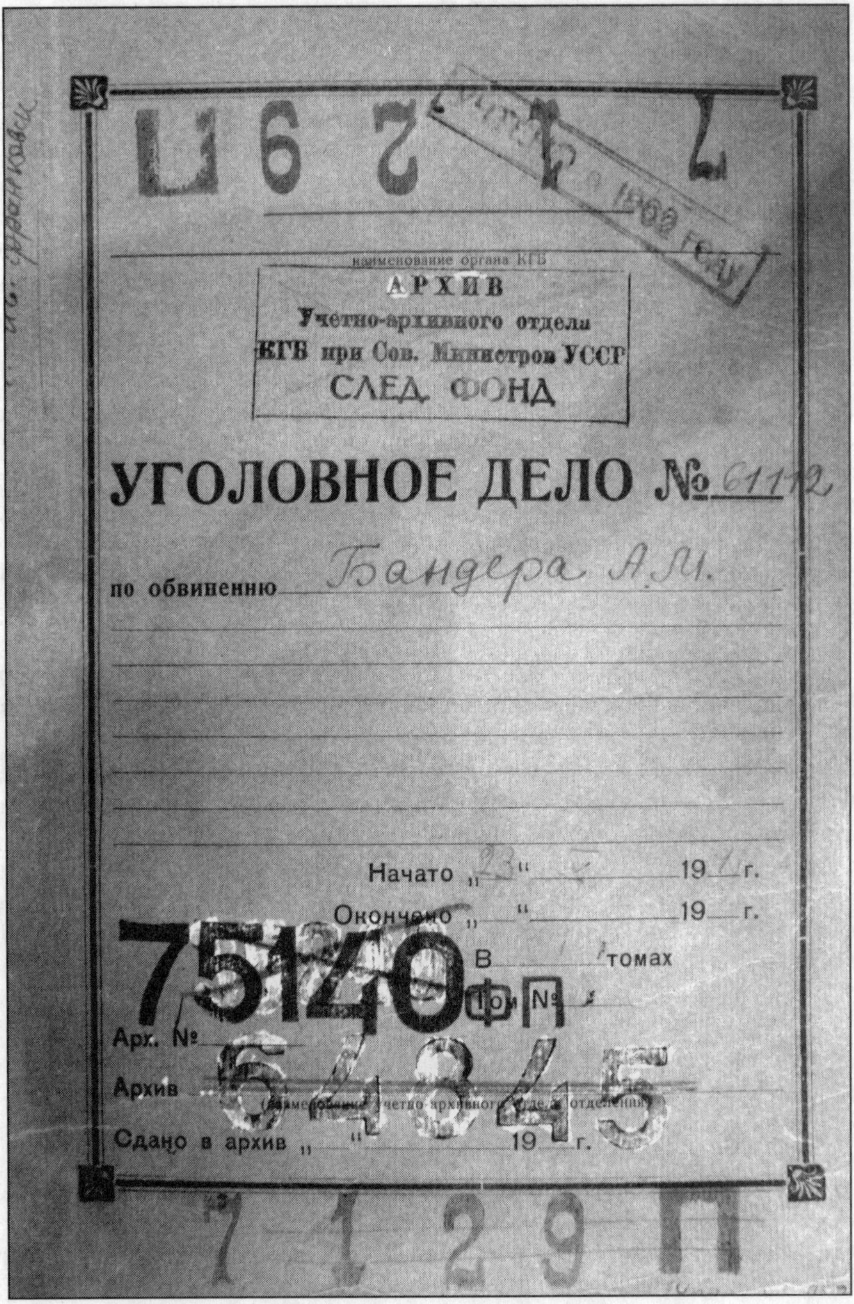

наименование органа КГБ

АРХИВ
Учетно-архивного отдела
КГБ при Сов. Министров УССР
СЛЕД. ФОНД

УГОЛОВНОЕ ДЕЛО № 61112

по обвинению Бандера А.М.

Начато „23" ____ 19__ г.

Окончено „ " ____ 19__ г.

75140 ФП

В ____ томах

Том № ____

Арх. № 64845

Архив ____

(наименование учетно-архивного отдела отделения)

Сдано в архив „ " ____ 19__ г.

7129 П

Кримінальна справа Андрія Бандери

В'язничне фото Андрія Бандери, 1941 р.

Проте першим, а отже головним, звинуваченням священика було те, що він, «будучи батьком керівника закордонного проводу антирадянської націоналістичної організації ОУН Бандери Степана Андрійовича, підтримував із ним до останнього часу систематичний зв'язок».

Менш як за тиждень відбувся «суд», який тривав менше двох годин. Відповідаючи на запитання суддів про дітей, отець Андрій гордо відповів: «Я своїм дітям дав належне виховання, прививаючи їм любов до України. Світогляди моїх синів і доньок однакові». Судді, звиклі розмовляти лише зі зламаними генералами та маршалами, які визнавали себе японськими шпигунами, напевно, не сподівалися почути такого від старенького священика. 8 липня о 18:40 оголошено вирок: Андрія Михайловича Бандеру засудити до найвищої міри кримінального покарання — розстрілу. І знову в обґрунтуванні одним із перших звучить звинувачення в батьківстві керівника ОУН. «Найгуманніший суд у світі» дав підсудному п'ять днів на оскарження вироку.

Але німці вже біля воріт, на підході до Києва, тож чекати було ніколи. 10 липня 1941 року отця Андрія Бандеру розстріляли.

Жодної інформації про місце його поховання справа не містить. Ймовірно, він знайшов останній спочинок у Биківні, де протягом 1937—1941 років ховали розстріляних НКВД у Києві. Тож тут серед тисяч інших замордованих комуністами покояться останки священика, вбитого за те, що виховав дітей патріотами.

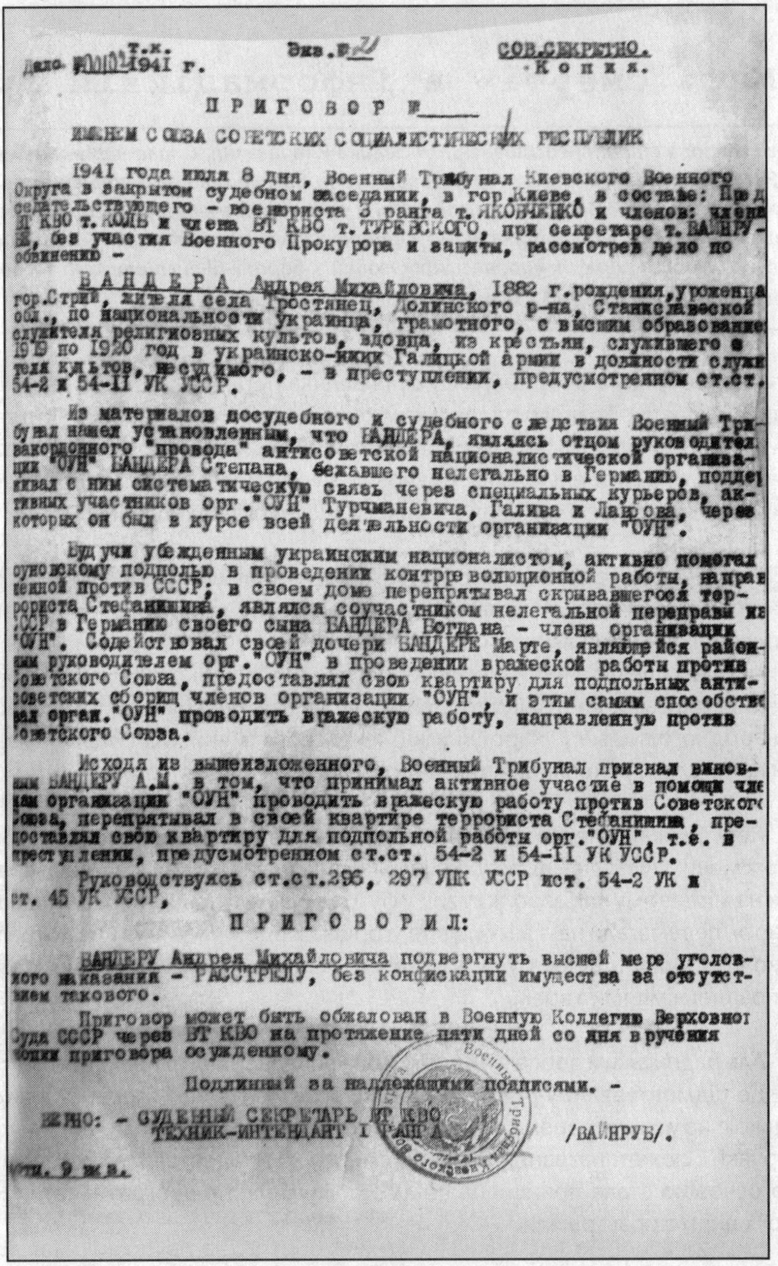

Дело № 0000 т.к. 1941 г. Экз. № 2 СОВ.СЕКРЕТНО. Копия.

ПРИГОВОР №_____

ИМЕНЕМ СОЮЗА СОВЕТСКИХ СОЦИАЛИСТИЧЕСКИХ РЕСПУБЛИК

1941 года июля 8 дня, Военный Трибунал Киевского Военного Округа в закрытом судебном заседании, в гор.Киеве, в составе: Председательствующего - военюриста 3 ранга т. ЯКОВЧЕНКО и членов: члена ВТ КВО т. КОЛЬ и члена ВТ КВО т.ТУРЕВСКОГО, при секретаре т.ВАЙНРУБ, без участия Военного Прокурора и защиты, рассмотрев дело по обвинению -

БАНДЕРА Андрея Михайловича, 1882 г.рождения, уроженца гор.Стрий, жителя села Тростянец, Долинского р-на, Станиславской обл., по национальности украинца, грамотного, с высшим образованием, служителя религиозных культов, вдовца, из крестьян, служившего с 1919 по 1920 год в украинско-[illegible] Галицкой армии в должности служителя культов, несудимого, - в преступлении, предусмотренном ст.ст. 54-2 и 54-11 УК УССР.

Из материалов досудебного и судебного следствия Военный Трибунал нашел установленным, что БАНДЕРА, являясь отцом руководителя закордонного "провода" антисоветской националистической организации "ОУН" БАНДЕРА Степана, бежавшего нелегально в Германию, поддерживал с ним систематическую связь через специальных курьеров, активных участников орг."ОУН" Турчманевича, Галива и Ланкова, через которых он был в курсе всей деятельности организации "ОУН".

Будучи убежденным украинским националистом, активно помогал оуновскому подполью в проведении контрреволюционной работы, направленной против СССР; в своем доме перепрятывал скрывавшегося террориста Стефанишина, являлся соучастником нелегальной переправы из СССР в Германию своего сына БАНДЕРА Богдана - члена организации "ОУН". Содействовал своей дочери БАНДЕРЕ Марте, являющейся районным руководителем орг."ОУН" в проведении вражеской работы против Советского Союза, предоставлял свою квартиру для подпольных антисоветских сборищ членов организации "ОУН", и этим самым способствовал орган."ОУН" проводить вражескую работу, направленную против Советского Союза.

Исходя из вышеизложенного, Военный Трибунал признал виновным БАНДЕРУ А.М. в том, что принимал активное участие в помощи членам организации "ОУН" проводить вражескую работу против Советского Союза, перепрятывал в своей квартире террориста Стефанишина, предоставлял свою квартиру для подпольной работы орг."ОУН", т.е. в преступлении, предусмотренном ст.ст. 54-2 и 54-11 УК УССР.

Руководствуясь ст.ст.296, 297 УПК УССР и ст. 54-2 УК и ст. 45 УК УССР,

ПРИГОВОРИЛ:

БАНДЕРУ Андрея Михайловича подвергнуть высшей мере уголовного наказания - РАССТРЕЛУ, без конфискации имущества за отсутствием такового.

Приговор может быть обжалован в Военную Коллегию Верховного Суда СССР через ВТ КВО на протяжение пяти дней со дня вручения копии приговора осужденному.

Подлинный за надлежащими подписями. -

ВЕРНО: - СУДЕБНЫЙ СЕКРЕТАРЬ ВТ КВО ТЕХНИК-ИНТЕНДАНТ I РАНГА /ВАЙНРУБ/.

Отп. 9 экз.

Смертний вирок Андрію Бандері

«Матч смерті» в інформаційній грі

Друга світова війна, представлена як Велика Вітчизняна, стала наріжним міфом СРСР. Міфом, що мав націєтворче завдання — послужити основою формування радянської ідентичності, а в перспективі й радянського народу. Його складовими були тези про масовий патріотизм і жертовність в ім'я радянської Батьківщини, небачена мобілізація всіх «радянських» людей у боротьбі зі страшною загрозою, месіанський похід на Захід з метою визволення Європи.

Останнім потужним акордом міфу була Велика Перемога, яка підтверджувала правильність обраного радянським керівництвом курсу, могутність та нездоланність комуністичної влади. Цей великий радянський міф, наче мозаїка, складали безліч маленьких, які розповідали про подвиги солдатів Червоної армії та радянських підпільників у кожній місцевості, охопленій війною.

Його елементами були історії про героїчні вчинки лікарів, учителів, простих працівників заводів і, звичайно, дітей. Грубенький томик під назвою «Діти-герої» — обов'язковий атрибут кожної дитячої бібліотеки, який мав сприяти не лише підвищенню освіченості молодого покоління, але й формуванню радянської ідентичності. Звісно, не могли залишатися поза межами всенародного подвигу і народні улюбленці-спортсмени. Особливо — зважаючи на загальне захоплення цим видом спорту — футболісти.

Персонажами чергової пропагандистської story стали реальні особи — спортсмени, які після відступу радянської влади залишилися в Києві, працювали на місцевому хлібзаводі, грали у футбол у складі новоствореної команди «Старт», перемагали на полі німців та угорців. Згодом частина з них потрапила до концтаборів, а деякі були розстріляні. Справді трагічна історія з життя окупованої німцями України.

Але радянським пропагандистам вона видалася надто невиразною, тому її дещо підмонтували, у результаті події, розділені в часі (перемога над німецькою командою, арешт та розстріл футболістів), об'єднали і вишикували у стрункий сюжет, названий «матчем смерті». Його центральною драматичною основою стала принципова відмова футболістів програти матч, після чого їх нібито розстріляли.

Міф став канонічною частиною радянської пропаганди після появи в 1957 році повісті Петра Сєверова та Наума Халемського «Останній поєдинок» та фільму «Третій тайм», який вийшов на екрани через п'ять років. Уже незабаром його посилено офіційною позицією — у 1965 році до 20-ї річниці перемоги футболістів нагороджено державними медалями «За відвагу» та «За бойові заслуги».

Тож тепер сумніватися, що «матч смерті» був (попри те, що ще жили свідки та учасники цих подій), ставало небезпечно, адже це суперечило «лінії партії». Утім, за ширмою пропагандистської патетики каґебісти попереджали про небезпеку роздування легенди, зіпертої на такі непевні факти. Напередодні відкриття пам'ятника в Києві старший оперуповноважений КҐБ майор Удін у листі до свого шефа Віталія Федорчука акцентував увагу на далеко не геройському боці справи.

«Цілком очевидно, — писав він, — що футболісти залишилися проживати на окупованій території, не намагаючись відійти з частинами Червоної армії, у лавах якої їхня присутність була дуже необхідна у важкий для Батьківщини час. Згодом вони підтримали ініціативу зрадників Батьківщини з представників міської управи, які за підтримки окупаційної влади створили із залишених у Києві спортсменів клуб майстрів спорту, а з футболістів команду міста, до якої увійшли гравці команд-майстрів «Динамо» і «Локомотива».

Ця команда неодноразово зустрічалася в товариських матчах із футбольними командами вермахту та угорських військових частин, дислокованих у Києві. Всі учасники збірної команди були працевлаштовані (на хлібзаводі

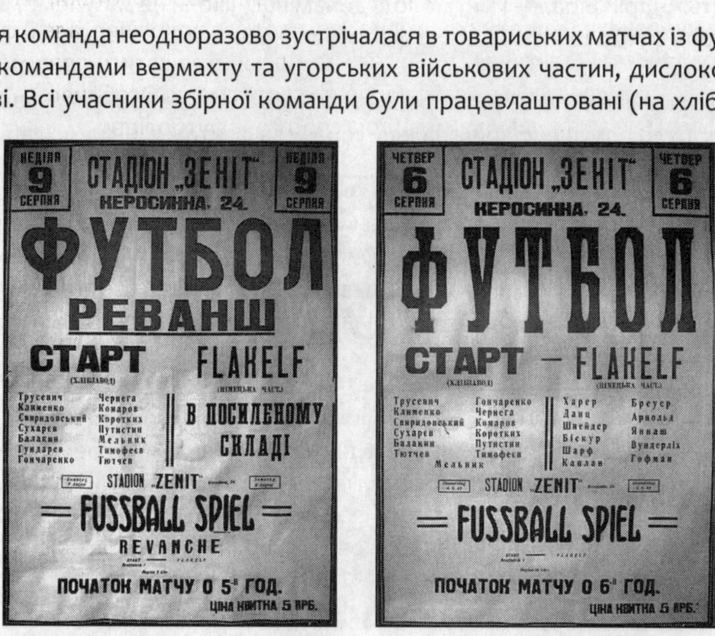

Футбольні матчі між українськими та німецькими командами періодично відбувалися в окупованому Києві. Афіші з таких зустрічей

№ 1 і ковбасній фабриці). З часом, освоївшись із обстановкою, вони зорганізували викрадення продуктів, а згодом, опрацювавши маршрути їх розвезення по місту, обумовили зустрічі один з одним, щоб ними взаємно обмінюватися. Ця обставина, а можливо, й те, що окупантам набридла футбольна забава, призвела до того, що всі футболісти виявилися запроторениими в табір військовополонених. Як засвідчили розслідування, причина розстрілу футболістів у таборі військовополонених мала не політичний, а випадковий характер. Свідки розповіли, що за провину одного з військовополонених (цей військовополонений каменем убив службового собаку) окупанти вишикували весь особовий склад табору і розстріляли кожного п'ятого».

Та зупинити розкручений пропагандистський маховик уже було неможливо. Тому 19 червня 1971 року на київському стадіоні «Динамо» урочисто, за участю керівників держави, відкрито пам'ятник футболістам.

«Виступає Макар Гончаренко, — читаємо в радянській газеті за цей день, — один із учасників знаменитого матчу смерті, зіграного динамівцями Києва в 1942 році. Він розповідає про останню гру своїх товаришів. За всю столітню історію футболу в ньому не було більш трагічної сторінки, ніж ця, — говорить Андрій Біба, — і ми, молоді динамівці, ніколи не забудемо, що був день, коли футбольне поле стало фронтовим окопом».

Інформаційний галас у 1974 році досяг Німеччини, де прокуратурою міста Гамбург було порушено кримінальну справу за фактом імовірного вбивства

Німецька та українська команди після матчу, згодом названого пропагандою «матчем смерті», 9 серпня 1942 р.

футболістів. Ретельне німецьке розслідування тривало понад 30 років. Урешті 18 лютого 2005 року опубліковано висновок у справі, підготовлений прокурором Йогеном Кульманном. У ньому читаємо: «Поширювана протягом багатьох років у колишньому Радянському Союзі версія про те, що причиною розстрілів чотирьох гравців була перемога в матчі проти німецьких окупантів 9 серпня 1942 року, є очевидною вигадкою. Матч, який відбувся 9 серпня 1942 року, як і декілька попередніх матчів, а також матч, який відбувся ще й 16 серпня 1942 року, проходив у дружній атмосфері. Після закінчення гри була зроблена фотографія двох спортивних команд — німецьких військовослужбовців і радянських гравців... Не встановлено жодного зв'язку між грою футбольних команд, що відбулася 9 серпня 1942 року, та розстрілом трьох гравців у Сирецькому таборі».

На момент публікації висновку офіційна радянська версія подій уже давно розсипалася і в Україні. На початку 1990-х з'явилося чимало публікацій, які проливали світло на те, що насправді сталося з київськими футболістами. У 2006 році дослідник та колишній заступник голови СБУ Володимир Пристайко опублікував книгу «Чи був матч смерті?», де вперше надруковано документи слідства, проведеного радянськими органами безпеки.

Здавалося б, міф остаточно зник разом із тоталітарною державою, яка його породила. Та несподівано у 2012 році про «матч смерті» заговорили знову. Видовищним та дорогим фільмом, знятим російськими кінематографістами, хочуть відродити стару радянську легенду. Для чого? Відповідь легко знайти в російських ЗМІ.

«Цей фільм, — читаємо в одному з повідомлень про кінострічку, — має патріотичну мету, завдання якої — відродити патріотизм у тій же Україні, особливо Західній, де наростають антиросійські настрої, показати, що націоналізм і нехтування радянською історією — це не лише блюзнірська, але й аморальна поведінка».

То ж що, усе вертається «на круги своя» — відроджений міф про «матч смерті» знову стає елементом великого міфу, а той, у свою чергу, основою відродження «великого і могутнього»?

Життя і смерть священика Омеляна Ковча*

«Був сином і священиком одного народу, загинув на землі другого народу, бо рятував синів і дочок третього народу» — у цих словах кардинала Любомира Гузара коротко історія життя Омеляна Ковча, людини, що була гарячим патріотом своєї землі, але разом з тим зуміла піднестися над національними упередженнями. Його батьківщина Галичина була краєм, де протягом століть разом жили українці, поляки та євреї. Історія їхнього співіснування має чимало драматичних сторінок та конфліктів. Але для представників усіх трьох націй постать Омеляна Ковча стала символом справжньої Людини.

Коли 20 серпня 1884 року в сім'ї греко-католицького священика Григорія Ковча народився син Омелян, усі гадали, що знають його подальшу долю. Звичайно, малюк стане священиком, як і його батько, його дядько та дід. Як і кожен греко-католицький священик Галичини на межі XIX і XX століть, він поєднуватиме духовну службу з активною громадською роботою на селі. Адже такими були його дід, батько, дядько, сотні інших священиків Української греко-католицької церкви, які стали ключовими діячами українського національного відродження на теренах Галичини, що на той час входила до Австро-Угорської імперії.

Майже все в цих передбаченнях збулося. От тільки крім очікуваної копіткої роботи на духовній та громадській ниві, на долю хлопчика припало ще багато страждань, яких тоді, наприкінці XIX століття, ніхто не міг навіть уявити: дві світові війни, участь у визвольній боротьбі українців, переслідування польською, радянською та нацистською владою, врешті смерть у таборі смерті в Майданеку.

Григорій Ковч, який, крім Омеляна, виховував у сім'ї ще трьох дітей, попри матеріальні труднощі у родині, зробив усе від нього залежне, аби син здобув добру освіту. Після закінчення початкової школи в селі Космач, де містилася парафія батька, Омелян продовжив навчання у гімназії головного міста Галичини — Львова. Врешті закінчив здобуття освіти він ще далі від дому — у Римі, де з 1905 до 1911 року навчався в колегії святих Сергія та Вакха.

Можливість жити та навчатися у Вічному місті йому забезпечила допомога від тодішнього керівника греко-католицької церкви митрополита Андрея Шептицького. Згодом, через багато років, очільник церкви вдруге

* Статтю написано у співавторстві з Володимиром Бірчаком.

намагатиметься допомогти Омеляну Ковчу, цього разу рятуючи його від смерті, а не від бідності.

Священик Омелян Ковч (1884—1944)

Ще до завершення навчання та прийняття духовного сану Омелян Ковч одружився з Марією-Анною Добрянською, теж донькою священика. У щасливій сім'ї виростало шестеро дітей — три сини й три дочки. Першу парафію молодий священик отримав далеко від батьківщини, в іншому кінці Австро-Угорської імперії, у містечку Козарац (сучасна Боснія і Герцеговина). Тут його парафіянами були бідні українські емігранти, тому й сім'я священика жила у важких матеріальних умовах.

Проте вже незабаром бурхливі історичні події змінили тихе життя Омеляна Ковча. У 1914 році почалася Перша світова війна, і священик повернувся на батьківщину, яка стала однією з арен кривавої війни. Галичину завойовували російські війська, потім її відвойовувала армія Австро-Угорської імперії, потім знову наступали росіяни. Чи не найбільшою трагедією українців того часу було те, що у війні, яка точилася на їхніх землях, вони боролися один з одним за чужі інтереси в імперських арміях. Такою була ціна, яку вони платили за відсутність власної держави.

Українці засвоїли цей урок, тому піднялися на боротьбу за незалежність. На завершальному етапі Першої світової війни імперії розвалювалися, а на їх руїнах почали з'являтися національні держави поневолених народів. У листопаді 1918 року у Львові проголошено створення Західноукраїнської Народної Республіки. Проте на територію Галичини претендували й представники іншого народу, який до того теж уходив до складу Австро-Угорської імперії, — поляки. Тому між українцями та поляками почалася війна.

Серед тих, хто вступив до лав Української галицької армії, яка мала захищати новостворену Західноукраїнську Народну Республіку, був рідний брат Омеляна Євстахій. Сам Омелян Ковч, як духовна особа, не міг брати зброї до рук, проте й не міг проігнорувати патріотичного пориву, тому пішов капеланом до українського війська. З-поміж інших священиків, які виконували свій духовний обов'язок серед вояків УГА, був і батько Омеляна Григорій.

Під час навчання в Римській колегії святих Сергія і Вакха. Омелян Ковч сидить другий зліва, 1908 р.

Старенький священик так і помер у війську, захворівши наприкінці 1919 року на тиф. Натомість його син продовжував службу до останніх днів боротьби армії, яка після поразки у протистоянні з поляками в Галичині відступила на схід, де протидіяла більшовицькій армії, захищаючи Українську Народну Республіку.

Власне, під час війни сторонні вперше побачили надзвичайну віру отця Ковча, яка іноді виливалася в зухвалу сміливість. Його часто помічали разом із вояками на передовій лінії фронту. «Знаю, — говорив він, — що вояк на лінії фронту почувається найкраще, коли бачить там лікаря й духівника». І жартома додавав: «Ви ж знаєте, що я свячений, а свяченого куля так легко не бере». Ця віра і в майбутньому дозволяла йому виходити з дуже скрутних ситуацій і вселяти впевненість у інших.

Разом з іншими вояками УГА він потрапив у полон до більшовиків. В'язнів завантажили у вагони, які повезли їх до місця розстрілу. На одній із зупинок потяга вартовий, російський солдат, відпустив священика зі словами: «Отче, не забувайте молитися за Луку». Проте замість волі Омелян Ковч знову потрапив у табір для військовополонених, цього разу польський. Найстрашнішим лихом тут був тиф, який щодня забирав життя сотень вояків. Отець Омелян, що до останнього подиху був із умираючими, не міг не заразитися сам. Але йому вдалося подолати хворобу і після тривалої війни повернутися додому.

У 1922 році він отримав парафію в містечку Перемишляни на Львівщині. Після війни ці терени належали до нової Польщі. Перемишляни, як і інші населені пункти такого типу в Галичині того часу, були багатонаціональними — крім українців, тут мешкали, поляки, євреї, цигани і навіть кілька німецьких родин. І, попри недавню війну та непросту історію стосунків між цими націями, люди жили досить мирно, водночас намагаючись толерувати і поважати традиції та обряди іншого народу. Коли у християн було якесь велике релігійне свято, то євреї закривали свої крамниці й оголошували вихідний день, те саме робили і християни при певному іудейському святі.

У Перемишлянах Омелян Ковч працював увесь недовгий мирний період між двома світовими війнами. Звичайно, він не обмежувався роботою в церкві, а брав активну участь у громадському житті міста — був засновником Народного дому (місця проведення національних свят українців), читальні товариства «Просвіта», метою якого було поширення знань серед українців. Він також зініціював створення Українського банку, який мав бути інструментом певної фінансової незалежності української громади міста. Діяльність священика на національній ниві не обмежувалася легальним сектором — у допитах монахині Олени Вітер, проведених чекістами, вона вказує на його причетність до ОУН і навіть називає членом Перемишлянського районного проводу підпільної організації. До її лав входив і його син Сергій, теж священик греко-католицької церкви.

Активна громадська діяльність Ковча ви́кликала репресії з боку польської влади, яка намагалася обмежувати розвиток українського національного

Вулиця А. Міцкевича в галицькому містечку Перемишляни, 1925 р.

Отець Омелян Ковч (сидить другий зліва у другому ряді) разом із випускниками Перших кооперативних курсів у м. Перемишляни, 1925 р.

руху, добачаючи в ньому загрозу цілісності своєї держави. Обшуки в хаті отця стали недоброю місцевою традицією: лише за 1925—1934 роки їх було майже 40, половина з них завершувалась арештом та довшим чи коротшим ув'язненням. Незважаючи на репресії, отець Ковч завжди був відкритим для всіх. Він знаходив час для своїх вірних, а також і для представників інших віровизнань — часто за порадою до нього приходили місцеві поляки та євреї.

У вересні 1939 року після початку Другої світової війни, з приходом у Галичину радянської влади, ситуація в місті почала швидко мінятися. Поляки, які за минулої влади користувалися привілеями як представники державної нації, стали першими жертвами комуністичних репресій. Арешти і репресії торкнулися насамперед державних службовців, згодом перекинулися на діячів політичних партій та громадських об'єднань. Отець Омелян був першим, хто кинувся допомагати нужденним. Чи з продуктами, чи з грошима, чи просто з добрим словом він навідувався в сім'ї польських офіцерів, яких відправили до Сибіру. На запитання їхніх жінок: «Як ти можеш нам допомагати, якщо мій чоловік ще недавно проводив у твоїй оселі обшуки?», отець лише посміхався і говорив, що це його обов'язок.

Українці та євреї, які перші місяці радянської влади відчували певне покращення (комуністична пропаганда говорила про їхнє «визволення з-під польського гніту»), незабаром теж стали об'єктом репресій НКВД. Услід за ешелонами, якими на схід вивозили поляків, потяглися вагони, набиті українцями та євреями. Український національний рух оголошений «буржуазно-націоналістичним» та ворожим новій владі, а його активістів заарештовували та засуджували до тюремних ув'язнень чи навіть розстрілів. Омелян Ковч уникнув репресій у цей страшний час. Він продовжував свою духовну службу і не боявся навіть організовувати масові церковні заходи з участю вірян, попри підкреслену антирелігійність влади.

Темпи репресій в 1941 році постійно наростали, а тюрми приєднаної до СРСР Західної України були переповнені в'язнями, здебільшого політичними, тими, кого влада називала «ворогами народу». Серед них найбільше було молодих хлопців і дівчат, активістів Організації українських націоналістів, які розгорнули підпільну антирадянську боротьбу.

22 червня 1941 року наступом німецьких військ на територію СРСР розпочався новий етап Другої світової війни. Радянська влада виявилася не готовою до такого швидкого розвитку подій і не здатна була організувати ефективну оборону. Німці з кожною годиною просувалися далі на схід. Тим часом НКВД був зайнятий подальшими арештами усіх «політично неблагонадійних». Цього дня серед них мав бути і отець Омелян Ковч. Місцеві жителі (за деякими свідченнями, це були євреї) заховали священика, і він таким чином уникнув

Омелян Ковч був батьком шістьох дітей, але допомагав виховувати і чужих. Наймолодший хлопчик на фото — дитина, яку священик узяв на виховання в бідної української родини

Отець Омелян Ковч зі своїми парафіянами

не лише арешту, але, напевно, й розстрілу. Радянська влада залишила після себе кривавий слід по всій Західній Україні — після відступу в тюрмах виявлено тисячі вбитих в'язнів. Їх розстрілювали без суду через брак часу для розгляду справ і засобів для евакуації ув'язнених. Серед убитих виявили чимало священиків.

Тим часом Омелян Ковч пережив п'яту у своєму житті зміну влади на рідних теренах. Нацисти не збиралися відновлювати на цих землях ані польської держави, ані української. Вони мали бути лише колонією Третього Райху, а їхнє населення — рабами прийшлих господарів. Німці зі зневагою ставилися до українців та поляків і позбавляли їх багатьох прав. Проте найгіршим було їх ставлення до єврейського населення, вбивства якого почалися з перших днів становлення нового режиму.

Налякані постійними репресіями, люди часто намагалися не помічати лиха, яке чинили з іншими, кожному вистачало власних проблем, кожен лишався на самоті зі своїм болем та страхом. На цей страх також накладалися різні національні упередження, пам'ять про минулі негаразди та конфлікти, які дозволяли відгородитися від чужих страждань і не помічати знищення представників іншої національності. Але Омелян Ковч навіть у такий важкий час не переступав через свої моральні цінності, чого б це йому не коштувало. І знову, як колись, його віра і впевненість у своїй правоті часом творили чудеса.

У вересні 1941 року група німецьких есесівців закрила синагогу міста Перемишляни, наповнену людьми, які прийшли молитися. Усередину хтось із них кинув запальні бомби. Почалася пожежа, кинувшись до дверей, люди зрозуміли, що потрапили у смертельну пастку. «Римо-католицький ксьондз і група людей із Перемишлян прибігли до отця Ковча із проханням, щоб допоміг врятувати синагогу, — розповідає про цей випадок колишній мешканець Перемишлян Леопольд Кляйман-Козловський. — Ковч, який досконало знав німецьку мову, крикнув до німецьких солдатів, щоб допустили його до синагоги. Останні оніміли від здивування і пустили його, а отець кинувся виносити людей із охопленої вогнем синагоги. Серед інших, яких врятував о. Ковч, був рабин м. Белз Аарон Рокеах, який у той час перебував у Перемишлянах».

Омелян Ковч був здатний не лише на геройський вчинок, але й на тривалу ризиковану працю. Коли у Перемишлянах утворилось гетто, отець неодноразово на свій власний страх і ризик пробирався туди, щоб допомогти євреям. Він приносив із собою їжу, медикаменти, чисту білизну та інші речі, щоб хоч якось зарадити людям у їхній біді.

Ще одним способом порятунку євреїв, до якого вдався священик, було виготовлення так званих арійських документів (метричні виписки з церковних книг про хрещення), які могли вберегти від знищення. Так сталося, зокрема, і з Рубіном та Ітко Пізем, яким завдяки посвідкам від о. Ковча вдалося вижити під час Голокосту.

За таку діяльність отець Ковч на початку січня 1943 року був заарештований гестапо та ув'язнений у львівській тюрмі на Лонцького. Родина, знайомі й сам митрополит греко-католицької церкви Андрей Шептицький робили все можливе для його визволення з-за ґрат. Нацисти поставили єдину умову: український священик має письмово зобов'язатися нічим не допомагати євреям. Отець Омелян відповів відмовою. «Послухайте мене, пане Ставіцький, — сказав він тоді офіцеру гестапо, — Ви є офіцером поліції. Ваш обов'язок розшукувати злочинців. Будь-ласка, віддайте Божі справи у Божі руки».

Врятований Омеляном Ковчем рабин Аарон Рокеах

Митрополит Української греко-католицької церкви Андрей Шептицький (сидить по центру) не лише допоміг молодому священику Омеляну Ковчу (крайній зліва згори) під час його навчання в Римі, але й згодом, через багато років, намагався врятувати його від нацистських репресій

Офіцер, обурений зухвалою відповіддю священика, наказав повернути його до в'язниці.

Тут його ще довго катували, а згодом запроторили до концтабору Майданек. Але навіть перебування у страшній фабриці смерті не зламало священика. «Я розумію, що Ви стараєтеся звільнити мене, — писав він своїм рідним із табору, — але я прошу Вас нічого не робити. Вчора тут вони розстріляли 50 людей. Якщо мене не буде тут, хто допоможе їм перейти в інший світ? Вони підуть навіки зі своїми гріхами в глибокому відчаї, який нависає над цим пеклом. Але зараз вони відходять із високо піднятими головами, залишаючи свої гріхи позаду себе. Вони переходять міст із радістю в серцях, і я бачу, як мир і спокій утверджуються в них, коли я востаннє маю з ними розмову».

Омелян Ковч вважав, що саме тут, серед приречених на смерть, найкраще виконає свою місію. І це було для нього найважливішим. «Я вдячний Господу за його доброту до мене, — читаємо в іншому його листі. — Поза небесами, це єдине місце, де я б хотів бути. Ми тут усі рівні. Поляки, євреї, українці, росіяни, литовці чи естонці. Я тут єдиний священик. Я не можу уявити, що вони робитимуть без мене. Тут я можу бачити Бога — Бога, який один для всіх, незалежно від наших релігійних відмінностей. Мабуть, наші церкви є різними, але у всіх із них панує Всемогутній Господь. Коли я відправляю літургію, всі вони моляться. Вони моляться різними мовами, але ж чи Господь не розуміє всіх мов? Вони помирають по-різному, і я допомагаю їм перейти міст. Чи ж це не благословення? Чи ж це не найкраща корона, яку Господь міг покласти мені на голову? Це так. Я дякую Господу тисячі разів на день за те, що він відіслав мене сюди. Я не міг би просити в Нього більшого. Не впадайте у відчай через мене. Радійте разом зі мною. Моліться за тих, хто створив цей табір та цю систему. Вони найбільше потребують вашої молитви... Хай Господь змилоститься над ними...».

Омелян Ковч, в'язень № 2399 Майданека, працював разом з усіма іншими в таборі, але після важкої фізичної праці він ще виконував функції пароха страшної фабрики смерті. Духовну розраду він давав усім, незалежно від їхньої національності чи віросповідання.

Страшні таборові умови остаточно зламали здоров'я вже немолодого чоловіка. Він помер за колючим дротом 25 березня 1944 року, не доживши кілька місяців до визволення Майданека. Офіційною причиною смерті названо серцеву недостатність. Тіло священика, як і тисяч інших, спалено в одному зі страшних крематоріїв табору.

У крематорії Майданека нацисти знищили тіло Омеляна Ковча, але не змогли знищити пам'ять про нього

Освячення пам'ятника Омеляну Ковчу проводить патріарх УГКЦ Святослав

Але пам'ять про праведника не вдалося знищити так легко, як його тіло. Врятовані ним люди нагадували іншим про життєвий подвиг священика. У 2001 році під час візиту до України Папа Іван Павло II проголосив отця Омеляна Ковча Блаженним Священномучеником.

Страшний маскарад Хаїма Сигала

Беручи до рук ту чи іншу архівну справу, важко передбачити, наскільки цікавою вона буде. Проте в цьому випадку відразу було зрозуміло, що дослідника очікує щось неординарне — на кожному з чотирьох грубих томів зазначалося, що це «Справа № 67436 зі звинувачення Сигала Х. І., він же Сиголенко К. М., він же Ковальський К. І.». Три різних особи, які ніби представляли три різні національності, об'єднані не лише спільною обкладинкою, але й реальною долею однієї людини, яка кожного разу міняла не лише прізвище, але й саму себе.

Образи, які втілював у життя герой нашої розповіді, були, здавалося б, взаємовиключними. Радянський міліціонер, а згодом один із командирів партизанського загону НКВД та сотник «Поліської січі» і ад'ютант самого отамана «Тараса Бульби» навряд чи змогли б порозумітися між собою під час зустрічі. Так само, зрештою, як повстанець із керівником поліції в містечку Дубровиця, а тим більше заступник коменданта німецького табору із жертвою нацистської політики Голокосту. Конфлікт між цими соціальними ролями неминучий за умови, що їх не виконує одна особа.

Багатовимірність долі однієї людини є найкращим підтвердженням хибності спрощених одномірних підходів до оцінки історії загалом. Особливо якщо йдеться про історію страшних воєн та катаклізмів минулого століття. Історію Хаїма Сигала, важку і страшну, неможливо вписати в прості бінарні схеми на кшталт «наші — німці», «герої — злочинці», «жертви — кати». Але саме таким складним і є реальне життя, а історія лише прагне його відтворити. Тож спробую і я, «без гніву та пристрасті»…

Хаїм Сигал: вчитель, міліціонер, партизан

Хаїм Сигал народився 27 березня 1904 року в селі Лещатів на Львівщині. У сім'ї Ісака та Дебори Сигалів, крім нього, виховувалися ще п'ятеро синів та дві доньки. Батько працював на горілчаному заводі, допоки в 1914 році його не мобілізували до австро-угорської армії. Очевидно, Перша світова позбавила Хаїма повноцінного дитинства. Не надто веселою була і його юність, адже батько помер незабаром після повернення з війни в 1919 році, тому молодий хлопець разом зі старшим братом Єнохом змушені були працювати, щоб прогодувати велику родину.

УССР

МИНИСТЕРСТВО ГОСУДАРСТВЕННОЙ БЕЗОПАСНОСТИ

УПРАВЛЕНИЕ МГБ
по РОВЕНСКОЙ ОБЛАСТИ
СЛЕДОТДЕЛ

ДЕЛО ПОДЛЕЖИТ ВОЗВРАТУ В АРХИВ
УКГБ РОВЕНСКОЙ ОБЛАСТИ

ДЕЛО № 9607

РЕВИЗИЯ
16 мая 1967

По обвинению Сыгал Х.И. он же Сыголенко К.Н.
он же Ковальский К.И. по ст.ст. 54-1б и 54-11 УК УССР

Начато 14 мая 1951 г. В четырех томах

Окончено 20 февраля 1952 г. Том № первый

После судебного рассмотрения и вступления приговора в силу настоящее дело подлежит немедленному возвращению в ____

(указать название органа МГБ)

К делу должна быть приобщена копия приговора.

ОСНОВАНИЕ: Приказ НКВД, Прокуратуры и НКЮ Союза ССР № 00359 от 10/IV 1939 г.

Передача находящихся в производстве следственных дел, а также взятых из архива дел в другие отделы или органы МГБ, хотя бы и временно, производится исключительно через ____

(название учетного аппарата)

Передача следственного дела оформляется постановлением, утвержденным начальником соответствующего управления МГБ или его заместителем.

3884

Сдано в архив ____ 19 г.

67436

Кримінальна справа на Хаїма Сигала,
він же Кирило Сиголенко, він же Карл Ковальський

У 1920 році сім'я Сигалів переїхала до Львова. Саме тут Хаїм почав працювати продавцем у магазині, згодом працівником складу, а вечорами навчався. Здобута освіта дала йому можливість сяк-так влаштуватися в житті — у 1928 році, після закінчення вчительської гімназії, він став викладати у приватній єврейській школі. Не знати, чи був він задоволений тихим і спокійним життям провінційного вчителя, чи все ж прагнув зробити блискучу кар'єру, але жодних шансів для швидкого соціального злету в міжвоєнній Польщі він як єврей не мав. Тож, напевно, і решта його життя була би спокійною і, можливо, навіть нудною. У пам'яті невеликого кола своїх учнів він залишився би як тихий, маленького зросту, вбраний у дешевий костюм учитель.

Але в 35-літньому віці в його життя вдруге увірвалася війна, і решта 17 років стали цілком іншими, та й сам Хаїм зовсім змінився. Чи тільки війна винна в тому, що сталося, чи риси, які вона проявила, визрівали в тихому вчителеві й до цього? Відповісти на ці питання неможливо. У будь-якому випадку війна скалічила життя Хаїма Сигала, як і мільйонів інших людей, поставила їх в екстремальні умови, котрі перетворювали одних у героїв, а інших — у покидьків. Або і в героїв, і в покидьків.

Прихід радянської влади на Західну Україну в 1939 році швидко і вщент зруйнував суспільну модель, яка не давала можливості реалізувати свій потенціал українцям та євреям як представникам національних меншин у Другій Речі Посполитій. Багатьом із них тоді, у вересні 1939-го, хотілося вірити у проголошуване по радіо і на мітингах «Кто был ничем, тот станет всем». Тому молоді хлопці масово записувалися до народної міліції, намагаючись прислужитися новій владі. Серед добровольців, які приєдналися до лав міліції 22 вересня, був і вчитель єврейської школи Хаїм Сигал.

Облаштувавшись на новоприєднаних теренах, радянська влада почала перевіряти своїх добровільних помічників. Багатьох міліціонерів було заарештовано як неблагонадійних. Хаїм Сигал пройшов перевірку і був визнаний гідним служити радянській владі. Щоби сподобатися своєму начальству, Сигал в автобіографії, написаній у листопаді 1939 року, окремо підкреслив, що «до партії не належав, але завжди був симпатиком компартії».

Тож восени 1939 року Хаїм остаточно змінив свій цивільний учительський костюм на уніформу радянського міліціонера. Відтак він пройшов навчання в школі міліції і став працювати помічником оперуповноваженого спочатку дев'ятого, а потім першого районного відділення у Львові. За цей час колишній учитель устиг влаштувати і особисте життя, одружившись із молодшою на 17 років дівчиною, що стала Цилею Лазарівною Сигал. У 1941 році в їхній

Хаїм Сигал, учитель

родині з'явилася донька Люба. Життя Хаїма налагоджувалося, і, схоже, на нього чекала швидка кар'єра. Але свої корективи знову внесла війна.

22 червня німці скерували війська на свого колишнього союзника — СРСР. Нездатна організувати ефективну оборону, влада вдалася до термінової евакуації. Вже в перший тиждень війни, 27—28 червня, зі Львова виїздять співробітники міліції, серед них і Хаїм Сигал. Їх вивозять на схід. Як далеко — ніхто не знає, адже ще вірять, що ось-ось шалений наступ німців таки зупинять. На схід, подалі від фронту, виїхала і дружина Хаїма Циля з донькою Любою. Їхні долі більше не перетнуться, і Хаїм так ніколи й не дізнається, чи пережили вони воєнне лихоліття.

Тим часом евакуйовані міліціонери доїхали спочатку до Вінниці, а згодом і до Києва. Вже в липні стало зрозуміло, що спинити німецький «бліцкриг» найближчим часом не вдасться, а тому потрібно готуватися до тривалої війни, у тому числі партизанської. Радянське командування розуміло, що цю відповідальну справу можна доручити лише професіоналам. Тому партизанські загони формує НКВД. Це згодом, після війни, радянська пропаганда говоритиме про «народних месників», а зараз Сталіну потрібні були досвідчені диверсанти. Серед тих, кого готували на цю роль, опинився і Хаїм Сигал, який разом із іншими колишніми міліціонерами пройшов у Києві спеціальний вишкіл, організований НКВД.

«На другий день, — свідчить Сигал, — нас переобмундирували, все міліцейське обмундирування ми здали, а отримали штани військового зразка, сорочки (гімнастерки) чорного кольору, шинелі, речові мішки, а озброїли нас гвинтівками». Колишній учитель та колишній міліціонер став партизаном. Як свідчить довідка Комісії у справах колишніх партизанів Вітчизняної війни 1941—1945 років при Президії Верховної ради УРСР, не просто партизаном, а «начальником штабу 8-го батальйону 1-го партизанського полку військ НКВД».

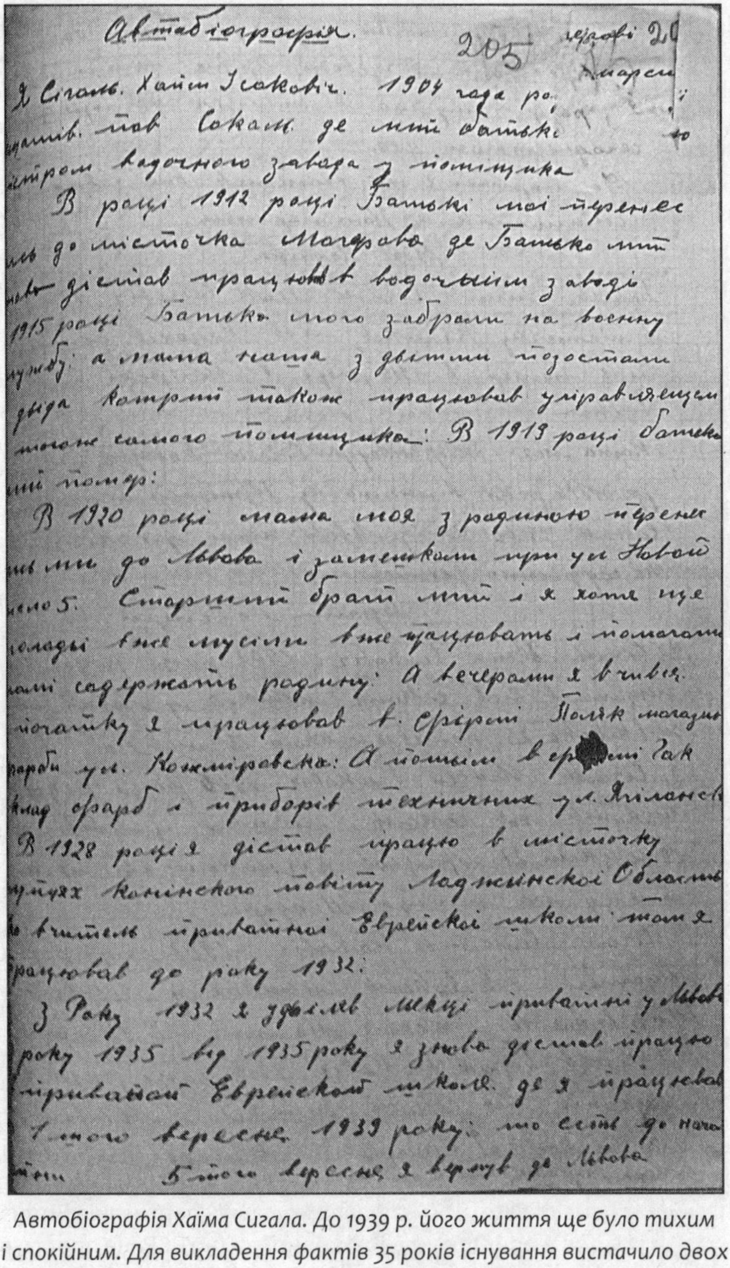

Автобіографія. 205

Я Сігаль Хаим Ісаковіч 1904 года ро[д]
[...]жив. пов. Сокаль де мій батько
[...]ктром водочного завода у помішчика
В році 1912 році Батькі мої перенес
[...] до місточка Мостова де Батько мій
[...] дістав працював водочным заводі
1915 році Батько мого забрали на воєнну
службу а мама наша з дітьми позостали
[...] который також працював у правлящем
того самого помішчика. В 1919 році батько
[...] помер.
В 1920 році мама моя з родиною перене[...]
[...] ми до Львова і замешкали при ул. Новой
[...] 5. Старший брат мій і я хотя ще
молоды вже мусіли вже працювать і помогат[ь]
[...] содержать родину. А вечерами я вчився.
[...]початку я працював в фірмі Поляк магазин
фарби ул. Казимировска. А потым в фірмі Гак
склад фарб і приборів технічних ул. Ягіланск[...]
В 1928 році я дістав працю в місточку
[...] Конінского повіту Ладжинской Області
[...] вчитель приватної Еврейской школи там я
працював до року 1932.
З року 1932 я удалъв лекції приватні у Львові
року 1935 від 1935 року я знова дістав працю
приватной Еврейской школі де я працював
1 ного вересня 1939 року то єсть до нача[...]
[...] 5 того вересня я вернув до Львова

Автобіографія Хаїма Сигала. До 1939 р. його життя ще було тихим і спокійним. Для викладення фактів 35 років існування вистачило двох із половиною аркушів. Наступні 13 років заледве вмістилися в чотири грубих томи кримінальної справи

Проте «попартизанити» довго не вдалося. Закинутий у німецький тил десь у районі Новограда-Волинського загін втратив будь-який зв'язок із зовнішнім світом. Вояки кілька днів блукали лісами, намагаючись освоїтися в невідомій місцевості, і потрапили під обстріл. Перша вислана розвідка не повернулася. Чи розвідники загинули, чи покинули товаришів, було невідомо. Так само не до кінця зрозуміло, як залишив загін Хаїм Сигал. На допиті він розповідав, що його також відправили в розвідку. Чи справді це так, чи начальник штабу, зрозумівши безвихідь ситуації, сам покинув своїх вояків, ми не дізнаємося ніколи — жодної інформації про подальшу долю підрозділу та його солдатів не збереглося.

За версією самого Сигала, його, перевдягнутого для розвідки в цивільне, затримали німці й відправили в табір для військовополонених, а згодом у пересильний пункт у Новограді-Волинському. На той момент у німецькому полоні опинилися тисячі вояків Червоної армії, які не бажали вмирати «за родину и Сталина». Німці виявилися цілком не готовими до такої кількості полонених і не знали, що з ними робити. Їм бракувало перекладачів, щоб бодай якось порозумітися з велетенськими масами колишніх радянських солдатів. Тож коли один із них продемонстрував знання німецької, його відразу забрали від інших, призначивши перекладачем. Це був Хаїм Сигал, колишній учитель, колишній міліціонер, колишній партизан, а тепер перекладач, який відрекомендувався як Кирило Миколайович Сиголенко, українець.

Проте успіх Сигала був дуже короткочасним. Німецький унтер-офіцер, утішений, що знайшов потрібну людину, вирішив якнайшвидше оформити його на роботу, тож відразу відправив на медичний огляд. Після відвідин лікаря Хаїм вийшов у коридор. «Тут же в коридорі, — згадував він, — унтер-офіцер зняв із мене наручний годинник і один раз ударив в обличчя рукою... Я зрозумів, що вони дізналися мою національність, отже, буде погано, можуть мене, як громадянина єврейської національності, вбити, тому я вирішив тікати».

Втеча була доволі легкою, адже охорона полонених була не надто суворою. Кілька днів Хаїм рухався на захід, поки не дійшов до волинського містечка Корець. Тут він наважився зайти до районної управи, знову назвався Кирилом Сиголенком, уродженцем Чернігова. Після розмови з головою управи отримав на це ім'я довідку, яка посвідчувала його особу.

Минувши перші небезпеки, Хаїм вирішив ще раз спробувати знайти роботу. Із виписаною в Корці довідкою він поїхав до Рівного, де влаштувався перекладачем, потреба в яких у нової влади залишалася дуже гострою. Цього разу він отримав роботу в обласній управі без пригод. Через деякий час його відправили в містечко Сарни, де він продовжував працювати перекладачем спочатку в окружній управі, а потім в окружній поліції.

Саме тут, у приміщенні сарненської поліції Хаїм Сигал зустрів Тараса Боровця — «Тараса Бульбу». Це був вересень 1941 року: зірка отамана «Поліської січі» була саме в зеніті, про нього говорили, ним захоплювалися. Місцеві українці вважали його своїм героєм, який відроджує українське військо і ось-ось відродить державу. Уже на першій зустрічі Боровець запропонував Сигалу перейти до нього, і той, не довго думаючи, погодився.

Так колишній вчитель, міліціонер, партизан та перекладач став вояком Української повстанської армії «Поліська січ».

Сотник «Поліської січі» Кирило Сиголенко

Хаїм Сигал ще в 1939 році вирішив, що для нього важливо бути разом із тими, хто представляє владу. Неважливо, хто нею є саме сьогодні — комуністи, нацисти чи хтось інший. Він переконався, що така стратегія вигідна не лише для фізичного виживання, а й здатна також забезпечити кар'єру і задовольнити його амбіції. У вересні 1941 року на Поліссі такою владою був отаман «Тарас Бульба», тому Сигал став українцем. Завзятим, щирим, полум'яним націоналістом Кирилом Сиголенком. У «Поліській січі» Сигал пробув недовго — всього вісім тижнів, але за цей час устиг зробити карколомну військову та політичну кар'єру. У першій йому, очевидно, допомогли знання й навички, отримані в радянській міліції та на вишколах НКВД, у другій — згадувана вище здатність бути біля можновладців і вміти їм догоджати.

Як військовик Хаїм Сигал за неповних два місяці встиг отримати від командування «Поліської січі» офіцерські звання хорунжого, поручника, сотника, що відповідають сучасним: лейтенанту, старшому лейтенанту та капітану. Які особливі заслуги дали йому можливість так швидко рухатися щаблями військової ієрархії, до кінця не зрозуміло. Чекісти вважали, що Сигал був відзначений за бої з радянськими оточенцями за місто Олевськ, яке згодом стало «бульбівською» столицею. Сам він відкидав ці звинувачення, можливо, намагаючись полегшити свою вину. Для Тараса Боровця новий повстанський старшина Кирило Сиголенко став корисним не лише як військовик, але й як пропагандист.

Тому на мітингах із місцевим населенням поруч із самим отаманом, який мав неабиякі ораторські здібності, виступав і колишній вчитель, міліціонер, партизан та перекладач в одній особі. Завдяки цьому вже незабаром сотник

Сотник Кирило Сиголенко

Сиголенко став особистим ад'ютантом отамана «Тараса Бульби».

Для розгортання масштабної інформаційної та пропагандистської роботи серед населення «Поліська січ» заснувала власну тижневу газету «Гайдамака». Першим її редактором став Бабенко, але під його керівництвом світ побачили лише три випуски.

Після звільнення Бабенка редактором «Гайдамаки» став єврей Хаїм Сигал, що підписувався як українець Кирило Сиголенко. За свідченнями очевидців, він не лише редагував видання, але й готував його передовиці, а також друкував тут власні патріотичні вірші. Перевтілення в новий образ, як звично для Хаїма, означало зміну гардеробу. Воякові «Поліської січі» не личило далі ходити в цивільному вбранні, тож уже досить скоро він постав в іншому вигляді.

Ось як він описував себе сам: «Бульба дав мені синю тканину, і я пошив піджак форми мундира і штани-бриджі під чоботи, також мені видали сіру шинель. На піджаку я носив погони з трьома зірочками, мав звання сотника». Згодом додавав: «Коли я був у повстанській армії Поліська січ, я носив на шапці український націоналістичний знак тризуб». Зрештою, яким був у цей час Хаїм Сигал, можна побачити на фото, зробленому восени 1941 року. З нього на глядача дивиться задоволений та впевнений у собі і навіть трохи задиркуватий чоловік, у якого все вдається. На той момент, напевно, так і було. Адже, крім успіхів, на службі він знову влаштував своє особисте життя, одружившись із Оленою Симонович.

Нова дружина, теж значно молодша за чоловіка (1915 року народження), була сестрою священика та капелана «Поліської січі» Михайла Симоновича. Саме він і вінчав свою сестру з «уродженцем Чернігова Кирилом Сиголенком» у православній церкві. Проте ситуація, до якої чудово прилаштувався Сигал, раптом почала мінятися. Після захоплення Києва у вересні 1941 року німці вирішили відкинути проукраїнські загравання і показали справжнє обличчя окупанта. Провівши спершу масові арешти бандерівців, уже в листопаді німці оголосили про необхідність розпуску «Поліської січі» та заміни української адміністрації в Олевську на німецьку.

Зважаючи на це, 16 листопада відбулося засідання ради старшин «Поліської січі», на якому отаман «Тарас Бульба» оголосив про її розформування. В обговоренні, котре передувало рішенню, участь узяв і Сигал, який заявив, що «повністю поділяє думку отамана Бульби про розпуск відділу і підкреслює, що хоча січовики розділяються, але духовно вони будуть представляти єдине ціле і на кожен поклик рідної вітчизни кожен з нас буде знати своє місце». Через два дні після ліквідації формування рада старшин знову змушена була зібратися. Ініціатором виступив сотник Сиголенко, який повідомив колегам, що до Олевська прибув капітан СС Гічке, який вимагав, щоб «Поліська січ» узяла участь у розстрілі місцевих євреїв.

У відповідь на таку пропозицію він «заявив німецькому коменданту, що наш відділ уже розпущений і тому ми не маємо права давати козакам таких наказів, і, по-друге, наші люди будуть зібрані для боротьби з озброєним ворогом як вояки, а не для знищення беззбройних жінок, старих, калік та дітей». Така відповідь старшини «Поліської січі» неабияк розгнівила капітана, адже він не привіз із Житомира своїх людей, сподіваючись на місцеву допомогу. Після сварок та погроз «капітан Гічке насильно мобілізував для екзекуції над євреями двох старшин і 60 демобілізованих козаків, які 19 листопада 1941 року мають розстріляти 535 євреїв, не залишивши жодної живої душі». На завершення засідання рада постановила, що засуджує цей факт «як ганебне явище».

Чи брав Хаїм Сигал участь у цьому розстрілі, із документів незрозуміло. Натомість у його кримінальній справі знаходимо свідчення про порятунок ним від розстрілу двох єврейок — Віри Рейблат (працювала складачкою в газеті «Гайдамака») та її сестри. Але вже незабаром для Сигала важливішим стане власний

ГАЙДАМАКА

НЕДІЛЯ 12 жовтня 1941 року Ч. 5

Орган „Поліської Січі"

Своя державність. Збройна сила. Віра Христова.

Дух Святослава Завойовника

Наказ Ч 8

Головної Команди „Поліської січі", від 10 жовтня 1941 р., м. Олевськ

ТАРАС БУЛЬБА—Отаман.

Останні відомості з фронту

Видання «Поліської січі» «Гайдамака», головним редактором якого був Хаїм Сигал порятунок і пристосування до нової ситуації, а не захист своїх одноплемінників. Більше того, участь в їхньому знищенні стане передумовою адаптації до нових умов.

Тим часом Тарас Боровець не збирався припиняти бурхливої діяльності після розпуску «Поліської січі», а тому роздав усім воякам посвідчення про їхню службу з тим, що, можливо, ще збере їх знову. Зі своїм ад'ютантом отаман мав відвертішу розмову: «Раз німці, — заявив він Сигалу, — не виконали своєї обіцянки, то я перейду в підпілля... Якщо я потім потребуватиму тебе, ти підеш до мене?» Ствердна відповідь сотника Сиголенка була брехнею. Він не збирався йти в підпілля і боротися проти німців — надто ризиковано. Він уже кілька тижнів був у партизанах, і таке життя — не для нього. Боровець перестав бути владою, а тому став нецікавим для Сигала. Тепер йому потрібні були німці, і він знав, що може стати їм у пригоді. Йому знову треба було перевтілитися й зіграти найпотворнішу роль у своєму житті. І Хаїм Сигал був готовий до цього.

Комендант поліції Кирило Сиголенко

Завершувався 1941-й. Для мільйонів людей, репресованих нацистами або комуністами, це був один із найтрагічніших років у їхньому житті. Для Хаїма Сигала — один із найнесподіваніших. За цей короткий період йому довелося бути і міліціонером, і партизаном у загоні НКВД, і полоненим, і перекладачем, і сотником «Поліської січі». Швидкий злет, який йому забезпечила служба в отамана «Тараса Бульби», різко обірвався з розпуском німцями загонів останнього. Тож до полковника чи генерала Хаїм дослужитися не встиг. Щоб забезпечити свою сім'ю, він у грудні 1941 року повернувся на роботу перекладача. Спочатку виконував ці обов'язки в українській поліції, а згодом у німецькій жандармерії.

Проте затримка в кар'єрі Сигала, пов'язана з докорінною зміною політичної ситуації, була тимчасовою. За кілька місяців, остаточно зрозумівши, хто тепер влада і доклавши необхідних зусиль для того, аби засвідчити її представникам свою вірність, він знову різко пішов угору. У квітні 1942 року Кирило Сиголенко став комендантом районної поліції в Дубровиці. Нарешті він став хай невеликим, а все ж начальником, якому підпорядковувалися 25 поліцейських. Їхнє завдання — забезпечувати порядок на підпорядкованій території. А поняття німецького порядку ставало для місцевого населення дедалі зловіснішим. Спочатку це були різноманітні податки та контрибуції, котрі зростали в міру того, як затягувалася «блискавична війна», згодом почалися насильні вивезення молоді на роботи до Німеччини, жорстокі репресії за непослух, а особливо за підтримку руху опору. Так поліцейські, які ще недавно здавалися своїми, швидко перетворювалися у представників чужої, жорстокої влади. Для багатьох із них, які були місцевими жителями, такий розвиток подій був надто важким, тому вони тікали з поліції і приєднувалися до повстанських загонів — спочатку бульбівських, а згодом бандерівських, часом вливалися до радянських партизанів.

Навряд чи якісь докори сумління надокучали Сигалу, адже йому як колишньому радянському міліціонеру не вперше було втихомирювати незадоволене українське населення. Так само його не особливо бентежило і те, що він опинився по різні боки барикад із вояками «Поліської січі», котрі почали антинімецьку діяльність. Боротися з колишніми товаришами — для нього також не нове, адже саме за це він і дістав звання сотника від отамана «Тараса Бульби».

Але цього було замало для того, щоб вислужитися перед німецькою владою й отримати можливість рухатися далі кар'єрною драбиною. Настав 1942 рік, коли нацисти почали реалізацію «остаточного вирішення єврейського питання». Хаїм Сигал розумів: аби не стати об'єктом цього вирішення, йому треба виявити неабияку суб'єктність у цьому процесі. Щоб не виникло ані найменшого сумніву в його лояльності до влади, врешті до його національності, він мав стати найбільшим антисемітом і брати найактивнішу участь у ліквідації своїх одноплемінників.

Спочатку як комендант поліції він забезпечував охорону Дубровицького гетто, у якому перебували майже чотири тисячі євреїв. Сигал повною мірою користався своїм службовим становищем, змушуючи мешканців гетто працювати на себе. Сюди він приїздив мало не щодня, адже тут мав свого перукаря. Саме єврейські кравці пошили йому новий одяг — поліцейський мундир, у якому він тепер красувався на вулицях міста. Він неодноразово викликав робітників із гетто для важкої фізичної праці в місті. Врешті, коли влітку 1942 року серед євреїв стали поширюватися чутки про можливість знищення, Хаїм Сигал почав збирати золото в мешканців гетто, яке обіцяв передати німцям в обмін на гарантію безпеки.

Жодне золото, навіть якби воно потрапило до німців, не могло врятувати дубровицьких євреїв, адже їхню долю вже було вирішено. 26 серпня 1942 року прийшов наказ про перевезення із Дубровицького гетто до Сарн, де на них чекав розстріл. В евакуації із підпорядкованими йому поліцаями брав участь і Хаїм Сигал, який ще зовсім недавно обіцяв своїм одноплемінникам безпеку в обмін на забране золото. Під час конвоювання 3 800 євреїв частина з них спробувала втекти. Конвоїри почали стріляти, зчинився безлад, унаслідок якого близько тисячі етапованих утекли, а близько півсотні були застрелені під час спроби втекти.

Після того як ешелони, завантажені приреченими на смерть людьми, рушили на Сарни, поліція отримала завдання виловити втікачів. Результати розшуків були не надто успішними — впіймано кілька десятків осіб, здебільшого старих, жінок та дітей. Їх вирішили розстріляти в Дубровиці, а не відправляти до Сарн.

На допиті в МҐБ через десять років Хаїм Сигал розповів про розстріли впійманих, які на старому єврейському цвинтарі проводили комендант німецької жандармерії в Дубровиці Еріх Кеніг та вахмістр Шуман. «Після прибуття на кладовище затриманих повели в кінець кладовища, де вже була викопана яма, — згадував він. — Тут же Кеніг наказав затриманим роздягатися догола. Виконуючи це, всі затримані роздяглися, після чого Кеніг і Шуман брали по одному за руки, підводили їх до краю ями і кожен з них стріляв. Коли Кеніг розстрілював, то пропонував затриманим ставати на коліна. Розстріл відбувався в потилицю». Сам Хаїм Сигал, за його словами, у розстрілі участі не брав. «Я лише підводив євреїв до ям, — твердив він, — та іноді брав дітей із рук матерів і передавав німцям для розстрілу, а сам не розстрілював і навіть пістолета з кобури не виймав».

Він не брехав — лише казав неповну правду, описуючи розстріл. Адже розстрілювали не лише на старому, але й на новому єврейському кладовищі. І саме тут Хаїм Сигал повною мірою проявив свою лояльність та вірність німецькій владі.

Свідок Петро Нашора: «Коли ми викопали яму, на цвинтарі поліцейські на чолі з Сиголенком привели 30 осіб євреїв, яких по кілька осіб поліцейські підводили до ями і за командою Сиголенка розстрілювали. Сиголенко сам особисто розстрілював із пістолета. Я це добре бачив, бо перебував на відстані близько ста метрів від місця розстрілів… Поліцейські проводили розстріл із гвинтівок, а Сиголенко з пістолета. Також я добре бачив, що маленьких дітей Сиголенко брав із рук матері і розстрілював, дітей розстрілював тільки Сиголенко».

Свідок Петро Лось, інший місцевий мешканець, якого змусили копати яму: «Я вважаю, що дітей розстрілював Сиголенко лише тому, що на відстані дитини не розстріляєш, бо вона не може стояти, а тому з гвинтівкою розстрілювати було неможливо, пістолет же був лише в Сиголенка, і він брав дитину, як іграшку піднімав над ямою і з пістолета розстрілював. Крім того, я вважаю, що Сиголенко розстрілював дітей тому, що не кожен поліцейський зміг би розстріляти дитину». Ексгумація, проведена через десять років після злочину, виявила в масовому похованні 70 трупів, із них 17 дітей.

На жаль, документи не спроможні відповісти на запитання, чи згадував Сигал у момент розстрілу свою доню Любу, що народилася напередодні німецького наступу. Чи думав він про те, що її теж може тримати над ямою інший злочинець із пістолетом у руках? Чи згадував велику родину своїх батьків, з восьми дітей яких війну переживе лише він, а решта будуть закопані в ямах, схожих на ті, які заповнював трупами він сам?

Для коменданта Сиголенка важливим було те, що він виконав наказ начальства і тепер остаточно став своїм для німців. Хоча підтверджувати лояльність він змушений був щодня, зокрема проявляючи звірства під час допиту затриманих. Племінниця Сигала Ірина Легка, що жила з його сім'єю, свідчила про дядька: «Коли він приходив додому, то його костюм був залитий кров'ю». Така завзятість коменданта не минула повз увагу його колишніх товаришів із «Поліської січі», що перейшли в антинімецьке підпілля. Якось улітку 1942 року до кімнати Сиголенка влетіла граната, однак сам комендант не постраждав, відбувшись переляком, а відтак продовжив свою діяльність.

Узимку того ж року на Дубровицю напали радянські партизани. Утікаючи від них, Сигал втратив двох коней, однак сам знову вийшов сухим із води. Третій раз випробовувати долю він не став, тому на початку 1943 року переїхав із сім'єю до надійнішого міста Сарни. Тут із січня до квітня він продовжив службу в поліції, проте зробити якусь кар'єру вже не встиг.

Ситуація на фронтах Другої світової змінилася: німці остаточно спинили свій наступ, ба навіть почали поступово втрачати завойовані території. Це змусило їх ще більше посилити тиск на окуповані терени, що, у свою чергу, спровокувало зростання тут руху опору. Навесні 1943 року кілька тисяч поліцейських із Волині полишили свою службу німцям і приєдналися до Української повстанської армії. Серед тих, хто «пішов до лісу», були і безпосередній керівник Сигала — комендант сарненської поліції та більшість підпорядкованих йому поліцейських. Хаїм не ризикнув залишити німецьку службу, побоюючись розплати з боку повстанців не менше, ніж покарання німців. Тому його разом із п'ятьма іншими, які залишилися в сарненському відділку, приєднали до місцевої німецької жандармерії. Тут він знову виконував функції перекладача і завгоспа.

Але становище далі мінялося. У 1944 році фронт наблизився безпосередньо до Волині, і повернення радянської влади ставало питанням найближчого часу. Хаїм Сигал розумів, що вона матиме до нього не менше претензій, ніж повстанці, тож вирішив рухатися на захід разом із німцями. Він, може, і хотів би знову, як зазвичай, змінити свого господаря, але тепер така зміна була надто ризикованою і могла завершитися крахом. Таким чином на початку 1944 року Сигал опиняється біля Білостока, де продовжує службу в жандармерії, а незабаром його переводять у табір у містечку Старосільці. Тут утримувалися здебільшого поляки, затримані німцями за різноманітні порушення. Досвідчений поліцай Сиголенко стає начальником охорони та заступником коменданта табору.

Але на цьому втеча на захід не зупинилася — у липні він переїжджає до Східної Пруссії. Тут, у місті Кенігсберг Сигал змінює звичний для нього профіль роботи поліцейського і переходить до німецької служби безпеки СД. 20 листопада 1944 року він отримав документ, який зазначав, що «капітан Сиголенко Кирило Миколайович перебуває на службі в шостому відділенні СД на посаді інформатора». Його завданням було вивідувати настрої в таборах робітників, вивезених на роботу. Неможливо оцінити, наскільки успішно працював агент Сигал. Він постійно втрачав зв'язок із керівництвом, адже наближення фронту посилювало хаос.

У березні — квітні 1945 року він перебував у Потсдамі, передмісті Берліна, який зазнав нещадних бомбардувань союзників. Сигал зрозумів: головне для нього зараз — не кар'єра, а виживання. Йому вдалося разом із сім'єю (а на той момент його родина поповнилася ще й дитиною) змішатися з тисячами польських біженців і таким чином безболісно для себе зустріти падіння «тисячолітнього Райху». Під час реєстрації він спочатку отримав посвідчення на своє справжнє прізвище та ім'я, хоча назвався жителем Варшави. Але згодом зрозумів, що за Хаїмом Сигалом теж тягнуться гріхи, за котрі доведеться відповідати, тож під час переоформлення документів, яке відбулося у визволеній від німців Польщі, взяв собі інше прізвище. Тепер він Карл Ковальський. Вказати польське прізвище йому порадив знайомий єврей, який твердив, що в Польщі після війни дуже зріс антисемітизм.

Хаїм, хоча і став поляком, у Польщі затримуватися не збирався. Діставши нові документи, він із сім'єю повернувся до Німеччини, де вкотре розпочав нове життя в новому образі.

Спекулянт Карл Ковальський

Навесні 1945 року завершилася війна в Європі, а через кілька місяців, у вересні, нарешті настав кінець Другої світової. Мільйони людей, затягнутих у її вир, після повернення з фронтів чи таборів намагалися розпочати життя заново. Очевидно, не всім вдавалося легко позбутися тягаря зовсім недавнього минулого.

Спекулянт Карл Ковальський

Попри своє унікальне вміння перевтілюватися і грати цілком різні ролі, не вдавалося це і Хаїму Сигалу. Хоча довкола запанував мир і спокій, він не міг знову повернутися в образ тихого і непомітного вчителя, яким був до вересня 1939 року. Впевнено переступивши через умовну межу, що відділяє злочинця від нормальної людини, він більше не помічав її навіть за тих обставин, які суттєво відрізнялися від екстремальних воєнних.

Розуміючи, що політична кар'єра тепер для нього є надто ризикованою, адже зайве привернення уваги до його персони може призвести до викриття, усю свою кипучу енергію Сигал спрямував на самозбагачення. Громадсько-політична діяльність Карла Ковальського обмежилася тим, що в Берліні він вступив до єврейського товариства, де, очевидно, розповідав про свої страждання під час німецької окупації.

На початку 1946 року Карл Ковальський стає співробітником морського агентства радянської військової адміністрації в Берліні. Його посада — агент із постачання — створювала чудові умови для ведення іншого, тіньового життя. За дорученням керівництва він неодноразово їздить між Німеччиною та Польщею, перевозячи, вже без відома керівництва, контрабандний товар. Сигарети, кава, інші продукти, нелегально привезені і продані на чорному ринку в Німеччині, швидко збагачують Сигала. Додатковим джерелом прибутку стали валютні операції, зокрема обміни польських злотих на німецькі марки. У результаті за рік він устиг заробити 30 тисяч марок, купити будинок і стати заможним бюргером. Життя знову швидко налагоджувалося.

Та несподівано 17 січня 1947 року його заарештували. Через три місяці, 15 квітня, військовий трибунал гарнізону радянського сектора окупації Берліна засудив Карла Ковальського за спекуляцію на «10 років позбавлення волі з відбуттям терміну у виправно-трудових таборах». Сигала не вивезли в безкрайні сибірські простори до ГУЛАГу. Ув'язнення він, як «німецький громадянин», відбував тут же, у Німеччині, — у таборі, який містився на території сумнозвісного Дахау, де в роки війни був один із найжахливіших нацистських закладів утримання.

Карл Ковальський вийшов на волю не через 10 років, а значно раніше — у січні 1950-го. Ув'язнення не змінило його намірів збагатитися якнайшвидше і будь-яким чином. Незабаром після звільнення він разом зі своїми «компаньйонами» Яцеком і Влодеком вирішив організувати «цікавий» бізнес — викрадення людей у радянській зоні окупації Берліна і вимагання за них грошового викупу. Операції планували робити під виглядом «радянських органів», тож Сигал узяв на себе зобов'язання знайти когось із радянських службовців, готових приєднатися до «справи». А поки шукав потрібну людину, продовжував спекулювати.

Накопичених грошей вистачало, щоб почати нове життя в новому світі. Тож Хаїм Сигал вирішив податися з родиною на постійне проживання до Сполучених Штатів Америки. Однак у дружини Олени виявили туберкульоз, тому візи для виїзду вона не отримала. Наступним пунктом, куди зібрався податися Сигал, стала новопостала кілька років тому держава Ізраїль. Сім'я Ковальських подала всі необхідні документи й чекала на виїзд найближчим часом. Якби йому це вдалося, то, можливо, решту свого життя він провів би поміж тими людьми, які в роки війни врятувалися від таких, як він. Як колишній редактор, може, він би знову повернувся до роботи пером і описував свої страждання від нацистів. Та сталося щось зовсім неочікуване.

Колишня мешканка Дубровиці Текля Семенюк, вивезена як «остарбайтер» на роботу до Німеччини, через кілька років після війни на вулиці Берліна випадково зустріла чоловіка, надзвичайно схожого на коменданта дубровицької поліції Кирила Сиголенка. Повернувшись в Україну, вона поділилася цією інформацією з рівненськими чекістами. Ті подали їй для впізнання кілька фотографій давно розшукуваного ними коменданта. Текля підтвердила, що в Берліні бачила саме його. Так Хаїм Сигал потрапив під ковпак чекістів.

11 травня 1951 року чекісти у співпраці з німецькими міліціонерами в одній із книгарень Берліна затримали Карла Ковальського, він же — Кирило Сиголенко. Про те, що водночас був затриманий і Хаїм Сигал, вони ще не знали. Для проведення слідства затриманого перевезли до Рівного.

На слідстві Сигал понад місяць тримався легенди про те, що він Карл Ковальський. Лише 29 червня 1951 року розколовся й почав розповідати свою страшну історію. Зізнання розтяглися на півроку й понад 300 аркушів протоколів. Здавалося, зламавшись, Хаїм Сигал розповість усю правду, яку

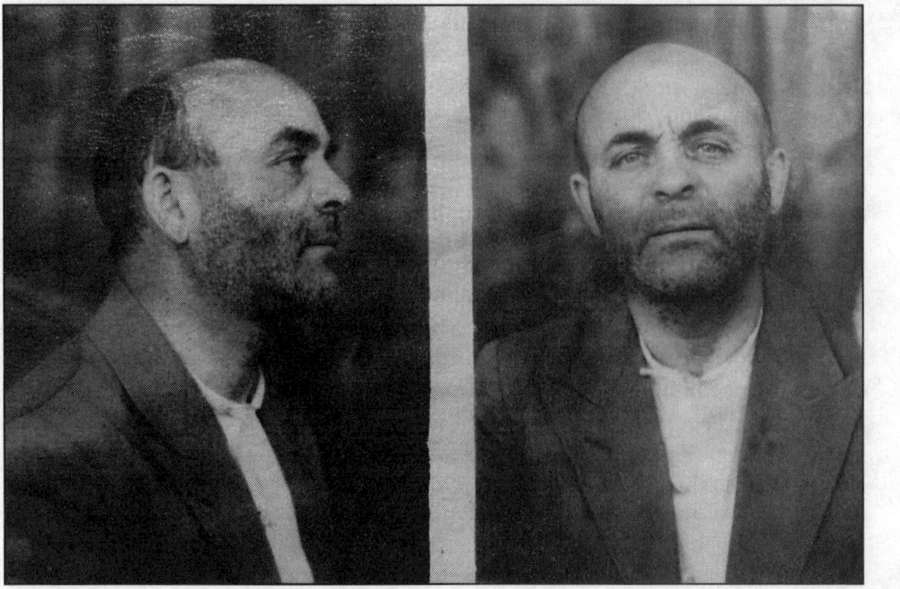

Арештанське фото Хаїма Сигала

так довго тримав у собі. І справді, він розказав майже все. Єдине, що він намагався приховати, — свою безпосередню участь у вбивствах євреїв. Проте троє свідків, що перебували в той день на цвинтарі, де відбувалася екзекуція, однозначно твердили: комендант дубровицької поліції Кирило Сиголенко особисто брав участь у розстрілах, зокрема вбивав дітей. Результати ексгумації також засвідчили, що він намагався вдвічі зменшити кількість убитих того дня.

Слідство тривало десять місяців і завершилося 20 лютого 1952 року. Слідчий, майор МҐБ Дюкарєв, оформив обвинувальний вирок на шість сторінок тексту, який умістив усі колізії життя Хаїма Сигала та його злочини. Суд тривав два дні — 27—28 березня 1952 року. На завершення процесу виступив прокурор, який зажадав підсудному смертної кари. В останньому слові Сигал зумів лише промовити: «Я просити суд нічого не можу, бо вчинив тяжкий злочин і готовий нести будь-яку кару. Я згоден із доказами прокурора, а не захисту. Більше мені сказати нічого». Тож остаточний вирок суду — найвища міра покарання через розстріл — не став несподіванкою для підсудного. При цьому Сигал не оминув можливості скористатися останнім шансом порятунку і написав касацію до Верховного суду. Єдиним аргументом, який він навів на користь пом'якшення вироку, були слова: «На моєму утриманні до арешту була сім'я — хвора жінка та дитина».

Цей документ став останнім написаним ним у житті. Далі — майже три місяці очікування в рівненській тюрмі, неподалік від тих місць, де минула найбурхливіша частина життя Хаїма Сигала, він же Кирило Сиголенко, він же Карл Ковальський. 19 червня 1952 року вирок виконано, маскарад завершено.

P. S. У 1996 році справу Хаїма Сигала переглядав слідчий СБУ — з метою можливої реабілітації засудженого. Прочитане в чотиритомній справі змусило залишити вирок чинним.

P. P. S. У 2011 році я звернувся до Архіву СБУ з проханням ознайомитися з архівно-кримінальною справою на Сигала Хаїма Ісаковича. Мені відмовили на підставі того, що справа може містити конфіденційну інформацію. Але повторне звернення до архіву з наголошенням суспільної важливості в оприлюдненні інформації про масові злочини, вчинені на території України, задовольнили. У результаті я отримав до рук документи, і ця публікація стала можливою.

Повстанський Гаврош Мандик Хасан

Багато людей очікують від історії простоти й однозначності, якої не бачать у сьогоденні. Вони можуть погодитися, що нині важко давати однозначні та безапеляційні оцінки особам чи подіям, але відмовляють у цьому минулому. Історія мала би, на їхню думку, демонструвати дуже чіткий поділ на жертв і катів, героїв і злочинців, патріотів і зрадників.

Ще простіше, коли цей поділ можна означити за національною ознакою. Тому часто зустрічаємо дуже прості моделі: українці — виключно герої і жертви, інші, зокрема євреї, — кати, зрадники, злочинці. Або протилежна, а насправді ідентична модель: українці — злочинці, зрадники, кати; євреї — виключно невинні жертви та герої. Такі очікування найкраще ілюструють не реальне життя з його складностями і перипетіями, а пропаганду з притаманними їй стереотипами «українсько-німецьких буржуазних націоналістів» чи «жидо-комуни».

Але життя завжди цікавіше за кліше. Тому серед «українсько-німецьких» можна знайти як колаборантів і учасників масових вбивств євреїв, так і активних борців із німецькою окупацією та рятівників євреїв; а серед «жидо-комуністів» — і невинно вбитих через національність, і тих, хто в рядах радянських каральних органів нищив все українське, і навіть тих, хто приєднався до лав українців у боротьбі за незалежність. Останні найважче вписуються в прості чорно-білі схеми, про них воліють не згадувати, тим часом їхні біографії надзвичайно цікаві.

Мандик Хасман у мундирі Братства ветеранів ОУН—УПА, 2011 р.

Маємо небагато таких історій, адже євреї, які перейшли через УПА, у радянські часи воліли про це мовчати. Ті, хто потрапив до рук Народного комісаріату внутрішніх справ (НКВД), намагались полегшити долю і або нічого не розповідали про мотиви вступу до повстанського війська, або казали неправду, применшуючи власну роль і активність.

Тому можливість поспілкуватися з живим повстанцем єврейської національності спонукала залишити всі справи і податися в далеке волинське село Грибовичі Іваничівського району. Записана історія не дала підстав шкодувати за витраченим часом. Тим паче, що дізнатися її з інших джерел було б неможливим: у документах НКВД інформації про героя нашої розповіді Мандика Хасмана не знайдемо, адже затриманий у 1945 році Володимир Дмитренко нічого не сказав ані про свою діяльність, ані про свою національність... Але про все по порядку.

Мандик — передостання дитина в родині Жисіка (інший варіант імені — Джисік, або, як його звали сусіди, Джисько, у сучасному українському паспорті записаний Жисі) та Кренці (Кароліни) Хасманів, народився в 1929 році. Крім нього тут зростали три сестри — Гінда, Хана і Фріда та три брати — Іцик, Ідл, Савік. Сьогодні перелічені імена звучать екзотично для українського вуха, проте в довоєнний період у Дрогобичі родина Хасманів мало чим відрізнялася від інших українських чи польських сімей, у побуті її члени користувалися українською та польською мовами.

Жисік Хасман, батько Мандика, капітан австро-угорської армії

Батько Мандика, який дослужився під час Першої світової війни до чину капітана, працював «таксистом» у місті — мав карету та коней і заробляв гроші, розвозячи клієнтів. Тож родина, хоч і не була багатою, не бідувала. Хасмани жили серед українців, і Мандик із добротою згадує своїх сусідів.

Спокійне життя невеликого західноукраїнського міста струсонула війна у 1939 році. Падіння Польщі, прихід і утвердження радянської влади — ці події не дуже чітко закарбувалися в пам'яті десятилітнього Мандика. Він краще пам'ятає родинні перипетії того часу — одна з його сестер одружилася з офіцером-«визволителем» Михайлом Гундарьовим, інша вивчилася на медсестру. Згодом ці події врятували Хану і Гінду від нацистського переслідування — у перші дні війни медсестру мобілізували, а радянський офіцер евакуював свою дружину. Третя сестра, Фріда, залишилася в Дрогобичі, і коли німці почали виловлювати євреїв, втекла з дому, деякий час переховувалася, але була захоплена ними і відправлена до концтабору Аушвіц (Освенцім).

Решта родини Хасманів опинилася в Дрогобицькому гетто. А влітку 1942 року почалася ліквідація його мешканців — серед приречених на знищення в Броницькому лісі біля Дрогобича були й Хасмани. Мандик не хоче в деталях згадувати цього драматичного дня, розповідаючи коротко, як розстрілювали і закопували на очах інших, котрі чекали на свою чергу. Серед вбитих вже були Жисік, Кренця, Іцик та Ідл Хасмани. Виконавці брудної роботи періодично зупинялися для перепочинку і додаткового натхнення у вигляді алкоголю. Під час такої перерви 12-літній Мандик вирішив утекти, при цьому прихопив із собою молодшого 9-літнього брата Савіка та двоюрідну сестру Кайлі. На питання, чи страшно йому було у момент втечі, відповідає просто: «Ні, просто жити дуже хотілося».

Голодні, втомлені діти чотири дні блукали лісами, поки вийшли до залізниці. Далі сіли на потяг і подалися на північ, на Волинь. Тут переховувалися в українських родинах. Мандик мешкав у селі Біличі спочатку в сім'ї Василя Киця, згодом у Сергія Кропивця. Тоді Мандик охрестився і став Володимиром, прибравши собі нове прізвище — Дмитренко.

У радянській армії — ще Володимир Дмитренко, але вже незабаром особісти з'ясують його справжнє ім'я

Тим часом німці розгорнули масову примусову мобілізацію українців на роботи в Німеччині. Селяни вже знали, яке «райське» життя очікує у разі потрапляння до рук німців, тож уникали того, хто як міг. Мандик дізнався, що господар, у якого він працював, вирішив записати його на цю роботу замість іншої жительки села, яка відкупилася хабарем. Недовго думаючи, відважний хлопець вирішує тікати вдруге. І знову в ліс,

1907 – 2007

РОМАН ШУХЕВИЧ

ГРАМОТА

ЗА ЗАСЛУГИ В НАЦІОНАЛЬНО-ВИЗВОЛЬНІЙ БОРОТЬБІ,
В УТВЕРДЖЕННІ ТА РОЗБУДОВІ УКРАЇНСЬКОЇ ДЕРЖАВИ,
ТА З НАГОДИ 100-РІЧЧЯ З ДНЯ НАРОДЖЕННЯ
ГОЛОВНОГО КОМАНДИРА УПА, ПРОВІДНИКА ОУН,
ГЕНЕРАЛ-ХОРУНЖОГО

РОМАНА ШУХЕВИЧА

ПОЧЕСНОЮ ЮВІЛЕЙНОЮ ВІДЗНАКОЮ
НАГОРОДЖУЄТЬСЯ

Хасман Мандик Жисі

Голова Волинської обласної
державної адміністрації
Бондар В.Н.

Голова Волинської
обласної ради
Грицюк А.П.

Грамота про нагородження відзнакою
з нагоди 100-ліття Романа Шухевича, 2007 р.

тоді вже опанований українськими повстанцями. Так 14-літній Мандик стає партизаном-бандерівцем.

На питання, чи не боявся він іти до бандерівців, які, як кажуть деякі історики, переслідували євреїв, Хасман відповідає коротко: «По заслугах діставали сексоти, різні продажники, незалежно від національності».

Партизани прийняли Мандика, врятувавши таким чином від неволі, а може, і від смерті. Він віддячив їм вірною службою. 14-літній хлопчина з двома класами освіти (більше не дозволила війна) допомагав партизанам чим міг і як умів, а оскільки з дитинства любив коней, то саме робота з кіньми стала для нього головною. Хлопцеві довіряли, тож незабаром він став особистим «водієм» сотенного, спочатку «Довбуша», згодом «Хоми», а потім навіть куріного «Голубенка». Незважаючи на свою «мирну» професію, неодноразово брав участь у боях із німцями та поляками в 1943—1944 роках. Наступи на німецькі опорні пункти, засідки, знищення німецьких комунікацій — типові для волинських партизанів будні.

Хасман був озброєний польським пістолетом «шісткою», до якого, проте, завжди бракувало набоїв. Навесні 1944 року у складі сотні «Хоми» брав участь у рейді на Холмщину для захисту українських сіл від нападів Армії Крайової. Особливу повагу побратимів Мандик здобув після авантюрної операції: повстанський Гаврош викрав бричку зі зброєю у німців, які тим часом забавлялися з дівчатами.

Крім військової підготовки, Мандик Хасман пройшов і належний для українського повстанця ідеологічний вишкіл — «Декалог українського націоналіста» досі декламує з пам'яті. Можливо, тому, що його головна теза «Здобудеш Українську державу або загинеш у боротьбі за неї» була для нього не лише гарною фразою, але щодень втілювалася у життя. Він досі дуже любить співати повстанських пісень.

Весною 1944 року з відступом німців закінчилася трифронтова боротьба українських повстанців. Проте легше не стало — радянська влада зосередила проти них велетенські сили. Зважаючи на це, влітку 1945 року великі відділи УПА на Волині розформовано — повстанці продовжили боротьбу малими підпільними групами.

Не покинув підпільну діяльність і Мандик Хасман, допоки взимку того року не потрапив між селами Завидів і Самоволя у засідку НКВД. У бою отримав серйозні поранення (автоматна черга прошила обидві ноги) і був полонений.

Далі — допити, під час яких нещадно били. Проте відповіді затриманого Мандика, чи точніше Володимира Дмитренка, адже саме так він назвався, були прості: «Нічого і нікого не знаю. З бандерівцями був, бо ховався від німців. Вони мені нічого не говорили, помагав їм із кіньми». Витримати тортури (зокрема, биття сковорідкою по голові) було непросто, але, врешті, обрана тактика врятувала йому життя. Через дев'ять місяців його як малолітнього, якому тим паче не могли пред'явити нічого конкретного, відпустили на волю.

Мандик Хасман залишився жити на Волині, тут одружився. Згодом у 1949 році був мобілізований у радянську армію, служив на Далекому Сході. В армії ним знову зацікавилися чекісти, які почали перевіряти його походження. З'ясувалося, що в м. Корець Житомирської області немає жодних слідів про народження тут Володимира Дмитренка. Тож довелося Мандику Хасману назвати своє справжнє прізвище і походження.

Після служби повернувся на Волинь, де тридцять п'ять років пропрацював на шахті. З відродженням незалежності України став активістом Всеукраїнського братства ветеранів ОУН—УПА, отримав кілька почесних відзнак цієї організації. Але, як і більшість його побратимів, — жодної державної нагороди. «Українська влада не любить бандер», — каже одноногий Хасман, сидячи у позиченому інвалідному візку.

Так само не відзначили Мандика жодним чином і його одноплемінники-євреї. Вони з гордістю згадують тих євреїв, які воювали проти німців у лавах польської, радянської партизанки чи Червоної армії. Ті ж, хто виступив проти нацистів у лавах УПА, залишаються забутими.

Можливо, колись це зміниться, і в музеї «Яд Вашем» в Єрусалимі в експозиції про єврейський антинацистський опір з'явиться інформація і про євреїв — воїнів УПА. А поки і в Україні, і в Ізраїлі домінує чорно-біла історія, де далі діють «українсько-німецькі буржуазні націоналісти» та «жидо-комуна».

Федір Вовк — український націоналіст та праведник народів світу

Різноманітні пропагандистські міфи та штучно сформовані історичні стереотипи мають суттєву перевагу над серйозними історіографічними концепціями: дуже прості, легко сприймаються, не потребують опертя на додаткові знання, їх можна формулювати в максимально простих текстових повідомленнях, аж до плакатів включно.

Коротко кажучи, вони чудово надаються для масового зомбування населення, особливо позбавленого доступу до первинних джерел інформації. Проте міфи та кліше не витримують випробування фактами, їх легко руйнують справжні історії конкретних людей, які не можна вписати в простий «плакатний» формат бачення минулого.

Для людей, що звикли до простих історичних конструкцій, назва цієї статті є оксюмороном. Завдяки десятиліттям радянської пропаганди та спецопераціям КҐБ, активним зусиллям деяких сучасних засобів масової інформації і навіть окремих «фахових» істориків вони твердо знають: усі українські націоналісти (у минулому і тепер) — антисеміти, а ОУН — організація, яка брала активну участь у реалізації «остаточного вирішення єврейського питання».

Проте життя і доля одного з лідерів українського націоналістичного руху Федора Вовка (він же Іван Вовчук) підважують прості відповіді на складні питання. Ім'я цієї людини у 1998 році викарбували на Стіні честі в Саду праведників в Єрусалимі. А перед тим його можна було прочитати на шпальтах бандерівських видань у США. Ще раніше — знайти в документах МВД, де він значився як «видатний український націоналіст», що перебував у розшуку чекістів із 1943 року. Але найбільше людей називали його улюбленим учителем хімії та багатолітнім директором Нікопольської середньої школи № 9.

Поява Федора Вовка у школі в 1936 році не могла залишитися непоміченою ні для кого, і не тільки тому, що новоприбулий став директором. Привертала увагу зовнішність учителя: «Вже сама його імпозантна постать, — писав один із його учнів, — викликала мимовільну та беззастережну повагу до внутрішньої сили характеру цього чоловіка. Він був кремезним, вище середнього зросту, чорнявим, з густими бровами та карими очима. Мав пишні вуса й невелику борідку з сивиною. Ходив неквапливо, розмірено. Одягався невишукано, але зі смаком. Частіше всього носив вишиті сорочки, які

Учитель Федір Вовк

майстерно вишивала йому дружина Єлизавета Максимівна». Спілкування з новоприбулим лише поглиблювало перше враження — відчувалися висока освіченість та інтелігентність. Та це й не дивно, адже Федір Вовк опинився в школі після закінчення Харківського університету та кількох років роботи науковим співробітником Науково-дослідного інституту рослинництва у Харкові.

Причини, через які науковець змушений був залишити кар'єру, достеменно невідомі. Проте певні здогадки можна висунути на підставі часу прийняття такого рішення. 1936 рік — початок масових політичних репресій у СРСР, відомих в історії як Великий терор. Саме тоді набирає обертів так звана лисенківщина — боротьба з «політично неправильними ухилами» в біологічній науці, жертвами якої стало багато дослідників. Федір Вовк мав додаткові підстави побоюватися прискіпливої уваги чекістів до своєї особи, адже походив із «ворожого класу». Його родину розкуркулили під час масової колективізації українського села. Переїзд до Нікополя допоміг не потрапити під жорна репресій, хоча чекісти дістали його і тут, кількаразово викликаючи в 1937—1938 роках на допити.

Як педагог Федір Вовк не ховався за викладання свого «неполітичного» предмета хімії, а намагався виховувати дітей. Він закладав у їхні юні душі поняття честі, гідності та відповідальності. Це було непросто робити в час, коли довкола панував суцільний страх, процвітали підлість і зрада. Найважливішим методом виховання був особистий приклад: учитель не лише вмів гарно розповідати про цінності, але й сам не зрадив їх навіть у найважчі часи.

22 червня 1941 року почався наступ німецьких військ на Україну. Попри крикливу радянську пропаганду, ситуація на фронтах для Червоної армії була катастрофічною. Тому за неповних два місяці німці просунулися на сотні кілометрів від кордону і 17 серпня вже були в Нікополі. Напередодні радянська влада вивезла заводське устаткування з міста і почала системне знищення усього, що не могла евакуювати, зокрема запасів щойно зібра-

ного зерна. «Нічого не повинно залишитися ворогу», — кричали радянські активісти, спалюючи збіжжя на елеваторах. Їх не цікавило, що нічого не залишиться і людям, яких ніхто не евакуйовував. Знищити усе дощенту завадив лише брак часу.

Після відступу радянської влади в Нікополі поступово почало налагоджуватися життя в нових окупаційних умовах. Ніхто ще не знав точно, яким воно буде, що планують робити німці. Не знали цього й самі німці, які досі не отримали чітких вказівок про ставлення до активності українців у себе в тилу. Самоорганізація людей загалом була їм на руку, тому нові окупанти не стояли на її заваді. Федір Вовк обійняв посаду головного агронома земельної управи Нікопольської округи. Це була нелегка робота: доводилося наводити порядок після радянських спроб знищити все.

Але влітку 1941-го на Нікопольщині з'явилися не тільки представники німецької армії та адміністрації. Сюди у складі Південної похідної групи прийшли члени ОУН(б) із Західної України. Уже незабаром, шукаючи місцевих авторитетних діячів, які могли б долучитися до роботи націоналістичної організації, вони зв'язалися із Федором Вовком. Він став членом ОУН приблизно в той час, коли почали розгортатися німецькі репресії проти бандерівців.

Від вересня 1941 року Організація на всіх теренах України переходить до діяльності в антинімецькому підпіллі. На Нікопольщині ОУН нараховувала близько 100 членів, її керівником став Федір Вовк. Офіційно він і далі виконував функції головного агронома, а неофіційно проводив активну просвітницьку роботу й розбудовував підпільну мережу. Як посадовець Вовк подавав німецькій адміністрації занижені цифри збору врожаїв, аби приховані рештки розподілити між тими, хто вкрай потребував їжі. Маючи можливість, він різними фіктивними документами рятував від примусового вивезення на роботу до Німеччини.

Сара Давидівна Бакст, родину якої врятував від смерті Федір Вовк

Благодійність Федора Вовка не обмежувалася українцями. Після встановлення в Нікополі німецької адміністрації почалися переслідування місцевих євреїв: спочатку їх змушували носити пов'язки із зіркою Давида, а згодом — систематично вбивали. Серед тих, хто опинився під загрозою смерті, була Сара Давидівна Бакст, колега Вовка по школі, викладачка молодших класів. Жертвами перших розстрілів стали дві сестри з дітьми (із трьох убитих — двоє новонароджених). Сару заарештували не відразу, бо вона була одружена з українцем, але незабаром взялися і за неї. Викликана в комендатуру, вона саме застала вивезення на розстріл чергової групи євреїв. Поки їх садовили у вантажівки, до Сари підійшов перекладач і порадив тікати.

Удома чекали двоє синів, племінник та матір, які тепер остаточно зрозуміли: на них чекає смерть. «Мій чоловік був українець, — згадує Сара Бакст, — тому ходив вільно і увесь час шукав можливість врятувати сім'ю. Одного разу він зустрів Федора Івановича Вовка, якого добре знав як колегу-вчителя, і розповів йому про наше жахливе становище. Федір Іванович розпитав, де ми знаходимося, і обіцяв допомогти. Наступного дня з'явилася до нас його дружина Єлизавета Максимівна Шкандель і уточнила, скільки чоловік у небезпеці, кого треба рятувати. Незабаром вона прийшла знову з колегою Олександрою Григорівною Дорошенко і вручила невеликий папірець з планом, кого куди ховати… План був написаний рукою Федора Івановича… За планом мама з моїм небожем переправлялися у село Варварівка Софіївського району. О. Г. Дорошенко дала мамі паспорт своєї матері, вона працювала там увесь період окупації прибиральницею при школі під опікою директора Бринзи Володимира Анастасовича, нині вже покійного. У селі її знали як Зінаїду Петрівну. А небожу надала притулок одинока сестра В. А. Бринзи, і став він для неї, як рідний син. Я зі своїм п'ятирічним сином наступного вечора була переведена до ще однієї нашої шкільної колеги Марії Пантелеївни Мізіної, яка згодилася нас прийняти, хоч сама жила на квартирі». Сара із сином переховувалися в погребі. Незабаром малому стало зле, тому Федір Вовк забрав його до себе, і він кілька місяців жив у їхній родині. Тим часом Вовк виготовив фальшиві документи для Сари та членів її сім'ї і підготував їхнє перевезення в Долинський район Дніпропетровської області. Операція пройшла успішно. Так Сара Бакст із чоловіком, двома дітьми, матір'ю та небожем пережили німецьку окупацію.

Тим часом Федір Вовк продовжував подвійну діяльність: легальну і підпільну. На зламі 1942—1943 років його заарештували німці. У в'язниці він перебував два тижні. Незалежно від того, чи причиною арешту була б участь агронома в бандерівському підпіллі, чи переховування єврейської родини, на нього однаково чекала б смертна кара. Але, як виявилося, затримали Вовка через донос, який звинувачував у фальсифікації звітів для німець-

Федір Вовк — віце-президент Української головної визвольної ради, 1944 р.

кої адміністрації. Тож вирішити проблему допомогла нездоланна корупція — головного агронома відкупили з арешту.

Восени 1943-го до Нікополя знову наблизився фронт, а значить, близьким було повернення радянської влади. У Федора Вовка не було підстав сподіватися, що чекісти не дізнаються про його діяльність у роки німецької окупації, ще менше віри було в те, що радянська влада «пробачить» чи вдасться від неї відкупитися. Вибору не було: залишитися на місці означало арешт, а отже, і смерть, жорстокі репресії для сім'ї. Тому, користуючись зв'язками ОУН, родина Вовків вирушила на захід до Галичини. Тут він став одним із організаторів створення підпільного парламенту воюючої України. На установчому зборі Української головної визвольної ради (так називався цей парламент) Федір Вовк був обраний віце-президентом. Керівником УГВР став також наддніпрянець, колишній діяч Центральної ради Кирило Осьмак, іншими його заступниками — священик Іван Гриньох та Василь Мудрий, колишній віце-спікер польського сейму.

У Галичині дорога на захід для Федора Вовка не закінчилася. За дорученням підпілля він залишив Україну в 1944 році, деякий час перебував у Словаччині, згодом у Німеччині, де й зустрів завершення Другої світової війни.

В еміграції Федір Вовк продовжив активну роботу в ОУН, був одним із соратників Степана Бандери. На початку 1950-х років виїхав до Сполучених Штатів Америки, попередньо змінивши ім'я — у цю країну він прибув як Іван Федорович Вовчук. Таке маскування виявилося незайвим: чекісти не припиняли розшуку. В одному з їхніх документів — «Довідці про стан боротьби з учасниками оунівського підпілля на території східних областей УРСР станом на 1 жовтня 1953 року» — зазначалося: «Органами МВД розшукується видатний український націоналіст Вовк Федір Іванович, 1902 року народження, до Вітчизняної війни мешкав у м. Нікополі Дніпропетровської області, працював

Іван Вовчук (Федір Вовк) став одним із чільних діячів українського націоналістичного руху в США. На фото зліва направо: Степан Бандера, невідомий, Степан Ленкавський, Іван Вовчук, невідомий

директором середньої школи. Залишившись проживати на окупованій території в м. Нікополі, Вовк був призначений німцями завідувачем Нікопольської земуправи і водночас був керівником Нікопольського міського і районного проводів. У 1943 році Вовк Федір із дружиною та сином Вадимом утекли в Західну Україну, де він увійшов до складу центрального "проводу" ОУН як представник так званої східної еміграції. Пізніше Вовк утік за кордон і на даний час перебуває у США».

Перші роки Федора Вовка / Івана Вовчука в «країні необмежених можливостей» були дуже важкими. Напередодні від'їзду, ще в Німеччині, дружина Єлизавета Максимівна померла від важкої хвороби, тож у новому світі він, уже немолодий чоловік, опинився сам із сином. Спочатку змушений був працювати на фермі десь біля Баффало, згодом — прибиральником у нью-йоркському готелі. Врешті українські громадські структури у США, створені новою післявоєнною еміграцією, здійнялися на ноги, і Федір Вовк став редактором газети «Національна трибуна», журналу «Вісник ООЧСУ» (Організації оборони чотирьох свобод України), згодом — керівником ООЧСУ, головою політичної ради Українського конгресового комітету Америки, очолював тереновий провід ОУН Америки. Такої активної громадської роботи він не полишав до смерті 14 травня 1979 року.

«Він був гордістю революційної ОУН, — писав про нього провідник ОУН Ярослав Стецько. — Його праці для підпільної України, як теж для інтелектуальної української еліти, знаходили глибокий відгомін серед патріотичних кіл України. Це був гордий націоналіст-революціонер, який ніколи не схилив прапора революційної ОУН».

Так Івана Вовчука, активного діяча націоналістичного руху, запам'ятали в середовищі української діаспори. Тим часом на батьківщині його пам'ятали як учителя Федора Вовка. Мало хто здогадувався, що мова йде про одну людину. Поверненню свого цілісного образу він завдячує колишнім учням, що вирішили дослідити життя наставника. Один із них, Петро Гнатович Перападя, віднайшов врятовану Федором Вовком Сару Бакст і зробив усе потрібне, щоб про героїчний вчинок учителя дізналися всі. Жінка оформила спогади у свідчення, які були подані на розгляд спеціальної комісії в ізраїльській інституції «Яд Вашем». 12 липня 1998 року відбулося засідання, на якому прийнято рішення: «Визнати Федора Вовка, його дружину Єлизавету Шкандель і Марію Мізіну праведниками народів світу».

WHOEVER SAVES ONE LIFE IS AS THOUGH HE HAD SAVED THE ENTIRE WORLD

תעודת כבוד

Certificate of Honour

THIS IS TO CERTIFY THAT IN ITS SESSION OF JULY 12, 1998 THE COMMISSION FOR THE DESIGNATION OF THE RIGHTEOUS, ESTABLISHED BY YAD VASHEM, THE HOLOCAUST HEROES & MARTYRS' REMEMBRANCE AUTHORITY, ON THE BASIS OF EVIDENCE PRESENTED BEFORE IT, HAS DECIDED TO HONOUR

Feodor Vovk & his wife Yelizaveta Shkandel

WHO, DURING THE HOLOCAUST PERIOD IN EUROPE, RISKED THEIR LIFE TO SAVE PERSECUTED JEWS. THE COMMISSION, THEREFORE, HAS ACCORDED THEM THE MEDAL OF THE RIGHTEOUS AMONG THE NATIONS. THEIR NAME SHALL BE FOREVER ENGRAVED ON THE HONOUR WALL IN THE GARDEN OF THE RIGHTEOUS, AT YAD VASHEM, JERUSALEM.

Jerusalem, Israel

AUGUST 27, 2001

Диплом про надання Федору Вовку звання «Праведник народів світу»

Ця стаття почалася з тези, що життя Федора Вовка є одним із тих фактів, які підважують популярний стереотип про «члена ОУН — антисеміта і погромника». Ймовірно, для декого навіть цілого життя людини буде замало як аргументу. Твердитимуть: «Він один такий». Інші наводитимуть приклад Оскара Шиндлера як доказ, що навіть серед членів нацистської партії були ті, хто рятував євреїв. Але вчинок Федора Вовка не був винятковим серед членів ОУН. Крім того, він, на відміну від Шиндлера, був не рядовим членом партії, а одним із керівників націоналістичної організації, спочатку на локальному, а згодом і національному рівні. Саме такі люди, як Федір Вовк, і творили своїм життям історію ОУН.

Олена Вітер. Сила добра

У жовтні 1981 року до Ізраїлю завітав Петро Мірчук — відомий діяч та історик українського націоналістичного руху, колишній в'язень найжахливішого нацистського табору смерті Аушвіц. Він був одним із небагатьох, хто вижив і залишив спогади про пережиті жахи.

На Святу землю колишній в'язень приїхав не задля відпочинку — як член кількох українсько-єврейських організацій він намагався продовжувати діяльність, спрямовану на розбудову приязних стосунків між обома народами. Поїздка мала й дуже конкретну мету — посприяти визнанню митрополита Української греко-католицької церкви Андрея Шептицького праведником народів світу.

Петро Мірчук відвідав «Яд Вашем» — інституцію, від рішення якої залежало розв'язання проблеми. Після ознайомлення гостя з експозицією музею його відвели до місця, у якому вшановувалися імена людей, що рятували євреїв у роки Голокосту. «Сад "праведних", — згадував він, — це ряди дерев попри головний будинок "Яд Вашем" і позад нього. Разом із дружиною уважно придивляюся табличкам поруч кожного дерева, шукаємо українців. Знайшли тільки один напис "Україна": ім'я — Олена Вітер».

Олена Вітер, сестра Йосифа

Згодом у цьому місці з'явилися прізвища інших людей, поруч з якими містився напис «Україна». На сьогодні їх — 2 402. Монахиня Олена Вітер на той момент була першою, але не єдиною праведницею з нашої країни — інших записували громадянами чи то Польщі, чи то СРСР. Вона ж, отримуючи почесне звання у 1976 році, наполягла на тому, щоб саме Україна була зазначена як її батьківщина.

Націоналіст Петро Мірчук відзначив гідну пошани позицію жінки. Проте він навіть не уявляв, наскільки близько коло його знайомств перетиналося з людьми, з якими співпрацювала Олена Вітер. Жінка, ім'я якої поруч зі словом «Україна» першим з'явилося в Саду праведників, була його колегою — членом Організації українських націоналістів.

Вона прожила довге, повне драматичних перипетій життя, варте втілення в романі чи художньому фільмі. Наразі ж найповнішим відображенням її біографії є чотири товстих томи кримінальної справи, списані чекістами.

Олена народилася 1904 року в селі Миклашів на Львівщині. Її батьки — гімназійні професори Василь та Марія. Дівчинка виростала в національно змішаній родині (мати була полькою), але саме сімейне виховання стало основою її патріотичного світогляду. Олена завжди вважала себе українкою, хоча до 13 років жила з батьками в Австрії. Ймовірно, повернення родини до Львова у 1918 році було пов'язане з політичною діяльністю батька. Загалом саме він мав вирішальне значення на формування особистості дівчини. Здобувши добру базову освіту в гімназії, у 1921 році вона стає студенткою медичного інституту.

Але вже незабаром її життя різко змінюється — того самого року помирає її батько, а наступного Олена залишає навчання і подається в монастир. Можемо тільки гадати, чи перша з цих подій була причиною другої. «За» промовляє близькість із батьком за життя і певна відчуженість від матері, яка решту свого життя провела у Познані далеко від доньки.

Обрана дорога не означала, що Олена цілком відгородилася від попереднього життя та своїх зацікавлень — вона і в монастирі надавала медичну допомогу тим, хто її потребував, продовжувала брати активну участь в українському громадському русі. У 1924 році в жіночому монастирі студитського уставу в Якторові організовано відділення товариства «Рідна школа», у якій українські діти мали можливість навчатися українською мовою.

Педагогічний талант монахині був зауважений керівництвом: Олена Вітер, попри молодий вік (лише 22 роки), отримала посаду «магістри новіціатів», тобто наставника для нових послушників. Активну громадську роботу побачили й інші люди — з-поза стін монастиря. Якось улітку 1930 року біля Якторова розклали свій табір члени молодіжної організації «Пласт». Під час таборування вони спілкувалися з монахинями, які допомагали їм вирішувати різні побутові проблеми. Саме тоді, як згадувала потім Олена, один із учасників табору Юліан Головінський, колишній офіцер Української галицької армії, а на той час чільний діяч націоналістичного підпілля в Західній Україні, запропонував їй вступити до лав ОУН.

Після вступу до підпільної націоналістичної організації її життя не особливо змінилося. Вона не опікувалася підготовкою терористичних актів проти представників окупаційної влади, не готувала збройного повстання, а лише продовжила активну просвітницьку роботу. До раніше відкритої при монастирі «Рідної школи» додалися вечірня школа для дорослих, драматичний гурток і навіть дитячий садок. Згодом уся ця робота буде узагальнена чекістами у звинувачення «націоналістичне виховання молоді». Додатковим став хіба збір пожертв для українських політичних в'язнів, за який тепер взялася Олена.

У 1932 році сестра Йосифа (таким було монаше ім'я Олени Вітер) стала ігуменею, тобто настоятелькою Якторівського жіночого монастиря. Молоду (а їй було лише 28 років!) та активну монахиню підтримував сам глава греко-католицької церкви митрополит Шептицький. «Ексцеленція ставився до мене по-батьківськи, — згадувала монахиня, — керував моєю наукою, заохочував до монашого життя, давав приклад релігійної ревності. Згодом він стежив за моєю поведінкою в монастирі, висилав декілька разів до Рима».

Наступні сім років були для Олени Вітер доволі спокійними. Це була тиша перед бурею, яка вдарила у вересні 1939 року. Радянська влада, що прийшла на західноукраїнські землі, зруйнувала не лише польську державу, але й життя мільйонів мешканців цих теренів. «В 1939 році, — згадувала вона згодом, — наш монастир був розгромлений Червоною армією... Радянські вояки, ввійшовши в монастир, скидали ікони, знущалися над святинями». Справджувалися найстрашніші чутки про «безбожну сатанинську владу совєтів». Зруйнований монастир для ігумені Йосифи був не просто сплюндрованою будівлею, у якій вона провела сімнадцять років. Він став символом її перекресленого життя, яке треба було починати заново в жахливих обставинах. У відчаї вона хотіла залишити батьківщину. Від цього вчинку її втримав митрополит Шептицький, який пояснив, що саме тепер вона як ніколи потрібна саме на цій землі.

Юліан Головінський. За свідченням Олени Вітер, саме він став її «хрещеним батьком» в ОУН

Олена повернулася до Львова, де знову зібрала своїх підопічних. «Монастирський будинок, — згадувала вона, — ми зареєстрували як гуртожиток медсестер, всі монахині зняли монастирський одяг і стали працювати медичними сестрами». Сама колишня ігуменя влаштувалася секретарем у відомого львівського лікаря та громадського діяча Мар'яна Панчишина. На цю роботу її порекомендував найвідоміший пацієнт доктора Панчишина — митрополит Шептицький. Місце було доволі безпечним для Олени Вітер, адже лікар був «на доброму рахунку» у нової влади — один із учасників Народних зборів Західної України, який особисто голосував за її включення до СРСР, депутат Верховної ради СРСР, з жовтня 1939 року очолював відділ охорони здоров'я у Львівській області.

Користуючись таким прикриттям, Олена й далі підтримувала зв'язки з ОУН, котра продовжила діяльність в умовах радянської окупації. Репресії НКВД була значно масштабнішими та жорстокішими, ніж переслідування, яких зазнали націоналісти від польської влади. Почалися арешти та розстріли членів ОУН, масові депортації членів їхніх родин. У таких екстремальних умовах одним із варіантів порятунку для викритих оунівців була втеча в окуповану німцями Польщу. Олена Вітер, яка сама відмовилася від задуму залишити батьківщину, взялася за організацію нелегального переходу за кордон підпільників.

Улітку 1940 року вона намагалася переправити на Захід іншого революціонера в рясі — священика та члена ОУН Ярослава Чеменинського. Для цього зв'язалася зі співробітницею спеціальної поліклініки «для відповідальних працівників» у Львові, яка за гроші пообіцяла дістати документи, що мали б допомогти виїхати втікачу. Через деякий час папери були у священика, і він рушив на захід до кордону. Але на цьому успіхи операції завершилися — Чеменинського заарештували. З'ясувалося, що жінка, яка діставала документи, була радянським агентом. Її прізвище — Лерман (згодом виявилося, що її чоловік служив в НКВД). Чи мав він якесь відношення до начальника тюремного управління НКВД у Львівській області Лермана, залишається нез'ясованим.

11 червня 1940 року чекісти прийшли за Оленою Вітер. Під час обшуку в неї виявлено валізу, залишену Чеменинським, а в ній своєрідні символи його життя — священича ряса та револьвер. Для ведення слідства затриману відвезли в найстрашніше на той час місце у Львові — у тюрму на колишній вулиці Лонцького. Слідство тривало майже півроку.

«Тягали мене за волосся, били головою об мур, кулаками в лице, — згадувала вона про тортури. — Згодом один енкаведист ухопив мене за руки,

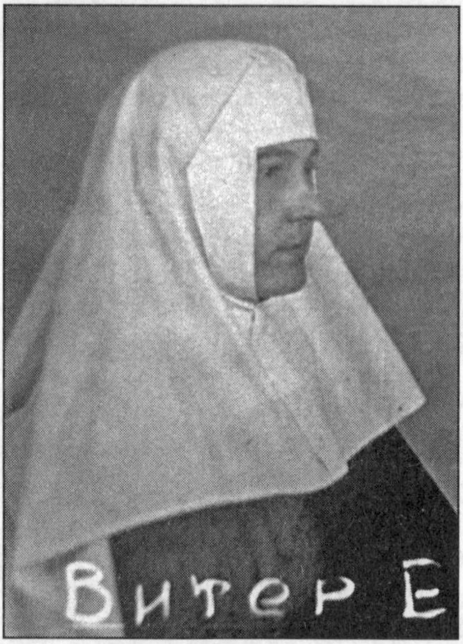

Арештанське фото Олени Вітер

другий — за волосся, третій — за ніс і влили мені в уста сечі. "Маєш, це твоє святе причастя", — казали. Вранці відвезли мене до в'язниці. Допити відбувалися щодругу або щотретю ніч. При кожному мене катували. Били то гумовою, то залізною палицями, видирали волосся, викручували руки. Одного разу бухнула мені вустами кров. Енкаведист схопив брудну ганчірку, що лежала коло сплювачки, і запхав мені її до вуст. Згодом силою витяг ганчірку, відкрив мені вуста і сплюнув до них своє харкотиння. Від дня арештування мене допитували 47 разів і при кожному катували. Раз везли мене з тюрми на допит і питали, чи хочу я самостійної України. Сказала, що так. Тоді кинули в льох, де мене обскочили щурі. Потім знову взяли в кімнату до слідчого, скинули з мене сорочку й дротом пустили електричний струм по тілу».

Олена Вітер під час допитів визнала приналежність до ОУН, розповіла про свою просвітницьку діяльність. Проте організація шкіл, дитячих садочків та драматичних гуртків — це не те, що цікавило чекістів. ОУН — революційна організація, тож і затримана, хоча й була монахинею, мала бути терористкою. У результаті в протоколі допиту таки з'явилося «зізнання» затриманої про те, що вона створила у спецполіклініці підпільну терористичну групу, метою якої була, зокрема, ліквідація директора цього закладу. Тепер чекісти заспокоїлися, адже за «викриття» терористичної групи їм гарантовано світило підвищення по службі, а заарештованій — засудження до смертної кари.

Допити припинилися, але Олена й далі сиділа у в'язниці на Лонцького. Чи слідство ще тривало, чи вже закінчилося, вона не знала. Як і не знала про смертний вирок, що вже був підписаний для неї.

Сьогодні у в'язниці НКВД № 1 (сумнозвісній «тюрмі на Лонцького») міститься музей. Його завдання — увічнити пам'ять тих, хто пройшов через цю катівню. Експозиція завершується стелою, на якій написані прізвища сотень людей, розстріляних у найстрашніші в історії в'язниці дні між 22 та

28 червня 1941 року. Тоді, під час поспішної евакуації радянської влади зі Львова, за наказом керівництва енкаведисти розпочали масовий розстріл політичних в'язнів. На стелі — прізвища українців, поляків, євреїв, усіх тих, хто став останніми жертвами НКВД, перш ніж чекісти залишили місто. Серед інших можна прочитати ім'я Олени Вітер. Згідно з радянськими документами, її було розстріляно.

Насправді ж Бог порятував її від жорстокої розправи. 24 червня 1941 року начальник тюремного управління НКВД у Львівській області Лерман звітував, що на виконання наказу керівництва із 1355 приречених до розстрілу вирок уже виконано щодо 924. «Робота» тривала й після цього, але з кожним днем ставала дедалі важчою. У день написання звіту Львів бомбардували німецькі літаки, у місті почалися заворушення, організовані ОУН. У результаті підпільникам вдалося влаштувати втечу частини в'язнів. Але це ще був не кінець радянської влади — чекісти повернулися, почали виловлювати в'язнів на вулицях, до їхніх рук потрапляли й інші підозрілі для них особи. Затриманих повертали до тюрем, де розстріли продовжувалися. Але хоч як не поспішали енкаведисти, вони не встигали, і врешті, побоюючись того, що потраплять у німецьку пастку, залишили місто.

Щойно стало зрозуміло, що радянська влада вже не повернеться, у суботу, 28 червня, львів'яни кинулися до тюрем. Там вони застали жахливі картини масового вбивства, але поруч із тим звільнили незначну кількість в'язнів, до яких не встигла дійти черга. Серед тих, хто цього дня вийшов на волю з тюрми на Лонцького, хоча офіційно вважався розстріляним, була й Олена Вітер. Подальше її життя розвивалося в напрямку, зворотному до євангельської історії — від чудесного «воскресіння» через подальші страждання і до справжньої смерті. Олена відплатила Богові та людям за своє врятоване життя життям багатьох інших, яких їй довелося рятувати в роки німецької окупації.

Перші місяці нової влади у Львові багато українців вірили в німецьку пропаганду про «визволення з більшовицького ярма». У місті почалося відродження громадського та національного життя. За дорученням митрополита Андрея Шептицького Олена Вітер відновила в місті діяльність жіночого монастиря студитського уставу. Проте справжні наміри німців ставали зрозумілішими з кожним днем. Спочатку вони заарештували членів Українського державного правління — уряду проголошеної 30 червня відновленої держави. Згодом почали обмежувати інші вияви українського політичного та громадського життя. У серпні оголосили про приєднання Львова та Галичини в цілому до Генерал-губернаторства — окупованої ними частини Польщі. Від вересня почалися масові арешти членів ОУН. Дедалі більшого масштабу набували переслідування єврейського населення міста.

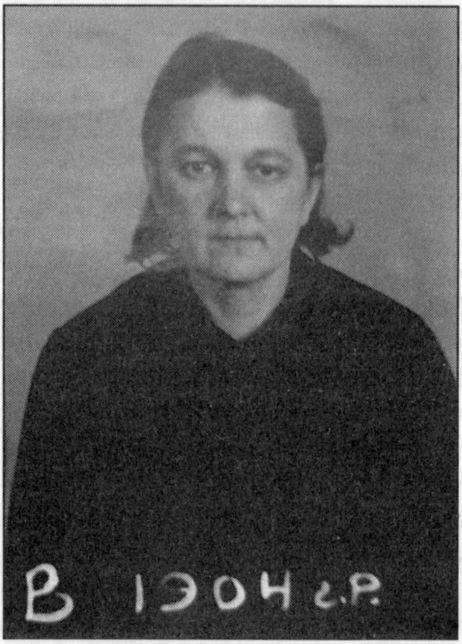

Арештанське фото Олени Вітер

На відміну від радянської влади, німці не чинили перепон діяльності духовенства, не закривали церков, не розганяли монастирів. Тому для багатьох переслідуваних німецькою владою саме церкви та монастирі стали останнім прихистком і можливістю порятунку. Духовні особи надавали їм допомогу, попри очевидну загрозу репресій з боку влади. Керівництво греко-католицької церкви на чолі з Андреєм Шептицьким не лише знало про це, але й намагалося координувати роботу з порятунку переслідуваних.

До цього активно долучилася ігуменя Йосифа, яка сама нещодавно ледве уникнула смерті. Монастир, який вона очолювала у Львові, та підзвітний їй відроджений монастир у Якторові стали місцем, де надавали медичну допомогу пораненим підпільникам. У стінах святинь знову залунав дитячий сміх — ігуменя Йосифа відродила дитячі садочки, і тут, непомітні серед інших, переховувалися діти керівників українського підпілля, зокрема члена Проводу ОУН Дарії Ребет, командира УПА-Захід Олександра Луцького та інших. Однак Олена Вітер надавала притулок не лише «бандерівським» дітлахам, але й єврейським дітям, яких таким чином рятували від смерті.

Дружина рабина Давида Кахане, що переховувалася від нацистів в Унівському монастирі, згадує, як одного разу, коли вона була в гостях у сестри Йосифи, застала сцену, як ігуменя у своїй ванній відмивала двох єврейських дівчаток, що втекли з потяга, який прямував у табір смерті Белжець. Одна з дівчаток мала кульове поранення — її підстрелив охоронець під час утечі. Дружина рабина хотіла допомогти їй, проте сестра Йосифа відмовилася, кажучи: «Це мій обов'язок, я роблю це, виконуючи заповіді Божі. І я хочу виконувати їх без сторонньої допомоги».

Турботи монахинь відгородили українських та єврейських дітей від страшного світу, який прирікав їх на страждання та смерть, і, можливо, бодай на короткий час продовжили їхнє дитинство. Роблячи це, вони самі наражалися на смертельний ризик, адже духовний сан не гарантував жодної безпеки від нацистських репресій. Проте цього разу біда минула монастирі, й ігуменя разом з іншими сестрами пережила німецьку окупацію.

Відступ німців зі Львова влітку 1944 року не означав, що місто нарешті стане безпечним для життя. Відбулася заміна одного окупанта іншим, причому той, що надходив, для Олени Вітер був значно небезпечнішим, адже одного разу вже засудив її до смерті.

Для багатьох мешканців Львова радянська влада чітко асоціювалася з жахами літа 1941 року, коли було вбито тисячі в'язнів у тюрмах. Тому вони не стали чекати її повернення, а почали виїжджати на Захід. Олена Вітер і цього разу залишилася на батьківщині, попри загрозу, що висіла над нею. Більше того, вона не припинила своєї допомоги українським повстанцям, які продовжили боротьбу, тепер уже проти радянської влади.

Як і за німецької окупації, вояки УПА могли розраховувати на ігуменю Йосифу. І знову-таки її монастир був не єдиним, який надавав допомогу повстанцям, до цього активно долучалися інші священики та монахи. Серед них і брат митрополита архімандрит Климентій Шептицький, з яким тісно співпрацювала Олена Вітер.

Масові репресії проти місцевого населення радянська влада розгорнула одразу після повернення. Дуже швидко вони зачепили і духовенство греко-католицької церкви. Влада поставила собі за мету цілковиту її ліквідацію, адже розуміла, що вона є основою українського національного руху в Галичині. Тому розпочалися арешти священиків, співпраця ж із антирадянським підпіллям, яка виливалася передусім у звичайну християнську допомогу потребуючим, служила приводом для жорстоких дій влади. Митрополита Андрея Шептицького від арешту, напевно, врятувала лише смерть 1 листопада 1944 року. Його наступник Йосип Сліпий пробув на волі після цього лише півроку — у квітні 1945 року він разом з іншими владиками церкви був заарештований НКВД.

Олена Вітер розуміла, що її арешт є справою найближчого часу. І вона не помилялася: 12 квітня 1945 року о 7-й ранку до монастиря студитів у Львові прибула опергрупа НКВД. Монахиня, яка підійшла до дверей, не відразу відчинила їх під приводом того, що має принести ключі. Сама ж побігла попередити ігуменю про небажаних гостей. Чекісти тим часом довго не чекали і, зламавши ворота, увірвалися до монастиря. Жодна із сестер не хотіла відповісти, де перебуває ігуменя. Оперативники розуміли, що в неї було надто мало часу для того, аби кудись утекти, тож вона мала заховатися на території монастиря. Тому почали активний розшук у приміщенні, який дав результат — Олену Вітер знайшли на горищі.

Перший допит розпочався ввечері того ж дня. Затримана відразу зізналася, що «мала зв'язок з УПА, надавала їм допомогу в боротьбі проти радянської влади, повністю поділяла їхні думки і працювала на користь створення самостійної України. Це я робила цілком усвідомлено, будучи вороже налаштованою до радянської влади». Розуміючи, що її зізнання можуть використати для звинувачення інших, вона заявила слідчому: «Якщо бандерівці зверталися, то зверталися саме до мене, щодо інших сестер, то, наскільки я знаю, вони такого зв'язку з бандерівцями не мали».

Проте, як і під час першого арешту, чекістам було замало таких зізнань, адже в постанові про затримання, окрім допомоги повстанцям, ігуменю звинувачували в «терористичних намірах». Від цих закидів вона категорично відмовилася. Саме під час допитів у 1945-му вона дізналася про свої «зізнання» в терористичній діяльності на першому слідстві у 1940 році. Виявилося, що чекісти мали ще один аргумент, який мав підтвердити їхні звинувачення. Це були свідчення заарештованої раніше студентки Інни Даниленко. Та заявила, що Олена Вітер втягувала її в націоналістичне підпілля, ба навіть давала завдання вбити двох співробітників НКВД і відомого радянського письменника Ярослава Галана, останнього — за яскраву антицерковну публіцистику. Олена була вкрай здивована такими абсурдними звинуваченнями, та ще й почутим із вуст знайомої їй дівчини. Вона познайомилася з Інною півроку тому, коли її привели в монастир як охочу хреститися у греко-католицькій церкві. Сестра Йосифа готувала дівчину, яка сама була родом із Києва, до хрещення. Тепер свідчення її протеже були головним аргументом у звинуваченні в тероризмі.

Слідство тривало до 9 квітня 1946 року. Олена Вітер не визнала звинувачень у підготовці вбивств, однак вони все одно потрапили до обвинувального висновку. Суд відбувся в Києві 27 квітня. Олену Вітер судили разом з її «похресницею» Інною Даниленко. Поведінка останньої на суді була трагікомічною. Вона «щиро» зізналася у зв'язках з підпіллям, у підготовці разом з Оленою Вітер терористичних актів, але й цього для неї виявилося замало. Інна вирішила скористатися судом, аби засвідчити свою лояльність радянській владі. Добру частину її промови було присвячено розумінню нею помилкового ставлення до цієї влади, чому вона завдячує чудовому слідчому капітану Дубку. «Прошу суд, — зверталася вона до зали, — передати слідчому Дубку мою подяку, подяку людини, що знайшла Батьківщину». Далі — більше: «Якби слідчий Дубок зустрівся раніше на моєму життєвому шляху, я давно була б у радянському партизанському загоні, а не на лаві підсудних».

Олена Вітер (перша зліва) на засланні, 1950-і рр.

Суд закінчився аж після опівночі. Вироком Олені Вітер присуджено 20 років каторжних робіт, її «подільниця» Інна Даниленко, незважаючи на свої дифірамби владі, отримала 10 років ув'язнення. Для того, щоб зрозуміти, що її лише використали для організації судового фарсу, дівчині знадобилося кілька місяців ув'язнення.

У липні 1946 року Інна написала довгого листа на ім'я прокурора, у якому твердила, що її свідчення були неправдивими й отримані під час слідства обманом. Проте сподівання, що цим листом вона зможе раптово змінити судове рішення, були такими ж наївними, як попередні очікування на милосердя радянської влади. Минуло вісім років, перш ніж лист врешті розглянули. На той момент у 1954 році, після смерті «вождя народів» Сталіна, поступово почали переглядати кримінальні справи з часів масових репресій 1930—1950-х років.

Власне, під час такого перегляду виявилося, що згаданих у протоколах співробітників НКВД, яких нібито хотіла вбити Олена Вітер, ніколи не існувало. Підполковник Кузнєцов, який взявся за цю справу, дійшов висновку, що «особистість засудженої Даниленко викликає деякі сумніви щодо повноцінності і витриманості».

У листопаді 1955 року її повторно допитали і з'ясували, звідкіля взялися фантастичні свідчення у 1945 році. Виявилося, що восени того року НКВД заарештував її прийомну мати Марію Ясеницьку. Після цього затримали і саму

Інну Даниленко, якій повідомили, що Ясеницька має зв'язки з підпіллям ОУН, але чекісти можуть відпустити її за умови, якщо Інна зобов'яжеться доповідати НКВД про те, з ким вона контактуватиме на волі. Вербуючи студентку, слідчий Бреккер запропонував їй «написати документ, який викриває мене у злочинній діяльності, а саме те, що я є членом ОУН, про свою діяльність в ОУН і особливо щось про причетність до терористичних актів, тобто саме такий документ, за яким я могла бути притягнута до кримінальної відповідальності. Цей документ, за словами Бреккера, буде зберігатися в МВД, і якщо я до дорученої роботи поставлюся чесно, то його знищать». Інна погодилася на цю пропозицію — свідчення переписувалися кілька разів, і в результаті редагування слідчим у тексті з'явилася і Олена Вітер, і теракти, які вона «готувала». Потім був суд, на якому Інна хотіла зіграти добропорядну радянську громадянку, що кається за своє націоналістичне минуле. А потім вирок, який, очевидно, був для неї шоком. Перегляд справи закінчився в 1956 році тим, що Даниленко визнали несправедливо засудженою, а з Олени Вітер зняли «терористичні» статті і скоротили її ув'язнення до 10 років.

Сестра Йосифа вийшла на волю 29 березня 1956 року, відбувши в ув'язненні 10 років, 5 місяців та 17 днів. На цьому закінчується чотиритомна справа на Олену Вітер — монахиню, члена ОУН, людину, котра рятувала інших у страшні часи.

Але на цьому не закінчилося її життя — сестра Йосифа прожила ще довгих 32 роки. Ми маємо мало інформації про цей період — схоже, старенька монахиня вже мало цікавила чекістів. Знаємо, що решту свого життя вона прожила в містечку Скалат на Тернопіллі. Тут вона знову, як і в часи своєї молодості, організовує підпільний жіночий монастир. Попри брак фактичної інформації, можемо не сумніватися в тому, що до останніх днів свого життя вона чинила людям добро.

Олена Вітер, сестра Йосифа, померла 15 листопада 1988 року, не доживши менше року до виходу греко-католицької церкви з підпілля. Відродження церкви стало початком відродження держави, яка стала незалежною ще через два роки. Олена Вітер заслуговує на нашу шану й пам'ять як людина, котра доклала чимало зусиль до обох справ, і, найважливіше, як людина, котра чинила добро навіть у найстрашніший час.

Тарас Боровець. Отаман, загублений у часі

Історія може бути добрим вчителем у житті окремих особистостей чи спільнот, допомагаючи їм уникнути помилок попередників. Але при цьому історія може захопити ревного прихильника так сильно, що він не бачитиме сучасності й не буде спроможний творити щось принципово нове в майбутньому. Спроби повторити минуле, навіть героїчне та тріумфальне, часто виливаються у фарс і трагедію. Тому найбільшими досягненнями в політиці можуть похвалитися ті, хто добре знає історію, здатен засвоїти її уроки, але водночас готовий до творення нового, адекватного своєму часові.

У минулому України можна віднайти чимало прикладів для обґрунтування цієї тези. Один із них — життя та боротьба Тараса Боровця, надзвичайно цікавої та яскравої особистості. Він мав усі притаманні архетипу українського героя риси — відважний, часом аж до авантюризму, без перебільшення полум'яний патріот, готовий до самопожертви, харизматичний лідер, здатний вести за собою. Саме таким змальовували борця за свободу українські народні пісні та думи, так його бачили автори історичних романів та наукових розвідок. Тарас Боровець спробував утілити цей архетип у життя. Проте Україна в роки Другої світової війни була не найкращою сценою для такого експерименту, тому він не міг не завершитися трагедією.

Боровець належав до тих людей, про яких кажуть, що вони самі створили себе. І справді, у хлопця з багатодітної родини, народженого в поліському селі, шансів реалізуватися в житті було небагато. Проте він рішуче вийшов поза рамки, якими, здавалося б, назавжди мало бути обмежене його життя. Скрутне матеріальне становище родини не дозволило Тарасові здобути добру освіту, тож гроші він почав заробляти важкою фізичною працею каменяра. Напевно, саме ця робота навчила юнака наполегливості, здатності вперто й послідовно торувати собі шлях у житті. У результаті він став власником великої каменоломні, у якій навіть замовляли матеріал для пам'ятника маршала Юзефа Пілсудського.

Однак амбіції Тараса Боровця виходили далеко поза рамки успіхів у бізнесовій сфері — його цікавила політика. Коріння цього — у великій любові до історії та минулого свого народу.

У 1934 році він уперше стає об'єктом зацікавлення спецслужб. В інформації польської розвідки про дії ОУН Боровець фігурує як особа, яка продавала

Тарас Боровець у 1930-х рр.

в Рівному українські пропагандистські видання, зокрема книги «Історія України». «Зібрані за цю літературу кошти, — читаємо в польському документі, — мали поповнити фонд ОУН».

Якими були стосунки Боровця з ОУН у міжвоєнний період? Однозначно відповісти на це питання важко. Сам він у спогадах заперечує причетність до наймасовішої націоналістичної організації міжвоєнного періоду. Хоча, можливо, стверджував це під впливом наступних конфліктів з ОУН у роки війни. Документи польської розвідки та НКВД свідчать: Боровець належав до Організації і саме через ці зв'язки згодом потрапив до табору для політичних в'язнів у Березі Картузькій. Імовірно, він бодай деякий час був членом ОУН.

Проте структура з чіткою ієрархією та суворою дисципліною виявилася надто тісною. Його ідеалом була навіяна історією козацька вольниця чи принаймні боротьба повстанських отаманів 1920-х років (у повідомленнях спецслужб ідеться про те, що Боровець читав книги «Отаман Хмара», «Холодний Яр» Юрія Горліс-Горського). Тісне переплетення минулого та сьогодення помітне в багатьох його кроках і чи не найкраще — в обраних псевдонімах. В історію він намагався увійти під такими відомими іменами минулого, як «Байда», «Гонта», «Кармелюк», але врешті залишився в ній як отаман «Тарас Бульба».

У спогадах Боровець представляє себе як того, хто був покликаний відродити Українську Народну Республіку. Майбутній отаман зі справжнім пієтетом ставився до цього періоду української державності. Можливо, тому, що завершальні акорди боротьби за УНР відбувалися в нього перед очима, в роки дитинства. Адже саме на Волині готувалися Перший та Другий зимові походи, які мали бути реваншем українців у боротьбі з більшовиками, саме тут восени 1921 року формувалася Українська повстанська армія на чолі з генерал-хорунжим Юрієм Тютюнником. Тут згодом жило багато учасників перших визвольних змагань, з якими міг зустрічатися юний Тарас.

Після початку Другої світової війни він спробував утілити мрію в життя — стати відроджувачем УНР. У спогадах Боровець багато розповідає про контакт, налагоджений із президентом УНР в екзилі Андрієм Лівицьким, про уповноваження та навіть плани, які він отримав для розгортання повстання з відновлення Української Народної Республіки. Проте сучасні історики піддають сумніву інформацію, що Боровець отримував повноваження від президента УНР, а тим паче те, що останній затверджував план повстання.

І не тільки тому, що поки не виявлено документів на підтвердження цих тез, але й тому, що уряд УНР в екзилі на той момент уже навряд чи був спроможний на такі серйозні кроки. Після смерті Симона Петлюри активність діячів еміграційного уряду УНР різко впала, вони швидко перетворилися на далеких від українських реалій еміграційних політиків, утримуваних спочатку польським, а згодом німецьким урядом. Тому не могло бути й мови про збереження якихось підпільних структур цього уряду на території УРСР до 1939 року. На теренах, окупованих Польщею (у Галичині та на Волині), їх також не могло бути, адже поляки вважалися союзником УНР.

Тож для повстання, яке нібито мав розгортати Боровець, не існувало жодної організаційної бази. І Андрій Лівицький як досвідчений та обережний політик прекрасно це розумів. Очевидно, знав це і Тарас Боровець, але така ситуація його не лякала. Він уважав, що зможе розбудувати структуру підпілля УНР, від керівництва якої потребував лише можливості бути його представником. Не бажаючи приєднуватися до розгалуженої підпільної мережі ОУН, Боровець міг почати творити нову власну мережу без жодної прив'язки до УНР. Зрештою, так і сталося, але вивіска «УНР» легітимізувала його дії передусім у власних очах, а також тих, кого він долучав до роботи.

Таким чином він ставав не просто опозиційно налаштованим до найбільш сильної української групи, а й представником старшої відносно ОУН течії визвольного руху, та ще й освяченої екс-державним статусом. Слабкість еміграційного керівництва стала для Тараса Боровця перевагою: з одного боку, він отримав можливість використовувати бренд УНР, з іншого — мав розв'язані руки щодо своїх дій, яких практично не мав потреби ні з ким узгоджувати. Озброївшись такими можливостями, Боровець у серпні 1940 року нелегально повертається на рідну Волинь для розбудови підпільної організації УНР.

Брак досвіду масштабної підпільної роботи обернувся тим, що вже через півтора місяця після повернення Тараса Боровця НКВД не лише знав про спроби побудови мережі, але й мав у ній власних агентів. В Архіві СБУ збереглися цікаві агентурні повідомлення від жовтня 1940 до травня 1941 року, за

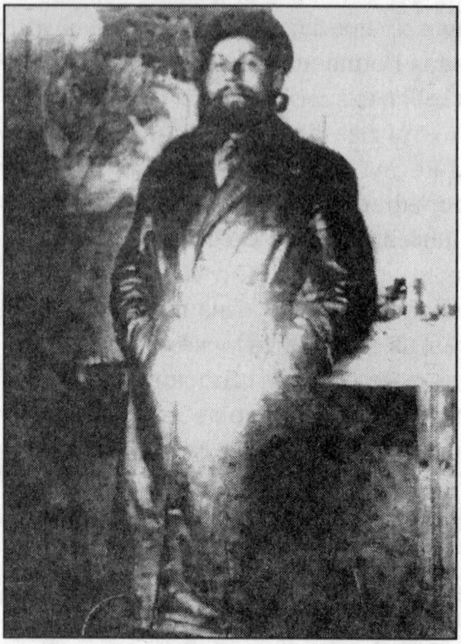

Тарас Боровець. Початок підпільної боротьби, 1940 р.

якими методи розбудови Боровцем підпілля може відтворити навіть сучасний читач, не кажучи вже про чекістів. В одному з таких повідомлень від 19 жовтня 1940 року читаємо: «Боровець агенту про себе розповів, що прибув із міста Грубешева для створення УНР-івських повстанських загонів на теренах східних областей України».

Дуже швидко чекісти перейшли від спостережень до арештів, намагаючись придушити в зародку створення нової антирадянської організації. Під час допитів чекісти з'ясували прізвища семи її членів, чотирьох із них заарештували. Тарас Боровець, якого розшукував НКВД до останніх днів радянської влади в червні 1941 року, зумів уникнути арешту і залишився на волі. Після нападу Німеччини на СРСР почався його зоряний час, а мрії, які він плекав так довго, були як ніколи близькими до здійснення.

Зоряний час отамана

Початку німецько-радянської війни очікувало чимало антирадянськи налаштованих сил в Україні. Найсерйозніше до неї підготувалися члени ОУН(б), які вже мали досвід нескоординованих, часто хаотичних виступів проти поляків у вересні 1939 року. Цього разу все мало бути інакше: учасники повстання отримували чіткі вказівки, які регламентували хто, що і як повинен робити в момент виступу.

Нацисти, зацікавлені у швидкій ліквідації радянської влади, готові були сприяти підготовці до повстання, проте не давали жодних політичних обіцянок щодо майбутнього розвитку подій. Метою українських націоналістів було відновлення держави, незалежно від ставлення до цього нового союзника. Тому завдання, що стояли перед повстанцями, виходили далеко поза межі диверсій у радянському тилу, у яких були зацікавлені німці. Вони повинні були творити військові відділи та адміністративні органи, щоб таким чином поставити «союзників» перед доконаним фактом існування української держави.

Повстання, яке розпочалося 22 червня, тривало близько двох тижнів. Під час його розгортання члени ОУН встановили українську владу у 187 із 200 районів Західної України і навіть зуміли вийти поза її межі, взявши під контроль 26 районів Правобережної України.

Звичайно, осторонь не міг стояти і Тарас Боровець, який також узяв участь в антирадянському виступі після 22 червня. Про неабияку його відвагу в ці дні читаємо в німецькому документі: «Напередодні окупації міста Сарни німецькими військами він із невеликою групою своїх прибічників, озброєний лише одним пістолетом, роззброїв більшовицьку міліцію в Сарнах, і місто перейшло під його управління». Так про себе вперше голосно заявив тоді ще нікому не відомий отаман із літературним псевдонімом «Тарас Бульба».

Наступним кроком повстанців на теренах Західної України стало формування українських органів влади та війська, основою якого мали бути як розрізнені повстанські загони, так і українці Червоної армії, котрі хотіли приєднатися до своїх земляків. У Львові під командуванням провідника ОУН на Західній Україні Івана Климіва почала творитися Українська національна революційна армія (УНРА), структури якої з'явилися в Галичині та на Волині. Проте такі кроки українських націоналістів не узгоджувалися з баченням німецької влади. Через кілька днів після проголошення 30 червня Акта відновлення української державності нацисти заарештували його ініціаторів — провідних членів ОУН. Відразу після того німці зажадали розпустити новостворювані українські військові структури. Союзник швидко відкривав своє обличчя нового окупанта.

«Тарас Бульба». Зоряний час отамана, серпень—вересень 1941 р.

Тарас Боровець також вирішив перетворити свій повстанський загін у військове формування, оголосивши 28 червня про створення Української повстанської армії «Поліська січ». Цією розлогою назвою він ніби повертав до життя військову формацію Юрка Тютюнника з 1921 року. Словом «січ» прив'язував свою діяльність до ще давнішої козацької традиції. Хоча воно мало і актуальніше значення — саме так називали вишкільні військові підрозділи, утворені бандерівцями влітку 1941 року в Галичині та на Волині. Одну з таких «січей» сформовано в Костополі, іншу, більш відому як Перший курінь українського війська імені Холодного Яру, — у Рівному. Достеменно не відомо, чи узгоджував Тарас Боровець створення свого відділу з бандерівцями, адже він намагався заснувати власну незалежну формацію і навіть розраховував очолити всі українські військові структури. Це не завадило йому підтримати підготовлений ОУН Акт відновлення державності, 25 липня оголосити його в Сарнах та сформувати районну владу новопосталої держави. Проте вже незабаром події дали змогу Тарасові Боровцю цілковито унезалежнитися і навіть суттєво посилити позиції.

Коли окупанти згортали бандерівські державотворчі та військові ініціативи, Боровець, навпаки, у серпні 1941 року отримав дозвіл від німців на створення спеціального відділу під своїм командуванням.

На Поліссі в районі прип'ятських боліт сконцентрувалися великі сили радянських оточенців. Фронт просунувся далеко на захід, залишивши в тилу цих колишніх вояків Червоної армії, більшість із яких почала грабувати місцеве населення. Німці побоювалися, що ця маса озброєних людей може перерости в серйозну проблему і стане зародком партизанського руху. Тому вони погодилися на пропозицію Боровця про створення військового формування для боротьби з цими групами. Велика кількість залишеної Червоною армією зброї швидко вирішила проблему озброєння. З кадрами, які бажали долучитися до загонів отамана «Тараса Бульби», турбот теж не було — дуже швидко їх назбиралося близько 2—3 тисяч. Таким чином Боровець став командиром справді значного підрозділу. І, попри брак військової освіти та серйозного досвіду бойових дій, успішно виконав поставлені перед ним завдання: до кінця серпня опанував великий терен між Сарнами, Пінськом та Олевськом.

Останнє із зазначених міст стало місцем дислокації його штабу. На цій території протягом кількох місяців німецької адміністрації ще не було, тож її функції виконував Тарас Боровець зі своїми підлеглими. Поєднуючи військову та цивільну владу в одній особі, він і справді став нагадувати отамана доби УНР. Про це мав також свідчити і його зовнішній вигляд.

Михайло Павловський, допитаний НКВД у 1944 році, так розповів про свою зустріч із отаманом улітку 1941-го: «До мого будинку в селі Москвин під'їхав вантажний автомобіль, і до мене в квартиру зайшли двоє чоловіків й назвалися: отаман Бульба, а другий — підполковник, здається, Погорельський, прізвища точно не пам'ятаю. Гості зняли верхній одяг, причому Бульба

Загін «Поліської січі»

виявився у формі колишнього російського генерал-губернатора з погонами і тризубами, а підполковник — у френчі з гетьманськими пагонами». Схоже, отаман приділяв своїй зовнішності чимало уваги — його фото в однострої і зі зброєю поширювалося серед населення Полісся як пропагандистський матеріал. А зі створенням осідку в Олевську він почав проводити серйозну інформаційно-пропагандистську роботу, видаючи газету «Гайдамака». До її випуску долучився Іван Мітрінга, у недалекому минулому — один із чільних ідеологів ОУН(б).

У військовій галузі Боровець притягнув до співпраці кількох офіцерів УНР, серед них найактивнішим був полковник Петро Смородський. Проте дуже швидко «Поліська січ» зіткнулася з серйозною проблемою матеріального забезпечення вояків: допомоги від німців вони не отримували, українське ж населення Полісся було дуже бідним. Важка ситуація змусила керівництво звернутися до українців з емоційним закликом: «Вже падає сніг і шаліє люта стужа, а наші добровольці-козаки Поліської Січі несуть свою тяжку службу для рідного краю буквально голі, босі і часто голодні. Чи народ допустить до того, щоб його найкращі сини гинули не тільки від ворожих куль, але і від простуди? Організуйте допомогову акцію своїй Січі! Збирайте теплий одяг, взуття, білизну, полотно, овчини і харчові запаси!»

Поки отаман «Тарас Бульба» розгортав діяльність на Поліссі, німці посилили боротьбу з ОУН. 15 вересня 1941 року почалися масові арешти членів бандерівського крила цієї організації в Україні, Польщі, Чехії, Німеччині. За ґратами опинилося близько півтори тисячі осіб, переважно керівний склад, який «засвітив» себе, розбудовуючи структури відновленої 30 червня держави. Керівником бандерівців став Микола Лебедь, який зумів уникнути арешту. У вересні він зібрав інших провідних членів на конференцію, де проголошено перехід ОУН у підпілля. Рішення було далеко не завчасним — багато членів ОУН уже були в таборах, а в листопаді німецька служба безпеки видала наказ, зазначивши: «Незаперечно встановлено, що рух Бандери готує повстання в райхскомісаріаті (Україна) з метою створити незалежну Україну. Всі активісти руху Бандери повинні бути негайно арештовані і після ґрунтовного допиту таємно страчені як грабіжники».

Ця перша хвиля антиукраїнських репресій не зачепила Тараса Боровця. Навпаки, користуючись тимчасовим німецьким сприянням, він розбудовував власну мережу. Більше того, репресії, які фактично обезголовили сітку бандерівської ОУН, вивели отамана на одну з чільних позицій в українському русі. Проте німцям не потрібна була незалежна Україна — ані бандерівська, ані уенерівська. Тому в листопаді, після того як «Поліська січ» успішно виконала завдання, німці зажадали в отамана її розформування, а створену ним місцеву адміністрацію замінили на власну.

16 листопада 1941 року Головна команда «Поліської січі» своїм наказом № 20 оголосила про розпуск формування. Того ж дня радою старшин отаману Української повстанської армії «Поліська січ» «Тарасу Бульбі» присвоєно звання генерал-хорунжого. Його попередник — командир повстанських загонів у 1921 році генерал-хорунжий Юрко Тютюнник — на момент присвоєння аналогічного звання мав за плечима чотири роки боротьби та тисячі вояків під командуванням. Його наступник — Головний командир УПА з 1943 року Роман Шухевич — став генерал-хорунжим у 1946-му, маючи за собою три роки боротьби і тисячі повстанців у підпорядкуванні. Тарас Боровець став генералом після трьох місяців боротьби, у день, коли опинився цілком без війська.

Нове звання, можливо, задовольняло амбіції отамана, але не вирішувало серйозних проблем, які стояли перед ним. У час, коли, здавалося, втілилися в життя всі мрії, їх зруйнувала жорстока реальність. 33-річний Тарас був ще надто молодим та енергійним, щоб жити спогадами про минулі подвиги. Тому він знову починає будувати власну підпільну структуру. Навесні 1942 року діяльність Боровця привертає увагу нацистів, які заарештували кількох його товаришів. Це змусило отамана до радикального кроку — разом зі своїми однодумцями він у кількості 300 осіб переходить у ліс. У звіті німецької служби безпеки від травня зазначається, що «Поліська січ» «знову таємно зорганізувалася і вже нагромадила значну кількість зброї».

Жорстока і безглузда політика нацистських окупантів, що особливо проявилася в райхкомісаріаті, підштовхувала до спротиву все більше і більше українців. Бандерівці, котрі мали найбільшу підпільну мережу, були не готові до відвертої антинімецької боротьби. Насамперед через стратегію очікування, яка передбачала можливий виступ після виснаження в боротьбі двох головних супротивників українського руху. У другу чергу через те, що ОУН ще не оговталася від ударів, завданих нацистами попереднього року. Тому в 1942 році саме Тарас Боровець, який рішуче взявся до справи, зумів очолити рух спротиву, що наростав на Поліссі.

Загін отамана швидко збільшувався. У звіті однієї з оперативних груп НКВД вказувалося: в серпні 1942 року, «за інформацією наших агентів, які працювали по українських націоналістах, організація «Тараса Бульби» нараховувала понад тисячу осіб — бойовиків, що оперували окремими загонами в лісах Людвипільського, Сарненського, Березнянського, Рокитнянського та інших районів Рівненської та Волинської областей». Боровець відмовився від означення «Поліська січ», залишивши тільки першу частину первісної назви — Українська повстанська армія. Так він намагався бодай у назві позбутися локального характеру своїх загонів. Хоча реально він так ніколи й не зумів вийти у власній діяльності поза межі рідних теренів на Волині і Поліссі.

Повстанці під керівництвом отамана «Тараса Бульби» зосередилися на боротьбі проти нацистської окупаційної адміністрації, перешкоджали реквізиціям у цивільного населення та мобілізації українців на примусові роботи до Німеччини. Антинімецькі акції, між іншим, мали продемонструвати рішучість загонів отамана, залякати окупантів та... змусити їх до переговорів. У серпні 1942 року він написав листа до райхскомісара Еріха Коха з вимогами припинити свавілля німецької адміністрації та звільнити українських політичних в'язнів. Очевидно, нацисти не збиралися виконувати цих вимог, але пішли на переговори з повстанським отаманом, намагаючись стримати його. Врешті це їм вдалося — непослідовна позиція щодо боротьби з німцями до кінця 1942 року загальмувала темпи розвитку загонів «Тараса Бульби».

Тим часом на Волині та Поліссі почали розгортати діяльність радянські партизани. Тарас Боровець опинився перед загрозою того, що його вояки змушені будуть воювати на два фронти. Він розумів: сил забракне, а тому вирішив провести із супротивниками дипломатичну гру. Крім переговорів із німцями у вересні 1942 року, «Тарас Бульба» пішов на контакт із червоними партизанами. Останні отримали від нього те, чого хотіли, — нейтралітет, який дозволив їм закріпитися і почати розбудовувати структури на контрольованих отаманом теренах.

Макіавеллізм Тараса Боровця не врятував ситуації, а лише нашкодив йому. Крім того, що посилював ворогів, він ослаблював свої відділи, вояки яких були дезорієнтовані і не знали, хто союзник, а хто ворог. Це нерозуміння ускладнювала нехіть самого отамана до політичних програм, через що повстанці тривалий час не мали документа з прописаними ключовими засадами та цілями руху.

Як і його попередники з 1920-х, отаман «Тарас Бульба» вважав, що справжній патріотизм кожного вояка і особиста харизма командира — достатні підстави для тривалої боротьби. Він не приділяв належної уваги питанням структури руху, розподілу обов'язків керівництва, додатковому навчанню вояків. Попри те, що з Боровцем працювало кілька професійних військових, офіцерів УНР, уся діяльність повстанської армії залежала від його власних рішень. Боровцева, здавалося б, невичерпна активність забезпечила стрімкий старт руху, проте навіть її було замало, аби гарантувати стабільний розвиток. Усе це й завадило йому перерости рівень локального отамана і стати командиром загальнонаціонального руху. Тому він дедалі більше нагадував попередників із 1920-х років, якими так захоплювався, і чимраз більше відставав від темпу реальних подій 1940-х.

Занепад отамана

На початку 1943 року на Волині про себе впевнено нагадали бандерівці. Оговтавшись від подій другої половини 1941 року, перейшовши через тривалі дискусії та підготовку, оунівці почали розгортати тут власні збройні відділи.

Спираючись на розлогу мережу осередків, які забезпечували військові підрозділи матеріально та інформаційно, бандерівці швидко наздогнали в розвитку формування Тараса Боровця. Наявність чіткої політичної програми, підготовлених кадрів військовиків та підпільників стали додатковими перевагами.

Отаман «Тарас Бульба» змушений був піти на переговори з керівництвом ОУН(б) на Волині, відкривши таким чином для себе третій — дипломатичний — фронт. Здавалося б, саме на цьому фронті досягти домовленостей буде найлегше, адже обидві сили боролися за спільну мету — незалежну Україну. Проте ця простота виявилася оманливою, і врешті невдалі перемовини спровокували конфлікт, який остаточно вибив Тараса Боровця з політичної арени України.

Вдалося домовитися про використання об'єднаними відділами назви «Українська повстанська армія». Однак питання командування нею стало головним каменем спотикання — Тарасові Боровцю пропонували взяти на себе керівництво об'єднаним штабом, тоді як він готовий був іти на злиття лише за умови, що стане командиром армії.

Переговори, що тривали з січня до травня 1943 року, явно затягувалися, і час грав не на користь отамана. На момент завершення перемовин бандерівці вже мали на території Північної Рівненщини сили, які не поступалися бульбівським. Але їхні підрозділи творилися на значно ширших теренах Волині і Полісся, а згодом, улітку 1943 року, з'явилися і в Галичині та Карпатах.

Тарас Боровець знову у війську, весна 1945 р.

Захопившись переговорним процесом, Тарас Боровець проґавив момент, коли став нецікавим союзником для своїх візаві. Ситуацію погіршила також загибель у бою з німцями Василя Івахіва, одного з керівників оунівців на перемовинах, який був налаштований на мирне вирішення проблеми.

Наступник Івахіва Дмитро Клячківський («Клим Савур») уважав переговорний процес вичерпаним. Схоже, у цьому його підтримував тодішній провідник ОУН Микола Лебедь, якого Тарас Боровець згодом вважатиме чи не найбільшим ворогом. Врешті остання призначена зустріч не відбулася, і сторони звинуватили одна одну у зриві переговорів.

20 травня 1943 року бандерівці поширили листівку «Українці», підписану Головною командою УПА, у якій закликалося підтримати українських повстанців і гнати «від себе різних атаманчиків-анархістів».

Між обома таборами почалася інформаційна війна, яку Тарас Боровець програв і в результаті змушений був відмовитися від назви «Українська повстанська армія». 20 липня він видав наказ про перейменування своїх загонів в Українську народну революційну армію, помстившись таким способом ОУН(б) і використавши їхню назву з 1941 року.

Проте влітку 1943 року не обмежилися інформаційною війною між бандерівцями та бульбівцями. Перші виставили ультиматум воякам Боровця: «До дня

8.9.1943 12 години перейти зі зброєю в відділи УПА. По цім терміні уважатиму відділи Бульби за ворожі та буду змушений силою підпорядкувати наказам Головної команди УПА».

У деяких місцевостях відбулися сутички, але вони не набули серйозних масштабів. На осінь 1943 року бандерівцям вдалося об'єднати різноманітні повстанські групи в єдину повстанську армію й уникнути повторення помилок отаманів 1920-х років.

Зважаючи на це, у жовтні 1943 року Тарас Боровець видав наказ про розформування загонів УНРА, припинення ними відкритої збройної боротьби і перехід у підпілля. Але отаман не полишав віри, що вдасться повернути свої сили. Зробити це він знову вирішив за допомогою німців, з якими пішов на переговори.

Проте і цей дипломатичний крок закінчився трагічно — 1 грудня його заарештували і відправили до концтабору Заксенгаузен. Там він був поміщений у камеру № 78, поруч, у 73-й, сидів інший лідер визвольного руху — Степан Бандера.

Боровця звільнили 19 жовтня 1944 року. Його, як і інших ув'язнених керівників українського руху, німці намагалися використати на завершальному етапі війни для мобілізації українців. В останні місяці Другої світової створено Українську національну армію, яку очолив генерал Павло Шандрук. Наказом Шандрука від 17 березня отаман Тарас Боровець був призначений командиром групи «Б», яка мала готувати партизанські кадри і перекидати їх за допомоги німців в Україну для розгортання антирадянської боротьби. Проте всі ці плани так і залишилися на папері — не минуло й двох місяців, як Німеччина капітулювала.

Тарас Боровець разом з іншими командирами УНА здався в полон американським військам і став жити на окупованій ними частині Німеччини. Йому так і не судилося більше повернутися на рідну землю. Хоча тут його чекали — 13 серпня 1945 року НКВД оголосило Боровця у всесоюзний розшук, ще через три тижні чекісти завели на нього агентурно-розшукову справу, у якій накопичували всю можливу інформацію про отамана.

Тривалий час спецслужба не знала про місце перебування Боровця і побоювалася, що він продовжує підпільну діяльність на Волині. Підозри НКВД посилювалися тим, що тут досі діяли закладені «Тарасом Бульбою» підпільні ланки УНРА. Останню інформацію про їх ліквідацію знаходимо в чекістських документах 1949 року.

Лише в 1950 році «органам» стало відомо, де отаман. В одному з інформаційних повідомлень МҐБ згадується про існування спеціальної української школи при американській розвідувальній школі в Західній Німеччині. Серед її викладачів — Тарас Боровець. У 1953 році радянська спецслужба отримала інформацію, що він із групою товаришів виїхав до США, де зустрічався з шефом ЦРУ. «Під час перебування у США, — читаємо в повідомленні, — Боровець відвідав Вашингтон, де мав бесіди з Алленом Даллесом. Виїзд вказаних осіб до США нібито пов'язаний із веденням переговорів про організацію повстанської діяльності в Україні».

Тож славний отаман намагався повоювати на фронтах ще одної війни — «холодної». Своєю невгамовною активністю він забезпечив до себе увагу чекістів ще на багато років. Лише 1969 року, тобто коли Тарасові Боровцю виповнився 61 рік, КҐБ зняло отамана із всесоюзного розшуку. «У ході проведених оперативних заходів, — читаємо у висновку чекістів, — встановлено, що Боровець Т. Д. у даний час проживає в м. Нью-Йорк (США), є в поважному віці. У зв'язку з тим, що даних про його можливу висадку на територію Радянського Союзу немає, відповідно до наказу № 0080 КҐБ при Раді міністрів СРСР від 17.5.1965 пропоную всесоюзний розшук Боровця Тараса Дмитровича, як установленого за проживанням за кордоном, припинити».

Лише через чверть століття після того, як отаман залишив рідну землю, чекісти нарешті зітхнули з полегшенням: він не повернеться.

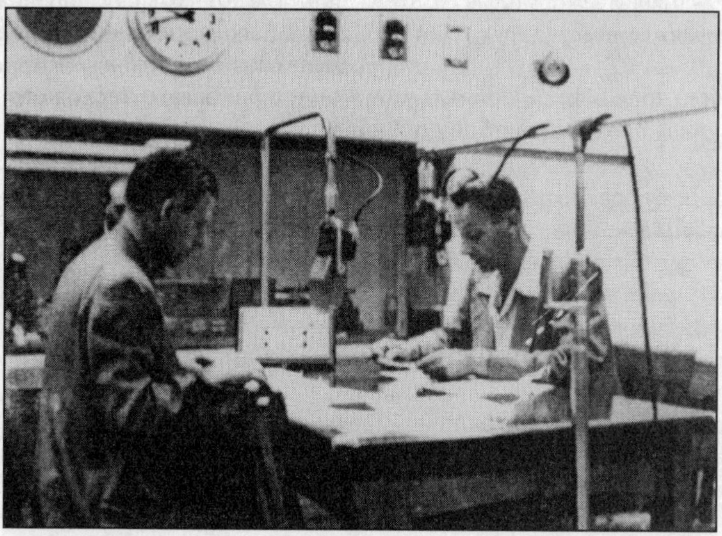

Тарас Боровець дає інтерв'ю для радіо «Голос Канади», 1953 р.

Останній спочинок отаман знайшов далеко від рідної землі. Могила Тараса Боровця в Саут-Баунд-Бруку, США

Завершився розшук легендарного отамана, але не закінчилося його життя, що перетворилося на важкі будні емігранта. Щоби заробити на життя, він знову взявся за важку фізичну роботу — став кочегаром. Коли для цього забракло сил — сторожем у будинку в Нью-Йорку. Доживав віку на самоті, бо не мав родини — лише племінницю в Канаді.

Одного разу на вулиці Тарас Боровець впав та знепритомнів, прокинувся у шпиталі. Оскільки не мав грошей для перебування там надалі і не мав родини, до якої міг повернутися, поліція відвезла його до старечого будинку. Тут, спаралізований, рухаючись на інвалідному візочку, він провів свої останні дні.

15 травня 1981 року Тарас Боровець помер. Похований на православному кладовищі в Саут-Баунд-Бруку, де і є його могила — неподалік від місця спочинку Миколи Лебедя. Доля об'єднала колишніх суперників, між якими було багато несхожого і яких пов'язувала справжня любов до України.

Наказ, якого не було

Починаючи з 2003-го, щороку влітку в українському та польському медійному просторах виринає тема польсько-українського конфлікту під час Другої світової війни. При цьому найчастіше її звужують хронологічно до 1943 року, а географічно до Волині. Таким чином поза публічними дискусіями опиняються події на Холмщині в 1942-му, у Галичині в 1944-му та на Закерзонні в 1945—1947 роках.

За такого підходу важко зрозуміти причини протистояння, його масштаби, наслідки та мотиви учасників боротьби. Натомість досягається інший, доволі простий та інформаційно ефективний результат: представити польську сторону виключно як жертву конфлікту, а українців — як ініціаторів та організаторів. Для підсилення ефекту з кожним роком чуємо дедалі більшу цифру вбитих поляків за майже цілковитої відсутності інформації про українських жертв тієї війни.

Висунута приблизно десять років тому крайньо правими польськими політиками концепція про антипольський геноцид, здійснений вояками УПА, останнім часом набуває дедалі більшої популярності в Польщі. Цьому сприяє посилення позицій правих партій у польському політикумі, але не останню роль відіграє розкрутка вказаної концепції потужними російськими та проросійськими медіа. Тому навіть деякі науковці, котрі раніше намагалися об'єктивно оцінювати трагедію, починають схилятися до названої політичної візії.

Ключовим аргументом, на який спирається концепція про геноцид, є теза про існування наказу керівництва українського підпілля про тотальне винищення поляків. Саме цей наказ мав ініціювати масові антипольські акції влітку 1943 року, надати їм організованого порядку та великого масштабу.

Часте повторення цієї тези в польських роботах сприяє її популяризації і навіть часом безкритичному підхопленні науковцями інших країн. До прикладу, у дослідженні американського дослідника Тімоті Снайдера йдеться не лише про рішення щодо антипольської «етнічної чистки», але й про цілу політичну програму її реалізації. При цьому солідний науковець навіть не намагається обґрунтувати свою позицію покликанням на джерела.

Тим часом, жодних документальних підтверджень існування наказу про знищення поляків не виявлено. Пошук таких документів триває, і періодично оголошується про його «результативне завершення». Проте щоразу аналіз матеріалів, які мають свідчити про цей наказ, піддає сумніву його існування. Тож спробуємо проаналізувати сенсаційні «знахідки».

Одним із перших про свій «успіх» у пошуках оголосив відомий дослідник польсько-українських стосунків Владислав Філяр. У праці «Волинь 1939—1944. Екстермінація чи польсько-українська війна» він наводить цитату з наказу Дмитра Клячківського про «ліквідацію польського елементу» на Волині. Проте звірка зазначеного у виданні посилання на справу в архіві СБУ Волинської області виявила за вказаною архівною легендою кримінальну справу проти поліцаїв, звинувачених в акціях проти комуністичного підпілля. Жодної інформації про УПА чи польсько-український конфлікт у матеріалах справи немає взагалі.

Спроби віднайти «таємний наказ» особливо інтенсифікувалися в 2003 році, коли розгорталася масштабна інформаційна кампанія, присвячена 60-й річниці подій на Волині. Причому польські науковці, врешті, отримали можливість продовжити пошуки в українських архівах, де, на їхню думку, мав зберігатися такий наказ.

Тоді було опубліковано цікаву книгу — путівник по архівних матеріалах, присвячених конфлікту: «Волинь — Східна Галичина. 1943—1944». Тут, між іншим, зазначено, що в справі одного з діячів ОУН в еміграції Збігнєва Камінського є оцінка «наказу № 1 Миколи Лебедя [...] про масову ліквідацію поляків на Західній Україні». Через два роки вказану інформацію було надруковано у збірнику СБУ та Інституту національної пам'яті Польщі «Поляки та українці між двома тоталітарними системами». Тут дізнаємося, що на допиті польської безпеки Камінський дає характеристику діяльності Миколи Лебедя і серед іншого твердить таке:

Микола Лебедь, урядуючий провідник ОУН, 1941—1943 рр.

«У 1943 році Микола Лебедь видає горезвісний і ганебний наказ № 1 про масову ліквідацію польського населення спочатку на Поліссі і на Волині, а пізніше ця акція перекинулася й на інші території. Це є гіркі, але правдиві факти».

Похорон Миколи Хвильового. Харків, 14 травня 1933 р.

Червоноармійці біля трофейної польської зброї. Львів, вересень 1939 р.

Родина Бандер. Отець Андрій сидить перший ліворуч. Другий праворуч стоїть Степан Бандера

Отець Омелян Ковч (сидить другий зліва у другому ряді) разом із випускниками Перших кооперативних курсів у м. Перемишляни, 1925 р.

Дмитро Клячківський — «Клим Савур», провідник ОУН на Волині та Поліссі

У вічі впадає публіцистичність висловлювання, використання епітетів, дивує нумерація наказу. Крім того, автор свідчень станом на 1943 рік виконував надто незначну роль в українському підпіллі, аби бути безпосередньо ознайомленим із наказами такого рівня, якби вони існували.

Коли ж детальніше придивитися до його біографії, легше довідатися про мотиви наведеного «викриття»: Збігнєв Камінський був активним діячем Закордонних частин ОУН, що перебували в гострій конкуренції з іншою групою націоналістів, очолюваною Миколою Лебедем.

І, врешті, найважливіше: в інших документах Микола Лебедь фігурує як той, хто засуджував антипольські акції, навіть вимагав відповідальності за них командира УПА Дмитра Клячківського. Йдеться, зокрема, про протокол допиту члена Проводу ОУН Михайла Степаняка. Він розповідає про дискусію довкола питання антипольських акцій, яка розгорнулася під час Третього великого збору ОУН у серпні 1943 року. На з'їзді частина членів Проводу — сам Степаняк та Микола Лебедь — виступили з критикою дій Дмитра Клячківського в ході конфлікту.

Цей документ важливий не лише тому, що відображає оцінку польсько-українського протистояння Миколою Лебедем, але й тому, що в даному протоколі маємо чітке свідчення: принаймні станом на серпень 1943 року не існувало жодного остаточного рішення Проводу ОУН з приводу польського питання. Дискусії тривали й надалі. Протокол Великого збору Української головної визвольної ради з липня 1944 року свідчить, що й на той час у керівництві підпілля змагалися дві концепції стосовно поляків — вирішення питання через силові акції та спроба налагодження співпраці.

На сьогодні найвагомішим аргументом на користь існування наказу ОУН про знищення поляків вважаються свідчення на допиті НКВД у 1945 році одного з командирів УПА на Волині Юрія Стельмащука. У документі читаємо, що «в червні 1943 року представник Центрального проводу ОУН Клим Савур (Дмитро Клячківський) передав мені усно секретну директиву Центрального проводу ОУН про поголовне і повсюдне знищення всього польського населення на території західних областей України».

Досліджуючи тему польсько-українського протистояння, я вирішив також ознайомитися з цим документом. Його архівні координати можна було легко знайти в багатьох українських чи польських книгах, адже цитувався він дуже часто. Скориставшись архівними посиланнями і замовивши необхідну справу, я був переконаний, що отримаю до рук архівно-кримінальну справу на Юрія Стельмащука і на потрібній сторінці знайду його свідчення. Проте зі сховища принесли щось зовсім інше — один із томів агентурної справи «Берлога», заведеної НКВД на Провід ОУН.

На потрібному аркуші тому містився документ під назвою «Секретні директиви ОУН, УПА і СБ про повсюдне фізичне знищення всього польського населення». Крім «секретної директиви» про ліквідацію всіх поляків, тут згадано аналогічні вказівки про винищення всіх радянських військовополонених на теренах Західної України та «всіх осіб, запідозрених в антиоунівських настроях, не виключаючи ні грудних дітей, ні жінок, ні старих».

Підозру викликає вже сама назва документа, адже за формою він є випискою з протоколу допиту Стельмащука від 28 лютого 1945 року, а не директивою ОУН. Не менше запитань до змісту — нагромадження в півторасторінковому тексті інформації про таку кількість жахливих і відверто безглуздих інструкцій ОУН, слідів яких не знаходимо в інших матеріалах. Тож чи не маємо ми справу з однією із численних спроб компрометації українського визвольного руху з боку НКВД?

Щоб перевірити це, довелося замовити зі сховища справу на самого Стельмащука і порівняти виписку протоколу з його оригіналом. І тут виявилося найцікавіше: в архівно-кримінальній справі на Юрія Стельмащука № 67424 маємо протоколи від 8, 9, 20, 22 та 25 лютого 1945 року, але жодного протоколу під датою 28 лютого тут немає!

Ймовірно, «секретні директиви», оформлені як виписка з неіснуючого протоколу, з'явилися десь у 1960-х роках, коли КҐБ формував масив документів про ОУН та УПА, який мав бути навчальним матеріалом для майбутніх чекістів. Брак необхідного елемента для відображення повної картини «злочинної ОУН» легко компенсували власною підробкою, яка через десятки років стане головним аргументом уже в інших політичних іграх.

Юрій Стельмащук — «Рудий», командир Воєнної округи УПА «Турів»

Проте навіть непідроблені свідчення Стельмащука використовуються істориками вибірково — з них береться лише те, що необхідно для підтвердження власних тез. Польські дослідники часто цитують «зізнання» Стельмащука про те, що ним та його відділом протягом 29—30 серпня було знищено 15 тисяч поляків. Цю цифру справді знаходимо у кримінальній справі — у протоколі під датою 20 лютого. Проте далі в показаннях свідків бачимо інформацію про кількасот (в одному випадку — кілька тисяч) убитих, але не про 15 тисяч.

Зрештою, через півроку після допитів, у серпні 1945 року, на судовому засіданні сам Стельмащук заявив: «Звинувачення мені зрозуміле, винним себе визнаю, за винятком того, що моїм загоном було знищено не 15, а 5 тисяч поляків, 15 тисяч поляків було знищено по всій Волині». Завищена цифра, подана допитуваним у лютому, можливо, була наслідком «ефективної» роботи радянських слідчих, які скористалися слабким станом хворого на тиф повстанця.

У протоколі судового засідання є ще одна інформація, яка поки не використовувалася ані в польській, ані в українській історіографії і безпосередньо стосується того, чи існувало рішення Проводу ОУН про знищення поляків.

«У цьому ж червні 1943 року, — подає інформацію підсудний, — у Колківському лісі зустрівся я з Климом Савуром, заступником голови ставки Головної команди Андрієнком [Олександром Луцьким — *В. В.*]. Савур дав мені наказ знищити всіх поляків Ковельської округи. Всі керівники Ковельщини, в тому числі і я, виступили проти цієї пропозиції, але Савур погрожував мені польовим судом. Становище було важким. Не виконати наказ я не мав права, а виконувати не дозволяли особисті переконання. Я звернувся до Андрієнка. Андрієнко сказав мені, що це вказівки не з центру, що це перекручування на місцях, але конкретного нічого не сказав».

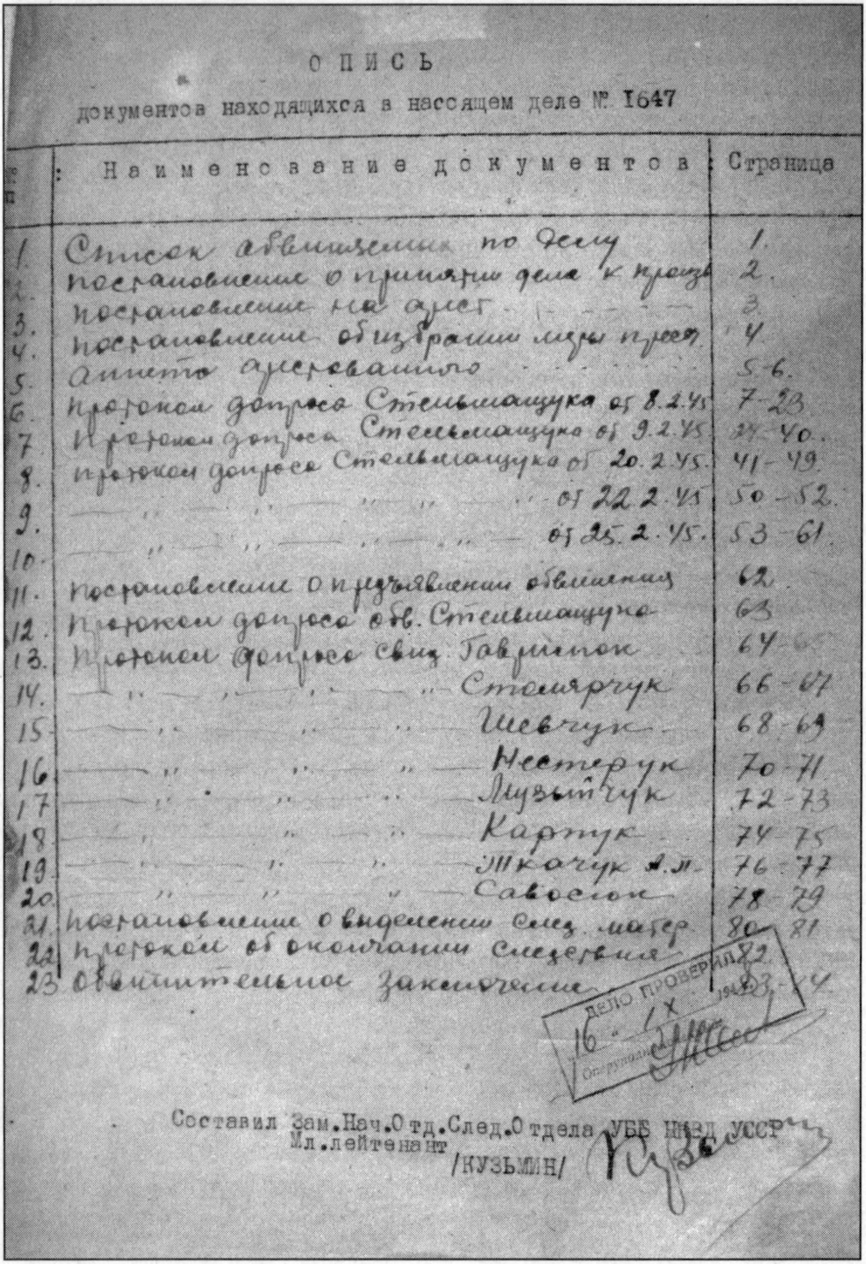

ОПИСЬ

документов находящихся в настоящем деле № 1647

№ п/п	Наименование документов	Страница
1	Список обвиняемых по делу	1
2	Постановление о принятии дела к произв.	2
3	Постановление на арест	3
4	Постановление об избрании меры пресеч.	4
5	Анкета арестованного	5-6
6	Протокол допроса Стельмащука от 8.2.45	7-23
7	Протокол допроса Стельмащука от 9.2.45	24-40
8	Протокол допроса Стельмащука от 20.2.45	41-49
9	" " от 22.2.45	50-52
10	" " от 25.2.45	53-61
11	Постановление о предъявлении обвинения	62
12	Протокол допроса обв. Стельмащука	63
13	Протокол допроса свид. Гаврилюк	64-65
14	" " " Стасярчук	66-67
15	" " " Шевчук	68-69
16	" " " Нестерук	70-71
17	" " " Музычук	72-73
18	" " " Картук	74-75
19	" " " Ткачук А.П.	76-77
20	" " " Савосюк	78-79
21	Постановление о выделении след. матер.	80-81
22	Протокол об окончании следствия	82
23	Обвинительное заключение	83-84

ДЕЛО ПРОВЕРИЛ 16 IX 194[illegible] Опруполномоч. [illegible]

Составил Зам.Нач.Отд.След.Отдела УББ НКВД УССР
Мл.лейтенант /КУЗЬМИН/

Перелік протоколів допиту Юрія Стельмащука в архівно-кримінальній справі № 67424. Протоколу від 28 лютого 1945 р. не існує

Далі йдеться про те, що Стельмащук намагався якомога довше не виконувати наказ, але все ж провів антипольські акції між 25 та 30 серпня. Очевидно, до слів підсудного потрібно ставитися упереджено. Проте важливим є твердження, що не було рішення керівництва підпілля про проведення антипольської акції, мова йшла про місцеву «ініціативу». Очевидно, якби йшлося лише про самовиправдання, не було б сенсу акцентувати на цій деталі, навпаки, легше було наголосити на необхідності виконання наказу, виданого найвищим керівництвом. Згодом саме ця «ініціатива» Дмитра Клячківського і стала приводом для розгляду його діяльності Проводом ОУН на Третьому надзвичайному великому зборі.

Підтвердження висунутої гіпотези знаходимо і в протоколі допиту згаданого в цитованих свідченнях Олександра Луцького — «Андрієнка», скерованого в червні 1943 року Проводом ОУН для інспекції на Волинь. Звітуючи про поїздку перед керівництвом, Луцький зазначає, що він «критикував Клима Савура в питанні ставлення УПА до польського населення. Як відомо, створена на Волині Климом Савуром УПА дуже часто в масовому порядку знищувала польське населення. Я і Центральний провід були проти масового винищення польського населення, тим паче, що саме в цей час між Центральним проводом ОУН і польськими підпільними антирадянськими формуваннями велися переговори про контактування нашої роботи».

Отож, аналіз документів не дає жодних підстав твердити, що існувало розпорядження найвищого керівництва українського підпілля щодо масової ліквідації польського населення в Західній Україні. Тому немає підстав говорити про антипольський геноцид.

Натомість маємо великий запит в українському і польському суспільствах на те, щоб з'ясувати справжні причини кривавого протистояння. Задовольнити його можуть лише історики, які не шукатимуть простих відповідей у вигляді міфічних наказів, а матимуть відвагу розповісти складну правду про стосунки між нашими народами.

«Сокирники», або Про селянську війну на Волині в 1943 році

Ключова теза польської історіографії польсько-українського конфлікту — це була планована акція українських націоналістів, яка мала за мету знищення всього польського населення. Тому надзвичайно важливо для деяких науковців віднайти наказ керівництва ОУН про проведення такої операції, показати її чітку координацію та продуманість.

У книзі «Друга польсько-українська війна. 1942—1947» я показав: аналіз матеріалів не дає жодних підстав твердити, що існувало розпорядження найвищого керівництва українського підпілля щодо масової ліквідації польського населення в Західній Україні. Але важливо не лише те, що такого «наказу» не знайдено (адже немає і розпорядження Гітлера про винищення євреїв), а й те, що виявлені на сьогодні матеріали заперечують можливість існування такого документа.

Пошук міфічного «наказу» став на заваді вивченню інших причин кривавого протистояння. Повністю поза увагою як польських, так і українських дослідників опинилася участь у подіях на Волині (особливо навесні — влітку 1943 року) не підконтрольних жодній політичній силі напівкримінальних-напівполітичних угруповань.

Крім суб'єктивних причин (небажання переглядати власні концепції), брак уваги істориків можна обґрунтувати й об'єктивними обставинами: такі групи фактично не залишали документальних слідів своєї діяльності. Їхні атаки на села не потребували жодної координації чи розпоряджень, вони не зобов'язані були звітуватися вищому керівництву, тому що його не мали, не намагалися в якійсь формі (агітаційних листівок чи погроз) пояснити мотиви власних дій. Вони, очевидно, не мали сталого членства, учасники цих угруповань могли збиратися в довільній кількості на довільний час і потім знову розходитися по домівках. Серед них були як колишні військовополонені, яким нікуди було повертатися, так і, зрозуміло, місцеві жителі. Вони могли співпрацювати з якоюсь із політичних сил, що діяли в той час на Волині, могли навіть з усіма, укладаючи тимчасові союзи, а могли й воювати з ними. Не контрольована ніким ситуація створювала нагоду для швидкої наживи за рахунок іншого. І часто зовсім неважливо, хто був цим іншим — українець, поляк, єврей чи чех.

Згодом, у післявоєнний період, під час чекістських розслідувань подій 1943—1944 років чимало «подвигів» таких угруповань списувалися на політичні формації — польські та українські. Списувалися як самими чекістами, які намагалися використати їх для пропагандистської війни проти націоналізму, так і місцевим населенням, серед якого також були учасники таких груп, які тепер могли зіпхнути всі можливі звинувачення в бік УПА чи Армії Крайової.

Але, попри таку «історіографічну невловимість» цього чинника, про нього не потрібно забувати, описуючи ситуацію, що вилилася у криваві вбивства. Тим паче, що принаймні деякі сліди такі формації залишили — до прикладу, в документах радянських партизанів.

«У рейді, — читаємо в одному з повідомлень із березня 1943 року, — зустрічаємо озброєні групи, що складалися з військовополонених, які росли й озброювалися стихійно». Описуючи події в одному з волинських сіл у червні 1943 року, партизанський командир Федоров говорить про вбивства, вчинені групою, яку він ідентифікує як «сокирники». «Українські націоналісти сокирники (так їх називає місцеве населення), — читаємо в його повідомленні, — в селі Згуща вбили 45 осіб поляків різного віку. Всім убитим відрубали голови. Живими залишилися тільки ті, що втекли до лісу [...]. В селі Заморіччя [Заморочення — *В. В.*] 16 травня сокирники спалили будинок чотирьох ні в чому не винних селян. Селянину Бандурі Мирону відрубали голову, посадили на кіл і виставили серед села. Тіло спалили в палаючому будинку. Звинуватили партизанів. З тією ж метою, тобто компрометації партизанів, сокирники 17 червня зарізали селянина, поклали на віз, на якому він їхав, і пустили селом».

Звітодавець з ОУН(б) у травні 1943 року відзначав: «Поляки покидають села і тікають до міст, бо кажуть, що їх «хлопці-сєкернікі ромбайом» [хлопці-сокирники рубають — *В. В.*]. Коли німці стараються їх вивозити до Німеччини, вони знову втікають у терен, творять більші скупчення і там укріплюються. Подекуди дали їм німці захист. Тому, що поляки провокують і доносять, населення чує до них велику ненависть. Люди кажуть, що коли б не доноси поляків, німці не зуміли б нас тероризувати». З цього документа видно: станом на кінець весни 1943 року причиною виїзду поляків із сіл названі не організовані дії підпілля, а виступи «сокирників». Приховувати антипольську діяльність оунівцям не було жодного сенсу, адже вже в наступні місяці в таких самих звітах знаходимо детальну інформацію про відповідні акції УПА.

Значно точнішу інформацію про «сокирників» та іншу невідому групу містять повідомлення партизанських командирів Федорова та Дружиніна від 20 липня 1943 року. «За даними, якими ми володіємо, відомо, що, крім бандерівців, бульбівців і мельниківців, в областях Західної України існують зеленівці та сокирники, які є ніби різновидом українських націоналістів, існують і діють організованими групами. Зеленівці виникли ще за радянської влади з соціально чужих елементів, осіб, що не бажали служити в Червоній армії, які до війни були базою для німецького шпіонажу. До окупації німцями Західної України їхнім завданням було: знищення партійного і радянського активу, колгоспників, євреїв. Згодом, коли німці застосували терор до населення, який значно зачепив і сім'ї зеленівців, останні частково перейшли на службу в поліцію, частково в основні кадри націоналістів і частина з них продовжує існувати невеликими бандитськими групами. Назву зеленівці взято від умов існування в лісі.

Сокирники виникли наприкінці 1942 року як групи незначні, існують головним чином у районі села Золоте і Степанча Грутська [можливо, Гута Степанська — *В. В.*], з куркулів. Їхня практична діяльність — грабіж і вбивства мирного населення, здебільшого поляків. Назва сокирники пов'язана з їхніми методами вбивства — сокирами. Цю кличку дало їм населення. Обидві групи тісно пов'язані з українськими націоналістами і ведуть боротьбу з партизанами та німцями».

Як бачимо, мова йде про ще один важливий чинник протистояння на Волині навесні — влітку того року. Попри те, що радянські партизани наголошують на співпраці «сокирників» з українськими націоналістами, вони виділяють їх у незалежну групу.

Злочини «сокирників» фіксують у своїх донесеннях із Волині в 1943 р. радянські партизани

Подальші пошуки матеріалів зможуть розширити наші уявлення про криваву війну між українцями і поляками, зокрема глибше розкрити тему участі не підконтрольних жодним політичним силам збройних груп і їхню роль в ескалації конфлікту.

На думку українського дослідника Богдана Гудя, події літа 1943 року на Волині вилилися саме в «селянську війну» з притаманною таким конфліктам страшною жорстокістю. Історик вважає, що їх можна порівнювати із сербохорватською бійнею в роки Другої світової війни, проте ближчим порівнянням є повстання, відоме як «галицька рабація» 1846 року. Тоді польські селяни в околицях Тарнова зруйнували сотні поміщицьких маєтків та жорстоко замордували (з використанням сільськогосподарських знарядь — вил, сокир, кіс) понад дві тисячі власників фільварків, орендарів, управителів і членів їхніх родин — теж поляків.

Символічно, що ті події, які стали яскравою ілюстрацією жорстокості селянської війни, увійшли в історію під назвою «галицької різні». Трохи менше, як через сто років масові вбивства поляків на сусідніх із Галичиною теренах назвуть «волинською різнею»...

11.07.1943: трагедія і спекуляції

Сімдесяті роковини трагедії польсько-українського конфлікту на Волині, які вшановувалися в 2013 році, інтенсифікували не стільки історичні, як політичні дискусії довкола теми. Гарячою темою в медіа став законопроект однієї з польських політичних партій, яким пропонувалося визнати ОУН та УПА злочинними формаціями, винними в організації геноциду поляків. У тіні цієї дискусії опинилася ще одна законодавча ініціатива, безпосередньо пов'язана з історією польсько-українського конфлікту.

Мова йде про проект ухвали сенату про встановлення 11 липня Днем пам'яті і мучеництва кресов'ян. Тобто — про вшанування жертв конфлікту лише з одного боку. Така пропозиція не нова для польського парламенту — ще в червні 2011 року аналогічну ідею озвучив депутат сейму Францішек Єжи Стефанюк. В обґрунтуванні вказано, що саме 11 липня 1943 року відбулася масова антипольська акція, яка охопила близько сотні населених пунктів.

Проте наскільки історично коректною є ця теза, спробуємо розібратися далі. Тому стаття присвячена дуже конкретному питанню: що саме сталося 11 липня 1943 року? Відповідь важлива не тільки для з'ясування деталей перебігу протистояння між українцями та поляками, але й для загальної його оцінки. Адже концептуальні висновки багатьох істориків про те, що антипольська акція УПА мала скоординований характер і ставила за мету знищення усього польського населення, базуються саме на тезі, що в ніч із 11 на 12 липня відбулася масштабна операція, яка водночас охопила десятки, а то й понад сотню населених пунктів. Причому розмах операції в історіографії постійно зростає: у книзі Гжегожа Мотики «Українська партизанка» йдеться про 96 населених пунктів; у вступному слові до збірника документів, виданого Інститутом національної пам'яті Польщі та Службою безпеки України у 2005 році, — про 99; у роботі Владислава Філяра — 150, про понад півтори сотні — у монографії Ігоря Ільюшина; врешті, в американського історика Тімоті Снайдера наведено найбільшу наразі кількість — 167. Зокрема, ці цифри та висновки істориків стали підставою для юридичних обґрунтувань про антипольські акції як геноцид, а отже, й підставою для підготовки відповідних політичних рішень сейму та сенату.

Верифікація тих чи інших фактів історії завжди починається з верифікації джерел. Тому слід з'ясувати, на які джерела спираються висновки про масштабну операцію 11 липня 1943 року. Проаналізувавши польську історіографію, неважко помітити, що головним джерелом інформації для таких висновків

Страшна симетрія смерті в польсько-українській війні. На фото зліва: спалене польськими вояками українське село Сагринь, 9 березня 1944 р.; на фото справа: Радовіце. Похорон поляків, убитих УПА, 10 квітня 1943 р.

слугували спогади, видані у збірнику Владислава та Єви Семашків. У своїх роботах я неодноразово наголошував: спогади, особливо записані через десятки років після описуваних подій, є доволі непевним джерелом інформації, а тому історики повинні використовувати їх обережно, обов'язково зіставляючи з іншими видами джерел. Що стосується конкретно зібраних Семашками матеріалів, то тут іноді ще й маємо справу з умисними спробами підлаштувати усні свідчення під власні концепції. Спогади, зібрані українськими краєзнавцями Ярославом Царуком, Іваном Пущуком та Іваном Ольховським з цих самих місць, часто подають діаметрально протилежну картину подій сімдесятирічної давності. Історик Роман Кутовий провів цікаве порівняння свідчень, записаних у 607 населених пунктах 11 районів сучасної Волинської області, згаданих у Семашків та названих українських пошуковців. Кількість жертв, наведена польськими і українськими дослідниками, збігається або неістотно вирізняється лише у близько 20 %, приблизно для такої ж кількості випадків розбіжність в оцінці кількості жертв коливається в діапазоні 20—100 %. У близько 60 % випадків розходження в інформації величезні: стосовно кількості українських жертв доходить до різниці у 50 разів, а щодо польських жертв — навіть у 150 разів.

Тож маємо серйозні підстави сумніватися в достовірності спогадів (незалежно від того, зібрані вони польськими чи українськими дослідниками) як об'єктивного джерела. Тому спробуємо з'ясувати, яку інформацію про 11 липня 1943 року містять документи того часу. Насамперед матеріали головних учасників протистояння — польських та українських підпільників, а також, додатково, матеріали німецької окупаційної адміністрації та радянських партизанів.

Розгорнута мережа польського підпілля у своїх звітах ретельно описувала наростання польсько-українського конфлікту, починаючи з весни 1943 року. Найраніше з відомих на сьогодні повідомлень, яке стосується антипольських акцій на Волині в липні 1943 року, датовано 31 липня. Невідомий підпільник під псевдонімом «Соболь» інформував міністра внутрішніх справ еміграційного уряду Владислава Баначика: «Вбивства польського населення Волині, здійснювані українцями, посилюються. У період із 13 до 18 липня масові вбивства мали місце у: Гурові, Гурові Великому, Гурові Малому, Вигнанці, Здзярах, Заболотці, Садовій, Новинах, Загаях, Порицьку, Олені й Ожешині. У луцькій єпархії з 11 липня цього року вбито 40 ксьондзів». Описані в документі події не стосуються дня, який нас цікавить, адже, згідно зі звітом, вони сталися наступного тижня, однак у пізніших документах польського підпілля більшість із названих населених пунктів будуть віднесені саме до тих, які атаковані в ніч із 11 на 12 липня.

Натомість у звіті генерала Тадеуша Коморовського, командувача Армії Крайової, від 19 серпня 1943 року згадуються антипольські акції саме в ці дні. Тут вказано: «11 і 12 липня вирізано 60 польських сіл на Володимирщині та Горохівщині». Це коротке речення у звіті, по суті, є єдиним документальним підтвердженням великого географічного масштабу акції. Жодних деталей генерал не передає, хоча від описуваних подій минуло достатньо часу — більше місяця. Крім того, документ не містить наголосу на одночасній атаці протягом однієї ночі, а йдеться про результати нападів за дві доби — 11 і 12 липня.

20 серпня 1943 року міністр внутрішніх справ Владислав Баначик умістив інформацію про події на Волині до звіту про ситуацію на окупованих німцями колишніх теренах Другої Речі Посполитої за останні півроку. «Останнім часом ці формації, — пише він про відділи бандерівської та мельниківської ОУН, а також загони Тараса Боровця — "Бульби", — на які великий вплив мають радянські агенти, розпочали масове вбивство польського населення. Акція спочатку була спрямована проти поляків, залучених до німецької адміністрації, сільської та лісової, а потім поширилася і на місцевих польських селян. У Ковельському повіті у селах Голоби, Мельниця, Порицьк, Велицьк, Жмудче та інших українські банди вимордували близько 150 польських родин. У Володимирському повіті українські вбивства зачепили 360 родин. Криваві розправи українців із поляками мали місце також у Костопільському повіті. Загалом жертвами українських злочинів стало близько двох тисяч осіб польської національності». Жодних конкретних хронологічних прив'язок це повідомлення не містить, із контексту зрозуміло лише, що мова йде про літо 1943 року загалом.

У грудні міністр внутрішніх справ, отримавши додаткові звіти з місць, опрацював більш детальний звіт про події на східних теренах у липні—серпні 1943 року. Тут у розділі «Волинь» знаходимо конкретну інформацію про знищені польські населені пункти. Баначик уже пише про те, що «в середині липня одночасно в низці місцевостей українські банди напали на польське населення в західних повітах Волині, а саме Володимирському, Горохівському, у яких за минулі місяці панував ще відносний спокій».

Далі, спираючись на свідчення біженців із Волині, які опинилися в Галичині, він наводить перелік місцевостей, атакованих у Горохівському (25 сіл і колоній), Луцькому (8 сіл і колоній), Дубенському (17 сіл і колоній) та Володимирському (27 сіл і колоній) повітах. Отже, мова йде про 77 населених пунктів (цифра, близька до наведеної Коморовським), але точної інформації про час цих атак не наводиться, і знову-таки з контексту можна зрозуміти, що йдеться або про липень та серпень 1943 року, або загалом про населені пункти, знищені від початку конфлікту до серпня 1943-го.

Натомість далі в тексті подано детальний звіт про події в околицях села Порицьк, які безпосередньо стосуються днів, що нас цікавлять. Тому дозволю собі розгорнуту цитату з цього документа: «На цьому терені банди 11—13 липня водночас провели напади на низку місцевостей. До складу цих банд входили між іншим українці-селяни з сіл Самоволя, Грушів, Печихвости, Стрільці, причому в цих бандах було чимало жінок і підлітків. Українці були озброєні в різнорідну зброю від автоматичних карабінів і гранат до лопат і вил. Вогнепальна зброя була як радянського, так і німецького походження. Акція почалася масово й майже одночасно 11 липня.

У місцевості Ожешин із тамтешніх 350 поляків живими залишалося заледве 60. Вціліли переважно ті, котрі в момент нападу перебували поза домом, і тільки вони змогли втекти поза кордони Волині. Банда прийшла о 9-й годині рано під керівництвом знаного місцевими поляками Гжегожа Возняка, вбраного в якусь радянську уніформу, у своєму розпорядженні мали тяжкий машиновий карабін і 6 автоматичних карабінів. Польське населення забрано з домів і вбито на краю лісу.

У містечку Порицьк 11 липня близько 11-ї з'явилася велика банда в німецьких мундирах. Польське населення на той момент перебувало в костелі на недільному богослужінні. До людей, що виходили з костелу, відкрито карабіновий вогонь і обкидано їх ручними гранатами. Вбито близько 100 поляків, важко поранено перед вівтарем ксьондза, також зруйновано вівтар підірванням під ним гарматного снаряду. Банда пограбувала містечко і близько 17-ї години відійшла в ліси.

У місцевості Заболотці українська банда замордувала 12 поляків, серед них одного священика.

У колонії Здзяри близько 17 польських родин було вбито місцевими українцями.

У місцевості Садова вбито коло 400 поляків. Вчинила це банда, яка складалася зі 100 людей, озброєних у лопати й вила. Банда гуляла по околиці, довший час виловлюючи поляків, яким вдалося спочатку сховатися в сусідніх лісах.

У місцевості Новини замордовано 35 поляків.

У місцевості Загаї із близько 300 поляків, що мешкали там, вціліло заледве п'ять. Провідниками банди, що складалася зі 100 людей, були знані місцевим полякам українці Федак і Жук».

Отже, тут маємо перелік із семи сіл, атакованих між 11 і 13 липня 1943 року. Інформацію про антипольські виступи 11 липня на Володимирщині підтверджує звіт командування АК Львівського регіону. Тут ідеться про напад на шість населених пунктів, які включали всі згадані у звіті Баначика (не враховано колонію Здзяри). Слід нагадати, що ті самі населені пункти, згідно з уже цитованим звітом від 31 липня, зазначені як такі, що були атаковані між 13 і 18 липня.

Додаткову інформацію про антипольські акції, які відбулися в ніч із 11 на 12 липня у двох південних гмінах Володимирського повіту, містить спогад неназваного очевидця, наданий МВС як додаток до звіту в Лондон із жовтня 1943 року. Ця розповідь відкриває важливі деталі: на думку автора спогаду, підготовка до акції стартувала напередодні, 10 липня, коли почалася мобілізація українців у селах. Увечері на місцях зборів пройшли віче, на яких мобілізованим оголошено, що вночі відбудеться акція проти поляків. «О годині 2:30 по півночі 11 липня 1943 року, — читаємо у свідченнях, — почалася різня. Кожен польський будинок оточили не менше як 30—50 селян із холодною зброєю і двоє з вогнепальною. Наказували відчинити двері, а у випадку відмови рубали двері. Кидали всередину будинків ручні гранати, рубали людей сокирами, кололи вилами, тих, хто тікав, застрелювали з автоматичних карабінів». Вбивства тривали до 11-ї години ранку. Після того почався грабунок майна розгромлених колоній. Крім перелічених в інших свідченнях семи населених пунктів, тут фігурують ще п'ять: Гурів Великий і Малий, Вигнанка, Зигмунтівка, Вітолдівка. При цьому знову-таки три з них у звіті за 31 липня фігурують як знищені між 13 і 18 липня. Загалом, за твердженням очевидця, у результаті цієї акції загинуло більше тисячі осіб. Схожа атака, на його думку, відбулася і на півночі Володимирщини, але він не був її свідком, тому жодних деталей про це спогад не містить. У дещо пізнішому звіті МВС, написаному на початку 1944 року, ці події названі організованою «національною революцією», яка вилилася у вбивства польського населення в «кільканадцяти селах Володимирського повіту 11—12 липня».

Отже, у польських документах того часу знаходимо доволі детальні описи кільканадцяти (тобто між 11 і 19) акцій, які відбулися проти ночі із 11 на 12 липня, точно названо 12 місцевостей (хоча датою знищення частини з них також названо період між 13 і 18 липня). Проте немає свідчень про наведені Коморовським масштаби — 60 населених пунктів, тому можна припустити, що у звіті генерала йшлося про результати антипольських операцій протягом цілого липня 1943 року. Тим паче ніде в польських документах немає підтвердження про понад півтори сотні атакованих сіл протягом однієї ночі.

Очевидно, що операція, яка передбачала би одночасну атаку хоча б 60 населених пунктів, вимагала серйозної координації і тому мала би залишити бодай якісь документальні сліди і в матеріалах УПА, у звітах різних її територіальних підрозділів. Натомість такої інформації (принаймні поки що) не віднайдено.

Маємо лише два українські документи, які детально переповідають про антипольські акції 11 липня. Одним із них є звернення до поляків штабу загону УПА «Січ» (діяв на теренах Володимирського повіту) від 15 липня. Тут ідеться про спробу встановити домовленості між українським підпіллям і штабом якогось із польських партизанських загонів. Ці домовленості було зірвано

Страшна симетрія смерті в польсько-українській війні. На фото зліва: тіла поляків — жертв атаки УПА, 16 червня 1944 р.; на фото справа: тіла українців, помордованих вояками польського відділу Національних збройних сил, 6 червня 1945 р.

атакою поляків проти ночі із 10 на 11 липня на український штаб. Українські повстанці атаку відбили і у відповідь «рішили покарати польський штаб з найбільшою суворістю, що і зробили, причому потерпіло польське населення, на терені якого цей штаб знаходився».

Детальніше про ситуацію, описану в документі, можна прочитати в Івана Ольховського. Дослідник вказує, що у квітні 1943 року вояки повстанського загону «Січ» звільнили від німецької окупаційної присутності кілька сіл. Серед цих населених пунктів було польське село Домінополь. Попри те, що довкола вже вирувала війна між українцями і поляками, тут до протистояння не дійшло. Більше того, командування «Січі» звернулося до місцевого населення з пропозицією сформувати військовий відділ, який би разом із вояками УПА тримав оборону проти можливого наступу німців. Такий загін із 90 осіб було створено, проте мирне співіснування було нетривалим і завершилося кривавими подіями у Домінополі. За версією командування загону «Січ», польські вояки почали передавати інформацію про повстанський штаб, його розташування, особливості охорони та плани німецькій поліції, а проти ночі із 10 на 11 липня спробували захопити сам штаб. У відповідь українські повстанці наступного дня знищили польський відділ та все село Домінополь, що було його базою.

Отже, маємо інформацію про антипольську акцію, проведену 11 липня, визнання того, що під час неї постраждало цивільне населення. Але в цьому документі не знайдемо даних про те, що згадувана подія була елементом ширшої антипольської операції, розпочатої того ж дня. Навпаки, тут міститься виправдання за вбивство цивільного населення: «Вияснюємо, що ми не маємо наміру ліквідувати польського населення, а те, що сталося, — було конечним у власній обороні. По кров мирного польського населення не посягаємо».

Про ці події розповідає ще один документ українського підпілля «Звіт з боїв загону "Січ"». У ньому читаємо: «11.VII. на Бискупчин в боївку Ч. 6 виїхало 30 чоловік, щоб провести ліквідацію сексотів, рекрутованих переважно з польського населення. Знищено около 2 тисяч осіб. По нашій стороні жертв не було. 12.VII. виїхало на Домінополь 150 стрільців, де провадили ліквідацію польського штабу і польських сексотів. Знищено приблизно 900 осіб, у тому числі 10 польських партизанів, що знаходились в цьому штабі».

Отже, на терені діяльності загону «Січ» протягом двох днів, 11 і 12 липня, відбулися антипольські операції, жертвами яких стало близько трьох тисяч осіб, серед них цивільне населення. На думку українського історика Івана Патриляка, ці акції «вписувалися в загальну канву т. зв. боротьби з польськими "сексотами" та осередками польської самооборони, які тероризували навколишні українські села і були "випадовими базами" для німецько-польської поліції та радянських партизанів. Однак доволі масштабні втрати, яких зазнало польське населення під час цих нападів, і відверте небажання повстанців розбиратися, хто був "сексотом", а хто ні, породили пізніші уявлення про особливий розмах акції».

Схоже пояснення своїх дій потім давало саме́ командування загону «Січ», при цьому намагалося заспокоїти поляків, що жили на контрольованих ним теренах. У листівці «До польського населення» від 17 липня 1943 року зазначалося: «Міри, що були примінені до поляків деяких громад, були засобом забезпечення українського населення перед плянованою зрадою, і не будуть вони поширюватися на тих громадян-поляків, що стоять на ґрунті співпраці з нами [...]. Закликаємо лояльне польське населення не піддаватися ворожій агітації і не покидати своїх осель, а спокійно працювати на своїх господарствах».

Документів УПА з інших теренів Волині, які б розповідали про акції 11 і 12 липня і мали би підтвердити тезу про масштабну операцію, не виявлено, принаймні досі. У звіті командира «Крука» за період із 11 червня до 10 липня 1943 року згадано вже проведені на той час антипольські акції, у результаті яких «в терені рідко можна зустрінути якогось ляшка. Вони, так як і німці, згуртувались в більші окружні міста та по районних центрах і тільки час від часу роблять напади в теренах». Відтворити з цих обмежених даних масштаби акцій чи якісь деталі їх проведення, на жаль, неможливо. Імовірно, мова йде про підсумок кількамісячного протистояння з поляками від початків навесні 1943 року. Хронологічні рамки самого звіту обмежуються періодом від 11 червня до 10 липня, відповідно дата, яка нас найбільше цікавить, опинилася поза увагою звітодавця.

В інших звітах ідеться про акції другої половини липня, при цьому подається ретельна інформація про їх перебіг. У свідченнях Юрія Стельмащука розповідається про масштабні антипольські дії, проведені його відділами, але не в липні, а в серпні 1943 року. Тут немає жодних згадок про «загальний антипольський наступ» у ніч із 11 на 12 липня.

Багато інформації про польсько-українське протистояння влітку 1943 року можна віднайти в архівно-кримінальній справі на чотового УПА Степана Редешу. Він, зокрема, детально розповідає про знищення польських сіл на Любомльщині у серпні. Ані в цій справі, ані в десятках інших, заведених проти колишніх повстанців, що їх переглянув автор в Архіві СБУ, не віднайдемо інформації про масштабну операцію 11—12 липня. Попри упередження автора цих рядків до таких документів як об'єктивного джерела, важко припустити, що радянські органи слідства чомусь би приховували таку інформацію. Швидше навпаки, її було б використано не тільки слідчими, але й потужно розкручено радянською пропагандою як доказ злочинності українського націоналізму.

Жодних німецьких документів про акції цього дня поки теж не виявлено. Очевидно, що німецька окупаційна адміністрація не могла не помітити великої операції.

Як, зрештою, і радянські партизани, що детально інформували своє керівництво про події на Волині, зокрема про антипольські акції. До прикладу, серед їхніх донесень можна знайти доволі детальну інформацію про трагічні події, що сталися 18 липня у Володимирі-Волинському. «У місті, — читаємо в повідомленні з'єднання партизанських загонів імені Шукова, — відбувалося масове побиття поляків бандерівцями (українськими націоналістами), що зібралися на недільне богослужіння. Поляків били в костелах і на вулицях, внаслідок чого вбито 18 ксьондзів і до 1500 громадян. Німці цьому побиттю не заважали і лише через кілька днів випустили звернення до поляків іти на службу в поліцію і жандармерію для боротьби з бандерівцями».

Інше повідомлення загону Бегми за 28 липня є менш детальним і містить таку інформацію: «Кілька тисяч осіб бульбівців з 10-го до 20-го липня повели наступ проти польських сіл Чутаєтєв, Вафи, Голи, Пісочна, Тур, Сошникіно [назви сіл перекручені звітодавцем — *В. В.*] та інших. На шляху все спалили, по-звірячому мордували населення, згодом відійшли на північ. Основний опір дали озброєні поляки села Бути під керівництвом ксьондза. Втрати поляків — 400 осіб убитими. Загін командира Дорошенка, що прийшов на допомогу з Рівненської області, разом із поляками знищив сотню націоналістів. Захоплено 6 кулеметів. Для надання допомоги полякам на боротьбу з бульбівцями і для виводу польського населення нами спрямовано 3 партизанських загони». Отже, в повідомленні йдеться про антипольську акцію з участю значної кількості повстанців, яка відбулася приблизно в той відрізок часу, що нас цікавить. Але й тут не знаходимо підтвердження про операцію, що мала б охопити понад сотню сіл і здійснювалася протягом однієї ночі.

Отже, теза про масштабну координовану акцію, що 11—12 липня охопила значні терени Волині, поки не віднайшла документального підтвердження.

Сумніви щодо спроможності повстанців здійснити таку масштабну операцію обґрунтував у своєму дослідженні Іван Патриляк. «Якщо припустити, — пише він, — що для атаки на село потрібно було б виділити бодай одну чоту

Результатом 70-х роковин Волинської трагедії у 2013 р. стала подальша «таблоїдизація» цієї теми — велика кількість публікацій у пресі і дуже скромні здобутки в науковому дослідженні

(30—40 озброєних осіб) і сотню змобілізованих та озброєних сокирами і вилами селян, то ми отримаємо цифру 1,8—4 тисяч повстанців, які мали би брати участь в акції 11—12 липня. Це занадто велика кількість як для декількох районів. Враховуючи, якими силами УПА диспонувала на півдні Волинської області в липні того року, очевидно, могло йтися про напад на 20—25 населених пунктів, але не більше. Навіть за таких умов це була доволі складна з технічного погляду операція».

Спробуємо підсумувати виявлену інформацію про події 11—12 липня 1943 року. Очевидно, в цю ніч (як і в багато попередніх та наступних) мали місце протипольські виступи, які призвели до втрат серед польського населення. Особливо значними були вони у двох населених пунктах на терені діяльності загону УПА «Січ». Проте інформація про географічний масштаб акцій (теза про те, що вони охоплювали мало не всю Волинь, тоді як у документах ідеться лише про південну частину Володимирського повіту; вказування на понад півтори сотні атакованих польських населених пунктів, хоч у польських документах мова йде про кільканадцять) є суттєво перебільшеною. Саме перебільшена кількість нападів на польські села стала хибним засновком, з якого зроблено висновок про масштабну антипольську операцію, «генеральний антипольський наступ», який нібито мав відбутися одночасно мало не по всій території Волині. А звідти, знову-таки, зроблено висновок про існування наказу, що приписував цілковите знищення поляків, надавав антипольським виступам чітко продуманого характеру масштабної етнічної чистки.

Суспільні дискусії довкола питань минулого часто набувають гострого характеру, особливо в державах, що тривалий час були позбавлені права на об'єктивний, незаідеологізований погляд на свою історію. Звичайно, активну роль у них беруть і фахові дослідники. Їхнє завдання у таких суперечках — стримувати надмірну політизацію та наближати до фактів. При цьому історики мають використовувати свої професійні навички роботи з первинними джерелами та спеціальні дослідницькі методики. На жаль, в оцінці подій 11 липня 1943 року деякі дослідники, які займалися цим питанням, відіграли зовсім іншу роль. Висунуті ними гіпотези, попри те, що не спиралися на надійну джерельну базу, стали підставою для різноманітних політичних спекуляцій довкола важких сторінок минулого. Жертви польсько-українського протистояння заслуговують на вшанування пам'яті, і найкращим виявом шани до них із боку істориків є скрупульозні дослідження правди про причини, перебіг та масштаби цієї трагедії. Масштаби, які й без жодних надумувань та перебільшень були значними. Достатніми для того, аби зрозуміти, якою ціною оплачені сьогоднішні приязні стосунки між нашими народами, і бути готовими захистити їх від спроб нерозумних політиків ці взаємини зруйнувати.

Третя сторона в польсько-українській війні

Під час підготовки до друку книги «Друга польсько-українська війна. 1942—1947» я переглянув сотні документів українського та польського підпільних рухів. Саме вони були головними суб'єктами війни, і через призму їхніх матеріалів можна чи не найкраще відтворити розгортання кривавого протистояння між українцями та поляками.

Ці документи не можна назвати об'єктивними та неупередженими. Навпаки, вони вкрай суб'єктивні, національно упереджені та продають лише один погляд на події. Але завдяки тому, що вони збереглися в архівах, ми можемо сьогодні поєднати та порівняти дві протилежні, суб'єктивні точки зору головних учасників війни. І не лише реконструювати хід подій, але спробувати відтворити мотиви дій, цілі і завдання, які вони ставили перед собою. Документи обох підпільних рухів дають нам унікальну можливість поглянути на польсько-українську війну з «окопів» кожної воюючої сторони.

Проте найважливіший висновок із кількарічних досліджень — ця війна ніколи б не стала настільки масштабною, якби була лише двостороннім конфліктом між українцями та поляками. Вона почалася і розвивалася в рамках ширшого глобального протистояння, яке увійшло в історію під назвою «Друга світова війна».

Збройний конфлікт між великими державами створив передумови для того, щоби поляки та українці спробували вирішити власні багатолітні (якщо не кількасотлітні) суперечності за допомогою зброї, і спровокував появу мікровійни, яка розгорталася в межах макровійни.

Тотальний характер макровійни з притаманними їй нехтуванням будь-яких воєнних правил та воєнними злочинами повною мірою позначився і на мікровійні між українцями та поляками. Але на цьому вплив глобального конфлікту на локальний не обмежився: головні дійові особи Другої світової — нацистська Німеччина та комуністичний СРСР — були активними учасниками польсько-українського протистояння, його третьою стороною.

Серед сотень переглянутих документів на цю тему чи не найбільше вразив повстанський звіт із Волині під назвою «Про положення в більшовицькому запіллі з другої половини травня 1944 року». Тут ідеться про нову політичну ситуацію на Волині після переходу німецько-радянського фронту.

Відділ Армії Крайової, вояки якої боролися за відновлення кордонів Польщі 1939 р.

Позаду залишився один із найдраматичніших епізодів польсько-української війни — події весни—осені 1943 року. Тоді протистояння переросло у справжню селянську війну, своєрідну жакерію, головним учасником, а також головним постраждалим у якій стало цивільне населення.

Село проти села, з вилами, косами, сокирами — не було жодного поділу на мирне населення та воюючі сторони. Опанування цієї стихії українськими та польськими підпільниками не зупинило протистояння, а лише надало йому інших форм.

На початку 1944 року на Волині починають творитися відділи 27-ї Волинської дивізії Армії Крайової, яка розгорнула активні дії не лише проти українського збройного формування — УПА, але й проти українського населення. Бої між обома арміями тривали до самого переходу фронту навесні 1944 року.

Наближення Червоної армії українські та польські підпільники сприймали по-різному. Перші саме радянську владу вважали своїм головним ворогом і готувалися до тривалої боротьби з нею, другі вбачали в ній союзника, який допоможе розправитися, врешті, з «українським бунтом».

Польські підпільники співпрацювали з радянськими партизанами та наступаючою армією, намагаючись не згадувати про поділ Другої Речі Посполитої у вересні 1939 року, про масові репресії поляків, про страшний злочин Катині, вчинений радянським «союзником». Вони вірили, що своєю активною боротьбою відновлять кордони 1939 року, хоча Кремль не давав жодних підстав для таких сподівань.

Тим часом фронт перекотився через Волинь, і вслід за Червоною армією сюди прийшли відділи НКВД. Їхня місія не відрізнялася від завдання 1939 року: встановлення радянської влади та ліквідація всіх її ворогів. Частина польських підпільників, яка спільно з радянськими партизанами та наступаючою армією брала участь в антинімецьких боях, пішла із фронтом далі на захід для продовження боротьби, інші залишилися на теренах Людвипільського та Березненського районів Волині.

«Група ця, — читаємо в повстанському звіті, — активно виступала проти відділів УПА і українського населення». Отже, польські підпільники продовжили співпрацю з радянською владою і після переходу фронту. Проте цілі «союзників» були зовсім різні: поляки виступали за довоєнні кордони, а червоних цікавило відновлення територій СРСР станом на червень 1941 року.

Відділ Української повстанської армії, вояки якої боролися за створення української держави

Польські підпільники спробували діяти методом доконаних фактів. «З початком квітня ця група, — читаємо далі в документі УПА, — повкопувала граничні стовпи з польськими орлами на старій польській границі». Така самодіяльність не сподобалася новій адміністрації — відділи НКВД провели облаву на теренах Людвипільського і Березненського районів та знищили групу підпільників. Аби не виникало запитань, за що їх вбито, поляків повісили на встановлених ними прикордонних стовпах.

Але «справедлива» радянська влада не зупинилася й на цьому: «Решту чоловічого польського населення, що де-не-де залишилося в польських колоніях, більшовики змобілізували і відправили до Рівного до легіону Ванди Василевської». Вони мали й далі проливати кров за «союзника», навіть після того, як він відкрив справжнє обличчя окупанта.

Врешті жорстока політика швидко протверезила місцевих поляків, продемонструвавши, хто є справжнім ворогом. «Решта поляків, що залишилася по селах Людвипільщини, — читаємо в повстанському звіті, — симпатизують відділам УПА. При переході на схід відділи УПА затримуються на польських колоніях, поляки добровільно дають їм харчі, виставляють варту, переводять через НКВД».

Так закінчилася кривава польсько-українська війна на Волині. Але саме в той час вона розгорялася на сусідній Галичині, де тривала протягом року, згодом перекинулася на Закерзоння, а завершилася аж у 1947 році. Всюди переможцем у цій війні виходила саме третя сторона — комуністичний режим, який підкорив і українців, і поляків.

Буря наді Львовом

Завдяки стараням мас-медіа польсько-український конфлікт 1940-х років зведено практично до однієї фрази — «Волинь-43». Хоча насправді його географічні та хронологічні рамки виходять далеко поза межі одного регіону та одного року війни. Це виокремлення є невипадковим, адже дозволяє саме поляків представити головними жертвами протистояння, а українців — його винуватцями. Натомість розсування рамок, подання ширшого контексту проливає зовсім інше світло на те, що робилося тоді між українцями і поляками.

Я вважаю, що ці події можна назвати війною, Другою польсько-українською війною. Вона почалася за рік перед 1943-м, а її апогеєм був наступний, 1944-й, коли воєнний конфлікт охопив найбільше територій: Волинь, Галичину, Холмщину, Надсяння.

Одним із важливих епізодів цієї війни була спроба польського підпілля захопити Львів у липні 1944 року, яка здійснювалася в рамках розгортання операції «Буря». У комуністичній історіографії ці події не висвітлені, мова йде лише про «визволення міста Червоною армією від німецьких загарбників». Натомість із деяких польських публікацій виходить, що саме вояки

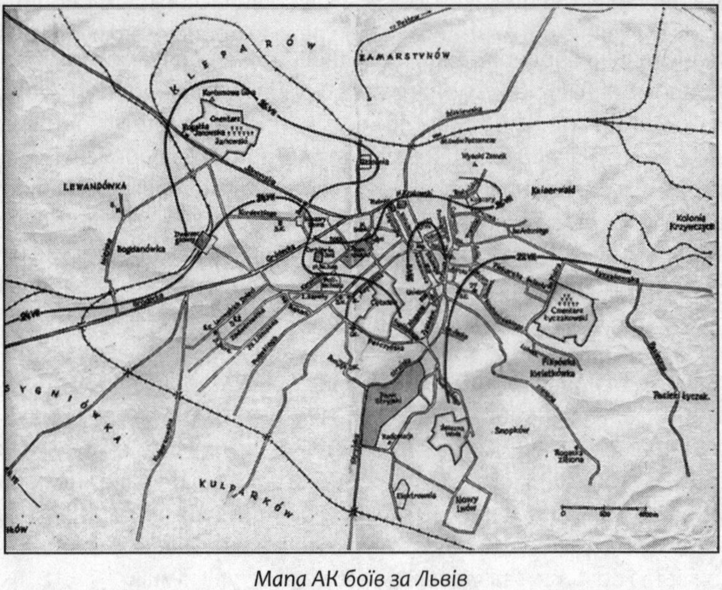

Мапа АК боїв за Львів

Вуличні бої у Львові

АК звільнили місто. Спробуємо розібратися, що робилося в ці дні у Львові, використовуючи документи обох підпільних рухів, які активно діяли тут, — українського та польського.

Опанування головного міста Західної України вояками Армії Крайової розглядалося як спосіб демонстрації світові й особливо СРСР потужності власних сил. Таким чином польське керівництво намагалося поставити власну крапку в дискусії навколо східного кордону відновленої Речі Посполитої. Нагадаю, що еміграційний уряд у Лондоні таким продовжував вважати межі держави, які існували станом на 1 вересня 1939 року, тоді як СРСР, один із союзників поляків по антигітлерівській коаліції, не бажав зрікатися від приєднаних після підписання пакту Молотова—Ріббентропа теренів Західної України та Західної Білорусі.

Оскільки основні німецькі сили були скуті на фронтах боротьби з Червоною армією, та й, зрештою, німці, розуміючи безглуздість тривалої оборони, готувалися до відступу, найважливішим чинником, який міг завадити реалізації польських планів, було українське підпілля і українське населення, що становило базу для його підтримки. Тому виступи проти українських сіл довкола Львова мали стати підготовкою до захоплення в потрібний момент самого міста і почалися заздалегідь, ще до відступу німців.

Польський та радянський прапори над «Львівською політехнікою»

Про один із них — у селі Шоломия неподалік Львова — читаємо в українському звіті: «10/11.6.44 р. о год. 24-ій поляки зі Старого Села, Давидова і Гончар окружили село і почали нищівну акцію, що до неї приготовлялися кілька днів. Почавши обстріл з двох сторін відділами, подалися в середину села. Крім запальних куль із крісів, почали кидати на хати запальні гранати та посипати легкозапальним порохом стріхи. Село загорілось з полуденної і західної сторони. Тільки від східної сторони село було вільне. В акції брало участь около 500 чоловік, зо 7 командирами, які держали зі собою зв'язок через вершника. Мали зі собою також санітарний відділ з жіночою обслугою, яка опісля кинулась запопадливо на грабунок. Було багато порожніх возів, призначених на зрабовані речі. Напасники на руках мали білі опаски. Коло год. 2-ої малий відділ УПА з'явився на підмогу селові й напасники хутко втекли. Бандити були узброєні в скоростріли, автомати, кріси й гранатомети». А ось як ці ж події описували польські підпільники: «Ліквідація гнізда вбивць. 11 числа цього місяця відплатний відділ близько 120 осіб зліквідував центральне скупчення банди різунів у Шоломиї. Спалено 55 господарств, здобуто 2 РКМ і 70 карабінів. Загинуло 96 гайдамаків. Як відповідь за нищення польського майна вбито 127 штук худоби. Відділ не зазнав жодних втрат. Давидів очистився. Українські родини з Давидова отримали наказ залишити місцевість».

Діяльність польського підпілля на Західній Україні не обмежувалася Армією Крайовою, тут оперували й дрібніші структури, не підконтрольні їй, які, проте, теж ставили собі за мету боротьбу за польськість цих теренів. В українському звіті зі Львова з червня 1944 року йдеться про діяльність «Слов'янської організації», яка виступала за «об'єднання всіх слов'ян під опікою Польщі». Першими її кроками на шляху до цієї мети було придушення українського руху. Тому її активісти видали вироки смерті 59 українцям міста.

У тому ж звіті йдеться про викриття гестапо кількох польських підпільників, які готували перекидання до міста близько тисячі бойовиків. Очевидно, мова йде про вояків АК, які мали брати участь в операції «Буря». Аби послабити український спротив у момент остаточного протистояння, командування Армії Крайової намагалося провокувати антиукраїнські виступи німців. З цією метою у вказівках щодо реалізації акції «Буря» зазначалося: на першому її етапі антинімецькі диверсії слід проводити лише в українських теренах. На другому етапі, під час безпосереднього взяття Львова, щодо українців наказувалося: «Всілякі виступи українців усередині міста придушити в зародку, захоплюючи найважливіші об'єкти, замикаючи українські райони і, в разі потреби, ліквідуючи їхні сили. Перед можливою зовнішньою акцією українців захиститися партизанськими відділами Схід, Захід і Південь та осередками самооборони, а також захопленням виїздів із міста, особливо в північній і східній дільницях».

Разом із тим, згідно з іншою інструкцією щодо реалізації «Бурі», командири загонів АК мали «допильнувати, аби не було ексцесів проти українців. Українців, що виступають проти нас, виловлювати і віддавати совєтам».

Польське командування побоювалося втратити контроль над ситуацією у випадку масових самовільних виступів проти українців, що з політичного боку могла використати радянська влада, взявши на себе роль захисників. Тому знищення мало відбуватися таємно. В інструкції від 25 липня 1944 року читаємо: «Наказую тиху акцію (таку, що відповідатиме засадам конспірації) ліквідації українців, відомих і розпрацьовуваних як шкідливі для справи». Але поруч з тим антиукраїнська акція у Львові супроводжувалася радикальною

Група вояків Армії Крайової у Львові

Автомобіль з аківцями рухається містом

шовіністичною пропагандою, спрямованою на АК. «Вояки, — читаємо у спеціальній листівці, — йдете карати!!! Але не ворога, а бунтівника. Не ворожого вояка, а бандита. За ті нечувані злочини, яких світ не бачив за цілі століття, карати будете Ви — вояки підпільної Польщі. Карати будете так суворо, як жорстокими були злочини. Українська інтелігенція, яка стоїть на чолі виконавців, є такими самими ж злочинцями, як селяни, що йдуть із ножами і сокирами. Всіх їх мусить досягнути караюча рука польського народу».

У дні відступу німців зі Львова, активного розгортання поляками «Бурі», не припиняли своєї діяльності й українські підпільники. Тим паче, що на той момент вони вже мали тут розвинуту мережу осередків. У польському звіті ще з початку травня 1944 року міститься інформація про творення відділів УПА в місті. «Як нас інформують із поважного джерела, — читаємо тут, — у Львові закінчилася мобілізація молодих українців до УПА. Мобілізацію проведено в найглибшій конспірації та таємниці, місто поділене на райони, у яких розміщені пости УПА. Окремі "станиці" мають відділи жандармерії, що проводять одночасно розвідку, зокрема й щодо нас». Крім дій із захисту власних структур чи українських населених пунктів, українські боївки проводили випереджальні акції проти польського підпілля, тобто таку саму «тиху акцію», як і поляки. Результатом цієї боротьби стала ліквідація Службою безпеки ОУН близько 80 польських підпільників.

27 липня 1944 року радянські війська увійшли до Львова, і тут почалися локальні сутички з відступаючими німецькими вояками. На думку українського підпільника, який описав ці події у своєму звіті, міські бої були «лише мініатюрою того, що ми звикли вважати вуличними боями». Нечасте бомбардування, незначна артилерійська перестрілка, невеликі сутички на вулицях. «Німці, — пише він, — не виявляли ніякої охоти боротися, а коли боронилися, то тільки з думкою про відворот».

У такій сприятливій ситуації свої дії в місті активізували польські підпільники: «Появились на вулицях молоді, переважно цілком зелені поляки з червоно-білими

DO

ODDZIAŁÓW ODSIECZY LWOWA

ŻOŁNIERZE!!!

IDZIECIE KARAĆ!!!

Ale nie wroga — a buntownika.

Nie żołnierza nieprzyjacielskiego — a bandytę.

Półzwierzęca dzicz ukraińska w bestialskich rzeziach całych wsi i osad, wyniszczyć chce bezbronną ludność polską.

40 tysięcy pomordowanych w męczarniach mężczyzn, kobiet i dzieci polskich — dziesiątki tysięcy okaleczonych.

Olbrzymie przestrzenie wypalonych i płonących dziś jeszcze wsi i osad polskich.

Za tę niesłychaną zbrodnię, jaką świat od całych wieków nie oglądał — karać będziecie Wy — Żołnierze Polski Podziemnej.

Karać będziecie tak surowo — jak okrutne były zbrodnie.

Stojąca na czele oprawców „inteligencja“ ukraińska, jak i wzywający do rzezi, bluźnierczy popi ukraińscy — są takimi samymi zbrodniarzami — jak idący z nożami i toporami chłopi ukraińscy.

WSZYSTKICH ICH — dosięgnąć musi karząca ręka Narodu Polskiego.

IDZIECIE KARAĆ:

— za krew i mękę współbraci
— za płacz dzieci polskich
— za krzyk ich matek
— za płomień chat polskich
— za gruzy kościołów polskich
— za sponiewieraną godność narodową.

TYLKO STRACH PRZED KARĄ POWSTRZYMAĆ MOŻE UKRAIŃCÓW OD DALSZYCH RZEZI.

TYLKO ARGUMENTY BEZWZGLĘDNEJ SIŁY BUDZĄ PODZIW I RESPEKT W BRUDNEJ DUSZY UKRAIŃCA.

TYLKO TWARDA, BEZLITOSNA RĘKA ŻOŁNIERZA POLSKIEGO —

— uratować może ziemie wschodnie dla Polski,
— wytępić zbrodniarzy,
— wykazać, iż Naród Polski godzien jest bytu niepodległego.

Byt bowiem niepodległy przysługuje jedynie narodom silnym, umiejącym o ten byt walczyć, zdolnym przeciwstawić sile — siłę.

ŻOŁNIERZE.

W rękach Waszych waży się los setek tysięcy Polaków ziem wschodnich

— waży się los Wiecznie Wiernego Lwowa,
— waży się los przyszłości Narodu Polskiego.

KOMITET ODSIECZY LWOWA

Lipiec, 1944 r.

Польська антиукраїнська листівка

лентами на рукавах, в цивільних одягах, в шоломах, озброєні хто крісом, хто револьвером чи ручними гранатами. Вони спочатку несміло, але провокаційно почали кружляти по місті. Команда цієї польської самозваної міліції зайняла будинок Шпрехера на Академічній, пізніше теж приміщення кріпо на Галицькій площі. Будинок Шпрехера, ратуш та деякі приватні доми на кількох вулицях навіть дуже густо замаєно біло-червоними прапорами. Міліція ця постановила собі за завдання спровокувати більшовиків на створення в Галичині польської держави, причому, розуміється, зайнятися справою українською».

Серед перших кроків нової міліції — обшуки та арешти українців. «Ревізії ці та арештування, — читаємо у звіті, — прибрали характер цілком припадковий, залежно від персональної заїлости (запеклості — *В. В.*) міліціонерів, розміщення польсько-українських скупчень та осмілення поляків, які часто почувалися дуже непевно в своїй новій ролі. При цій нагоді були вбивства, загальна цифра около 50—100 жертв, які нещасливо попали роззухваленим міліціонерам у руки».

Картину подій у Львові під час відступу німців та в перші дні встановлення радянської влади відтворює звіт українського підпілля «Дещо про останні події й ситуацію у Львові й околиці»: «Польські партизанські відділи — Армія Крайова, помагають більшовикам у боротьбі з німцями. При цьому виявились протиукраїнсько, грабуючи, а навіть вбиваючи українців. Перший день зайняття Львова ЧА був кульмінаційною точкою успіхів поляків. На домах повівали біло-червоні прапори, а по вулицях ходили з такими ж опасками молоді поляки. Вони то перебрали на себе міліційний обов'язок. Українці, хвилево прибиті виступами поляків, — відітхнули і зараз тихо змагаються з поляками за опанування керівних і інших постів у шпиталях, фабриках, підприємствах, урядах і т. п. Моменти негативного наставлення до більшовиків у великій мірі уділились полякам, бо поляки почали нищити українців, а більшовики тому положили край. Поки що, крім взивання поодиноких осіб на НКВД, ніщо не роблять. Село боїться більшовиків, місто і підльвівські села — поляків».

Цікаво описує Львів перших днів після відступу німецької влади сучасник тих подій, відомий український історик Ярослав Дашкевич: «У липні 1944 року у Львові в останні дні перед та перші після втечі німців фактичним господарем була польська Армія Крайова. Штаб її південно-східного округу містився на вул. Зеленій. Пропагандистським центром став Інститут Оссолінських, де видавалися відозви АК та пропагандистська література. Маючи списки відомих українців, намагалися їх затримувати для подальшого знищення. Приходили й за моєю матір'ю Оленою Степанів до нашої домівки на вул. Пісковій, 5, але її взяли під захист сусіди-поляки. В українському середовищі загальноприйнятою була версія про вбивство аківцями у ці дні в місті близько 150 українців».

Відділ АК на вулицях Львова

Факти тогочасної ліквідації польськими формуваннями українців Львова підтверджують і документи НКВД. У звіті про ліквідацію Делегатури уряду та Армії Крайової в місті, зокрема, читаємо: «Учасники організації [польського підпілля — *В. В.*] в перші дні звільнення м. Львова, озброївшись гвинтівками, револьверами і гранатами, проводили незаконні обшуки, облави і арешти серед українського населення. Мали місце окремі випадки самовільних розстрілів українців».

Загалом, незважаючи на те, що польські підпільники зуміли на короткий час перехопити ініціативу у Львові, їхній план утримати місто і поставити радянську владу перед доконаним фактом його належності до Польщі дуже швидко зазнав краху. Командування Червоної армії терпіло польську самодіяльність лише до того часу, поки вояків АК можна було використати для боротьби з німцями. Після виконання цього завдання вони ставали непотрібними, ба навіть заважали в реалізації планів, підготовлених у Кремлі. Вже наступного дня, 28 липня, усі червоно-білі прапори зникли з будинків і були замінені на радянські червоні. Командування львівської Армії Крайової, викликане в НКВД, заарештовано, а її вояків роззброєно та інтерновано.

Реалізація акції «Буря» у Львові продемонструвала, що «союзна» Червона армія має власні плани щодо теренів Західної України і не бажає узгоджувати їх із польським підпіллям та еміграційним урядом у Лондоні. Зрештою, вона показала, що кривавий конфлікт між українцями і поляками, який переріс у справжню війну, не має сенсу, тому що жодна зі сторін не могла виграти тієї війни і своєю завзятістю лише полегшувала перемогу третьої сторони.

Різдвяний бій УПА. Бірча, 7 січня 1946 року

Завершення Другої світової війни не зупинило польсько-українського конфлікту, який розпочався 1942 року на Холмщині, у 1943-му перекинувся на Волинь, а в 1944-му охопив і Галичину. Конфлікт, жертвами якого стали тисячі людей з обох сторін, активними учасниками — підпільні рухи двох народів, швидко набув рис, характерних для війни. Кривавої війни у війні. Завзятість сторін у протистоянні забезпечила його тривалість і продовження в нових реаліях після відходу німецької окупації.

Головною ареною війни між українцями та поляками після завершення Другої світової стали терени так званого Закерзоння — землі, заселені здебільшого українцями, проте включені до складу відновленої Польщі. Саме намагання поляків позбутися українського населення стало причиною продовження польсько-української війни, загибелі та депортації тисяч українців.

Навесні 1945 року атаками польських підпільників знищено українські села Завій, Середниця, Пашова. 3 березня вчинено жорстокий напад на село Павлокома, жертвами якого, за різними даними, стали від 366 до 500 українців. У відповідь відділи УПА провели кілька акцій, спрямованих проти польських населених пунктів. Отож, весною 1945 року подальше розростання конфлікту було більш ніж ймовірним — він міг набрати масштабів протистояння на Волині чи Галичині у 1943—1944 роках. Зупинили його переговори між представниками українського та польського підпілля 29 квітня 1945 року у Селиськах Березнівського повіту та підписання угод про перемир'я і співпрацю у боротьбі з НКВД.

Проте перемир'я з польським підпіллям не гарантувало цілковитого спокою українцям Закерзоння. Восени 1945 року польська комуністична влада, аби пришвидшити примусове виселення українців до УРСР, залучила до депортацій свою армію. Брутальність поведінки військових щодо цивільного населення, залякування та вбивства стали щоденною практикою. На захист українців виступили відділи УПА, які здебільшого складалися з місцевих жителів, повсталих проти польського терору. Між повстанцями та загонами польського війська почалися завзяті бої. Незважаючи на величезну військову перевагу супротивника, протягом кількох місяців 1945 року ініціатива була на боці Української повстанської армії, яка контролювала значні території. Польська комуністична влада зосереджувалася в укріплених містах. Однією із таких «твердинь», звідки періодично здійснювалися напади на українські села, було містечко Бірча.

Українські повстанці готуються до наступу на Бірчу, 1946 р.

1946 рік українці Закерзоння зустрічали з тривогою за майбутнє. Сподівань на те, що він виявиться спокійнішим і безпечнішим, ніж попередній, було мало. Це стало зрозуміло вже в перші дні нового року: 1 січня загони польського війська з Бірчі увірвалися в село Ляхава. «В селі, — читаємо у повстанському звіті, — розпочали тоді свій кривавий танець. З хат забрали тоді сімох господарів-українців у віці 40—80 років та двох хлопців по 16 років, та всіх розстріляли біля школи. Одного застріленого господаря вкинули в вогонь».

Наступного дня брутально викинуто більше трьох сотень українців із села Монастирець, 6 січня вранці напередодні Святвечора польське військо з Бірчі атакувало село Добре.

Така активність гарнізону Бірчі на антиукраїнському фронті не могла залишитися непоміченою для командування УПА на Закерзонні. Ще наприкінці 1945 року кілька сотень здійснили два наступи на це містечко. Найуспішнішою була перша акція, проведена в ніч з 22 на 23 жовтня куренем УПА під командуванням Павла Вацика — «Прута». Повстанці прорвали ворожу оборону, увірвалися в містечко, розбили тюрму, визволивши в'язнів, знищили військові казарми.

Успіх повстанців примусив польське військо ще більше укріпити свою твердиню, тож запорукою нового результативного нападу на Бірчу мала стати передусім несподіванка. Саме тому атаку запланували безпосередньо на українське Різдво. «Акція, — читаємо про це в звіті УПА, — спеціально була запланована в часі, коли поляки могли її найменше сподіватися, і мала за завдання викинути ворога з його укріплень і знищити ворожі укріплення та саме містечко, котре має ще кільканадцять мурованих будинків». Бій на Різдво був несподіванкою і для вояків УПА, які зазвичай відзначали це свято разом із цивільним населенням у селах, які захищали. Очевидно, така ініціатива не викликала особливого захоплення у повстанців, проте в армії накази не обговорюються, а виконуються.

Загалом до штурму залучено чотири відділи, а саме: сотні «Ударники-4» (командир Володимир Щигельський — «Бурлака»), «Ударники-7» (командир Григорій Янківський — «Ластівка»), «Ударники-2» (командир Дмитро Карванський — «Орський» — заступав пораненого сотенного Михайла Дуду — «Громенка») та «Ударники-6» (командир сотенний «Яр», прізвище невідоме).

Загальне керівництво перебрав на себе курінний Михайло Гальо — «Коник». Ввечері 6 січня він виступив перед вишикуваними і готовими до бою

Третій зліва — курінний Михайло Гальо — «Коник».
Йому залишилося жити кілька годин

повстанцями. «У цей Святвечір, — згадує його слова учасник бою Михайло Озимко, — наша мета піти у відплатну акцію проти Бірчі, щоб знищити це вороже кубло, яке палить українські села (показує в сторону присілка Ропа, де догоряла решта хат), вбиває невинних людей, старців, жінок і дітей, та не дає спокійно відсвяткувати навіть того Святвечора. За ті всі кривди, за пролиту українську кров, за смерть наших упавших героїв ми сьогодні відплатимо. Замість колядок Рождества Христового, будуть грати наші повстанські кулемети і вибухати гранати».

Наступ відбувався двома групами зі сходу та заходу. До першої групи, яку очолив «Бурлака», окрім його сотні входила також сотня «Ластівки». Їхнім завданням було привернути на себе увагу ворога та зв'язати вогнем. Тим часом дві інші сотні під командою курінного мали безпосередньо прорватися до міста і спалити його. Групі Володимира Щигельського вдалося під час наступу не лише зосередити увагу ворога на собі, але й вступити у східну частину міста і здобути там кілька бункерів. Проте вже на початку бою стало зрозуміло, що поляки готові до активної оборони. «Поляки були сильно окопані, — читаємо у звіті з акції, — і мали навколо міста пороблені бункри, в котрих безперервно мешкали. Вже в перших хвилинах бою навколо міста грали ворожі кулемети, що свідчить про те, що ворог був приготований, чи радше, що був постійно на становищах. Момент заскочення ворога неприготованим в цім випадку відпав цілковито, одначе відділи дальше виконували положені на них завдання».

Бій на східному відтинку тривав аж до ранку — у повстанців неухильно закінчувалася амуніція. Врешті, коли о 8:00 стало цілком зрозуміло, що бій на західному відтинку припинився і поляки всі свої сили перекинули проти відділів, підпорядкованих «Бурлаці», командир дав наказ відступати. «Відворот відбувався під безперервним обстрілом автоматичної і крісової зброї ворога, — читаємо у звіті Тактичного відтинка УПА "Лемко", — а також тяжкого кулемета, якого противник примостив на узбіччі гори Валькова. По ворожих рухах було видно, що він намагається відтяти нам дорогу до лісу та унеможливити відступ потоками, що ведуть з міста Бірчі в південному напрямку, і тим способом оточити відділ на відкритому терені. Однак ворогові не вдалося осягнути своєї цілі, бо підвідділ час до часу ставив спротив, стримуючи наступ противника з крила та ззаду. Ворожа погоня тривала на шляху близько трьох кілометрів і мимо цього, що за відступаючими вислано сотню кінноти Війська польського, відділи добилися-таки до лісу і там, на скраю лісу, відкрили збройний гураґанний вогонь по противникові, і це саме відбило ворогові охоту до дальшої погоні. Після цього відділи відступили на умовлений збірний пункт».

За кілька годин до бою

Дещо інакше розвивалися події на західному відтинку нападу. Першим недоліком стало те, що сотні через складні теренові умови не змогли вчасно прийти на визначені місця і синхронно розпочати акцію. Під час штурму міста нападники були дуже добре помітні для поляків завдяки підпаленим упівцями хатам. Зважаючи на те, що відділи опинилися під прицільним вогнем ворога, о 5:00 дано наказ про їх відступ.

Загалом під час акції повстанці зазнали великих втрат, найважчими з яких були загибель курінного Михайла Галя — «Коника» та виконувача обов'язків сотенного Дмитра Карванського — «Орського». Разом загинуло 23 повстанці, ще 22 було поранено. Найважливішими причинами невдачі стали некоординованість початку акції (частина відділів через засніжений терен надто пізно прибула на місце і не мала жодної технічної можливості попередити про це іншу групу), польський гарнізон виявився готовим до акції (а це були 1 500 польських вояків та рота НКВД, які, крім чисельної переваги, мали можливість використовувати укріплення), повстанцям забракло важкої зброї для штурму укріплень, а згодом і амуніції для продовження наступу, що затягнувся.

Попри невдачу у різдвяному бою, УПА продовжувала активну діяльність, захищаючи українське населення. Польській комуністичній владі знадобилося ще більше року, аби придушити український опір. Останнім актом польсько-української війни стала сумнозвісна акція «Вісла» навесні 1947 року, під час якої не лише ліквідовано структури українського підпілля на Закерзонні, але й остаточно виселено із цих теренів українське населення.

P. S. Через десятки років після описуваних подій Бірча знову опинилася в епіцентрі польсько-українських суперечок. Їхньою причиною стало бажання представників української громади перепоховати загиблих у цьому бою повстанців на цвинтарі, за християнським звичаєм. Могила вояків УПА увійшла до присадибної ділянки мешканця Бірчі Яна Ляшкевича. Він використовував її як пасовище для корів, хоча знав про місце поховання та змінювати нічого не хотів.

Дружина одного із загиблих, Анна Карванська-Байляк витратила дев'ять років, намагаючись добитися від польської влади дозволу на перепоховання. У 1994 році в канцелярії перемиського воєводи вона отримала точну відповідь, яка пояснила причини її тривалого поневіряння: «Якби ваш уряд визнав УПА за учасника боротьби за незалежну Україну, поховали б ми їх, ваших повстанців, на нашому військовому цвинтарі в Пикуличах без проблем. Хто має то зробити за вас?»

Історію своєї боротьби Анна Карванська виклала у книжці з промовистою назвою «Україно, визнай». Врешті, у 2000 році повстанців перепоховали на цвинтарі біля Перемишля. Українські політики досі дискутують, чи вважати їх та інших вояків УПА національними героями, хоча відповідь на це питання вже давно дав сам народ у тисячах пісень. Одна з них про Бірчу:

Ой, хто то, хто то йде на Бірчу,
Нестримно з боєм наступа?
То командир — полковник Коник
Веде стрільців — борців УПА:
Щоб відплатить за людські кривди,
За кров, що в Лімній потекла,
За смерть, неволю і руїни,
За села, спалені до тла.
Та це стрілецтво не злякає,
Новим завзяттям запалить:
На кров і зброю присягаєм
Геройську смерть, його помстить!
Наш командир — полковник Коник
В бою із ворогом упав, —
На вівтар Слави України
Життя і кров свою віддав!
А ми — за ним, його слідами,
З його наказами ідем,
Ідем повстанськими шляхами
Туди, де Воля нас веде!

Колишні вороги. Грубешівська операція 1946 року

У цій боротьбі за волю і незалежність особливу роль можуть і повинні відіграти поляки та українці. Не тільки тому, що живемо поруч і що є кровно споріднені, а також тому, що взаємно допустили проливу крові наших народів, з чого користали тільки інші.

Мар'ян Голембйовський,
керівник Замойського інспекторату АК — ВіН,
учасник антиукраїнських акцій навесні 1944 року на Холмщині, ініціатор та організатор переговорів з УПА у 1945—1946 роках

---

28 травня 2011 року у місті Грубешів, на сході Польщі, відкрито пам'ятник воякам Української повстанської армії та відділів польського підпілля «Воля і незалежність». Урочистість за участі президентів України та Польщі присвячена 65-й річниці спільної атаки українських та польських партизанів на м. Грубешів у ніч з 27 на 28 травня 1946 року. «Пам'ять про боротьбу наших предків, — зазначається у спільному комюніке двох президентів, — які, попри суперечності, зуміли об'єднати свої зусилля для протистояння комуністичному тоталітарному режимові, слугує дороговказом для нас у сьогоденні. Відкритий нині монумент — не лише данина пам'яті героїв, які разом проливали кров за нашу свободу, але й зобов'язання перед майбутніми поколіннями берегти цю свободу і не забувати, що вона стала можливою завдяки активній співпраці наших народів».

Не намагайтеся шукати наведеної вище інформації в новинах. Вона вигадана, але вигадана лише частково. Жодного спільного відзначення не відбулося, як і не відкрито пам'ятника воякам УПА та ВіН.

Але невигаданим є той факт, що 65 років тому українські та польські партизани провели успішну спільну акцію на місто Грубешів — твердиню комуністичного режиму в цьому регіоні. Цей ювілей залишився непомітним не лише для влади обох країн, але й для медіа — жодної інформації не знайдете ані в польських ЗМІ (загалом дуже чуйних до тем польсько-українських відносин у минулому), ані, тим паче, в українських.

Переговори між українським та польським підпіллям у с. Руда Ружанецька, 1945 р.

Наразі українці та поляки навчилися відзначати лише трагічні сторінки нашого минулого, достойно згадувати лише річниці взаємних убивств. З участю президентів обох країн відкрито меморіал у селі Павлівка в 2003 році (з нагоди 60-ї річниці антипольських акцій на Волині), у 2005-му — пам'ятник у Павлокомі (знову-таки з нагоди 60-ї річниці вбивств, але тепер уже українців польськими підпільниками), у 2009-му — у Гуті Пеняцькій (з нагоди 65-ї річниці знищення поляків цього села).

Тоді ж готувалися до відкриття пам'ятника за участю президентів у знищеному Армією Крайовою українському селі Сагринь, яке, проте, не відбулося. Наступним мало бути відкриття пам'ятника загиблим полякам у селі Острівки на Волині. Ось такий убивчий пінг-понг пам'яті.

Може, так і повинно бути — ми не маємо забувати жертв страшної війни між нашими народами і дотримуватися певної симетрії в їх офіційному вшануванні. Але українці і поляки не повинні зосереджуватися лише на трагічних сторінках нашого минулого. Інакше в молодого покоління буде сформовано уявлення про те, що українці та поляки лише вбивали одне одного, що не було тривалих періодів творчого співіснування двох націй, що у наших літописах не записано спільні героїчні вчинки. Аби цього не сталося, ми повинні пам'ятати, що гасла українських та польських борців за волю «Свобода народам! Свобода людині!» та «За нашу і вашу свободу!» дуже схожі, що співпраця між ними була можлива не лише під час «оксамитових» революцій, але й у роки кривавої війни. Тому важливо пам'ятати про Грубешів.

Навесні 1946 року на Закерзонні (територія теперішньої Південно-Східної Польщі) продовжували діяти український (УПА) та польський (АК, а згодом її продовжувач ВіН) підпільні рухи. За собою вони мали кілька років гострого протистояння, жертвами якого стали тисячі українців та поляків. А перед собою спільного ворога — комуністичний тоталітарний режим.

Звільнену від нацистів у 1944 році Україну втихомирювали війська НКВД. Розстріли, ув'язнення, масові депортації — звичний інструментарій «радянізації», знайомий українцями ще з 1920-х. Схоже відбувалося і на польських теренах, де до влади прийшов комуністичний уряд, зіпертий на розбудовані за допомоги Москви армію і сили безпеки. Крім відносно польських формацій, таких як Войско Польське (ВП — польське військо) чи Ужонд бєспєчєнства публічнего (УБП — управління громадської безпеки), тут напряму діяло НКВД, як через розміщені гарнізони, так і через так званих радників, які контролювали нову владу Польщі.

Наявність спільного ворога змусила українських та польських підпільників забути колишню ворожнечу, відкласти питання, які могли їх розділяти в майбутньому, і почати переговори. Навесні 1945 року перемовини увінчалися успіхом — досягнуто перемир'я, припинено боротьбу та взаємне винищення. Але підпільники на цьому не зупинилися, а продовжували періодично зустрічатися, обмінюватися взаємокорисною інформацією. Врешті визріла ідея започаткувати спільну боротьбу. На ідейному та політичному рівні проблем із цим не було, але одна річ говорити про співпрацю, інша — йти в бій і довірити життя тому, в кого ще вчора стріляв.

6 квітня 1946 року ідею збройної співпраці вперше втілено в життя — тоді підпільники провели успішну акцію на станцію Вербковичі. Незабаром виникла думка провести масштабнішу наступальну операцію на містечко Грубешів. Вона мала як конкретні практичні завдання — залякати комуністичні каральні органи, звільнити заарештованих, захопити документацію влади, так і політичні — маніфестація спільної боротьби українців та поляків. Ідея штурму Грубешева належала полякам, її ретельно обговорили на черговій зустрічі між представниками УПА та ВіН 18 травня 1946 року. Тоді ж визначили дату наступу — ніч із 27 на 28 травня.

Грубешів — типове для цього регіону провінційне містечко, більшість будинків дерев'яні, лише кілька в центрі муровані. Місто було перетворено

Євген Штендера — «Прірва», командир українських відділів під час наступу на Грубешів

на важливий центр нової влади: тут містилися повітові управління безпеки, міліції, комуністичної партії, розташовано гарнізон НКВД (близько 220 солдатів) та штаб-квартиру переселенчої комісії, яка організовувала виселення українців в УРСР. Недалеко за містом стояли вояки 5-го піхотного полку ВП та 32-го відтинка військ прикордонної сторожі. Тож ворожі сили були досить поважні, хоча польські підпільники обіцяли, що вояки ВП та прикордонники не візьмуть участі в бою.

26 травня вранці в лісі неподалік Грубешева почали сходитися партизани. З українського боку вояки сотень «Давида», «Яра», «Чавса» та боївки Служби безпеки, з польського — відділи ВіН «Млота», «Слєпого», «Віктора», «Геля».

«Між стрільцями нашими і ВіН, — читаємо в звіті про зустріч, — почалася розмова, пізнавали себе, оповідали про минулі стрічі — коли ми ще були ворогами». Очевидно, пізнавали колишніх ворогів не тільки прості вояки, але й їхні командири. Серед них, до прикладу, був Станіслав Ксьонжек — «Вирва», на той момент комендант Замойського інспекторату ВіН, а два роки перед тим — один із командирів Армії Крайової, які проводили так звану грубешівську революцію. Тоді в березні 1944 року за наказом командування польського підпілля протягом кількох тижнів було знищено 36 українських сіл. «Ціль наша була спалити та знищити все по Буг і Солокію, — згадував Станіслав Ксьонжек, — щоби не було знаку й сліду, бо, як сказав наш один офіцер на відправі, «або перестати боротьбу, або змобілізувати більше війська і вдарити, бо зуб за зуб, хата за хату, село за село принесе тільки більші втрати для поляків».

Серед українських старшин, зрозуміло, були учасники антипольських акцій. Але — попереду спільний бій, тому в звіті про зустріч командирів написано: «Привітання відбулося в приязній атмосфері, взаємно частували себе тютюном».

Згідно з розробленим планом, 120 вояків УПА отримали завдання штурмувати приміщення НКВД, боївка СБ — переселенчу комісію, вояки ВіН мали нападати на польську безпеку (УБП), міліцію та осередок компартії. Особливістю цього бою було використання українськими повстанцями так званих торпед — трофейних німецьких 150-міліметрових турбореактивних снарядів. Торпедник для цих снарядів винайшов чотовий УПА, уродженець Полтавщини Гриць Руденко, для запуску використовувався електричний струм або… підпалена солома. Про точність наведення снарядів говорити не доводилося, їх використання мало за мету не стільки завдати фізичної шкоди ворогові, як залякати. Учасники бою згадували: «торпеди» летіли з пронизливим ревом літака, залишаючи за собою вогняний слід, як у комети.

Власне, з артобстрілу міста й розпочалася атака повстанців, засвідчивши серйозність їхніх намірів. «Першу торпеду, — згадував "артилерист" УПА, — пустив я в кошари (казарми) НКВД. Торпеда попала в середину. Перед випущенням торпеди в будинку було світло, та видно було, що всередині кімнати робиться. Отже, я бачив, як двоє большевиків милось, а пізніше убирались. По вибуху торпеди я не бачив вже жодного світла, ані людей в кімнатах».

Бій у місті тривав півтори години. За цей час розбито будинки НКВД, УБП, пошти, захоплено комендатуру міліції, знищено автомобілі та документа-

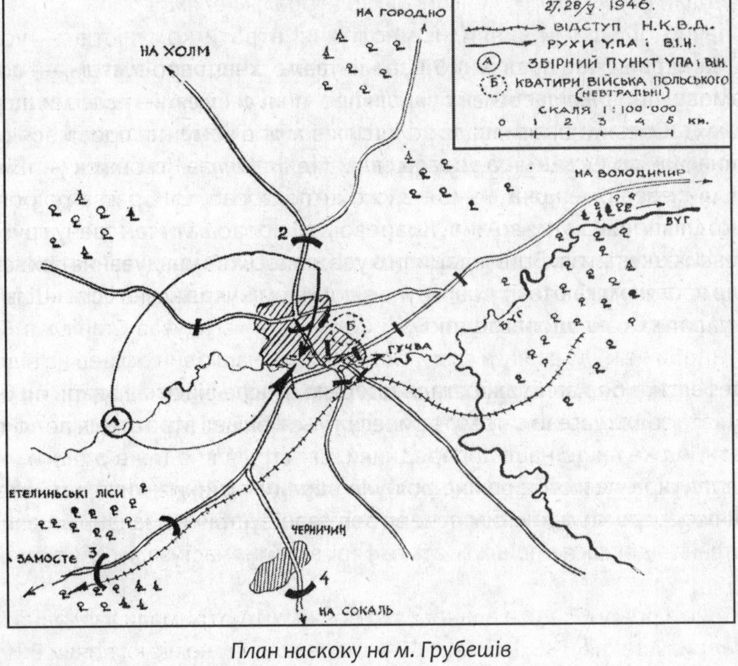

План наскоку на м. Грубешів

цію, звільнено з полону 25 в'язнів. Невдачею закінчився штурм переселенчої комісії — її чиновники виявилися дуже добре озброєними і зуміли відбити атаку повстанців. Вояки ВП, як і обіцяли польські підпільники, не взяли участі в бою у місті.

Цікаво, що серед тих, хто під впливом підпільної пропаганди відмовилися виступити проти своїх земляків, був поручник Войцех Ярузельський, згодом — комуністичний диктатор Польщі. Майбутній зрадник був і з українського боку — групу СБ очолював Леон Лапінський, на той момент референт СБ Холмської округи, а згодом, після захоплення в полон, — керівник створеної комуністичною спецслужбою «мережі ОУН» в Польщі.

Об'єктивно оцінити кількісні втрати у бою важко — як звично, кожна сторона подає дуже відмінні цифри. Згідно з повстанськими звітами, НКВД та польські комуністичні сили втратили близько 100 вояків убитими, натомість комуністи офіційно повідомили про загибель дев'яти вояків НКВД, п'яти польських прикордонників, двох функціонерів комуністичної партії та двох службовців УБП. З боку повстанців — двоє українців загинули в місті, троє при відступі з нього і ще троє, у тому числі український командир операції Євген Штендера, були поранені.

Значно більшими виявилися політичні втрати комуністів — успішна атака на певний час практично паралізувала їхню репресивну активність. Інформація про результативну українсько-польську акцію позбавила владу можливості спекулювати на протистоянні між обома народами. «Факт замирення між польським та українським підпіллям, — писали в українській підпільній пресі, — хоча він ще дуже хиткий і не прибрав уже розмірів ширшої співпраці, затривожив, як треба було сподіватись, найбільше большевицьких окупантів. Вони вдарили в усіх польсько-большевицьких газетах на алярм та намагаються розбити це порозуміння шалено шовіністичною протиукраїнською пропагандою».

Ці факти, хоч давно вже стали історією, досі лякають адептів принципу «розділяй та владарюй», тому замовчуються ними. Ми ж не маємо права мовчати. Адже якщо наші попередники, які стріляли один в одного, зуміли переступити через своє важке минуле заради майбутнього, зуміли стати колишніми ворогами, ми тим паче зобов'язані зробити це.

Хто запустив «Віслу», або «Остаточне вирішення української проблеми в Польщі»

28 березня 1947 року в засідці українських повстанців із сотень «Хріна» та «Стаха» загинув заступник міністра оборони Польщі генерал Кароль Сверчевський. Смерть однієї з ключових осіб польського комуністичного пантеону (учасника Жовтневої революції та громадянських воєн у Росії та Іспанії, одного з творців польської армії на теренах СРСР під час Другої світової) була використана як привід для початку масової депортації українців зі східних теренів відновленої після війни держави.

Утім, акція під кодовою назвою «Вісла», що почалася 28 квітня, рівно через місяць після смерті генерала, готувалася задовго до повстанської засідки. У листівці, поширюваній польськими вояками серед українського населення після початку операції, зазначалося: «З метою остаточної ліквідації вогнища бандитизму на південно-східних територіях уряд Речі Посполитої постановив, згідно із законом про прикордонну смугу, переселити українське населення з теренів, охоплених бандитизмом. Ці акції проводить державний репатріаційний уряд. Українське населення має зрозуміти, що переселення є наслідком дій УПА. Це важке, але необхідне рішення, котре забезпечить

Похорон генерала Кароля Сверчевського. Його смерть було використано як привід для початку акції «Вісла»

переселеному населенню спокійне життя в нових оселях, підготовлених урядом на інших теренах Речі Посполитої. Ті, хто не підпорядкується наказу і залишиться в околицях, охоплених переселенчою акцією, будуть трактовані як бандити УПА». Насправді масштабна акція мала й іншу мету, про яку пропаганда не розповідала. Ще в першому варіанті плану операції (її тодішня назва — «Схід») дуже чітко вказане інше, важливіше, її завдання: «Остаточне вирішення української проблеми в Польщі». Схоже, польські посадовці, які писали цей документ, надихалися формулюванням про «Endlцsung der Judenfrage» і геть не соромилися запозичень термінології в нацистів.

Українська проблема в Польщі мала довгу і драматичну історію, тож «остаточне вирішення» визрівало тривалий час. У міжвоєнній Другій Речі Посполитій українці були найбільшою національною меншиною і найбільшою проблемою. Польська держава, на відміну від СРСР, залишала можливості політичної репрезентації для українців, їхньої активної громадської та національно-культурної роботи.

Рівень можливостей періодично то зростав, то скорочувався, проте ніколи не був для українців достатнім. Незадоволення умовами для самореалізації штовхало молодих українців у радикальний націоналістичний рух, очолюваний ОУН, активісти якої вели підпільну боротьбу проти державного апарату. Їхні дії, у свою чергу, радикалізували поведінку влади, яка вдавалася до жорстоких репресій щодо діячів українського національного руху.

Генерал Стефан Моссор та офіцери оперативної групи «Вісла», квітень 1947 р.

Ескалація напруження призвела до того, що в 1939 році на державному рівні готуються брутальні плани «зміцнення польського елементу в Східній Малопольщі» за рахунок жорстокої дискримінації українців. Урешті під час Другої світової війни за контроль над цією територією між українським та польським підпільними рухами спалахує справжня війна. Війна, у якій обидві сторони вдавалися до етнічних чисток, чинили воєнні злочини. Значну роль у розростанні конфлікту відіграла третя сторона — чи то німецька окупаційна система, чи то радянська влада.

Остання на завершальному етапі війни у вересні 1944 року ініціювала підписання угоди з новим комуністичним керівництвом Польщі щодо взаємного переселення поляків, які мешкали на теренах УРСР, та українців, що опинилися в межах відновленої після війни і суттєво скороченої територіально польської держави. Офіційно переселення оголошувалося добровільним.

Але вже незабаром на території Польщі воно зупинилося — українці, котрі вважали ці терени своїми одвічними землями, полишати їх не збиралися. Щоб «простимулювати» їхнє бажання виселятися, польська влада у вересні 1945 року залучає до депортації військові частини. З довідки народного комісара внутрішніх справ УРСР Василя Рясного дізнаємося про радянську участь у прийнятті такого рішення. «За клопотанням НКВД УРСР, — читаємо тут, — через товариша Л. П. Берію Тимчасовий польський уряд виділив дві дивізії Війська Польського для боротьби з бандами УПА і забезпечення евакуації українського населення на території Польщі». Отже, з цього документа випливає: ініціатива залучення військ для виселення належала радянській владі.

Її результатом стали численні воєнні злочини, вчинені вояками польської армії проти мирного українського населення. Не обійшлося без такої ж ініціативи й навесні 1947-го, коли почалася депортація останніх 150 тисяч українців. Акція «Вісла» стала реалізацією як бажань польських комуністів, так і радянської влади. Для перших вона була способом здобути симпатії польського населення, серед якого панували антиукраїнські настрої — результат жорстокого конфлікту в роки війни. Взявшись за «остаточне вирішення української проблеми», польські комуністи намагалися позбавитися іміджу «чужих» та «ставлеників Москви». Таким чином вони виступали в ролі захисників національних інтересів поляків, як месники за тисячі загиблих їхніх родичів.

Радянська влада ж позбавлялася небезпеки існування не контрольованої нею доволі великої групи українців, яка активно підтримувала повстанський рух. Відомий польський історик Ришард Тожецький вважав, що рішення про проведення операції було ухвалене в Москві в лютому 1947 року, підготовкою

Депортація українців у рамках акції «Вісла», квітень 1947 р.

її плану займався нарком внутрішніх справ УРСР Сергій Савченко. Лише після того було відповідне рішення польських комуністів.

Цю версію підтримує і Гжегож Мотика, наводячи як аргумент цікавий факт: перша назва акції «Вісла» — «Схід», а в жовтні 1947 року в УРСР відбулася інша масова депортація — операція «Захід». Ще одним доказом цієї версії є докуме́нт, нещодавно віднайдений в Архіві СБУ. Це лист міністра безпеки УРСР Савченка своєму керівникові міністру Абакумову від 20 лютого 1947 року. «Товариш Хрущов, — читаємо тут, — запропонував нашими оперативними і військовими силами підготувати і провести операцію з ліквідації банд у прикордонних районах Польщі. Зі свого боку вважаю за доцільне проведення таких операцій, оскільки банди, що діють у польському прикордонні, чинять шкоду не тільки населенню Польщі, але й нерідко переходять кордон на наші території і здійснюють бандитські напади. Разом із тим вважаю, що в операції мають узяти участь і прикордонні війська МВД».

Відповіді Абакумова, як і інших документів, що стосувалися цього сюжету, поки не виявлено. Натомість відомим є факт співпраці польської армії з радянськими військами у ході самої акції «Вісла».

Безпосереднім виконавцем брутальної операції, під час якої з рідних домівок було викинуто майже 150 тисяч українців, стала польська комуністична

Українців виселяли з їхніх домівок, дозволяючи взяти з собою мінімум майна

влада, її військові та поліційні структури. Можливо, кремлівське керівництво свідомо делегувало польським підопічним повноваження для її проведення. Таким чином виховували їхню залежність, не тільки ідеологічну, але й значно міцнішу — зіперту на причетність до спільного злочину.

P. S. Про акцію «Вісла» — одну з найбільших трагедій українців минулого століття — у сучасній Україні знають і пам'ятають дуже мало. Про неї згадують лише ті, хто постраждав тоді, в 1947 році, або їхні найближчі родичі. Яскравим прикладом відвертого нехтування пам'яттю є позиція нинішньої влади.

На офіційному сайті президента України В. Ф. Януковича у 2012 році можна було знайти доручення «Щодо 65-х роковин операції Вісла». Чільник України вимагає: «Забезпечити організацію та проведення заходів, пов'язаних із 65-ми роковинами примусового переселення етнічних українців із південно-східних регіонів Польщі, зокрема жалобних заходів біля пам'ятників та пам'ятних знаків українцям, які стали жертвами депортацій у XX столітті, передбачивши впорядкування відповідних пам'ятних знаків та пам'ятних місць. Термін — квітень 2012 року.

Забезпечити за участю Національної академії наук України організацію тематичної міжнародної наукової конференції, присвяченої 65-м роковинам

операції Вісла, наступну публікацію матеріалів конференції, а також проведення круглих столів, інших науково-просвітницьких заходів, виставок фото- та архівних документів на тему депортації у 1947 році етнічних українців із південно-східних регіонів Польщі. Термін — травень 2012 року.

Опрацювати разом із польською стороною питання щодо надання Президентами України та Республіки Польща підтримки у здійсненні заходів за ініціативою українців у Республіці Польща, зокрема проведення міжнародної конференції, присвяченої 65-м роковинам операції «Вісла», інших тематичних заходів з питань примусового переселення етнічних українців із південно-східних регіонів Польщі, а також сприяння українській громаді в Республіці Польща. Термін — квітень 2012 року».

Прочитавши таку велику кількість доручень, мало не повірив у те, що український гарант таки перейнявся українською історією і робить усе від нього залежне для вшанування пам'яті жертв акції Вісла. Проте все звела нанівець дата видання доручення — 17 квітня 2012 року. Очевидно, що за десять днів до сумних роковин ніхто не підготує жодних меморіальних заходів, тим більше не відкриє пам'ятників та не проведе міжнародних конференцій. Зате адміністрація президента скаже: «Ми намагалися...».

Дмитро Вітовський, син Дмитра

1 листопада 1918 року українські вояки зайняли Львів. Того ж дня було проголошено створення Західноукраїнської Народної Республіки. Такі рішучі дії стали несподіваними не тільки для поляків, які готувалися захопити столицю Галичини, але й для багатьох українських політиків, котрі воліли продовжити переговори з австро-угорською владою про передачу їм керівництва краєм. Лідером революції, що увійшла в історію під назвою Листопадовий зрив, був 31-літній сотник Дмитро Вітовський.

Рішучість, активність, вміння взяти на себе відповідальність у критичні моменти чітко вирізняли молодого офіцера на фоні політиків того часу. Після створення ЗУНР він став командиром її збройних сил та державними секретарем (міністром) військових справ. У цю бурхливу добу українці в його особі могли отримати якщо не Наполеона то, принаймні, Юзефа Пілсудського, політика і військового, здатного довести українську революцію до переможного завершення.

Проте доля розпорядилася інакше: 4 серпня 1919 року Дмитро Вітовський загинув в авіакатастрофі. Пов'язані із ним надії розвіялись, залишилась лише пам'ять про творця Листопадового чину… та син, котрий народився за місяць до смерті батька, 7 липня 1919 року. Хлопчика на честь тата та діда також охрестили Дмитром. Доля його виявилася не менш драматичною за батькову, часом химерно переплітаючись із нею.

Сотник Дмитро Вітовський, командир Листопадового зриву у Львові, 1918 р.

Попри те, що Дмитро не міг пам'ятати батька, схоже, він багато в чому намагався його наслідувати. Виріс активним українським патріотом, хоча дитинство в сім'ї з вітчимом-поляком минуло у Вільнюсі, навчався на військового льотчика, врешті став одним із командирів УПА, загинув як борець за незалежність свого народу. Жити йому судилося ще менше, ніж батькові — 28 років. Його коротке, але яскраве життя вмістилося під обкладинкою архівно-кримінальної справи № 67449.

До українського національного руху Дмитро активно долучився в 1938 році, відразу після переїзду з Вільнюса до Львова. Тут він навчався на географічному факультеті Львівського університету. Серед студентів було багато членів ОУН, і одним із них став Дмитро. Навесні 1939 року він уже організаційний референт рідного географічного факультету і керує осередком з 36 осіб. Така кількість членів підпільної мережі тільки на одному факультеті одного зі львівських вишів свідчила про готовність української молоді до рішучих дій задля відстоювання своїх національних прав.

З приходом восени 1939 року на західноукраїнські землі радянської влади почалися масові арешти активістів українських організацій, особливо членів ОУН. Дмитро Вітовський уникнув тоді арешту, бо в лютому 1940 року був мобілізований до Червоної армії. У час найбільшого розгортання репресій у Львові він перебував далеко — у місті Енгельс, де навчався в першому авіаційному училищі. У березні 1941 року молодший лейтенант Вітовський був скерований у 273-ю спеціальну ескадрилью. Влітку, напередодні німецького нападу, Дмитро отримує відпустку і приїжджає до Львова. Тут він відновлює зв'язок із оунівським підпіллям і більше не повертається до Червоної армії.

Дмитро Дмитрович Вітовський — студент Львівського університету, 1939 р.

Бурхливі 1941—1943 роки не зачепили Вітовського. Протягом цього часу він поза епіцентром подій, працюючи лісничим у митрополичих угіддях. Тим часом наростає протистояння між ОУН та німецькою окупаційною адміністрацією. У вересні 1941 року масово арештовують українських підпільників, багатьох із них відправлено до німецьких концтаборів. В інструкціях служби безпеки Третього Райху з листопада 1941 року бандерівці трактуються як небезпечні злочинці, які готують антинімецьке повстання, тому підлягають негайному арешту або знищенню.

Відділ Військово-польової жандармерії УПА

Наприкінці 1942 року антинімецький спротив на Волині і Поліссі виливається у створення повстанських загонів, що згодом об'єднуються під назвою УПА. З літа 1943 року аналогічні процеси починаються на теренах Галичини. Тут у лісах творяться відділи Української народної самооборони, яка згодом переформатовується в групу УПА-Захід. Саме тоді до підпільників приєднується Дмитро Вітовський, який також опинився під загрозою німецького арешту. Тоді ж, улітку 1943 року, він востаннє бачиться зі своєю родиною — дружиною, мамою та сестрою.

Повстанські відділи потребували командирів із військовою підготовкою, тому командування УПА створює старшинські (офіцерські) школи, які мали забезпечити армію керівними кадрами. Дмитро Вітовський, який мав радянську військову підготовку, активно включається в роботу однієї з таких шкіл — у Карпатах в околицях гори Магура. «Військовий вишкіл, — розповідав він, — готував сотенних, курінних та інших командирів для УПА. Всього на вишколі було 218 осіб. Перший вишкіл було випущено в липні 1944, коли було випущено 196 осіб, інші вишкіл через відставання не завершили». Серед предметів, які викладалися курсантам, — зброєзнавство, терензнавство, стройовий та ідеологічний вишкіл, тактика.

Важливим для новоствореної армії було утримання дисципліни, дотримання вояками наказів командування, застереження можливих зловживань щодо мирного населення. Особливо актуальним це стало із приходом радянської влади, яка не лише посилила збройні акції проти повстанців, але намагалася тиснути на них психологічно, оголошуючи амністію та «прощення тим, хто зголоситься добровільно». У листопаді 1944 року в УПА створюється Військово-польова жандармерія (ВПЖ), яка отримує повноваження жорстко зупиняти будь-які спроби порушення дисципліни. Дмитра Вітовського призначають комендантом ВПЖ на Станіславську (тепер Івано-Франківську) область. Саме він був автором дисциплінарного статуту повстанської армії, яким передбачалися такі ступені покарання: попередження, переведення винного в інший відділ, арешт та суд. За особливо тяжкі порушення карали розстрілом.

У травні 1945 року, коли функції ВПЖ було передано Службі безпеки ОУН, Дмитра Вітовського призначають командиром Тактичного відтинка «Магура». Він здійснює командування дев'ятьма сотнями (разом майже 1 200 вояків) на території тодішньої Дрогобицької області. Головним завданням повстанців було завадити укріпленню радянської влади, головним супротивником стали війська НКВД. «Ціль наша і завдання, — стверджував Вітовський під час судового процесу, — безжальна боротьба з органами безпеки СРСР, в обвинувальному висновку неправильно вказано, що ми боролися проти Червоної армії». Ці неправильні звинувачення згодом ще довго використовуватимуть проти всієї УПА.

Дмитро Вітовський — командир Першого словацького рейду влітку—восени 1945 року, завданням якого було провести пропагандистську роботу на теренах Словаччини та налагодити співпрацю з місцевим антикомуністичним підпіллям.

Взимку 1946 року повстанські відділи отримали наказ перешкодити проведенню радянською владою виборів, запланованих на лютий того року. Аби організувати «найдемократичніші вибори», Кремль зосередив на Західній Україні величезну кількість військ. У так званій Великій блокаді, що тривала протягом першої половини 1946 року, за підрахунками підпілля, участь брало більше півмільйона радянських військ, практично у кожному населеному пункті було зосереджено військовий гарнізон чисельністю від 25 до 100 солдатів. В результаті УПА зазнала великих втрат вбитими чи полоненими. Ця операція стала доленосною і для Дмитра Вітовського.

26 березня 1946 року, під час повернення до місця своєї зимівлі в лісі, неподалік від села Кам'янка Сколівського району на Львівщині, Вітовський із групою охоронців потрапив у засідку. Повстанці пробилися з оточення і намагалися відірватися від чекістів. Через два дні вони знову натрапили на

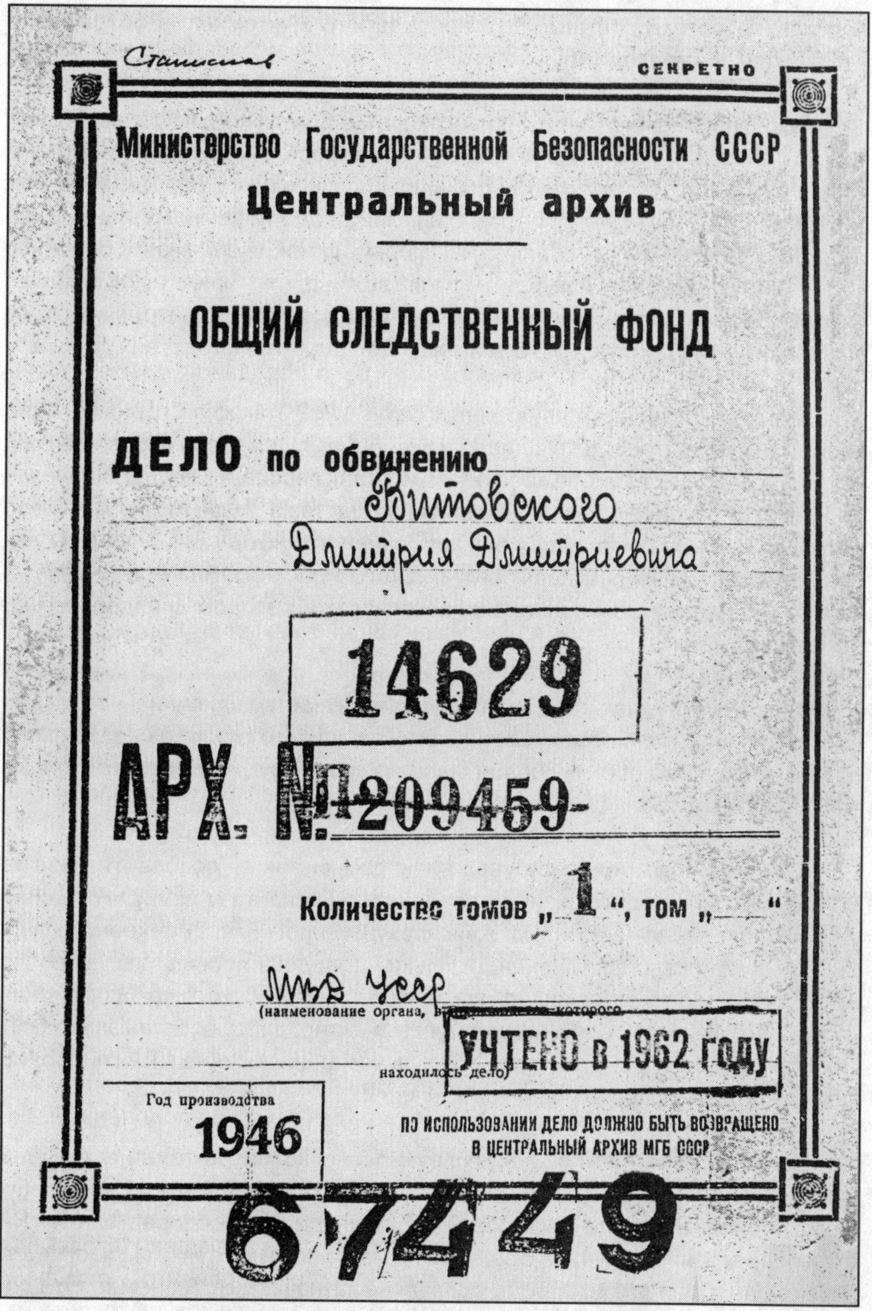
Станислав

СЕКРЕТНО

Министерство Государственной Безопасности СССР

Центральный архив

ОБЩИЙ СЛЕДСТВЕННЫЙ ФОНД

ДЕЛО по обвинению Витовского Дмитрия Дмитриевича

14629

АРХ. № П-209459-

Количество томов „ 1 “, том „ — “

МВД УССР

(наименование органа, в производстве которого находилось дело)

УЧТЕНО в 1962 году

Год производства 1946

ПО ИСПОЛЬЗОВАНИИ ДЕЛО ДОЛЖНО БЫТЬ ВОЗВРАЩЕНО В ЦЕНТРАЛЬНЫЙ АРХИВ МГБ СССР

67449

Обкладинка кримінальної справи Дмитра Вітовського

ворога. У завзятому бою вісім повстанців загинули, а командир, потрапивши у безвихідь, вистрелив собі у скроню.

Важко пораненого, але ще живого Дмитра Вітовського чекісти вирішили забрати із собою, оскільки в захопленій із ним торбі виявили документи, які свідчили, що їм до рук потрапив командир високого рангу. Протягом кількох місяців тривало лікування Дмитра у Станіславському тюремному шпиталі. Він потрібен був чекістам для отримання інформації, тож лікарі завзято боролися за його життя. Довгий час не вірили, що він виживе, тому навіть не оформляли сам факт арешту, очікуючи кожного дня можливої смерті затриманого. Та лікарі врятували Дмитра, лише для того, щоб віддати на тортури і допити.

За вказівкою міністра внутрішніх справ УРСР Тимофія Строкача ледве живого Дмитра Вітовського відправили до Львова, де 25 червня розпочалося слідство. У липні його знову повернули до Станіславова, а в серпні скерували до Києва, де він перебував до завершення слідства в грудні 1946 року. Слідчі ретельно записували вибиту у важкопораненого інформацію, яка була необхідна для фізичної ліквідації повстанського руху, оформляли свідчення як каяття, що давало можливість використовувати їх згодом для ідеологічної боротьби з УПА.

Врешті, 16 грудня після піврічних допитів слідство припинили. 25 грудня було сформульовано обвинувальний висновок і його справу як колишнього радянського військовослужбовця відправили до розгляду Воєнного трибуналу Київського гарнізону.

4 лютого 1947 року трибунал виніс свій вирок — позбавити Дмитра Вітовського військового звання молодшого лейтенанта та присудити найвищу міру покарання — розстріл. У висновку Воєнної колегії Верховного суду СРСР підтверджено це рішення, оскільки «доведена провина засудженого Вітовського у зраді батьківщині, яка виявилася в тому, що, будучи офіцером радянської армії, він у 1941 році вступив в антирадянську організацію ОУН і як активний член цієї організації обіймав командні посади в УПА і проводив активну боротьбу проти радянської влади».

У листі від 8 квітня 1947 року голові Воєнної колегії наказується негайно виконати вирок, а також дається вказівка «щодо встановлення місця перебування повнолітніх членів сім'ї зрадника батьківщини та їх репресування». Чи були репресовані родичі Дмитра, який не мав із ними контакту від часу свого переходу в підпілля в 1943 році, у справі не зазначається. Як немає тут і документа, який би точно вказував, коли саме було виконано смертний вирок.

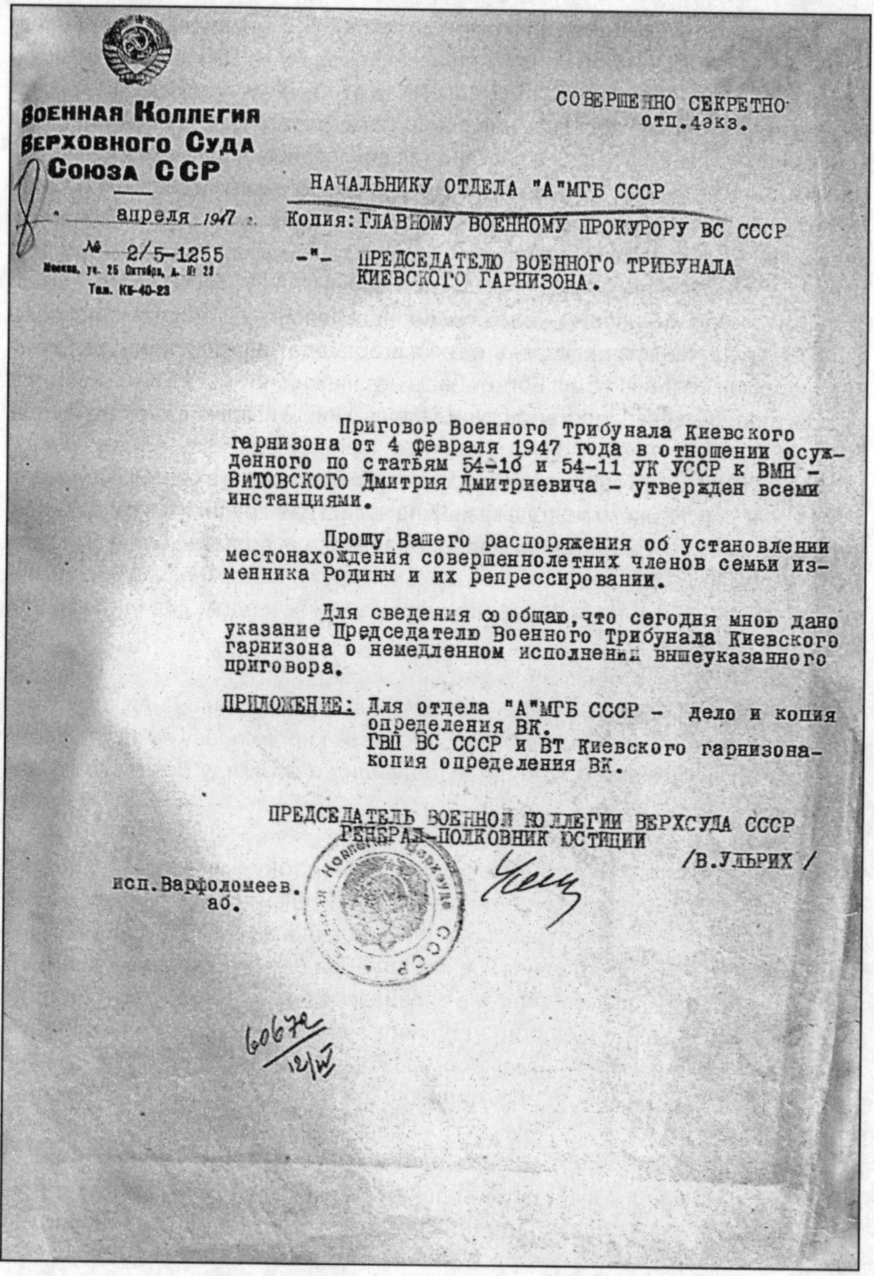

ВОЕННАЯ КОЛЛЕГИЯ
ВЕРХОВНОГО СУДА
СОЮЗА ССР

8 апреля 1947 г.

№ 2/5-1255

Москва, ул. 25 Октября, д. № 23
Тел. К5-40-23

СОВЕРШЕННО СЕКРЕТНО
отп.4экз.

НАЧАЛЬНИКУ ОТДЕЛА "А"МГБ СССР

Копия: ГЛАВНОМУ ВОЕННОМУ ПРОКУРОРУ ВС СССР

-"- ПРЕДСЕДАТЕЛЮ ВОЕННОГО ТРИБУНАЛА КИЕВСКОГО ГАРНИЗОНА.

Приговор Военного Трибунала Киевского гарнизона от 4 февраля 1947 года в отношении осужденного по статьям 54-1б и 54-11 УК УССР к ВМН – ВИТОВСКОГО Дмитрия Дмитриевича – утвержден всеми инстанциями.

Прошу Вашего распоряжения об установлении местонахождения совершеннолетних членов семьи изменника Родины и их репрессировании.

Для сведения сообщаю, что сегодня мною дано указание Председателю Военного Трибунала Киевского гарнизона о немедленном исполнении вышеуказанного приговора.

ПРИЛОЖЕНИЕ: Для отдела "А"МГБ СССР – дело и копия определения ВК.
ГВП ВС СССР и ВТ Киевского гарнизона – копия определения ВК.

ПРЕДСЕДАТЕЛЬ ВОЕННОЙ КОЛЛЕГИИ ВЕРХСУДА СССР
ГЕНЕРАЛ-ПОЛКОВНИК ЮСТИЦИИ
/В.УЛЬРИХ /

исп.Варфоломеев.
аб.

6067с
12/IV

Вирок військової колегії Верховного суду СРСР у справі Дмитра Вітовського, 8 квітня 1947 р.

Натомість надзвичайно цікавими і показовими є два останні аркуші справи. Це — висновок по архівно-кримінальній справі на Дмитра Вітовського з приводу його можливої реабілітації. Півтори сторінки документа — довгі цитати зі слідчих матеріалів радянських органів безпеки, які підсумовано: «Є всі підстави вважати, що Вітовський реабілітації не підлягає, оскільки він був активним членом організації, яка ставила собі за мету вести збройний опір органам Радянської влади на шкоду військовій моці СРСР, державній незалежності або недоторканності його території».

Документ, написаний чиновником незалежної української держави в 1997 (!) році, практично один в один збігається з написаним радянськими прокурорами 50 років тому. Боротьба за незалежність України, яка водночас була антирадянською боротьбою, у незалежній Україні залишається злочином.

Злий жарт історії: висновок писався в обласному управлінні СБУ у Львівській області, офіс якого розташований на вулиці Дмитра Вітовського, батька нереабілітованого, який також боровся за свободу України.

Бочка для Мотрі, або Історія однієї зради

Історики мали би бути вдячними зрадникам підпілля. Адже їхні свідчення, вибиті силою чи витягнені обіцянками кращого життя, є неоціненним джерелом. Читаючи протоколи допитів, дослідники опиняються по один бік барикад зі слідчими НКВД і вишукують максимум потрібної інформації. Різниця в тому, що тепер її використовують для відтворення картини минулого, увічнення пам'яті загиблих, а тоді добували з однією метою — знищення підпілля та окремих діячів. Із протоколу допиту «розколотого» повстанця можна дізнатися про структури руху опору, його персональний склад, особливості роботи. Часто це відомості, які неможливо отримати деінде.

Такими є, до прикладу, протоколи допитів Артемізії Галицької. Колишній керівник ОУН на Буковині у своїх свідченнях дає розлогу й детальну картину діяльності підпілля на підконтрольних їй теренах, називає прізвища і посади сотень (!) його учасників. Тому сьогодні архівно-кримінальна справа № 67446 на Артемізію Григорівну Галицьку — головне джерело для дослідників діяльності ОУН на Буковині. Матеріали справи опубліковані в дев'ятому томі нової серії «Літопису УПА». У цій же книзі подана коротка біографія Артемізії, з якої важко зрозуміти, що штовхнуло підпільницю на зраду та спонукало її «всипати» практичну всю очолювану мережу. Адже в підпіллі вона не була випадковою людиною, її знали як глибоко ідейну і переконану націоналістку.

Артемізія Галицька

Артемізія Галицька народилася 1912 року в с. Садгора Чернівецької області в багатодітній родині. Після завершення навчання у вчительській гімназії в Ботошані, з 1932 року працювала вчителькою. Була активісткою просвітницького руху, попри заборону румунської влади, навчала дітей української мови, історії, культури.

Агентурно-бойова група підполковника МҐБ Віталія Захарова (сидить у центрі), яка діяла на Прикарпатті

За це молода вчителька переслідувалася і неодноразово втрачала роботу. У 1940 році, після приєднання Західної України та Буковини до УРСР, вона налагодила зв'язок із членами ОУН із Галичини. Після відступу радянської влади Артемізія продовжила роботу в націоналістичному русі під румунською окупацією. Зокрема брала участь в організації втечі з лікарні керівника підпілля ОУН Буковини М. Колотила — «Кобзаря», затриманого румунами.

Тікаючи від румунського арешту, у 1942 році Артемізія перебралася до Львова, проте й тут було неспокійно. У листопаді—грудні того ж року містом прокотилася німецька хвиля арештів членів ОУН, тому Артемізія Галицька переїхала до Коломиї. Тут вона бере участь в організації та проведенні вишколів оунівців, викладаючи санітарну справу та ідеологію. Крім того, виконує функції зв'язкової між підпіллям рідної Буковини та Галичини. На початку 1944 року її забирає на роботу референт зовнішніх зв'язків Проводу ОУН Микола Лебедь. Артемізія бере участь у підготовці та проведенні переговорів між українським визвольним рухом та румунською окупаційною владою.

26 березня 1944 року Артемізія Галицька — «Мотря» з охороною у складі 10 осіб повернулася на рідну Буковину, аби очолити місцеве підпілля та творити відділи Української повстанської армії. Її активну роботу на цій посаді перервав арешт НКВД.

Біографія підпільниці в «Літописі УПА» закінчується таким абзацом: «Формально А. Галицька була заарештована УНКВД по Чернівецькій області 18 квітня 1945 року». Такою була специфіка радянської слідчої системи — людей тримали у в'язницях місяцями без офіційного арешту, намагалися з'ясувати і використати їх можливості, а вже потім офіційно заарештовували. 31 серпня 1945 року військовим трибуналом військ НКВД Чернівецької області вона була засуджена за статтями 54-1 «а» та 54-11 Кримінального кодексу УРСР до розстрілу. Однак Військова колегія Верховного суду СРСР рішенням від 10 жовтня 1945 року, «взявши до уваги, що засуджена Галицька допомогла радянським органам у ліквідації підпільної організації ОУН на території Буковини», замінила розстріл на 10 років виправно-трудових таборів. Відомостей про подальшу долю у справі немає.

Далі «Літопис УПА» подає тексти протоколів допитів колишньої підпільниці, у яких вона «сипле» своїх товаришів. На жаль, пояснень, коли і за яких обставин стався реальний, а не формальний арешт Артемізії, книга не містить. А відповідь саме на це запитання проллє світло і на інше, навіть важливіше — чому і як відважна повстанка стала зрадницею.

А сталося це через бочку, але не ту, що витвір рук бондаря, а вигадливу операцію НКВД. «Бочкою» підпільники називали особливий вид операцій чекістів, у документах радянської спецслужби зустрічаємо більш формальну назву «Літерний захід "ЛП"». ЛП — очевидно, означає «легендований провід». Тож маємо справу з діяльністю сумнозвісних агентурно-бойових груп, які діяли під виглядом повстанців. Деталі «Бочки» для «Мотрі» дізнаємося з виписки з агентурної справи «Фанатики», яка збереглася в 372-й справі, одній зі сформованих чекістами для прославлення власних подвигів.

Отже, Артемізія Галицька — «Мотря», провідник ОУН Буковини, була захоплена 27 грудня 1944 року, тобто за чотири місяці до офіційного арешту. Під час затримання непокірна повстанка спробувала покінчити життя самогубством і вистрелила собі в голову. Проте чекісти не дали їй вмерти — терміново під пильною охороною відправили на операцію в Чернівецьку лікарню. Прийшовши до тями, Артемізія зрозуміла: втекти їй не вдасться, тому вчинила другу спробу самогубства — «прагнучи смертельного результату, намагалася пальцем відкрити рани в районі голови». Проте й цього разу померти не дали.

Затриманий разом з Артемізією підпільник Мирослав Гайдук швидко зламався і надавав усю необхідну слідству інформацію. Про свою провідницю він заявив, що це «людина, яка ніколи не дасть потрібних свідчень про ОУН

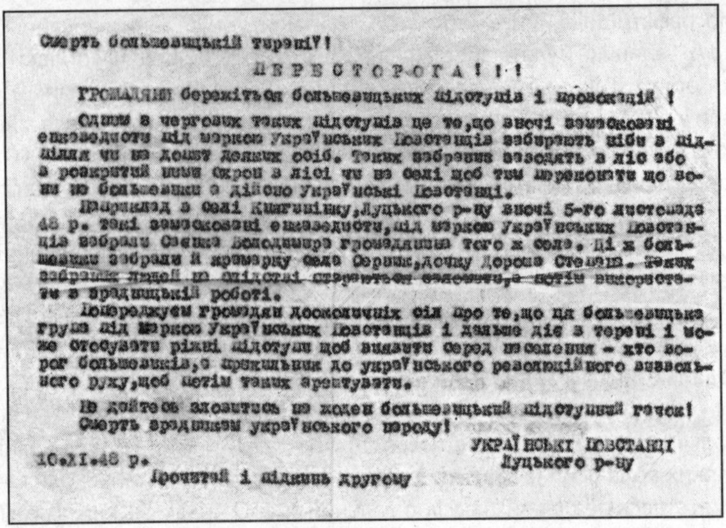

Смерть большевицькій тиранії!

ПЕРЕСТОРОГА!!!

ГРОМАДЯНИ бережіться большевицьких підступів і провокацій!

Одним з чергових таких підступів це те, що вночі замасковані енкаведисти під маркою Українських Повстанців забирають собі в підпілля чи на допит деяких осіб. Таких забраних заводять в ліс або в розкритий ними схрон в лісі чи на селі щоб тим переконати що вони не большевики а дійсно Українські Повстанці.

Наприклад в селі Княгининку, Луцького р-ну вночі 5-го листопада 48 р. такі замасковані енкаведисти, під маркою Українських Повстанців забрали Свенка Володимира громадянина того ж села. Ці ж большевики забрали й кравчиху села Сорник, дочку Дорона Степана. Таких забраних людей на слідстві стараються завербувати, а потім використати в зрадницькій роботі.

Попереджуєм громадян довколишніх сіл про те, що ця большевицька група під маркою Українських Повстанців і дальше діє в терені і може стосувати різні підступи щоб виявити серед населення – хто ворог большевиків, а прихильник до українського революційного визвольного руху, щоб потім таких арештувати.

Не дайтесь зловитись на жоден большевицький підступний гачок!
Смерть зрадникам українського народу!

УКРАЇНСЬКІ ПОВСТАНЦІ
Луцького р-ну

10.XI.48 р.

Прочитай і підкинь другому

Попередження підпілля для населення
про діяльність провокативних груп

та УПА на Буковині». Тому чекісти вирішили випитати все підступом, організувавши «викрадення» жінки з лікарні «оунівцями».

Операцію провели на Різдво, 7 січня 1945 року. «Підпільники» доставили Артемізію на конспіративну квартиру в Чернівцях, привели до неї лікаря, який продовжив лікування. Це був професор, хірург Булевський, який в роки війни перебував у партизанському загоні Медведева, а тепер зображав колишнього діяча відділів отамана Тараса Боровця — «Бульби». Іншими учасниками смертельної гри були: заступник начальника УНКВД підполковник Біленко — у ролі представника Проводу ОУН «Тараса», начальник оперативного відділення УНКВД старший лейтенант Гончаренко — у ролі референта СБ «Івана», а також оперуповноважений відділу боротьби з бандитизмом старший лейтенант Гусак — у ролі підпільника «Стецька». До розробки залучено також дві жінки, утримувачі конспіративних квартир «Даша» і «Клава». Щоб підсилити враження реальності, чекісти імітували небезпеку можливого повторного арешту Артемізії і двічі міняли конспіративні квартири, «побоюючись провалу». При цьому хвору підпільницю перевозили в порожній шафі чи дивані.

«Мотря», яка сама організовувала втечу з лікарні свого товариша в 1942 році, повірила у порятунок. Коли їй стало краще, «Тарас» оголосив, що йому від імені Проводу ОУН доручено провести слідство, щоб з'ясувати причини про-

Агентурно-бойова група, Станіславська область. Початок 1950-х рр.

валу підпільних клітин після її арешту. Слідство проводитиме «есбіст» «Іван», якому Артемізія повинна була подати повні списки підпілля для перевірки та виявлення провокаторів. При цьому «Іван» був досить жорстким слідчим і грав роль «поганого поліцейського». «Добрим» був «Стецько», «який проявляв особливу турботу та увагу до "Мотрі"», чим привернув її до себе... Скориставшись дружбою і довірою «Мотрі», «Стецько» отримав від неї додаткові відомості про багатьох членів ОУН. При цьому встановлено, що «Мотря» не передає змісту своїх бесід зі «Стецьком» «Івану».

У результаті такого допиту чекісти отримали інформацію про 242 членів ОУН на Буковині, не рахуючи складу куреня УПА, а також дані про підпільників з інших областей — усього понад 600 осіб!

«У ході оперативної реалізації матеріалів, отриманих у результаті комбінації з "Мотрею", — читаємо в чекістському звіті, — нами заарештовано:

1. Членів обласного проводу — 2 осіб.
2. Повітових керівників — 1 особа.
3. Районних керівників — 4 особи.
4. Підрайонних керівників — 5 осіб.
5. Станичних — 31 особу.
6. Господарчих станичних — 4 особи.

7. Пропагандистів ОУН — 2 особи.
8. Зв'язкових ОУН — 9 осіб.
9. Членів ОУН — 117 осіб.

Крім цього, під час проведення операції із затримання оунівців за свідченнями "Мотрі" вбито:

1. Членів обласного проводу — 3 особи.
2. Районних провідників — 3 особи.
3. Підрайонних провідників — 5 осіб.
4. Станичних — 9 осіб.
5. Пропагандистів — 1 особа.
6. Учасників ОУН і УПА — 216 осіб».

У документах не знайдемо жодних відомостей про те, що пережила відважна підпільниця Артемізія Галицька, коли зрозуміла, що стала жертвою провокації і причиною арешту та вбивства сотень своїх соратників. Напевно, це було навіть страшніше, ніж двічі дивитися у вічі власній смерті...

Через кілька місяців отриману підступом інформацію оформлено у протоколи допиту тепер уже офіційно арештованої «Мотрі», яка «допомогла радянським органам у ліквідації підпільної організації ОУН на території Буковини».

Людмила Фоя — агент «Апрєльская», повстанець «Перелесник»

Люди, поверхово знайомі з історією, часто мають завищені вимоги до неї. Їй намагаються накинути притаманну точним наукам детермінацію, спираючись на яку видається можливим давати безапеляційні оцінки тим чи іншим явищам чи навіть робити прогнози на майбутнє. Проте історія вивчає реальне життя, у якому незалежно від того, йдеться про вчора, сьогодні чи завтра, випадок може відігравати значно більшу роль, ніж причиново-наслідкові зв'язки. Винятки з правил бувають важливішими за самі правила, а героїв, злочинців, патріотів та зрадників іноді не так легко порозсувати по окремих історичних шухлядках.

Особливо важко це зробити стосовно людей, яких затягло у вир оперативних ігор спецслужб. Тож тавра зрадників, якими іноді надто легко розкидаються щодо людей, що пішли на «співпрацю» з радянськими органами безпеки, часто дуже недоречні.

Яскравим підтвердженням цієї тези є життя Людмили Фої — підпільниці, агентки, повстанки. Її долю дають змогу відтворити документи аж двох спецслужб, що займалися нею: радянського НКВД та оунівської СБ. Без сумніву, колись ця біографія (якій наразі присвячено лише невелике дослідження молодого історика Володимира Іванченка) стане основою для кіноблокбастерів та книжкових бестселерів.

Людмила Фоя. Фото студентських часів

Людмила народилася 3 вересня 1923 року в селі Топори Житомирської області, тож належала до покоління, чия молодість була обпалена Другою світовою. Німецька окупація застала вісімнадцятилітню дівчину у Києві, де вона мешкала разом із батьками, братом та сестрою. На початку 1942 року Людмила Фоя стає студенткою Київського медичного університету. У більшості тоталітарних держав са́ме студентство породжує різноманітні молодіжні підпільні рухи, які об'єднують у своїх лавах сміливців, що не бажають терпіти свавілля влади і готові до боротьби з нею. Таким було і студентське середовища Києва в часи німецької окупації.

Цей молодіжний рух мав дві незалежні чи навіть ворожі течії: комуністичну і націоналістичну. Прихильники першої мали підтримку Радянського Союзу, який, хоча і зазнавав поразок, проте докладав зусиль для допомоги підпіллю на окупованих теренах.

Українські націоналісти, які з вересня 1941 року перейшли до антинімецької діяльності, могли сподіватися лише на самих себе. Саме до них приєдналася Людмила Фоя. І не лише вона, але й багато її ровесників: уже після відходу німців близько половини студентів інституту було заарештовано НКВД за націоналістичну діяльність. Керівником підпілля ОУН на теренах Центральної України був уродженець Тернопільщини Дмитро Мирон. Людмила, на той час уже зв'язкова ОУН, зустрілася з ним у червні 1942 року. Дуже швидко вона зрозуміла, наскільки небезпечною є участь у націоналістичному підпіллі: у липні під час спроби втечі гестапівці застрелили біля оперного театру в Києві Дмитра Мирона, а наступного року в німецькій тюрмі гине Олена Коляда — безпосередній керівник Людмили.

У роки Другої світової війни

Проте Фоя зуміла не потрапити до рук нацистів, хоч для того їй довелося залишити навчання в мединституті. Окрім функцій зв'язкової, Людмила бере участь у роботі пропагандистської референтури, навесні 1943 року організовує в Києві збір медикаментів для вояків Української повстанської армії, відділи якої розгортають у цей час свою діяльність на Волині і Поліссі. Влітку цього року приїжджає на Волинь — у рамках технологічної практики у сільськогосподарському інституті. Очевидно, саме тоді Людмила вперше зустрічалася з повстанцями, з якими буде пов'язана її подальша доля, зокрема з керівником Служби безпеки ОУН на Волині Миколою Козаком, котрому судилося відіграти вирішальну роль у її житті.

Тим часом наприкінці 1943 року фронт знову наближається до української столиці. Київ мав стати подарунком вождю народів Сталіну до чергової річниці Жовтневої революції, тож під час його взяття не рахувалися з жодними жертвами. «Визволене» місто ще омивали закривавлені води Дніпра, коли тут розпочали свою активну роботу радянські каральні органи.

Влада змінилася, але ситуація для українських націоналістів лишалася незмінною — країною керував окупант, проти якого треба було боротися. Багато членів ОУН ще перед приходом червоних намагалися відійти з Києва на захід, аби влитися в ряди повстанської армії. Серед них були друзі та знайомі Людмили: студенти Микола Ращинський, Іван Кульчицький, Валентин Бойко, Володимир Пархомеїв, викладачі — професор сільськогосподарського інституту Василяк, професор технологічних курсів при Всеукраїнській кооперативній спілці Чигиринцев. Всі вони стали вояками УПА.

У жовтні 1943 року знову перебратися на Волинь спробувала і Фоя, проте їй це не вдалося через швидке наближення фронту. Тому їй, підпільниці, якій вдалося уникнути німецького арешту, довелося звикати до нових окупаційних умов. Робота бандерівського підпілля в Києві продовжувалася. Проте для Людмили вона не була тривалою — 24 січня 1944 року її заарештували, висунувши звинувачення в антирадянській діяльності.

Допити тривали кілька місяців. Зрештою в НКВД вирішили, що молода дівчина може стати корисною для них у боротьбі з рухом опору, що якраз розгорялася на українських землях. У квітні 1944 року Людмила Фоя виходить на волю як агент «Апрєльская». Більш як двомісячне ув'язнення вона мала приховувати навіть від рідних — для цього її озброїли легендою про перебування в лікарні. Аби легенда не луснула через зовнішній вигляд виснаженої допитами дівчини, перед виходом її кілька днів утримували на кухні внутрішньої тюрми НКВД.

Головним завданням «Апрєльської» було налагодити зв'язок між легендованим (тобто створеним НКВД) підпіллям у Києві та справжньою мережею ОУН на Волині. Головним «режисером» операції став Сергій Карін-Даниленко, чекіст із неабияким досвідом створення псевдоповстанських груп в Україні ще з 1921 року. Спочатку операція йшла дуже успішно. Часом навіть занадто — окремі низові ланки псевдопідпілля здобувають підтримку населення,

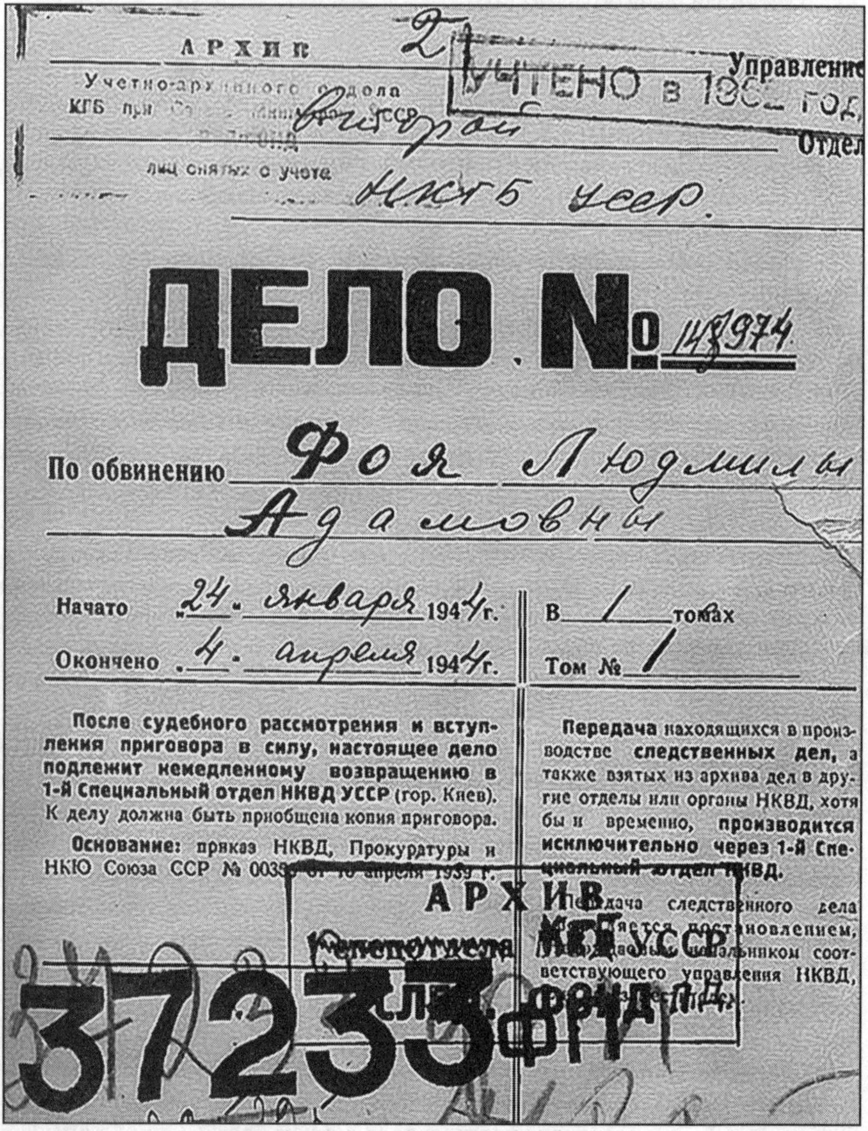

АРХИВ

Учетно-архивного отдела

КГБ при Совете Министров СССР

лиц снятых с учета

УЧТЕНО в 19.. ГОДУ

Управление

Отдел

НКГБ УССР

ДЕЛО № 148974

По обвинению Фоя Людмилы Адамовны

Начато 24. января 1944 г.

Окончено 4. апреля 1944 г.

В 1 томах

Том № 1

После судебного рассмотрения и вступления приговора в силу, настоящее дело подлежит немедленному возвращению в 1-й Специальный отдел НКВД УССР (гор. Киев). К делу должна быть приобщена копия приговора.

Основание: приказ НКВД, Прокуратуры и НКЮ Союза ССР № 00350 от 10 апреля 1939 г.

Передача находящихся в производстве следственных дел, а также взятых из архива дел в другие отделы или органы НКВД, хотя бы и временно, производится исключительно через 1-й Специальный отдел НКВД.

Передача следственного дела оформляется постановлением, утверждаемым начальником соответствующего управления НКВД, отдела...

АРХИВ КГБ УССР

ФОНД

37233 ФП

Кримінальна справа на Людмилу Фою, 1944 р.

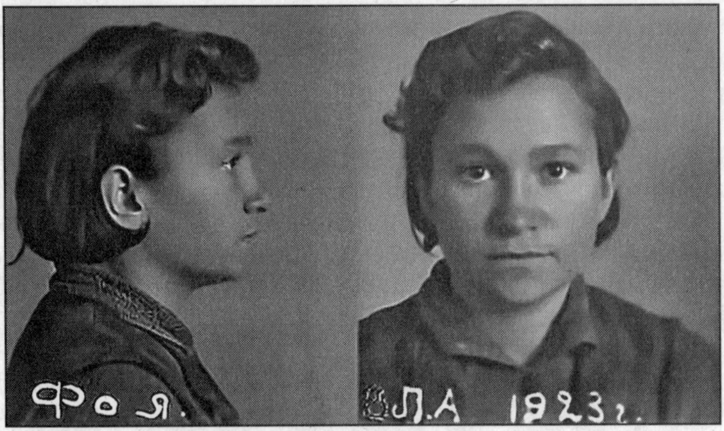

В'язничне фото Людмили Фої, 1944 р.

новоприєднані члени, не знаючи про організаторів провокації, створюють озброєні боївки на Київщині, в Сумській та Дніпропетровській областях.

У листопаді 1944 року Людмила Фоя разом із іншою агенткою НКВД, Ніною Калуженко, роблять першу поїздку на Волинь як представники київського «проводу» ОУН. Подальший розвиток операції затримала хвороба спочатку «провідника» Михайла Захаржевського, а згодом і іншого агента, Калуженко. Операцію відновлено тільки навесні.

У травні 1945 року, коли Європа гучно святкувала перемогу у Другій світовій, Людмила Фоя розпочинає власну війну, при цьому вона опиняється по інший бік фронту від своїх товаришів. Йдучи на цю війну, вона передбачала можливість смерті від рук колишніх побратимів. «При від'їзді з Києва, — згадувала Фоя згодом про початок нового етапу операції, — я дізналася, що мене очікує, і, незважаючи на інстинктивне, таке звичне для кожної живої істоти бажання вижити, я раділа, бо, можливо, у ближчому майбутньому цьому всьому прийде кінець».

Можливо, саме ця приреченість штовхнула Людмилу на рішучі дії. Потрапивши разом із Ніною Калуженко до відділу УПА, Фоя відразу зізналася в тому, що її завербовано НКВД, розповіла про своє завдання — встановлення зв'язку із псевдопідпіллям задля проникнення агентури в середовище визвольного руху та його ліквідації.

Людмилі пощастило: її переслуховував особисто керівник СБ на Волині Микола Козак, якого вона знала ще з часів перебування в Києві. Жорстокий есбіст, якого деякі підпільники звинувачували у патологічній підозрілості, повірив дівчині. Більше того, в її зізнаннях він побачив можливість завдати удар у відповідь радянській спецслужбі, використавши для цього агентку «Апрєльскую».

У липні 1945 року Людмила Фоя, тепер уже подвійний агент, повертається до Києва зі звітом. Інформацію від цінного агента приймав заступник народного комісара внутрішніх справ УРСР В. Дроздов. Відсутність ліквідованої СБ ОУН Калуженко Фоя пояснила тим, що її колега-агентка нібито пішла на зв'язок із Проводом ОУН.

Чекісти уважно слухали Людмилу, ставили їй безліч запитань, намагаючись перевірити, чи вона говорить правду. Врешті їй вдалося переконати чекістів у своїй щирості і отримати нове завдання — супроводити «керівника» київського «підпілля» Михайла Захаржевського на Волинь, аби ввести його у справжню оунівську мережу. У випадку успіху їй обіцяли продовжити навчання в будь-якому виші чи навіть у навчальному закладі НКВД. У разі невдачі — дали зрозуміти, якою легкодосяжною є родина дівчини, що мешкала під Києвом.

Підпільні видання авторства Людмили Фої під псевдонімом «М. Перелесник»

5 серпня 1945 року агенти «Апрєльская» (Людмила Фоя) та «Таран» (Михайло Захаржевський) виїжджають до Луцька і через кілька днів виходять на зв'язок із ОУН. Захаржевського відразу заарештовують есбісти, Фоя ж отримує завдання повернутися до Києва і вивести на бандерівську спецслужбу інших членів легендованого «проводу». Людмила знову зустрічається з чекістами, які її ретельно перевіряють і... продовжують довіряти.

Перед черговою поїздкою на Волинь чекісти навіть організували для неї вечірку. «У зв'язку з моїм виїздом, — згадувала вона, — було вирішено зорганізувати вечір. Попри те, що співали лише українські пісні, вечір був нецікавим. Мало було щирості, а про відвертість нічого було й згадувати. Загалом за час мого перебування у Києві мені щовечора намагалися надавати найкращі квитки у театри та оперу, однак я не могла цим скористатися, адже захворіла на застуду. Це якоюсь мірою рятувало мене від постійних розмов зі співробітниками».

Цього разу Фою супроводжувала інша представниця київського «проводу» Катерина Міньковська — агентка чекістів ще з 1927 року, яка після війни відзначилася успішними операціями проти ОУН, зокрема брала участь у створенні легендованих структур на Конотопщині. Завдяки Людмилі Міньковська потрапила до рук СБ ОУН і після допиту була страчена.

Микола Козак вирішив не ризикувати більше у грі з НКВД та зупинив її. Проте самі чекісти ще тривалий час не готові були визнати, що їх обвела круг пальця молода дівчина. Лише у квітні 1946 року із зізнань заарештованих повстанців вони остаточно переконалися, що Людмила продовжує активну боротьбу в лавах антирадянського руху.

6 серпня 1946 року Людмила Адамівна Фоя оголошена у всесоюзний розшук МҐБ та МВД, який взяв під особистий контроль міністр державної безпеки УРСР генерал-лейтенант Сергій Савченко. Тим часом жінка поринає у підпільну роботу, під псевдонімом «Перелесник» працює у структурах пропаганди, зокрема літературним редактором журналу «Молодий революціонер», видає ряд художніх новел про визвольну боротьбу.

Під час перебування в підпіллі на Волині

Масштаби повстанської пропаганди вражали: за підрахунками дослідників, протягом 1948—1952 років підпільними друкарнями на Волині видано майже 350 тисяч примірників листівок та брошур. Тому на придушення визвольного руху радянська влада кидає дедалі більші сили.

Посмертне фото

19 липня 1950 року під час прочісування лісу у Межирічському районі на Рівненщині чекісти виявили групу повстанців. Зав'язався бій — останній для Людмили Фої. Маємо два описи цієї сутички.

Сухий офіційний звіт, написаний відразу після завершення: «Під час операції 19 липня 1950 року одна з чекістсько-військових груп під керівництвом уповноваженого МҐБ майора Друзенка та командира роти лейтенанта Кузьміна у гущавині Неверківського лісу зіткнулася з трьома "бандитами", у тому числі однією жінкою. Бандити, побачивши військову групу, відкрили по ній сильний вогонь, котрим одразу було вбито рядового Бахтіярова та поранено в ногу рядового Сініцина.

Вогнем чекістсько-військової групи у відповідь було вбито двох "бандитів", у тому числі одну жінку, третьому вдалося втекти, пошуки позитивного результату не дали. Серед убитих була впізнаною — колишній агент МҐБ УРСР "Апрєльская", Фоя Людмила, за оунівським псевдонімом "Оксана", літературний псевдонім "М. Перелесник"».

Не таким точним фактографічно, проте надзвичайно цікавим із погляду відтворення емоційної атмосфери є опис цього бою у спогадах учасника антиповстанської боротьби Георгія Саннікова. «Чекісти добре бачили у бінокль, як поміж зарослими кущами та ялинками скелястими пагорбами раз по раз виникали дві фігури у комбінезонах захисного кольору. Згодом одного з них поранили. Деякий час було видно маленьку фігурку, що намагалася тягнути за собою пораненого супутника.

Потім фігурка вже сама промайнула поміж ялинок, рідко відповідаючи на вогонь чекістів. Опергрупа продовжила переслідування й вела вогонь по ймовірних місцях руху оунівця. Він був поранений, про що свідчили сліди крові на траві та залишки індивідуального пакету. Нарешті попереду щось промайнуло у густих хащах. Чекісти приглянулися та побачили лежачого, котрий робив незрозумілі рухи руками, у яких не було зброї.

Кільце солдатів повільно стискалося навколо кущів. Пролунав ледве чутний та приглушений відстанню звук, і оточуючі кинулися на землю. Спрацював гранатний запал. Після цього прогримів вибух та розкидав кущі, траву та шматки білого паперу. На одного з солдатів впав згусток людської крові. Граната розірвалася в руках лежачої людини. Вона зірвала себе гранатою, приклавши її до голови. Обличчя, частина голови та кисть лівої руки у людини були відсутні. Потужний вибух понівечив людину до невпізнання і розкидав довкола шматки знищених документів, що так і залишилися таємницею.

Коли чекісти, намагаючись не заплямуватися кров'ю, обережно розстібнули ґудзики комбінезона і намагалися оголити верхню частину тіла, руки їх наштовхнулися на ще теплі жіночі груди... Їх обличчя передавали здивування, сором та розгубленість: декілька дебелих чоловіків так довго не могли наздогнати цю невеликого зросту, тендітну молоду жінку...».

Перша леді підпілля Наталія Шухевич

Вона не позувала з чоловіком для глянцевих журналів. Не їздила з ним по світу, представляючи свою країну. Не патронувала культурні проекти. Не опікувалася благодійністю, підтримуючи сиротинці. Не тому, що не могла б цим займатися — освіти, розуму та елегантності їй цілком вистачало. А тому, що жила у страшний час у місці, яке стало тоді епіцентром світових катаклізмів. Ніхто і ніколи не називав її першою леді, бо такого поняття в підпіллі не існувало. Тим не менше Наталія Шухевич заслуговує на цей статус, адже з гідністю пройшла важкий шлях дружини командира УПА.

У наш час політик, розпочинаючи кар'єру, до певної міри жертвує своєю сім'єю. Затягнутий у вир політичних баталій, він матиме значно менше можливостей проводити час із дружиною та дітьми. Проте його вибір виглядає неспівмірним із вибором, перед яким стояли керівники українського визвольного руху. Кожен з них із ранніх літ виховував у собі здатність до пожертви і, як свідчать їхні життєписи, їм це вдавалося.

Але чи можна виробити в собі здатність жертвувати іншими, особливо тими, кого любиш найбільше на світі, — дружиною, дітьми, батьками?

Яким було сприйняття цієї жертви з іншого боку? У силу свого віку діти не розуміли дилеми, що постала перед батьком. Батьки, за плечима яких було життя, здебільшого готові були прийняти терпіння за своїх дітей, адже це саме вони виховували їх принциповими, відданими, патріотичними. Найважчий вибір стояв перед дружиною — у неї попереду могло бути довге радісне життя, яким вона має пожертвувати часто не з власної волі, а через рішення чоловіка. Навіть більше: якщо вона матір, то має захистити ще й дітей, також поставлених під загрозу жертвою батька.

Наталії Березинській було лише двадцять, коли вона одружилася з Романом Шухевичем. Минуло тільки два роки, відколи дівчина закінчила гімназію, проте вона усвідомлювала, що означає для неї цей крок. Старший на три роки Роман на той час уже зробив свій життєвий вибір — бойовик УВО, член ОУН, він присвятив життя Україні. Наталія знала про справу чоловіка і сприймала її, адже поділяла його цінності. Отець Роман Березинський, парох села Оглядів на Львівщині, виховав сина і доньку справжніми патріотами: Юрій Березинський загине під час акції ОУН у 20 років, а Наталії судитиметься довге заслання.

Моменти спокійного життя в нової сім'ї будуть дуже короткими. І навіть у досить мирний час доля буде жорстокою до молодят — через рік після одруження народилася і померла немовлям їхня перша дитина, донечка Марта. У 1933-му з'явився син Юрко, але події довкола не дали ані найменших шансів Наталії та Роману насолодитися тихим сімейним щастям. У 1934 році Шухевича заарештували за підозрою в причетності до вбивства міністра внутрішніх справ Польщі Броніслава Перацького. Відтак — концтабір Береза Картузька, тюрма Бригідки, короткий мирний період 1937—1938 років на волі, участь у боях за незалежність Карпатської України в березні 1939 року і, врешті, початок Другої світової у вересні того ж року.

Наталія роками жила сама без чоловіка. Доля подарувала їм ще один короткий період щастя — у 1939 році після початку Другої світової Наталія виїхала до Романа у Краків. Тут на вулиці Зеленій, 22 вони прожили разом майже до початку німецько-радянської війни. Тут у 1940 році в них народилася донька Марія.

Тим часом з іншого боку радянсько-німецького кордону панував не спокій, а терор, який зачепив і родину Шухевичів. НКВД почав полювання на членів ОУН і арештував сестру Романа Наталію. За участь у націоналістичному русі її засудили до 10 років таборів. Юрію, брату Романа, якого ув'язнили дещо пізніше, у 1941 році, поталанило ще менше — слідство в його справі тривало на початку німецько-радянської війни, тож він став одним із тих, кого чекісти розстріляли під час відходу зі Львова.

Наталія Березинська

Після відступу радянської влади сюди із двома дітьми повернулася Наталія, яка й надалі жила сама. Роман тим часом воював у лавах «Нахтігалю», згодом шуцманшафтбатальйону в Білорусі, а потім в УПА. Коротка зустріч між подружжям відбулася взимку 1943 року. Роман зайшов до коханої після того, як утік від німців і перейшов у підпілля. Незабаром в неї були інші гості — 20 лютого прийшли співробітники гестапо. Тоді Наталію вперше заарештували. На допитах німців цікавило лише одне: де перебуває Роман Шухевич? Після двох місяців слідства, яке не дало жодних результатів, жінку відпустили.

На волі Наталія Шухевич, щоб уникнути переслідувань із боку німців та захистити від них своїх дітей, оформила розлучення з чоловіком. Формальною причиною було те, що протягом тривалого часу вона не мала з ним жодного контакту. Насправді Наталія через зв'язкових періодично бачилася з Романом Шухевичем, на той час уже керівником ОУН. Зустрічі відбувалися на конспіративних квартирах у Львові, на Личаківському кладовищі чи в парку Погулянка. Оформлення розлучення дало Наталії ще одну важливу перевагу, яка деякий час рятувала її від переслідувань: вона офіційно змінила прізвище на дівоче. Березинськими стали також діти Юрко і Марійка.

Після повернення радянської влади Наталія Березинська деякий час не потрапляла в поле зору каральних органів. 20 жовтня 1944 року в документі Четвертого управління НКҐБ, який визначав родичів Головного командира УПА, перелічені лише його батьки, покійний брат та ув'язнена сестра. Жодної

Весільне фото Романа та Наталії Шухевичів, 1930 р.

згадки про дружину та дітей документ не містить. Через два місяці в довідці 2-го управління НКҐБ про членів Проводу ОУН та їхні зв'язки серед родичів Шухевича Наталії також немає.

У чекістських документах вона вперше з'являється 13 червня 1945 року — в інформації про фігурантів справи «Берлога». «У травні 1944 року, — читаємо тут, — Березинська з сім'єю виїхала зі Львова й переховувалася в селі Бусовисько Стрілківського району Дрогобицької області, де, видаючи себе за вдову померлого інженера, проживала за фіктивними документами. Наприкінці квітня 1945 року, за даними агентури, разом із священиком-нелегалом Мицаком із села Бусовисько переїхала у Старо-Самбірський район Дрогобицької області, щоб звідси переїхати до свого чоловіка Шухевича Романа на Волинь».

Та їм більше ніколи не судилося зустрітися.

Судячи з цитованого вище повідомлення, станом на червень 1945 року агентура НКВД дуже щільно підійшла до Наталії, тож на волі їй залишалося бути недовго. 19 липня, трохи більше як через місяць після того, як НКВД дізнався про її існування, Наталію Шухевич заарештували в селі Біличі Старо-Самбірського району на Дрогобиччині. У постанові про арешт зазначалося: «Шухевич-Березинська підтримує ділові стосунки з відомими українськими націоналістами, також підозрюється в належності до ОУН». Однак головним мотивом арешту була спроба спецслужби дістатися до Головного командира УПА Романа Шухевича.

На допитах слідчі не особливо цікавилися її біографією, яку вони в загальних рисах знали завдяки агентурним повідомленням. Інтерес для них передусім становили зв'язки Романа Шухевича та місце його переховування. На першому допиті, який почався 20 липня, Наталія детально розповідала про себе, але не дала жодної потрібної чекістам інформації про чоловіка. На запитання про його становище в підпіллі, псевдоніми і зв'язки відповідала: «Не знаю». Перший протокол закінчується інформацією, що «допит із перервами на сон та їжу завершено 24 липня 1945 року о 23 год. 50 хв.», тобто він тривав чотири дні. Перерви на сон та їжу, очевидно, стосувалися більше допитувачів, аніж підсудної. Однак жодної потрібної інформації чекісти так і не отримали.

Лише через п'ять місяців після арешту, у листопаді 1945 року, Наталія Шухевич визнала, що систематично зустрічалася з чоловіком. «Переконавшись, що подальше приховування своїх злочинних дій лише погіршує моє становище, — читаємо у протоколі, — я буду тепер розповідати правду. Насамперед я маю заявити, що до моменту арешту підтримувала контакт зі своїм чоловіком Романом Шухевичем через зв'язкових, що приходили від нього в село Бусовисько Старо-Самбірського району Дрогобицької області. Крім того, я особисто зустрічалася з Шухевичем і до дня арешту систематично отримувала від нього матеріальну допомогу у формі грошей і продуктів харчування».

З одного боку, чекісти могли тішити себе тим, що допитувана врешті заговорила, але з іншого — розуміли: інформація, отримана через п'ять місяців, перестала бути актуальною. Цього разу дружина командира перемогла їх.

У досьє на Романа Шухевича, підготовленому чекістами в березні 1947 року, у розділі про родинні зв'язки читаємо: «Батько Шухевича — Шухевич Йосип Володимирович, 65 років. За професією адвокат, мешкає у Львові на вулиці Косанерській, 18-а, паралізований, інвалід — лежить у ліжку. Мати — Шухевич Євгенія Іванівна, 1883 року народження, мешкала у Львові на вулиці Косанерській, 18-а, заарештована УМҐБ Львівської області 5 липня 1946 року, засуджена і етапована до місця відбуття вироку суду в місто Актюбінськ. Брат — Шухевич Юрій Йосипович, 1900 року народження, інженер, убитий у 1941 році при відході частин Червоної армії.

Сестра — Шухевич Наталія Йосипівна, 1923 року народження, заарештована і засуджена, перебуває у віддалених місцях Радянського Союзу. Дружина Шухевича Р. Й. — Шухевич-Березинська Наталія Романівна, 1910 року народження, заарештована УМҐБ Львівської області. Діти: син Юрій 13 років і донька Марія 6 років, утримуються в Рудченківському дитприймальнику Сталінської [тепер Донецької — *В. В.*] області». До повної картини того, як розправилася «гуманна» радянська влада з родиною Шухевичів, треба також додати арешт і засудження на п'ять років таборів його тещі Осипи Березинської, якій на той час було 64 роки.

Наталія Шухевич із дітьми Юрком та Марійкою, 1941 р.

Тож нерепресованим залишиться тільки паралізований батько. Якщо іншим членам родини влада просто мстилася, то Наталію Шухевич, яка мала контакт із чоловіком до арешту, чекісти розглядали як можливість піймати самого «Вовка» — таким псевдонімом у документах спецслужба назвала командира УПА. Але слідство, яке тривало півтора року, не дало жодної корисної інформації. Його підсумком став обвинувальний висновок від 31 грудня 1946 року, де стверджувалося, що Наталія Шухевич, «будучи дружиною визначного керівника ОУН — члена Головного проводу і керівника ОУН — УПА в областях Західної України в даний час, мала з чоловіком тісний зв'язок до моменту арешту органами Радянської влади, а саме: проживаючи з дітьми і матір'ю, перебувала на утриманні чоловіка, отримувала від нього матеріальну допомогу, грошима, продуктами харчування через спеціальних зв'язкових-кур'єрів, що прибували до неї від Шухевича Романа».

Тільки цих звинувачень було замало, тому слідчий додав Наталії ще й членство в ОУН і в результаті запропонував як покарання 10 років таборів. 4 січня 1947 року особлива нарада при МҐБ ухвалила вирок: «Шухевич-Березинську Наталію Романівну як соціально небезпечний елемент вислати в Кокчетавську область строком на 5 років».

Але чекісти не депортували Наталію з України, а продовжили свою роботу з ув'язненою. Те, що не вдалося вибити силою, вони спробували витягти обманом та підступом. Станом на квітень 1947 року Наталія вже майже два роки перебувала під слідством, під час якого її іноді возили між Львовом і Києвом. Тому її не здивувала поїздка з Рівного до Львова.

Жінка не підозрювала, що чекісти розпочали «комбінацію з використання втемну дружини керівника Бюро Проводу ОУН Шухевича Р. Й.». Ідеться про сумнозвісну «бочку», яка дозволяла витягти інформацію навіть у найстійкіших підпільників.

21 квітня Наталію Шухевич посадили у критий кузов ленд-лізівського «Доджа» і повезли з Рівного в напрямку Львова. По дорозі чекісти кілька разів зупинялися, імітуючи несправність автомобіля. Врешті між Бродами і Олеськом авто ніби остаточно «заглохло», і водій змушений був почати триваліший ремонт.

«Через двадцять хвилин після зупинки машини до неї підійшов агент-бойовик Борис, — читаємо у звіті про операцію, — і запитав у товариша Чорнокнижникова [одного з конвоїрів — В. В.], чи можна під'їхати з ними до Львова, на що Чорнокнижников відповів, що не може його підвезти, оскільки машина із УМҐБ і вони, напевно, сьогодні не поїдуть у зв'язку з ремонтом.

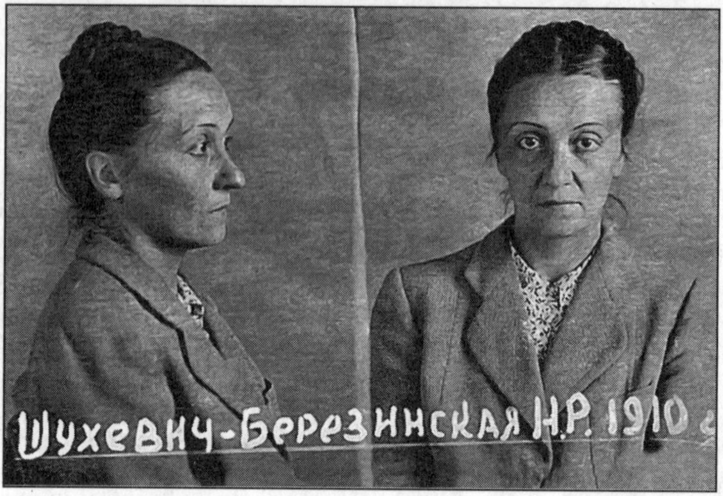

Наталія Шухевич-Березинська, фото з кримінальної справи

Це створило в Шухевич-Березинської видимість оунівської розвідки. Через десять хвилин після відходу Бориса автомашина була обстріляна спецгрупою МҐБ УРСР, котра перебувала в засідці за десять метрів від дороги, після обстрілу бійці спецгрупи наскочили на машину і добили всіх учасників конвою». Псевдопостанці на чолі з агентом Віщим (він же Ілля Кусін), відкрили кузов і помітили в ньому жінку, яку забрали із собою в ліс.

Після більш як двогодинного блукання лісом із закритими очима Наталію доставили в бункер. «Визволеній» полонянці зняли пов'язку. Оглянувшись, вона зрозуміла, що перебуває у криївці, і відразу заявила: «Я, Шухевич Наталія Романівна, дружина Головного командира УПА, заарештована більшовиками на початку 1945 року». Після цього стала вимагати, аби її доправили до чоловіка. «Вже з перших слів розмови з Наталкою, — писав у донесенні агент Віщий, — я зрозумів, що вона дуже хитра і обережна, розповіла про свого чоловіка Шухевича, наперед знаючи, що якщо ми справді банда, то маємо його знати і ставитися до неї культурно і чесно».

Схоже, «визволена» не особливо повірила «визволителям». «На третій день, — читаємо у звіті, — тобто 24 квітня, Шухевич-Березинська, сидячи біля вогнища, почала провокувати Віщого та Качура [інший агент — учасник операції — *В. В.*], висуваючи свої підозри, що вона перебуває в руках більшовиків, які можуть з її допомогою дійти по зв'язку до Шухевича». Псевдоповстанці не намагалися сперечатися з нею, лише далі вдавали із себе заклопотаних справами підпільників.

У ніч із 27 на 28 квітня агентурно-бойова група разом із Наталією рушила в рейд навколишніми селами. Агенти контактували зі справжніми підпільниками та зв'язковими, які не підозрювали про провокацію: «Спецгрупа суворо дотримувалася заходів конспірації, на постоях, де вони зупинялися, їх приймали за бандитів, що тішило Шухевич-Березинську, і вона стала більше вірити, що перебуває в підпіллі».

Під час мандрів псевдоповстанці наштовхнулися на засідку внутрішніх військ МҐБ. Почалася стрілянина, внаслідок якої вбито двох коней і мало не загинули самі агенти. Бій припинив «убитий» ще біля «Доджа» товариш Чорнокнижников, який був разом із вояками МҐБ і впізнав спецгрупу. На думку чекістів, сутичка остаточно переконала Наталію, що вона таки в підпіллі. На доказ цього вони наводять довгі розповіді про себе, якими полонянка ділилася з агентами.

Проте в цих розповідях не було нічого такого, чого б вона не сказала під час слідства. У будь-якому випадку обрана лінія поведінки — відразу заявити про себе як дружину Головного командира УПА — була дуже вигідною для неї.

«У процесі роботи з Березинською, — звітували чекісти, — агенти Віктор, Юрко і Зарубіжний [нові агенти, які прибули для перевірки Наталки — *В. В.*] встановили, що вона повністю переконана, що перебуває в банді, однак свідчень про свої зв'язки не дала, оскільки чудово розуміла становище свого чоловіка в організації і заявила, що буде відповідати тільки йому або особам, яким він це доручить». Для чекістів склалася патова ситуація: вони зрозуміли, що, як і на слідстві, не дізнаються нічого нового корисного для затримання Шухевича. Наталія знову перемогла їх.

«Проводити подальшу роботу з Березинською було недоцільно, — зізнавалися вони, — і 15 травня визначено було відбити її військами МҐБ». Цього дня чекісти здійснили напад на хату, де переховувалися «підпільники». Під час сутички псевдоповстанці відступили, а Наталію Шухевич, яка залишилася на місці, знову заарештували вояки МҐБ.

17 травня, після майже місяця блукань із агентами, полонянку довезли до тюрми у Львові. Тут 9 липня проти неї порушили нову справу, слідство в якій, проте, не було тривалим. «Органи» вже не розраховували отримати необхідну інформацію, тому через тиждень, 16 липня, з'явився обвинувальний висновок із жорстоким вироком — 10 років таборів.

Наступна частина життя Наталії Шухевич — важке існування на засланні, тривалі й марні спроби дізнатися про долю дітей. Лише в 1955 році, після голодування, вона отримала їхні адреси і змогла з ними зустрітися. Але на цьому поневіряння родини Шухевичів не завершилися — знову заарештовують Юрка, а згодом і саму Наталію, якій дають три роки «за порушення паспортного режиму».

Наприкінці 1950-х вона таки повертається до рідного Львова. Їй 50 років, здоров'я підірване тюрмами та засланнями, практично вся родина знищена. Про цей страшний час діти Шухевичів писали: «І знов не прописали, переслідування, погрози людям, які дають нічліг дружині ворога народу, відсутність постійного кута для проживання, відсутність засобів для існування, і так повних п'ять років, аж до 1963-го».

Часом притулком для Наталії слугували підвали, іноді ночувала в кафедральному римо-католицькому соборі, куди її таємно впускали священики. Ситуація змінилася на краще лише після того, як до Львова приїхала донька Марія, яка змогла забезпечити матері притулок.

А Юрко тим часом продовжує «навчання на тюремному факультеті», отримуючи нові вироки за політичну діяльність. Врешті, на волю він вийшов інвалідом аж у 1988 році. Наталія Шухевич дочекалася не лише звільнення свого сина, але й своєї країни. Хоча в її особистому житті та побуті після проголошення незалежності в 1991 році змінилося небагато — нова держава не помічала таких, як вона.

Дружина Головного командира УПА й далі жила за мізерну пенсію, нараховану СРСР — країною, що поламала їй життя і знищила її родину. Померла Наталія Шухевич 28 лютого 2002-го, їй було 92 роки. Першу леді підпілля поховали тихо і спокійно, без жодних державних почестей. Про неї не згадав ані тодішній президент Леонід Кучма, ані його дружина, яку офіційно називали першою леді України. Люди, котрі випадково опинилися на чолі держави, за яку віддали життя інші, і досі не хочуть помічати тих інших.

Архімандрит Климентій, обвинувачений за віру

Відносини Української греко-католицької церкви та Організації українських націоналістів були дуже непростими. Обидві структури вважали своєю метою захист українців та забезпечення їм максимальних можливостей для самореалізації. Перша єдиним шляхом для цього бачила духовний розвиток особистості та нації, друга — активну боротьбу та збройне повстання.

Очевидно, у мирний час ці шляхи іноді видавалися взаємовиключними, що призводило часом до протистояння між націоналістами та діячами церкви. Натомість роки воєнного лихоліття, жорстока окупаційна політика спочатку нацистів, а згодом комуністів зблизила їх. Яскравою ілюстрацією цього є полиці в Архіві СБУ: тут поруч зі справами на репресованих підпільників — справи репресованих священиків. На їхніх сторінках — інформація про контакти між керівництвом УГКЦ та Проводом ОУН у роки Другої світової, про спроби митрополита Андрея Шептицького залагодити конфлікт між двома крилами націоналістичного руху — мельниківцями та бандерівцями, про посередництво церкви у переговорах між польським та українським підпіллям у 1942—1944 роках, про матеріальну та медичну підтримку повстанців церквами та монастирями, про безпосередню участь окремих священиків у лавах УПА та підпілля.

Архімандрит Климентій Шептицький, 1930-і рр.

Серед священнослужителів, яких радянська влада звинуватила у співпраці з ОУН, — архімандрит монахів-студитів Климентій Шептицький, рідний брат митрополита Андрея. За цим звинуваченням він був заарештований у 1947 році, попри те, що вже сорок років не займався політикою. Адже ще 1907 року молодий аристократ, доктор права, депутат австрійського парламенту Казимір Шептицький несподівано для багатьох

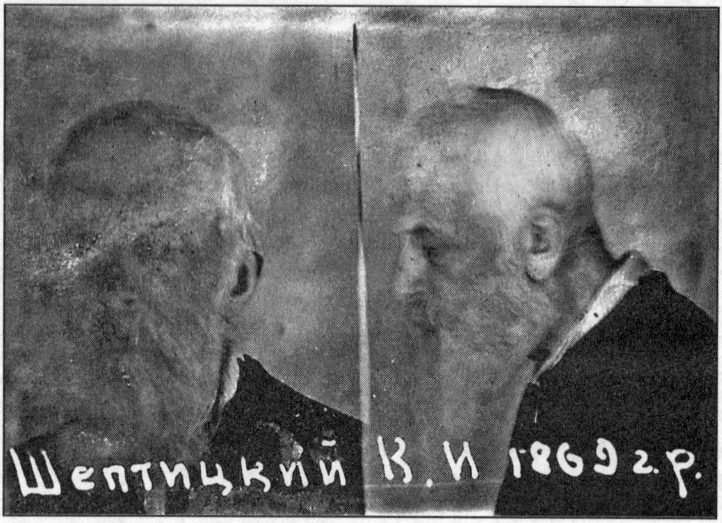

В'язничне фото Климентія Шептицького, 1947 р.

полишив перспективну політичну кар'єру. У 1911 році він ще більше здивував галицький бомонд, подавшись у монахи під іменем Климентія.

Повернення радянської влади на Західну Україну в 1944 році не вселяло жодного оптимізму у місцевого населення. Усі надто добре пам'ятали пришвидшений курс «радянізації» 1939—1941 років, який вилився у вбивства та депортації сотень тисяч жителів цього краю, серед них багатьох священиків. Намагаючись завадити повторенню трагедії та з'ясувати наміри радянської влади, митрополит Андрей відправив делегацію представників УГКЦ безпосередньо до Москви. Наприкінці 1944 року, незважаючи на смерть митрополита, делегація на чолі з його братом Климентієм прибула до радянської столиці. Священики зустрілися з головою Ради у справах релігійних культів при Раднаркомі Іваном Полянським, який запевнив, що жодних репресій чи утисків радянська влада не проводитиме.

У Москві отець Климентій мав ще одну несподівану зустріч — із представниками НКВД. Офіцери радянської спецслужби (серед них Павло Судоплатов) запропонували, щоб церква виступила посередником у переговорах радянської влади з націоналістичним підпіллям.

Зустріч між представниками підпілля та церкви відбулася наприкінці січня 1945 року у храмі Святого Юрія. Повстанці відмовилися від переговорів із радянською владою, не вірячи в її запевняння щодо припинення репресій.

УССР

П-20429

МИНИСТЕРСТВО ГОСУДАРСТВЕННОЙ БЕЗОПАСНОСТИ

Следственная часть

УЧТЕНО в 1962 году

ДЕЛО № 148913

По обвинению Шептицкого Клементия Ивановича по ст. ст. 54-1 „а" и 54-11 УК УССР

Начато „30" мая 1947 г. | В одном томе

Окончено „15" I 1948 г. | Том № первый

После судебного рассмотрения и вступления приговора в силу настоящее дело подлежит немедленному возвращению в

указать название органа МГБ

К делу должна быть подшита копия приговора.

Центральный архив МГБ СССР

Передача находящихся в производстве следственных дел, а также взятых из архива дел в другие отделы или органы МГБ, хотя бы и временно, производится исключительно через

название учетного аппарата

Передача следственного дела оформляется постановлением, утвержденным начальником соответствующего управления МГБ или его заместителем.

Архив №

Сдано в архив

П-20429

Кримінальна справа Климентія Шептицького

Вони мали рацію: масштаби терору зростали з кожним днем, він був спрямований не лише проти підпілля, але й проти мирного населення. Незабаром мішенню репресій стала Українська греко-католицька церква. 11 квітня 1945 року заарештовано усіх її єпископів, інших священиків почали схиляти до «об'єднання» з Російською православною церквою.

Климентій, котрий після цих арештів, по суті, очолив церкву, закликав не коритися тиску влади. Він повернувся в Унівський монастир, настоятеля якого, Івана Шестюка, заарештували у вересні 1945 року. Тим часом наступ радянської влади на УГКЦ увінчався псевдособором у березні 1946-го, що оголосив про влиття уніатської церкви в Російську православну. Священики ліквідованої церкви постали перед вибором: або скоритися наказам влади, або ж наражатися на арешт, намагаючись їй протистояти.

Климентій належав до другої категорії, тому вже 30 травня 1947 року Управління МҐБ у Львівській області підписує постанову про його арешт. Головними звинуваченнями проти священика була антирадянська діяльність та співпраця з ОУН. «Шептицький Клемент, — писав у постанові майор МҐБ Божко, — був впливовою особою у формуванні націоналістичного руху і відіграв важливу роль у практичній боротьбі ОУН — УПА проти радянської влади». 5 червня в монастирі проведено обшук, внаслідок якого виявлено антирадянську літературу та плакати ОУН, наступного дня почалися допити старенького священика (на той час йому виповнилося 78 років!), які тривали майже півроку. За цей час отця як «особливо небезпечного злочинця» перевезли із внутрішньої тюрми МҐБ у Львові до такої ж в'язниці у Києві.

Отець Климентій мужньо тримався на допитах і рішуче відкидав будь-які звинувачення у співпраці з підпіллям, наголошуючи, що він не займається політикою. Та слідчі добре підготувалися, маючи на руках інформацію від раніше допитуваних священиків та монахів.

Отже, вони змусили отця Климентія визнати, що в монастирі переховувалися повстанці (їхня криївка була виявлена 17 січня 1946 року), що монахи надавали медичну допомогу пораненим, а один із них, Матковський, відав монастирською аптекою і систематично надавав підпільникам ліки. Двоє інших, Тимчина і Кіндратович, підтримували зв'язок із упівцями, а згодом перейшли в підпілля. Ще один монах-студит, Роман Хомин, ще за німецької окупації перейшов до УПА, став капеланом старшинської школи і загинув у бою з радянськими військами. Сам отець Климентій переховував у себе націоналіста Василя Кархута, який був лікарем і також допомагав важкопораненим воякам УПА.

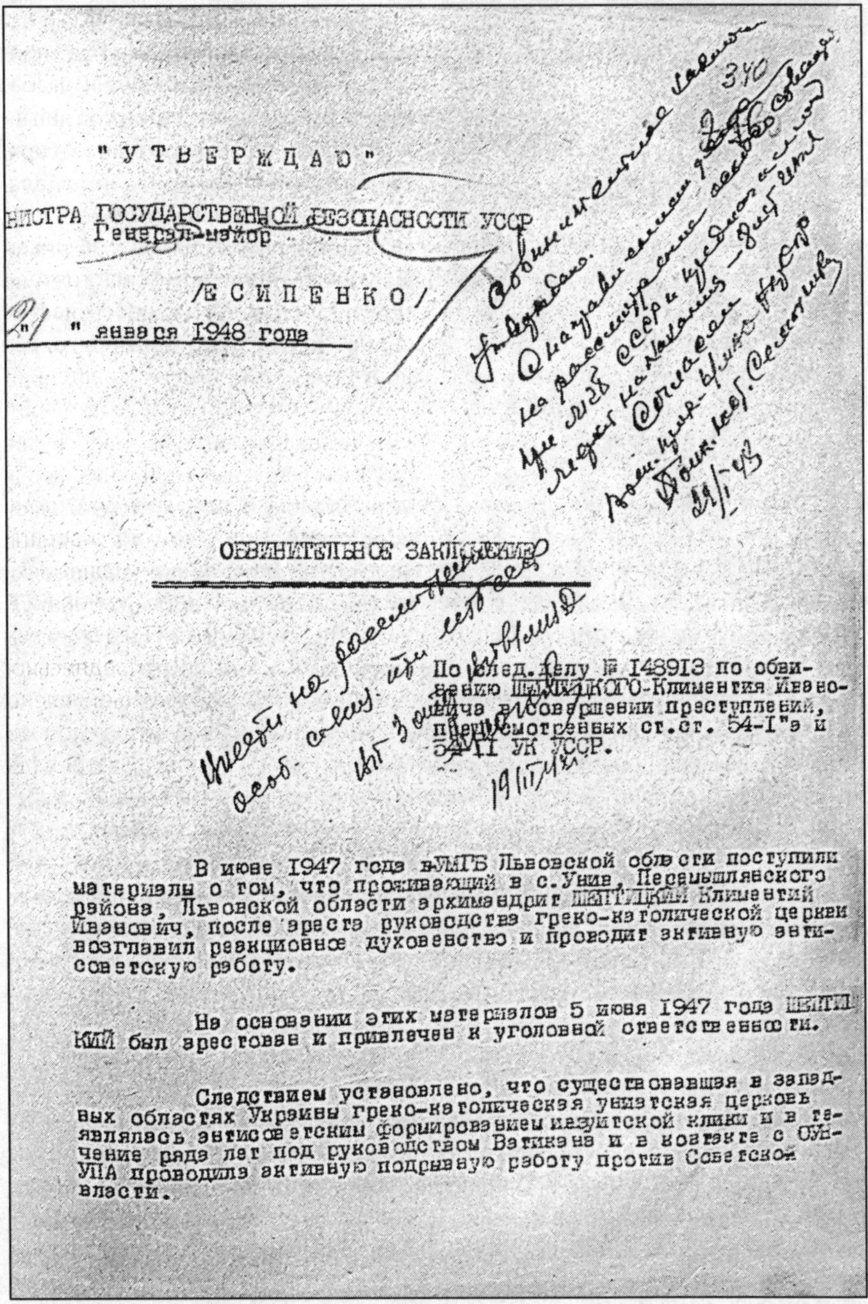

"УТВЕРЖДАЮ"

[...]НИСТРА ГОСУДАРСТВЕННОЙ БЕЗОПАСНОСТИ УССР
Генерал-майор

/ЕСИПЕНКО/

"21" января 1948 года

ОБВИНИТЕЛЬНОЕ ЗАКЛЮЧЕНИЕ

По след. делу № 148913 по обвинению ШЕПТИЦКОГО-Климентия Ивановича в совершении преступлений, предусмотренных ст.ст. 54-1"а и 54-11 УК УССР.

В июне 1947 года в УМГБ Львовской области поступили материалы о том, что проживающий в с. Унив, Перемышлянского района, Львовской области архимандрит ШЕПТИЦКИЙ Климентий Иванович, после ареста руководства греко-католической церкви возглавил реакционное духовенство и проводит активную антисоветскую работу.

На основании этих материалов 5 июня 1947 года ШЕПТИЦКИЙ был арестован и привлечен к уголовной ответственности.

Следствием установлено, что существовавшая в западных областях Украины греко-католическая униатская церковь являлась антисоветским формированием иезуитской клики и в течение ряда лет под руководством Ватикана и в контакте с ОУН-УПА проводила активную подрывную работу против Советской власти.

Обвинувальний висновок Климентія Шептицького

Архімандрит Климентій Шептицький у радянській в'язниці

Намагаючись «навісити» на архімандрита якомога більше звинувачень, слідчі наводили йому свідчення, вибиті під час допиту у настоятельки Якторівського жіночого монастиря. Вона розповіла, що монахині надавали постійну медичну допомогу повстанцям, випікали для них хліб та влаштували інтернат для їхніх дітей на території монастиря і, найголовніше, що про все це було відомо архімандриту.

Отець Климентій не заперечував цих «звинувачень», однак називав їх не політикою, а своїм християнським обов'язком. При цьому він не видав жодних прізвищ живих священиків чи підпільників, невідомих слідчим, а лише під тиском фактів підтверджував здобуту ними інформацію.

Проте головним обвинуваченням Климентія Шептицького була не допомога повстанцям, а спроби зав'язати контакт із Проводом ОУН. Спочатку він твердив, що робив це лише задля виконання місії, взятої в Москві, — організації переговорів підпілля з радянською владою. Проте згодом, під тиском наведених даних, які слідчі почерпнули з протоколів інших допитаних, змушений був визнати: головною метою спроб зв'язатися з керівництвом підпілля було скористатися можливостями ОУН для передачі у Ватикан інформації про знищення радянським режимом греко-католицької церкви. Незважаючи на намагання Климентія Шептицького, цього зробити не вдалося, принаймні радянським спецслужбам так і не стало про це відомо.

Натомість під час перебування архімандрита в ув'язненні в 1949 році на Захід потрапило «Звернення Воюючої України до всієї української еміграції». Тут, зокрема, звучав заклик: «Відкрий перед усіма народами цю країну, у якій задушена релігія, збезчещена церква, закована свобода сумління, потоптана не тільки християнська, але й загальнолюдська мораль... Розкажи про знищення Української Автокефальної і Греко-Католицької Церков, про помордованих і засланих українських єпископів, священиків і вірних.

Роз'ясни чужинцям, що теперішня російська православна церква не має нічого спільного з вільною церквою і є емведівською агентурою».

Окрім керівників українського визвольного руху, це звернення підтримав також голова катакомбної УГКЦ, наступник Климентія Шептицького отець Микола Хмільовський. Обидва підпілля, націоналістичне та церковне, об'єднали свої зусилля, аби донести до світу правду про ситуацію в Україні.

Тим часом 15 січня 1948 року слідчі прозвітували про завершення слідства, а через тиждень ними було підготовлено обвинувальний вирок за статтями 54-1 та 54-2 Кримінального кодексу — зрада батьківщині. 28 лютого відбулося засідання особливої наради («особого совещания») МҐБ, яке присудило отцю Климентію 8 років ув'язнення в сумновідомій Владимирській тюрмі.

«Високий, худорлявий, з довгою білою бородою, трохи сутулий, обличчя та очі привітні, спокійні, — описує Шептицького в тюрмі його співкамерник, член ОУН Іван Кривуцький. — У розмові нічим не нагадував монаха, більше світську освічену людину... Він був малоговіркий, зайвого слова ніколи не сказав. Відповідав чи розповідав лаконічно і ясно. Ходив тільки з палицею, навіть по камері...».

Пам'ятник Андреєві та Климентію Шептицьким у Прилбичах, 2011 р.

Старий, хворий та немічний священик не відбув повного терміну покарання — 1 травня 1951 року о 21-й годині тюремні лікарі констатували його смерть. Климентій Шептицький похований поміж іншими в'язнями Владимирської тюрми десь на в'язничному цвинтарі — могила його невідома.

Через сорок років після смерті радянська влада, що його замордувала, за кілька місяців до власного кінця реабілітувала священика, визнавши Климентія Шептицького несправедливо засудженим. Не забули про нього й добрі люди — у 1996 році архімандрит Климентій Шептицький отримав звання «Праведник народів світу» за порятунок євреїв у період Другої світової, а в 2001 році, під час візиту до Львова Папи Римського Івана Павла II, був беатифікований.

Радянська демократія: вибори 1946 року

Вибори депутатів до всіх рад депутатів трудящих проводяться виборцями на основі загального, рівного і прямого виборчого права за таємного голосування.

Конституція СРСР 1936 року

Комуністичний тоталітарний режим, на відміну від нацистського, ніколи не засуджував демократії як форми правління. У контрольованих комуністами державах формально існували місцеве самоврядування, розподіл гілок влади, регулярно проводилися вибори. За фасадом цих ознак свободи приховувалася жорстока тиранія, яка цілковито контролювала усі вияви суспільного життя та грубо втручалася у приватне життя громадян. Тож усі зовнішні вияви демократії перетворювалися в потворні карикатури на самих себе.

Жителів Західної України до особливостей радянської демократії почали привчати дуже швидко. Через місяць після приєднання до СРСР, у жовтні 1939 року, розпочалася кампанія виборів до Народних зборів Західної України, що мали узаконити «возз'єднання». Деякі наївні жителі краю, спираючись на чинне радянське законодавство, намагалися зареєструвати кандидатами відомих авторитетних осіб, котрі представляли б їх як депутати. Тому відповідні органи змушені були провести відповідну роботу як із тими, хто висував, так і з самими кандидатами, у результаті чого народна ініціатива швидко згасла, а депутатами стали лише «найдостойніші».

Серед обраних — жодного представника колишньої політичної чи громадської еліти, 5 % осіб із вищою освітою, 20 % — із середньою, понад 70 % — із початковою та близько 2 % неписьменних. Наступного разу на виборах до Верховної ради УРСР та СРСР у 1940 році комуністи вже не мали жодних проблем із громадськістю — у кожному виборчому окрузі було зареєстровано одного висунутого владою кандидата.

Трохи менше ніж за рік після завершення Другої світової війни «свято демократії» знову завітало на Західну Україну. Наприкінці жовтня 1945 року радянська влада оголосила про призначення на 10 лютого 1946 року виборів до Верховної Ради СРСР.

Повстанська противиборча листівка, 1946 р.

Для комуністів це була дуже незвична кампанія, адже вони вперше проводили її на теренах, над якими не мали цілковитого контролю. Спроби швидкої ліквідації українського підпілля одразу після переходу фронту цілковито провалилися — тут і надалі активно діяли відділи УПА та боївки ОУН, радянська влада в окремих регіонах залишалася доволі ілюзорною. Тож виборча кампанія 1946 року була не просто пропагандистською, а військово-пропагандистською. Крім сотень агітаторів (за даними українського підпілля, тільки на територію одного Долинського району — 260 осіб), на Західну Україну прислано тисячі вояків НКВД та внутрішніх військ для остаточної ліквідації підпілля.

15 січня 1946 року розпочалася так звана Велика блокада, у рамках якої на території Рівненської, Волинської, Львівської, Дрогобицької, Станіславської та Чернівецької областей практично в кожному селі було розміщено військовий гарнізон. «Пересічно гарнізони нараховували від 30 до 100, а то й більше чоловік, — читаємо про блокаду у звіті підпілля. — В селі заквартирували в центрі в найкращих, звичайно мурованих будинках. Господарів викидували з їх домів, не журячись тим, чи вони мають, де приміститися, чи ні. Майно господарів при тому гарнізонники грабували і нищили. Озброєння гарнізонів: 15 важких кулеметів, 5—20 легких кулеметів, десятизарядки, автомати, гранати, нерідко гранатомети і польові гарматки. Місце квартирування гарнізони укріплювали дротяними загородами, земляними окопами, бункерами, окремими кулеметними гніздами (часто на дахах будинків)». Так під

прицілом кулеметів та за колючим дротом розпочалася кампанія з «вільного» волевиявлення у Західній Україні.

Не менш принциповою, ніж для радянської влади, ця кампанія була і для українського визвольного руху. Провал виборів мав продемонструвати несприйняття населенням комуністів та окупаційний характер їхньої влади.

22 листопада 1945 року керівництво українського підпілля оголосило про початок противиборчої кампанії, метою якої мав стати бойкот виборів. Пропагандисти отримали завдання організовувати масову роз'яснювальну роботу серед населення — проведення мітингів, бесід, поширення листівок. Відділи УПА мали забезпечити охорону пропагандистів, а в день виборів — проведення бойових акцій для зриву роботи комісій, знищення виборчих бюлетенів та засобів зв'язку. Окремим завданням підпілля була ретельна фіксація перебігу кампанії, особливо актів терору з боку влади. Завдяки цьому сьогодні маємо десятки документів (в Архіві СБУ тільки у 376-й справі цілих два томи) з різних куточків Західної України, які детально відтворюють події того часу.

Узимку 1945—1946 років розпочалося завзяте протистояння двох пропагандистських структур — радянської та повстанської. Перша мала за собою величезний державний ресурс: на допомогу місцевим комуністам звозилися члени партії з цілої України, до цієї роботи примусово залучали сільських голів та вчителів. На боці другої була підтримка населення та енергія самих активістів, які працювали за ідею. У селах паралельно відбувалися мітинги, де агітували «прийти на вибори, щоб проголосувати за блок комуністів та безпартійних», та інші, на яких закликали «бойкотувати сталінську псевдодемократію», масово поширювалися офіційні комуністичні та підпільні націоналістичні листівки. Розклеєні протягом дня радянські плакати за ніч заклеювалися повстанськими закликами.

«В селі Доброгостів Дрогобицького району, — читаємо про плакатну війну, — революційні листівки появлялися тричі на день на місці большевицьких». Часом зігнані на мітинг селяни самі перетворювали його у противиборчу демонстрацію. У звіті Долинського району подані такі цифри акцій підпілля напередодні виборів: проведено 63 мітинги, 1 450 гутірок із населенням, розклеєно 17 400 плакатів.

Інформаційна війна відбувалася на фоні збройного протистояння між українськими повстанцями і солдатами гарнізонів, котрі робили облави на населені пункти та прочісували лісові масиви. Гарячі ідейні суперечки супроводжувалися канонадами справжніх боїв.

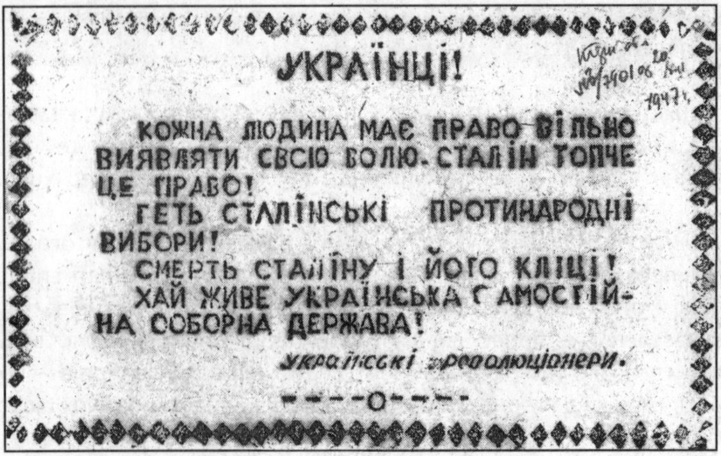

УКРАЇНЦІ!

КОЖНА ЛЮДИНА МАЄ ПРАВО ВІЛЬНО ВИЯВЛЯТИ СВОЮ ВОЛЮ. СТАЛІН ТОПЧЕ ЦЕ ПРАВО!

ГЕТЬ СТАЛІНСЬКІ ПРОТИНАРОДНІ ВИБОРИ!

СМЕРТЬ СТАЛІНУ І ЙОГО КЛІЦІ!

ХАЙ ЖИВЕ УКРАЇНСЬКА САМОСТІЙНА СОБОРНА ДЕРЖАВА!

Українські революціонери.

----о----

Звернення повстанців до населення з приводу радянських виборів

Врешті настало 10 лютого 1946 року. «Коли вибила шоста година, — читаємо у повстанському звіті, — голова виборчої комісії (якщо комісія не втекла до лісу або не була в тюрмі) урочисто проголошував присутнім членам виборчої комісії, бійцям гарнізону та… арештованим громадянам, при арештованій комісії, що настала найрадісніша хвилина в їхньому житті — починаються вибори до Верховної Ради СРСР».

Для комуністів принципово важливим було, аби вибори почалися у точно визначений час і в присутності перших виборців. Оскільки охочих голосувати не було, то НКВД вирішило забезпечити «добровольців», арештовуючи перших-ліпших, а через те, що спецслужби мали інформацію про спроби втечі членів комісії, то напередодні заарештували і їх. Для виконання цих важливих завдань ще вночі 9 лютого гарнізони збільшено додатковими бійцями та технікою — танкетками та навіть танками.

Зранку війська вривалися в оселі, виганяючи людей на голосування. А тому що це була неділя, енкаведисти вривалися і до церков, припиняли службу (попередньо священики отримали наказ від влади розпочинати богослужіння о 6-й годині) і гнали людей на дільниці, використовуючи при цьому вогнепальну зброю та гранати. Тим часом відділи УПА, аби дезорганізувати вибори та припинити знущання над населенням, почали напади на військові гарнізони. Зав'язалися бої — у селі Труханів Сколівського району Дрогобицької області перестрілка між повстанцями і вояками НКВД тривала цілий день, допоки отримана гарнізоном увечері підмога не змусила упівців відступити.

Звернення повстанців до населення з приводу радянських виборів

Протягом дня терор наростав. Комуністи бачили, що вони не в змозі забезпечити потрібної явки на виборах, тому солдати нещадно били людей і палили їхні господарства. У протоколах підпілля під час «переконування» виконати свій громадянський обов'язок зафіксовано навіть випадки вбивств. Сам процес голосування один із його учасників описав так: «Коли ніхто зі зловлених під час облави людей не хотів брати виборчого бюлетеня до рук, большевики силою вкладали бюлетень між пальці, кілька бандитів тримали витягнену руку виборця над урною, один із них ударяв патиком по пальцях, і бюлетень звичайно випадав над урну. Один із бандитів кидав бюлетень до отвору урни і казав: "Ну іді, сволочь, проголосовал"».

Та незважаючи на використання сили, комуністам не вдалося повсюдно провести вибори — в окремих населених пунктах проголосували всього по кілька осіб, інші сховалися від влади. Підсумовуючи результати виборів у своєму районі, підпільники з Жидачівщини вказують, що за їхніми підрахунками, тут проголосувало близько 45 % населення, з них лише 5 % голосували добровільно, решта — під тиском залякування та терору.

Проте це не завадило комуністам говорити про 99 %-ву явку населення і чергову абсолютну перемогу блоку комуністів і безпартійних. Адже, як казав Сталін, виграє не той, хто голосує, а той, хто рахує.

Описані події сталися шістдесят п'ять років тому. Проте ніхто з певністю не може сказати, що таке ніколи не повториться. Особливо в країні, влада якої розуміє і шанує лише формальний бік демократії, у країні, в якій Сталін ще не помер. Історія, як відомо, дуже вимоглива вчителька і постійно повторює невивчені уроки.

Єдність, гартована голодом

Голод — це страшна зброя, тому що не лише фізично вбиває особу, але й нищить її духовно, перетворюючи на тварину. Проте він діє не лише на рівні окремої особистості, але й нищить людські спільноти: сім'ю, громаду, націю.

Голод змушує боротися сам-на-сам, розпорошує будь-які об'єднання на окремі одиниці, атомізує їх. Небагатьом тоді вдається думати не лише про себе, але такі люди були навіть у найстрашніші 1932—1933 роки.

Голодомор розділив український народ на тих, хто постраждав від нього, і тих, кого він не зачепив. Але разом з тим він і об'єднав українців: мешканці Західної України тоді, у 1932—1933 роках, влаштовували акції збору допомоги для вмираючих громадян УРСР, а українці за океаном проводили масові акції, доносячи світові страшну правду про те, що коїться на їхній батьківщині.

У 1946—1947 роках здатність українців єднатися знову випробовували голодом. Нова трагедія відбувалася в інших умовах, коли майже всі українські етнічні терени перебували під радянською владою. Тепер Кремль міг використати зброю, ефективність якої була доведена в 1932—1933 роках, у масштабі всієї України. Проте цього не сталося — попри те, що минуло вже два роки після повернення більшовиків на Західну Україну, абсолютною владою вони тут досі не стали. Масштабні антиповстанські операції, найбільша з яких — «Велика блокада» — закінчилася в середині 1946 року, зменшили розмах руху спротиву, але не зламали його. Тривалість радянської влади на селі тут досі обмежувалася світлим часом доби. Після цього її активісти, голови колгоспів, сільських рад, міліціонери чи партійні функціонери вважали за безпечніше не з'являтися на вулиці. Повстанці, які досі стояли на заваді радянської влади, зберегли своїх земляків від голоду, який охопив решту українських теренів, де не діяла УПА. Проте підпільники рятували не тільки їх, але й багатьох українців із Великої України, що тікали на захід у пошуках їжі. Таким чином влада, сама цього не бажаючи, організувала зустріч цих українців із повстанцями. Зустріч, яка була цікавою для обох сторін: наддніпрянці врешті побачили тих, кого пропаганда змальовувала зрадниками і катами свого народу, а бандерівці познайомилися з іншими українцями з-за Збруча, окрім тих, кого присилала влада до них як спеціалістів чи агентів, а здебільшого спеціалістів та агентів водночас. Документи підпілля проливають світло на ці цікаві, часом драматичні зустрічі у трагічних обставинах. Із них отримуємо чимало цікавої інформації про цю маловідому сторінку нашого минулого — голод 1946—1947 років.

«В дорогу вибрався з одним сухарем і з одним яблуком, — розповідає один з утікачів зі сходу. — Більше харчів не брав із собою, головно тому, що, маючи при собі більшу кількість їжі, можна розпрощатися з життям. Залізниці переповнені голодуючими до тієї міри, що якогось урядовця супроводжує і приміщує в поїзді досить сильний конвой міліції чи червоноармійців. Взагалі під оглядом порядку і безпеки в терені панує повний хаос. Населення живе в постійній тривозі».

Оповідачі детально переказували те, як брутальні дії влади призвели до голоду у 1946-му: «В одного колгоспника сталінський здирник домагався здачі контингенту збіжжя за город. Колгоспник відмовлявся, що нічого немає з городу, бо що було, то все поїли. Тоді згаданий почав шукати в хаті і інших забудівлях муку і забрав до сільради. Тоді відбувся загальний грабіж у цьому селі. Народ одностайно вийшов на вулиці і подався до сільради, до якої в той час прибув з району прокурор, почав просити, щоб у них не забирали останнього куска хліба, бо скоро не будуть мати, що їсти. Тоді цей зняв руку вгору і сказав: "Воздухом будете живитись". Народ побачив, що ворог невблаганний, і з похиленими головами розійшовся».

«Між іншим, характерно є те, що найбільше людей мерло там, де є передові колгоспи, — твердили підпільники, спираючись на численні розповіді очевидців. — В селі Летава Чемеровецького району передовий колгосп. Головою колгоспу Бойко, орденоносець, депутат Верховної ради УРСР. В його колгоспі вмерло з голоду понад 150 чоловік. Тоді, коли люди ховали щоденно по два-три трупи, Бойко возив колгоспну пшеницю по базарах та продавав її по спекулятивних цінах».

«Зараз у нас страшний голод, — розповів повстанцям чоловік, що дістався Західної України з Харкова. — Повторяються роки 1932—1933. Люди пухнуть масово з голоду та й помирають. Села подібні скоріше на пустирі. Життя нормальне завмерло. Вечорами нема співу вже нам — так питомого нашим селам. Люди проходять, наче тіні. На вулицях у Харкові багато прошаків, яким вік або фізичні сили не дозволяють їхати на західні землі».

Описані свідками сцени до болю нагадують спогади жертв Голодомору 1932—1933 років, коли голод не лише вбивав, але й руйнував звичний уклад життя в українському селі: «Внаслідок голоду багато людей збожеволіло, як також поповнило самогубство. В час голоду зросла серед населення страшна ненависть до всього. Сварня поміж людьми, навіть серед родини, була постійним явищем. Вмираючи, людина ненавиділа того, хто ще міг ходити. Опухлий ненавидів опухлого. Мама сварилася з своїми дітьми, зненавиджувала їх, бо

Повстанці везуть харчі до лісу. Без підтримки населення повстанська боротьба була б неможливою. А ця боротьба, у свою чергу, унеможливила радянській владі організувати голод, який у 1946—1947 рр. лютував на теренах України, не охоплених діяльністю УПА

їй докучали проханням їсти. Чоловік ненавидів жінку з дітьми та йшов до такої, що ще мала, що їсти. Розводи стали буденним явищем. На протязі цілого періоду голоду сильно зросли грабунки. Від поодиноких крадіжок дійшло до гуртових. Крали все, від цибулі на городі починаючи, на коровах кінчаючи. Голод допровадив навіть до людоїдства».

Схожим до подій 1932—1933 років був і страшний раціон харчування голодуючих. У повстанському документі з розповідей утікачів зі сходу читаємо: «Для заспокоєння голоду починали їсти все, що під руки попало. Їли собак, котів, падлину, жаб. В деяких колгоспах падлини навіть не закопували. Люди не давали її закопувати, бо не вспіла скотина здохнути, як з неї залишались тільки кості. З кінцем березня почали збільшуватись смертні випадки. Багато людей було вже опухлих, виснажених до крайності. Все ждало весни, бо тоді можна буде підживитись бур'янами. Як тільки зліг сніг, люди громадами почали виходити на поля, де минулого року були посаджені буряки або картопля, відгребували напівзогнилу картоплю та буряки, варили їх та їли. Відшукували місця, де колись були кагати з картоплею, відгребували землю, відшукували спарену картоплю, мили її, сушили, терли на муку і пекли пляцки. Не дивлячись на те, що вони смерділи до нечуваних розмірів, їли їх з великим апетитом. Як розпочалась посівна кампанія, люди почали виходити на засіяне поле

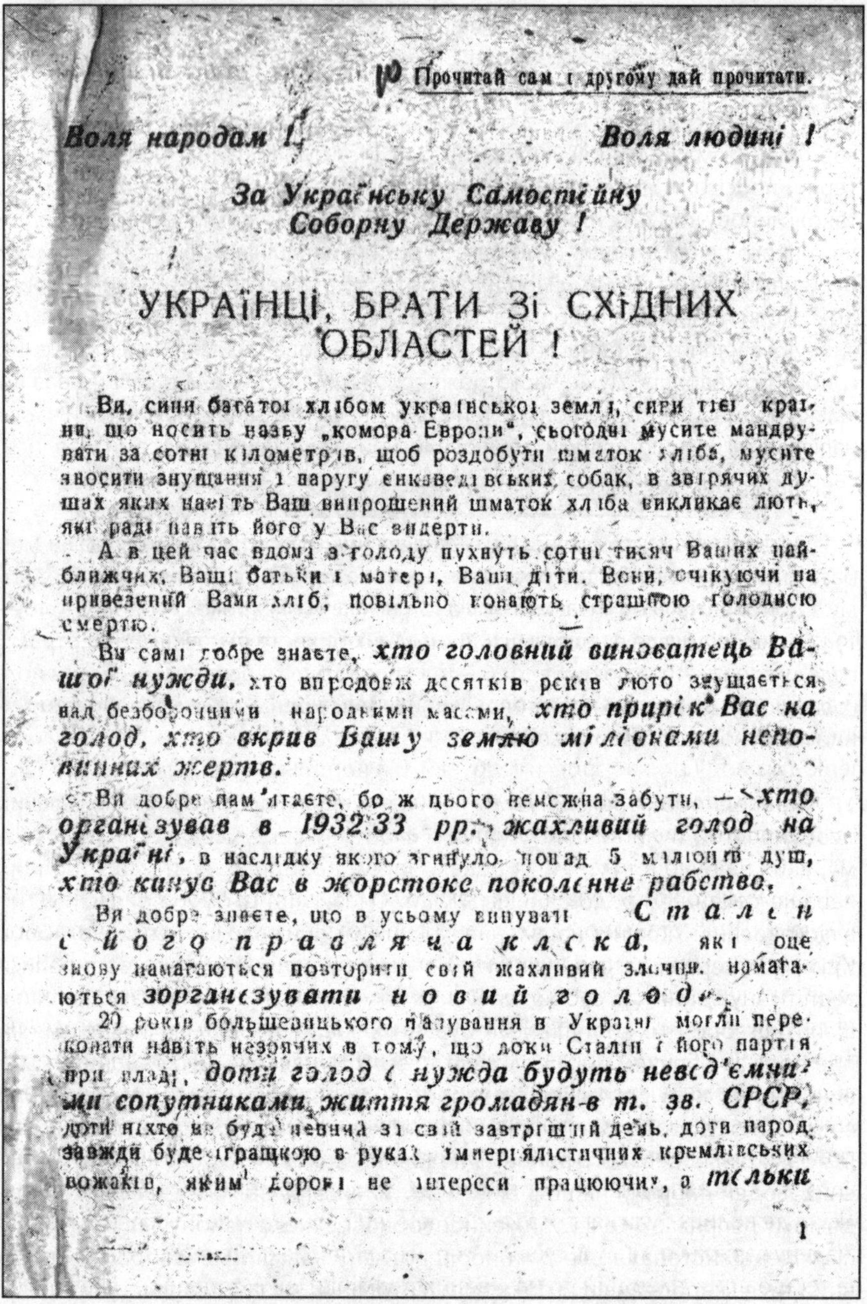

Прочитай сам і другому дай прочитати.

Воля народам! Воля людині!

За Українську Самостійну Соборну Державу!

УКРАЇНЦІ, БРАТИ ЗІ СХІДНИХ ОБЛАСТЕЙ!

Ви, сини багатої хлібом української землі, сини тієї країни, що носить назву „комора Европи", сьогодні мусите мандрувати за сотні кілометрів, щоб роздобути шматок хліба, мусите зносити знущання і наругу енкаведівських собак, в звірячих душах яких навіть Ваш випрошений шматок хліба викликає лють, які раді навіть його у Вас видерти.

А в цей час вдома з голоду пухнуть сотні тисяч Ваших найближчих: Ваші батьки і матері, Ваші діти. Вони, очікуючи на привезений Вами хліб, повільно конають страшною голодною смертю.

Ви самі добре знаєте, ***хто головний винуватець Вашої нужди***, хто впродовж десятків років люто знущається над безборонними народними масами, ***хто прирік Вас на голод, хто вкрив Вашу землю мільйонами неповинних жертв.***

Ви добре пам'ятаєте, бо ж цього неможна забути, — ***хто організував в 1932-33 рр. жахливий голод на Україні***, в наслідку якого згинуло понад 5 мільйонів душ, ***хто кинув Вас в жорстоке поколінне рабство.***

Ви добре знаєте, що в усьому винуваті ***Сталін і його правляча кліка***, які оце знову намагаються повторити свій жахливий злочин, намагаються ***зорганізувати новий голод.***

20 років большевицького панування в Україні могли переконати навіть незрячих в тому, що доки Сталін і його партія при владі, ***доти голод і нужда будуть невід'ємними супутниками життя громадян т. зв. СРСР***, доти ніхто не буде певний за свій завтрішній день, доти народ завжди буде іграшкою в руках імперіялістичних кремлівських вожаків, яким дорогі не інтереси працюючих, а ***тільки***

1

Звернення УПА до голодуючих зі Східної України, 1946 р.

і збирати по зернятку посіяний ячмінь чи овес. За день одна особа назбирувала шклянку-півтора посіяного зерна. Визбирували також посаджену картоплю. Ясна річ, все це робилося крадькома, бо за це можна було попастися під суд. Коли попідростали бур'яни, люди почали живитися кропивою, лепехою. Їх варили або смажили і так їли. Їли також молоде липове листя. Його сушили, терли, просівали і тоді варили на воді, часом забілювали це молоком. Їли також липову кору. Її сушили, терли в ступах на муку і домішували до борошна, з якого пекли пляцки. Було багато родин, які цілими тижнями живилися бур'янами. Таким людям смерділо з рота, з хати несло нестерпним смородом. Коли появились гриби, підлісні села почали харчуватися ними. Та тут знову був клопіт: голодна людина, наївшись недоварених чи недосмажених грибів, божеволіла. Дуже часто божеволіла ціла родина, а в селі не раз по кілька родин. Ці ж збожеволілі були в дуже веселому настрої, вибігали часто напівголі на вулицю, співали, танцювали, кричали дикими голосами, лаялись, сварились. Шпиталі подібними були переповнені».

Загалом, за спостереженнями повстанців, голод 1946—1947 років мав багато спільного з тим, що робилося чотирнадцять років перед тим. В одному з документів ОУН читаємо: «1. Голод в 1932—1933 роках і голод у 1946—1947 роках відбувся в найбільш хліборобних областях України. 2. Жертвами голоду в 1932—1933 роках і в 1946—1947 роках були в основному селяни-колгоспники. 3. Як в 1932—1933 роках, у 1946—1947 роках голод викликав штучний грабунок хліба державою».

Проте в обох трагедій було й чимало відмінних рис. Однією з таких особливостей були вияви активного спротиву серед селян у 1946—1947-му, яких не було в 1932—1933 роках. Часом доходило навіть до збройних нападів селян на представників влади. Очевидно, цьому сприяло те, що в післявоєнній Україні у населення залишилося чимало вогнепальної зброї. Крім того, серед колгоспників було багато ветеранів війни, які не збиралися терпіти знущання над собою і своїми сім'ями. «По районах завважено також цілий ряд збройних виступів у здобуванні хліба, — повідомляли підпільники про події за Збручем. — В селі Нестерівцях Дунаєвецького району в половині серпня 1946 року шістьох узброєних в автомати людей вимолотило в присутності сторожа півкопи жита і понесло в невідомий напрям. В селі Петраки Віньковецького району в половині серпня 1946 року кількох узброєних людей набрали на полі біля молотилки фіру збіжжя і завезли в невідомому напрямі. В селі Стрихівці Солобковецького району невідомі люди під кінець листопада розбили кооперативну крамницю і забрали товарів на 18 тисяч карбованців. З початком лютого 1947 року чотирьох узброєних хлопців, що крилися від ФЗО [від рос. "фабрично-заводское обучение". —

Селяни!

Час жнив і осінь — це час заплати за цілорічний тяжкий труд. Так було колись, так є і всюди, де лише не сягнула злодійська рука Сталіна.

Жнива і осінь в сталінській тюрмі народів—це час грабунку і здирства большевацькими партійними дурисвітами.

Сталіну і партійним паразитам мало цього, що міліони згинули на фронті, що міліони, без рук, ніг, інвалідів повзають по дорогах і просять куска хліба, ради тільки життя. Він хоче виморити ще більше народ голодом і працею в своїх головокружних пятирічках

Сталінські пятирічки—це голод, смерть, грабіж, визиск працюючих.

Партійні сталінські дурисвіти базікають про відбудову т. зв. нар--хоз, про патріотизм, щоби легче було їм відняти від нас хліб.

СЕЛЯНИ!

Пятирічка в 1933 р. це міліони голодом замучених наших дітей, братів, сестер—це Сибір, Казахстан, тюрми, концтабори, шибениці, розстріли. Висновки попередніх пятирічок нас учать, що те, **що збережемо самі, це нас врятує від голоду.**

Не даваймо хліба ненажерливим сталінсько—большевицьким бандитам. Хліб з колгоспу, голод в село, війна в край.

Розбираймо хліб із колгоспів і розділяймо між себе.

Не ждім поки нам дадуть посліду з під машини.

Геть з сталінським панщизняно-колгоспним ладом!

НАША ПРАЦЯ—НАШ ХЛІБ!

Заклик селян-колгоспників Київщини

— З друкарні Української Повстанчої Армії 1946 р. —

Заклик до селян не дати можливості владі організувати новий голод, 1946 р.

В. В.], розбили кооперативний магазин в м. Деражня, набрали фіру товарів і від'їхали. МВД цієї самої ночі по слідах зайшло в село Божиківці, район Віньківці, де застали вищезгаданих хлопців у хаті. Зав'язався бій. В бою паде один хлопець, а трьох інших здаються. Було багато випадків народної помсти над сталінськими собачниками. Дня 2.05.47 року в лісі біля Віньковець невідомі люди вбили сталінського посіпаку лісника, який заборонив людям збирати сушник по лісі. На грудях вбитого була причеплена табличка: "Хто буде так робити, тому буде так само". В селі Міцівцях Солобковецького р-ну в часі жнив 1947 року невідомі люди побили рогом від барана бригадира, який вийшов нічччю з села провірити, чи хто не краде збіжжя. В селі Нестерівцях невідомі люди спалили в часі дня новозабудовану хату відомого сталінського посіпаки, завгоспа нестерівського колгоспу, який вишукував у людей "вкрадені" колоски та збіжжя. В селі Вишнівчик Смотрицького р-ну невідома колгоспниця зарізала серпом стрибка, який хотів відібрати в неї "крадене" зерно».

Іншою особливістю подій 1946—1947 років було те, що українці мали можливість тікати з уражених голодом теренів на Західну Україну, де його не було. Саме таким чином багатьом із них вдалося вижити і врятувати свої сім'ї. Напевно, втікачам нелегко було полишати рідні села і вирушати в невідомий для них край. Тим паче, що десь тут, якщо вірити радянській пропаганді, продовжували діяти «німецькі недобитки» бандерівці, які загрожували життю усіх чесних громадян.

Їхні побоювання частково виправдалися, адже без зустрічей із бандерівцями не обійшлося. От тільки ті, кого називали «українсько-німецькими буржуазними націоналістами», чогось зовсім не були схожі на німців, яких пам'ятали з недавньої війни. Навпаки, попри дещо відмінну говірку, вони були схожими на земляків з-за Збруча і говорили саме те, що боялися висловлювати вони самі: влада вбиває селян голодом. Озброєні хлопці розповідали про те, що борються за незалежну Україну, у якій не буде голоду та колгоспів. Але найважливіше, що вони не просто говорили (це непогано робили і «свої» політруки), але й реально допомагали вижити.

Отримавши інформацію про втікачів зі сходу, керівництво підпілля почало організовувати допомогу голодуючим. В інструкції з 1947 року читаємо: «Поробити відповідні запаси збіжжя чи бараболі, не закопуючи в окремих магазинах, а залишаючи по господарях до певного часу. Голодуючим давати руками кадрів ОУН по 5—10 кг збіжжя чи бараболі, додаючи рівночасно відповідну кількість листівок до розкинення в своєму районі. При цьому треба пам'ятати, що збіжжя можна роздавати в присутності інших, а листівки ніколи.

Це треба полагодити на боці, без зайвих свідків. Крім допомоги хлібом, можна давати також грошові допомоги — по 100 до 150 крб».

Чимало уваги зверталося на те, аби з перших хвилин зустрічі справити позитивне враження: «Особиста поведінка члена ОУН має важливе значення у приєднуванні симпатій українців з СУЗ, прибувших до нас за хлібом. Большевицька пропаганда намагається змалювати нас як бандитів, дикунів і т. п. У зустрічах з голодуючими підпільник повинен бути чисто одягнений та культурний у поведінці. Дуже часто буває таке, що голодуючого не приймають до хати на нічліг і він лягає спати на дорозі, під плотом, чи прямо у рові. Обов'язком члена ОУН є запровадити дану людину до якогось господаря та припоручити йому переночувати її і нагодувати».

Підпільники вважали за необхідне не лише власними силами організувати допомогу голодуючим, але й максимально залучити до цього західноукраїнське населення. «Всі організаційні кадри зобов'язані шляхом гутірок з населенням та шляхом розкинення відповідних листівок витворити атмосферу прихильності та співчуття до голодуючих та приїхавших на заробітки зі сходу. Зокрема, допильнувати, щоби населення допомагало їм матеріально».

Допомога та приязна поведінка підпільників швидко почали розвінчувати радянські міфи про німецьких запроданців та братовбивць. «Ніколи не забуду сьогоднішньої розмови з вами, — розповідав утікач зі сходу, — а коли верну щасливо домів, про все розкажу своїм землякам. Ця зустріч буде для мене пам'ятною. Вірю, що ваша боротьба надаремно не піде, а принесе вільне життя всім народам». «Мене большевицька влада виховувала через 15 років у комуністичному дусі, — розповідала жінка зі сходу, — а коли я приїхала до села В., де стрінулася з бандерівцями, вони протягом кількох тижнів перевиховували мене так, що я сьогодні вповні розумію, за що ви боретесь, знаю тепер, хто ми, і, як вдруге поїду домів, то знаю вже, що маю я там робити. Я багато від вас навчилася».

P. S. У 1946—1947 роках голод утретє був використаний радянською владою як зброя проти українського народу. Він завдав значних втрат, кількість його жертв (як, зрештою, й попередніх 1921—1923 та 1932—1933 років) досі остаточно не підрахована. Але головної своєї мети влада не досягла — голод не розділив українців. Навпаки, боротьба з ним об'єднала їх. І сьогодні, через десятки років після цих подій, у незалежній Україні, попри різницю в трактуванні питань минулого та сучасності, пам'ять про спільно пережиті трагедії та про спільно подолану біду єднає нас.

Рейд у Прибалтику

У січні 1991 року під стінами телевежі у Вільнюсі проти радянських танків і на захист демократії поруч із литовцями пліч-о-пліч стояли представники українських громадських організацій. Це був не перший досвід активної співпраці між антикомуністичними рухами обох народів. На той момент загальновідомою була взаємодія українських та литовських дисидентів, легендарним стало співробітництво колишніх «лісових братів» з вояками УПА у сталінських таборах.

Спроби розгорнути спільну боротьбу робилися і до цього, коли упівці зі зброєю в руках протистояли сталінському тоталітаризмові, розпалюючи вогонь повстання на західних околицях Радянської імперії. Одним із елементів цієї боротьби був прибалтійський рейд УПА 1950 року.

Командування УПА мало значний досвід організації успішних військово-пропагандистських рейдів на території сусідніх держав. Протягом 1945—1949 років такі акції здійснено в Польщі, Словаччині, Чехії, Румунії. Їхнім завданням було налагодити контакт із місцевим антикомуністичним підпіллям та поширити інформацію про український визвольний рух у світі. За результатами рейдів про УПА писали провідні європейські та американські газети, а інформація про важку боротьбу в Україні стала відомою у світі.

Проте неможливим виявилося втілити перше завдання: місцеві підпільні рухи, як з'ясувалося, були надто слабкими, і невдовзі після завершення Другої світової війни місцеві комуністи за активної радянської допомоги їх ліквідували.

На кінець 1940-х антирадянська війна не вщухала тільки на Західній Україні та в Прибалтиці, особливо в Литві. Керівництво українського визвольного руху знало про ситуацію в цій країні, українці її уважно вивчали та обговорювали. Тож улітку 1950 року було вирішено відрядити групу повстанців до Прибалтики.

Відповідальним за підготовку акції призначено Василя Галасу, тодішнього крайового провідника на Північно-західних українських землях (Волинь і Полісся). Очевидно, Галасу було обрано не тільки через те, що відправною точкою рейду були підконтрольні йому терени, але й тому, що саме він мав найбільший серед керівників підпілля досвід у плануванні аналогічних заходів. У 1945—1946 роках Галаса готував рейди на Словаччину, у 1946-му розробив

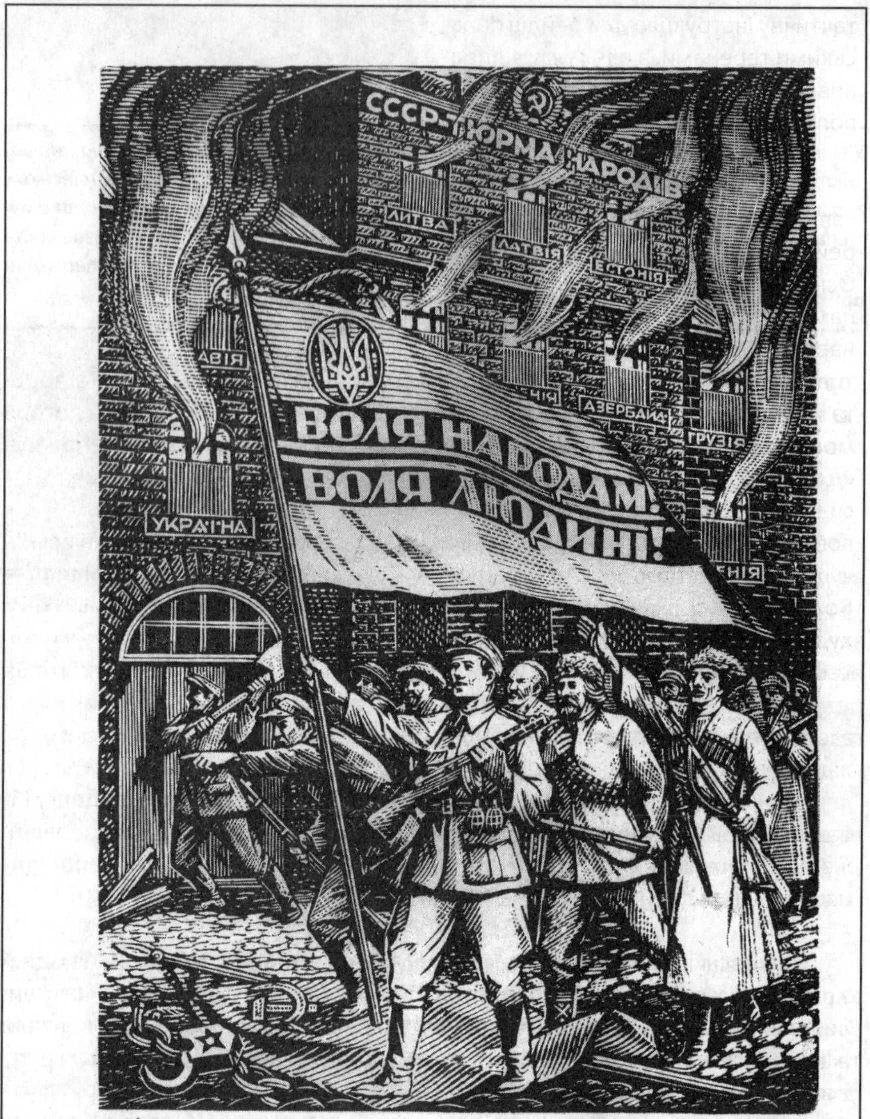

Гравюра Ніла Хасевича

тактичну інструкцію для рейдів польськими теренами, а в 1947-му відправив до Західної Німеччини три сотні вояків УПА із Закерзоння.

Тож і цього разу Галаса написав спеціальні вказівки для учасників рейду, а також агітаційні матеріали. Оскільки рейд мав проходити теренами Білорусі, то, крім звернення до народів Прибалтики — листівки «Литовці, латиші, естонці!» (українською та її скорочений варіант російською мовою), створено окрему листівку «До білоруського народу». Для посилення пропагандистського ефекту повстанці використали як ілюстрацію чудовий дереворит «Воля народам! Воля людині!», виконаний відомим художником підпілля Нілом Хасевичем — «Бей-Зотом».

Василь Галаса, організатор закордонних рейдів УПА, зокрема рейду в Прибалтику

Основний наголос у заклику до народів Прибалтики робився на необхідності налагодження тісної співпраці між визвольними рухами всіх поневолених СРСР народів. «Литовці, латиші, естонці! — писав Галаса. — Боротьбу ваших народів за своє визволення ми мусимо вести спільно і мусимо ставити її в єдину розумну площину — площину боротьби за побудову самостійних національних держав усіх поневолених Москвою народів…

Литовські, латиські, естонські революціонери! Затіснюйте співпрацю з нашим визвольним рухом. Пересилайте в Україну свою підпільну літературу, листівки, заклики. Наставляйте своїх побратимів, щоб вони, будучи у ворожій армії, на примусових роботах на Сибірі, у в'язницях і концтаборах та при всяких інших обставинах, нав'язували з українцями дружбу і щоб спільно допомагали собі в житті та боротьбі проти окупантів. Ми завжди робили, робимо і робитимемо так само».

У російському варіанті звернення читаємо: «Скріплюйте зв'язки з українським визвольним рухом. Спільним фронтом розвернемо наступ проти загального окупанта. Хай живе Антибільшовицький Блок Народів! Відгукніться таким самим чином на наш заклик».

СВОБОДА НАРОДАМ И ЧЕЛОВЕКУ!

ЛИТОВЦЫ, ЛАТЫШИ, ЭСТОНЦЫ!

ПЛАМЕННО ПРИВЕТСТВУЕМ ВАШУ ГЕРОИЧЕСКУЮ БОРЬБУ ЗА СВОЕ ОСВОБОЖДЕНИЕ ПРОТИВ РУССКО-БОЛЬШЕВИСТСКИХ ОККУПАНТОВ! В УКРАИНЕ ТАКЖЕ ВЕДЕТСЯ УПОРНАЯ ОСВОБОДИТЕЛЬНАЯ БОРЬБА.

УКРЕПЛЯЙТЕ СВЯЗИ С УКРАИНСКИМ ОСВОБОДИТЕЛЬНЫМ ДВИЖЕНИЕМ!

СПЛОЧЕННЫМ ФРОНТОМ РАЗВЕРНЕМ НАСТУПЛЕНИЕ ПРОТИВ ОБЩЕГО ОККУПАНТА!

ДА ЗДРАВСТВУЕТ АНТИБОЛЬШЕВИСТСКИЙ БЛОК НАРОДОВ!

ОТКЛИКНИТЕСЬ ТАКИМ САМЫМ ОБРАЗОМ НА НАШ ЗАЗЫВ!

УКРАИНСКИЕ ПОВСТАНЦЫ.

Звернення до литовців, латишів та естонців

Очевидно, у 1950 році не могло бути й мови про цілковите повторення досвіду рейдів 1945—1947 років з участю сотні вояків УПА, котрі протягом кількох тижнів проводили операції на території сусідніх держав. Завдання налагодити зв'язок, пройшовши сотні кілометрів, і провести ефективну пропагандистську кампанію на терені, насиченому ворожими силами, могла виконати тільки невелика мобільна група повстанців. Таку групу доручено сформувати керівнику Ковельської округи Василю Сементуху — «Ярому». До неї включено дванадцять підпільників на чолі з провідником Камінь-Каширського району «Рибаком». Повстанці настільки наповнили пропагандистською літературою наплічники (крім уже згаданих листівок, там були інші підпільні видання, зокрема «Хто такі бандерівці і за що вони борються?»), що не змогли взяти більше харчів.

19 липня 1950 року група перетнула кордон між УРСР та БРСР і вступила на територію Давидгородоцького району Пінської області. Щоб якомога швидше досягнути Литви, упівці рухалися конспіративно і протягом першого етапу рейду не проводили пропагандистської роботи на білоруських землях. Проте вже дуже швидко стало зрозуміло, що їхнє перебування не є секретом для радянських спецслужб, більше того, скидалося на те, що останнім відомо про завдання дістатися Литви. Раніше запланований рух на північ став неможливим через блокаду території військами білоруського МВД та МҐБ. Тому 22 липня командир вирішив змінити напрямок рейдування, а разом із тим відкорегувати поставлені завдання. Зрозумівши, що досягнути кінцевої

Боївка Ковельського окружного провідника Василя Сементуха (перший праворуч), командира рейду

мети рейду їм не вдасться, повстанці повернули на схід і розпочали активну пропагандистську кампанію серед білорусів.

Віднайдений нещодавно в Архіві СБУ звіт про цей рейд відтворює атмосферу акцій УПА в Білорусі: «До нас сходиться населення зі всіх кінців села, інша гутірка перетворюється в мітинг. Про боротьбу на українських землях, про нашу політичну платформу, про важливість спільного фронту поневолених большевиками народів, про наш клич: "Воля народам і людині!" уважно прослухали до 200 селян.

Після короткого мітингу зав'язалися дискусії, під час яких селяни нам щиро розказували все про своє життя, особливо нарікаючи на сталінські колгоспи, у яких нічого не виплачують за трудодні, і сталінських колгоспних гайдуків, у тому числі й на того, який перед тим втікав від нас... Ось одна старша жінка, звертаючись до нас, каже: "Хлопці, рятуйте нас усіх, бо ми пропали, розбивайте цю нечисту силу". Довелося вже пережити горя білоруському народові під большевицьким пануванням.

Після поширення нашої революційної літератури залишаємо село. Населення проводить нас. Дехто, щоби говорити з нами, по кілька разів забігав нам дорогу і нав'язував розмову, а дітвора, а навіть старші, провели нас аж до лісу».

Воля народам! Воля людині!

ЛИТОВЦІ, ЛАТИШІ, ЕСТОНЦІ!

Палко вітаємо Вашу визвольну боротьбу проти російсько-большевицьких окупантів.

В Україні таку ж боротьбу веде Організація Українських Націоналістів (ОУН), керована Степаном Бандерою та Українська Повстанча Армія (УПА) на чолі з генералом Тарасом Чупринкою. Найвищим керівним органом нашої національно-визвольної боротьби являється Українська Головна Визвольна Рада (УГВР). За кордоном нашу боротьбу і державно-політичні інтереси України репрезентує Закордонне Представництво УГВР.

Боротьба за **волю народів і людини** — основний клич нашої політичної програми.

ЛИТОВЦІ, ЛАТИШІ, ЕСТОНЦІ! Боротьбу наших народів за своє визволення ми мусимо вести спільно і мусимо ставити її в єдину розумну площину — в площину боротьби за побудову самостійних національних держав **усіх** поневолених Москвою народів. Мусимо ліквідувати неволю, і джерело неволі — російську імперію. Росіяни мусять навчитися жити на своїй землі і коштом власної праці. Доки існує російська імперія, доти ні один сусідуючий з нею народ не може вільно жити. Доля Ваших народів 1940 році наглядно потверджує це.

ЛИТОВСЬКІ, ЛАТИСЬКІ, ЕСТОНСЬКІ РЕВОЛЮЦІОНЕРИ! Затіснюйте співпрацю з нашим визвольним рухом. Пересилайте в Україну свою підпільну літературу, листівки, заклики. Наставляйте своїх побратимів, щоб вони, будучи у ворожій армії, на примусових роботах на Сибірі, у в'язницях і концтаборах та при всяких інших обставинах, нав'язували з українцями дружбу і щоб спільно допомагали собі в житті та боротьбі проти окупанта.

Ми завжди робили, робимо і робитимемо так само.

Хай живуть самостійні національні держави — Литовська, Латиська, Естонська, Українська!

1950 рік

Організація Українських Націоналістів

Листівка УПА «Литовці, латиші, естонці», 1950 р.

Дійшовши до річки Прип'ять, повстанці, які на той момент відвідали вже 21 населений пункт, зокрема Турівського і Петриковського районів Поліської області, розпочали зворотний рух. 1 серпня 1950 року вони перетнули білорусько-український кордон і незабаром повернулися на місце своєї дислокації на Волині. Незважаючи на насиченість території ворожими військами, підпільникам вдалося уникнути збройних зіткнень. Але попри цей тактичний успіх та ефективну пропагандистську роботу на білоруських теренах, головна місія рейду — налагодження стосунків із прибалтійськими партизанами — залишилася нездійсненою.

Співпраця стала можливою через кілька років і за тисячі кілометрів від українських та литовських земель — у безкрайніх просторах Сибіру і Казахстану. Саме колишні партизани з України та Литви, хоч і без зброї в руках, але все ще не скорені, зуміли не лише зламати диктатуру кримінальних в'язнів у сталінських таборах. Повстаннями 1953—1954 років вони розвалили саму систему ГУЛАГу.

А взимку 1991 року їхні онуки добили Радянську імперію, не давши танками розчавити молоді національні демократії.

Слідство ведуть... м'ясники

За багато років від часу появи професії слідчого методологія роботи не особливо змінилася. Допити свідків та підозрюваних, зіставлення поданої ними інформації, очні ставки, залучення речових доказів — типовий арсенал для розслідування злочинів чи то в дев'ятнадцятому, чи то в двадцять першому столітті. Проте цей інструментарій можна використати як для того, аби виявити злочинця, так і для того, аби зробити винним будь-кого іншого.

Справжніми спеціалістами другого варіанта слідства були чекісти. Ще до початку роботи вони не лише знали, хто і в чому буде обвинувачений, але і що скаже затриманий, аби поставити крапку у своїй справі. Під час самого слідства залишалося лише перенести це знання з ідеальної сфери в цілком реальну — процесуальну, тобто належним чином оформити «зізнання» свідків та обвинуваченого.

Чекісти були дуже чуйними до такого роду питань — хай там що, а «справа» мусить виглядати досконало. Вибита інформація акуратно оформлялася

Чекісти — учасники боротьби з підпіллям.
Шостий праворуч — полковник Рафаель, один із «м'ясників», які працювали з Лукою Павлишиним

в протокол, який виглядав як невинна, доволі цікава розмова, подана у формі діалогу, питань та відповідей. У кінці документа обов'язкова приписка про те, що «протокол мною особисто прочитаний, свідчення записані з моїх слів правильно» і підпис затриманого. З останнім елементом не завжди вдавалося гарно, підпис часто спотворений, адже мальований заледве живою людиною. Тим не менше побитий, скривавлений в'язень мав обов'язково підписати папір власноруч — такий порядок.

У сучасному архіві СБУ сотні тисяч таких чекістських справ, одно- та багатотомних, а в них мільйони таких протоколів. Тут можна віднайти чимало важливої, часто унікальної інформації. Але не слід забувати, що тут не менше й брехні, яку слідчі в буквальному сенсі вибивали з ув'язненого. Справи здебільшого не містять жодної інформації про процедуру отримання зізнань. А без цього важко зрозуміти, як і чому письменники та режисери визнавали себе терористами, а радянські маршали та генерали — іноземними шпигунами. Сучасний дослідник, який надмірно довіряє таким документам, іноді потрапляє в полон ретельно продуманих багато років тому чекістських сценаріїв і відтворює їх у сучасності.

Справа одного з командирів УПА Луки Павлишина, заарештованого в березні 1950 року, схожа на інші. Єдине, що її вирізняє, — це три заяви, написані на ім'я генерального прокурора СРСР в 1954 році. Для підсудного ці документи — остання надія на справедливість, породжена змінами в країні після смерті Сталіна, для істориків — унікальне джерело інформації про внутрішню «кухню» чекістського слідства. Але почнімо з традиційних документів — протоколів.

Лука Павлишин, фото 1930-х рр.

Вже на першому допиті 11 березня 1950 року Лука Павлишин доволі багато розповідає про своє націоналістичне минуле — участь у похідних групах, розбудові УПА, зрештою, про відхід від підпільної діяльності в 1944 році із встановленням радянської влади. Сказаного ним цілком

Кабінет слідчого. Реконструкція Національного музею-меморіалу «Тюрма на Лонцького»

вистачало для поважного терміну ув'язнення. Проте слідчим цього виявилося замало, тому допити продовжилися. І недаремно — наполегливі чекісти отримали чимало нової інформації.

Кожному новому «зізнанню» затриманого в протоколі передує ввічлива фраза: «Слідству відомо, що Ви приховуєте деякі факти своєї діяльності. Вимагаємо від Вас правдивих свідчень». Далі стандартна відповідь затриманого: «Визнаю, що я був нещирим і намагався приховати від слідства важливу інформацію», за якою слідували нові покази. В результаті слідчі дізналися, що Лука Павлишин набагато страшніший націоналіст, ніж вони очікували. Насправді в ОУН був не з 1938 року, а з 1930-го, в УПА мав звання полковника, не припинив зв'язку з підпіллям після 1944 року, постійно контактував із заступником Головного командира УПА Василем Куком — «Лемешем».

Вся ця інформація наповнена безліччю детальних фактів: прізвища людей, які пов'язували Павлишина з підпіллям, конкретні місця для зв'язку, детальні описи зустрічей із Куком. Хоч бери і пиши докладне дослідження на цю тему. У жовтні 1950 року оформлено обвинувальний вирок, за яким Лука Павлишин отримав по максимуму — 25 років таборів. Проте написана через чотири роки в таборі заява засудженого проливає зовсім інше світло на ці «факти».

Слідство проходило в сумнозвісній тюрмі на Лонцького у Львові, у кабінеті № 44. Його учасниками і одночасно авторами всієї історії були офіцери обласного управління МҐБ: полковник Майструк, начальник цього управління, підполковник Черняк, начальник оперативного відділу, полковник Рафаель, начальник слідчого відділу, капітан Солоп, старший лейтенант Федоров, слідчий у справі, і два його помічники Тюлькін і Маляр. Ось така без перебільшення зіркова, зважаючи на кількість зірочок на їхніх пагонах, команда м'ясників.

«Після двох днів умовляння, — пише Павлишин у заяві, — покликали Тюлькіна і Маляра і почали бити телефонним кабелем, тобто гумою із залізним дротом всередині. Били днями, ночами, тижнями, місяцями… Іноді побитого кидали у карцер, і я лежав напівголий на бетоні, від чого до сьогодні маю хронічну ангіну. Коли зад надто кривавив, били по ногах, плечах, руках, шиї, голові. Федоров особливо любив бити по місцях, де тіло полопало і особливо кривавило. Любив бити по закінченню відхідної кишки. Під час побиття я часто втрачав свідомість, ходив під себе там же, лежачи в 44 кабінеті, по-важкому і по-легкому, що дуже тішило Федорова, який радив мені писати дружині, щоб прислала побільше кальсонів. Часом бив мене, не кажучи ні слова, і, коли мене приносили в камеру, зеки розгадали цей секрет — Федоров бив для того, щоб злякати нового зека, який з'являвся в камері… Іноді Федоров влаштовував із мене видовище: скликав інших слідчих, показував мене побитого, який валявся у власних екскрементах. Друзі Федорова реготали, жартували… Бувало так, що я заходив у слідчий кабінет і Федоров, не кажучи ні слова про слідство, наказував знімати штани, лягати на підлогу (звичайний порядок) і бив, поки не втомиться. Тоді викликав чергового і наказував відвести в камеру. Часто вигадував причини, наприклад, ніби я перестукувався з 65 камерою і т. п., коли мені не те що стукати — жити не хотілося. З якою насолодою я тоді б вчинив самогубство, але не було як: водили під руки, в камері постійно спостерігали провокатори».

Одна з камер тюрми на Лонцького

В результаті «ефективної роботи» слідчих Лука Павлишин визнав усе, що від нього вимагали, підписував

Зовнішній вигляд сумнозвісної тюрми

протоколи не читаючи, дав «свідчення» на кільканадцять осіб, які в результаті були засуджені. Він уже готовий був взяти на себе вину у вбивстві командувача фронту генерала армії Ватутіна, але це питання раптом перестало цікавити чекістів…

Найбільш трагікомічна ситуація сталася з приводу інформації про контакти Луки Павлишина з одним із керівників підпілля Василем Куком — «Лемешем».

«Довго били, щоб зізнався, що Леміш був у Львові, — пише він у 1954 році, — "Зізнався". Знову стали бити, уточнюючи кількість його охоронців. "Один!" — мало. Б'ють ще. "Два!" — мало. Б'ють ще. "Три" — мало, і так далі до десяти. Щоденні побої протягом десяти днів. По одному охоронцю на день. Підписав про десять охоронців. Порадившись із кимось і отримавши санкцію, що це безглуздя, щоб у Львів в 1950 році прибув Леміш з відділом охоронців, що це явно компрометує органи МҐБ і МВД, стали вибивати у зворотньому порядку, щоденно скорочуючи по одному охоронцю. Били до тих пір, поки не "зізнався", що Леміш був один. Потім знову порадилися і вирішили, що Леміш взагалі не міг бути у Павлишина у Львові — стали бити, вимагаючи відмовитися від раніше даних свідчень».

Лука Павлишин згадує, що важко було не лише терпіти побої, але й тримати в голові всю попередньо подану брехню і щоразу повторювати її однаково, аби вона виглядала вірогідною.

«Я бачив, — пише Павлишин, — що не тільки зі мною таке творили. Таких, як я, були тисячі, їх мордували, часто ні за що, били і змушували

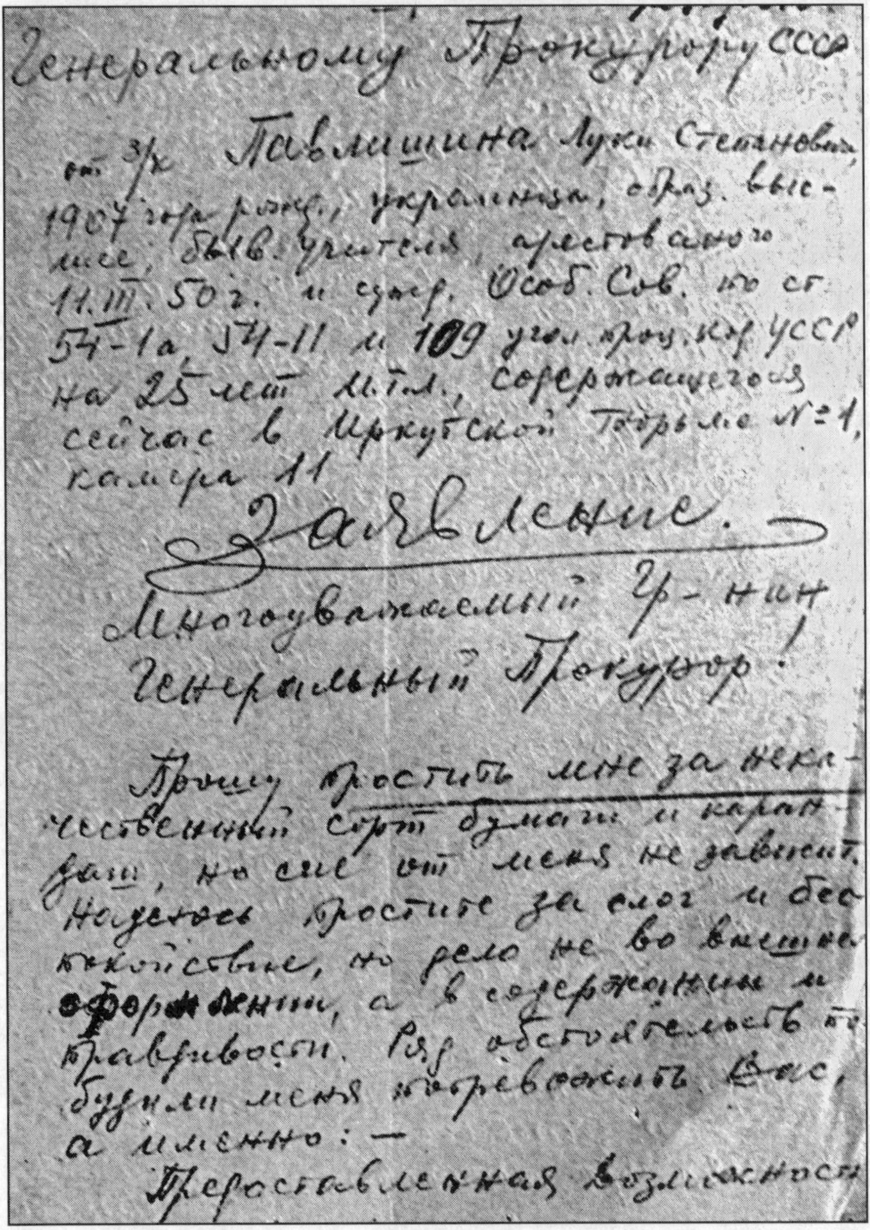

Генеральному Прокурору СССР

от з/к Павлишина Луки Степановича,
1907 года рожд., украинца, образ. выс-
шее, быв. учителя, арестованного
11.III.50 г. и сужд. Особ. Сов. по ст.
54-1а, 54-11 и 109 угол. проц. код. УССР
на 25 лет ИТЛ, содержащегося
сейчас в Иркутской тюрьме №1,
камера 11

Заявление.

Многоуважаемый Гр-нин
Генеральный Прокурор!

Прошу простить мне за нека-
чественный сорт бумаги и каран-
даш, но это от меня не зависит.
Надеюсь простите за слог и бес-
покойствие, но дело не во внешне-
оформлении, а в содержании и
правдивости. Ряд обстоятельств по-
будили меня побеспокоить Вас,
а именно: —
Предоставленная возможност

Заява Луки Павлишина на ім'я генерального прокурора СРСР, 1954 р.

Лука Павлишин після років ув'язнення

підписувати на себе чи на інших». Так працювала радянська репресивна машина, жертвами якої стали мільйони. Та сама машина, яку сьогодні дехто намагається подати як приклад «ефективного менеджменту».

P. S. Скарги Луки Павлишина до прокуратури спочатку дали позитивний результат — його визнали необґрунтовано засудженим, але згодом це рішення скасували. Можливо, тому, що тоді довелося б розбиратися із зірковою командою м'ясників, які, напевно, продовжували доблесну службу батьківщині, а потім стали заслуженими пенсіонерами.

Бандерівець Ющенко

Зазвичай статті чи книги починаються з обґрунтування того, чому автор вирішив її написати та надрукувати. Ця стаття особлива — я почну з того, чому я її не писав і не друкував. Матеріал, який ліг в її основу, віднайдений в Архіві СБУ у вересні 2009 року. Спокуса одразу його опублікувати була дуже великою, але я чудово розумів, що в ситуації початку президентських перегонів стаття буде сприйнята виключно як їх елемент.

Замість того, аби припинити політичні маніпуляції довкола трагічної долі людини, унікальна інформація тільки надасть їм нового поштовху. Копії усіх виявлених документів передано для ознайомлення сину головного героя, тодішньому президентові України Віктору Андрійовичу Ющенку. Попри ймовірний політичний зиск, він утримався від використання виявленої інформації у власній виборчій кампанії.

Зараз, коли, здається, вже відгули усі можливі вибори, настала пора оприлюднити документи, які проливають світло на долю Андрія Ющенка. Для того, аби відгородити від брудних наклепів долю однієї людини,

Віктор Ющенко на могилі батька Андрія

котру в деяких публікаціях перетворили з жертви нацистського режиму на його прислужника. Для того, аби спростувати сотні інших наклепів і пропагандистських кліше, що стосуються діяльності націоналістичного підпілля у післявоєнний період.

Отже, про те, що робили вчителі, прислані на Захід України, як довго існувало націоналістичне підпілля на Сході і як боролася з ним радянська влада, нам розкажуть чекістські документи про Андрія Андрійовича Ющенка.

Він тричі у своєму житті перетинався з радянськими органами державної безпеки. Вперше — ще зовсім молодим 18-річним хлопцем. Про першу трагічну зустріч маємо дуже небагато інформації, проте її достатньо, щоби спростувати сумніви деяких журналістів щодо факту засудження сталінським режимом і наявності політичних підстав для цього.

У довідці управління МВД у Сумській області від 15 січня 1954 року вказано, що Андрій Ющенко «у 1937 році в м. Баку був засуджений "трійкою" НКВД за злочинну діяльність». «Трійка» НКВД займалася політичними злочинами проти радянської влади або вчинками, які вона саме так інтерпретувала. У подальшому чекісти неодноразово фіксували антирадянські настрої Ющенка.

Друга зустріч відбулася після завершення Другої світової, у процесі так званої фільтрації, коли радянські органи безпеки перевіряли обставини його перебування в полоні. Подана Андрієм Ющенком інформація не викликала сумнівів у чекістів ані відразу у 1945 році, ані згодом. В усіх документах з 1948 року до середини 1950-х згадується про ув'язнення в нацистських таборах.

В уже цитованій довідці МВД зазначалося: «30 липня під м. Мінськ потрапив у полон німецько-фашистських військ. Чотирнадцять разів перекидався з табору в табір на території Польщі, Німеччини, Чехословаччини, Франції. Утримувався у таборах "4-Б", "304", центральний табір гестапо в м. Вольф, Нюрнберзька тюрма, табір "13-Д" Освенцім та інших, а згодом у м. Флесембург [так у документі, правильно "Флоссенбург". — *В. В.*] звільнений американськими військами, де вступив на службу до американської армії, використовувався для виловлювання решток німецьких військ "СС" і співробітників гестапо». Тож навіть чекісти, які, як ми побачимо згодом, справді хотіли посадити за ґрати Андрія Ющенка, не опустилися до фантазій окремих журналістів, які піддали сумніву табірне ув'язнення або навіть приписали Ющенку роль співробітника нацистів.

МЮ-3 Вх 208
25/I-54 г.

УПРАВЛЕНИЕ МИНИСТЕРСТВА ВНУТРЕННИХ ДЕЛ ПО СУМСКОЙ ОБЛАСТИ

4 о т д е л

"15" января 1954 года. № 4/170

Совершенно секретно
Серия"К", экз №1

НАЧАЛЬНИКУ 4 УПРАВЛЕНИЯ МВД УССР
П о л к о в н и к у

тов.С А Р А Е В У.

гор.К и е в

НАЧАЛЬНИКУ УМВД СТАНИСЛАВСКОЙ ОБЛАСТИ
Подполковнику

тов.К О С Т Е Н К О

с.Станислав.

Директором Велико-Каменской НСШ,Коршевского района,Станиславской области в 1946-47гг. работал Ющенко Андрей Андреевич, 1919 года рождения, уроженец села Хоружевка, Недригайловского района, Сумской области. В 1937 году в г. Баку был осужден тройкой НКВД за преступную деятельность. Перед началом Отечественной войны вступил в ряды КПСС. 30 июля 1941 года под гор.Минск попал в плен немецко-фашистских войск.

Четырнадцать раз перебрасывался из лагеря в лагерь на территории Польши, Германии, Чехословакии, Франции. Содержался в лагерях "4-Б","304", центральный лагерь гестапо в гор. Вольф, Нюрнбергская тюрьма, лагерь "13-Д" Освинцим и других, а затем в гор. Флесембург освобожден

Вх № 912
19 I 54

Довідка Управління МВД Сумської області у справі Андрія Ющенка, 1954 р.

Втретє він привернув до себе увагу каральних органів наприкінці 1940-х. Саме тоді Ющенко стає об'єктом оперативної розробки, опиняється під пильним спостереженням, на нього заводиться справа-формуляр.

Але перед тим Андрія Ющенка, радянського вчителя, ветерана війни, із Сумської області відправили сіяти «добре і вічне» у Західну Україну. Відрядження, яке в той повоєнний час вважалося смертельно небезпечним, адже прислані педагоги опинялися між молотом і ковадлом завзятої боротьби українських повстанців та радянської влади. Остання не соромилася використовувати педагогів — представників наймирнішої професії — для своїх далеко не мирних цілей. Вчителі мали за обов'язок не лише розповідати дітям про героїчне радянське минуле та малювати перспективи світлого майбутнього, але й періодично доповідати в органи безпеки про неспокійне сьогодення. Людей, які опинялися в чужому і часом незрозумілому для них соціальному середовищі, перетворювали на таємних інформаторів, використовували для боротьби з місцевим підпіллям.

Кожен змушений був обирати власну стратегію виживання. Хтось активно брався виконувати таємні доручення органів, сподіваючись, що саме вони гарантують його безпеку, хтось тихо саботував вказівки, а хтось налагоджував тісний контакт із місцевими, а відтак — і з повстанцями.

До останніх належав вчитель, а згодом директор неповної середньої школи с. Велика Кам'янка Коршівського району Станіславської (тепер Івано-Франківської) області Андрій Андрійович Ющенко. У цьому західноукраїнському селі він пробув неповних два роки — від січня 1946 до листопада 1947 року, але за цей короткий час зав'язав активну співпрацю з ОУН.

Органи МҐБ дізналися про неї під час допитів затриманих місцевих підпільників. Один із них, Стефан Івасютин — «Сірко», свідчив, що «директор НСШ Велика Кам'янка Ющенко А. А. також надавав підпіллю ОУН матеріальну допомогу грошима і був симпатиком підпілля ОУН. Він добре знайомий з програмою ОУН і з колишніми націоналістичними організаціями: СВУ, БУТ, УВО». Референт Служби безпеки ОУН Коршівського районного проводу Іван Сеньків — «Буковинець» повідомив: «З Ющенком я зустрічався тричі. Ющенко зі мною і бандитами [збережено лексику документа МҐБ. — *В. В.*] "Яструбом" і "Чорним" був пов'язаний з 1946 року, був нашим симпатиком, він неодноразово пояснював нам про виникнення і побудову націоналістичної держави, пояснював виникнення ОУН, звідки взявся Тризуб». В узагальнювальній довідці МВД про діяльність Андрія Ющенка на

\- 2 -

американским войсками, где поступил на службу в американскую армию, использовался по вылавливанию остатков немецких войск "СС" и сотрудников гестапо.

Как сообщает в своих анкетно-биографических данных Ющенко якобы удавалось осуществить шесть побегов из лагерей и тюрем.

Проживая в с. Каменка-Великая Ющенко. установил преступную связь с бандитами ОУН-УПА, в частности с референтом Коршевского районного "провода" ОУН "Буковинцем"-СЕНЬКИВ Иваном Николаевичем, участником районной боевки "СБ" "Сирко"- ИВАСЮТИНЫМ Стефаном Николаевичем, учителем В-Каменской школы ФИЛИППОВЫМ Дмитрием Дмитриевичем, являвшимся активным участником ОУН, а также с бандитами ОУН под кличками "Остап", "Ястреб", "Черный", "Арсен" и "Гроза".

Систематически встречался с ними на своей квартире и в других условных местах, при этом получал от них националистические бифоны, за которые платил деньги, снабжал их писчей бумагой. Разъяснял им историю "Тризуба", СВУ, БУТ, УВО.

При встречах с бандитами сообщал им сведения о наличии советско-партийного актива в населенных пунктах, а также о засадах, устраиваемых органами МВД возле его квартиры.

По заданию ОУНовцев прекратил преподавание в школе Конституции СССР, извращал исторические факты действительности в преподавании истории и географии.

В 1947 году перед арестом "Буковинца", "Сирко"

Довідка Управління МВД Сумської області у справі Андрія Ющенка, 1954 р.

Західній Україні також зазначається, що він «за завданням ОУН припинив викладання у школі Конституції СРСР, викривляв історичні факти дійсності у викладанні історії та географії».

Співпраця з підпіллям не обмежувалася інтелектуальною підтримкою повстанців, а виливалася й у конкретні практичні кроки. МВД інформувало, що Ющенко А. А. повідомляв оунівців «про наявність радянсько-партійного активу в населених пунктах, а також про засідки, які влаштовували органи МВД біля його квартири».

1946 рік, коли з ОУН почав активно співпрацювати Андрій Ющенко, був вирішальним у протистоянні українського визвольного руху і репресивної системи СРСР. Протягом першої його половини на Західній Україні проводилася одна з наймасштабніших противоповстанських операцій, так звана Велика блокада, до проведення якої долучено сотні тисяч військ НКВД, гарнізони яких розміщувалися практично у кожному селі краю. Тому контакти з підпіллям у такій ситуації були надзвичайно ризикованими. Під час цієї операції повстанці зазнали дуже серйозних втрат, але боротьба тривала.

Наприкінці 1947 року небезпека арешту нависла безпосередньо над Андрієм Ющенком. Очевидно, здогадавшись чи отримавши від когось цю інформацію, він у листопаді 1947 року залишає Західну Україну. Незабаром до рук МҐБ потрапили його знайомі підпільники «Сірко» та «Буковинець», учитель великокам'янської школи Дмитро Філіпов.

Через кілька місяців після їхнього арешту в допитах котрогось із заарештованих вперше з'являється прізвище директора школи. У серпні 1948 року МҐБ отримує від трьох заарештованих неспростовні свідчення співпраці Андрія Ющенка з ОУН. Чекісти оголошують місцевий розшук колишнього шкільного директора і дуже швидко знаходять його за місцем народження в селі Хоружівка Недригайлівського району Сумської області. Якби подальші події відбувалися на кілька років раніше, Андрій Ющенко був би негайно заарештований і, зважаючи на наявні докази його причетності до підпілля, навряд чи міг би розраховувати на милість «гуманного» радянського правосуддя.

Проте після масштабних антиповстанських акцій, масових арештів та депортацій 1944—1946 років головним інструментом боротьби з визвольним рухом стали агентурні операції. Великі маси радянських сил безпеки були безпорадними проти розпорошених і рухливих повстанських груп,

\- 3 -

и учителя ФИЛИППОВА ,имевшего связь с бандитами ОУН, Ющенко из Станиславской области скрылся и был объявлен в местный розыск.

В 1948 году был установлен по месту своего рождения в Недригайловском районе,Сумской области и взят на формулярный учет по окраске " Украинский национа - лист".

Ющенко слушая систематически радиопередачи "Би-би-си" и "Голос Америки",работающим по разработке агентам "Сокол " и "Мороз",высказывает антисоветские измышления и восхваляет жизнь и нравы за границей, в частности в Америке.

В ходе разработки к Ющенко нами трижды направлялась маршрутная агентура из числа бывших оуновцев западных областей Украины,под предлогом представителей ОУН, которых он принимал как действительных посланцев от ОУН, о чем скрывал от работающих по делу агентов "Сокола" и " Мороз".Но после третей встречи в г.Харькове 5/УП-1951 года с нашим агентом "Дорожным" Ющенко от дальнейших встречь с ним стал уклоняться.

В целях установл ения оперативного контакта с УМВД западных областей УССР по борьбе с ОУН и активизации разработки Ющенко просим дать указание УМВД Станиславской области тщательно изучить свои возможности и направить нам для посылки в маршрут к Ющенко своего спецагента из числа бывших бандитов ОУН-УПА,знающих особенности и обстановку Коршевского района,особенно села Каменка-Великая.

Довідка Управління МВД Сумської області у справі Андрія Ющенка, 1954 р.

новий формат діяльності підпілля давав можливість ще довго непокоїти радянську владу.

Чекісти вирішили максимально інфільтрувати власною агентурою місцеве населення, проникнути у структури ОУН і знищити визвольний рух зсередини. У нових умовах підпілля починає операцію «Орлик», суть якої полягає в поступовому перекиданні кадрів на Схід України для продовження тут своєї антирадянської діяльності. Радянські органи безпеки із захоплених документів знали про ці спроби, розуміли небезпеку їх реалізації.

Тема післявоєнної діяльності ОУН за межами Західної України лише починає вивчатися, проте навіть початкові результати дають уявлення про масштаби роботи. Протягом 2009 року лише у двох фондах Архіву СБУ виявлено майже дві з половиною тисячі документів НКВД—МҐБ про боротьбу радянської безпеки з ОУН за Збручем. Андрій Ющенко міг стати для чекістів точкою входу в маловідоме для них середовище підпілля на Сході України. Тому його не заарештовують, а намагаються негласно використати у власних цілях. У листопаді 1948 року Недригайлівським райвідділом МҐБ Сумської області було заведено справу-формуляр № 4552 на А. А. Ющенка. Її фігуранту чекісти присвоїли псевдонім «Хитрий».

З кінця 1948 року Андрій Ющенко опинився під наглядом органів безпеки, які обставили його своїми агентами. Досить тривалий час — понад рік — чекісти лише спостерігали за об'єктом «Хитрим». При цьому вони накопичили додаткові докази його антирадянських націоналістичних настроїв. Із донесень агентури: «Ющенко, слухаючи систематично радіопередачі "Бі-бі-сі" і "Голос Америки", агентам "Соколу" і "Морозу", що працюють у розробці, висловлює антирадянські думки і вихваляє життя та звичаї за кордоном, зокрема в Америці».

У розмовах з агентами він розповідав, що безпосередньо зустрічався з оунівцями, вважав, що вони «добиваються самостійної української держави, очікують війни. Бандерівці били німців і комуністів, вони воюють за український народ». Разом із тим чекісти відзначають, що «в даний час Ющенко поводиться замкнуто, агентуру, яка до нього направляється, приймає з дотриманням усіх умов конспірації».

У березні операція МҐБ переходить в активну фазу. До Андрія Ющенка підсилають агента «Лихого», колишнього підпільника, з легендою, що він разом зі своїм керівником за завданням Проводу прибув у Сумську область і йому рекомендували звернутися до Ющенка. «"Хитрий" прийняв "Лихого"

Отаман «Тарас Бульба». Вересень 1941 р.

Загін «Поліської січі», осінь 1941 р.

Відділ Української Повстанської Армії

Загін Армії Крайової

Агентурно-бойова група підполковника МҐБ Віталія Захарова (сидить у центрі), яка діяла на Прикарпатті

Агентурно-бойова група, Станіславська область. Початок 1950-х років

Сім'я Головного командира УПА Василя Кука, дружина Уляна та їхній син Юрко — разом після довгих поневірянь, 1960-і роки

\- 4 -

Желательно, чтобы спецагент лично знал разрабатываемого нами Ющенко.

По имеющимся в деле-формуляр не проверенным материалам, референт районного "провода" ОУН "Буковинец", с которым был связан Ющенко используется в оперативных целях УМВД Станиславской области и возможно может быть использован в этих целях.

При составлении задания-легенды агенту имеется в виду направить его к Ющенко под видом вынужденного скрываться от органов Советской власти бандита ОУН "проводника", который обратится к нему с просьбой укрыть его в своем доме.

(Поскольку ранее к нему дважды направлялась наша агентура под видом представителей ОУН, как бы для связи с ним, поэтому на этот раз намечается предлог несколько другого содержания).

В том случае, если Ющенко примет агента за действительного нелегала ОУН, при беседах с ним выявлять его взгляды на деятельность ОУН, изучать его связи с оуновцами Западных областей Украины и других областей.

Не проводит ли Ющенко антисоветской националистической деятельности в настоящее время. Если он делает что-либо практически, то выяснить , что именно, с кем связан и какие ставит цели и задачи на будущее.

При положительном реагировании Ющенко на деятельность ОУН в Западных областях УССР и доверии к спецагенту, в ходе дальнейших бесед выяснить, в какой степени он осведомлен о деятельности ОУН в Коршевском районе и о судьбе отдельных её участников, с которыми был связан Ющенко. При этом напомнить ему о

Довідка Управління МВД Сумської області у справі Андрія Ющенка, 1954 р.

з дотриманням усіх умов конспірації, підтвердив своє перебування в Станіславській області, але про причетність до ОУН промовчав. Заявив, що в умовах Недригайлівського району роботу організувати важко, оскільки немає людей, на яких можна покластися без ризику».

18 березня 1950 року відбулася друга зустріч агента «Лихого» з Андрієм Ющенком, цього разу прийшов і «провідник», він же агент «Дорожний». На початку зустрічі Ющенко перевірив кількома питаннями щодо топографії Коршівського району нового знайомого, який представився вихідцем із цих теренів. «Будучи задоволений відповідями "Дорожного" і сприйнявши його як дійсного "провідника" ОУН, у подальшій розмові він цікавився умовами банд оунівського підпілля у теперішній час».

У свою чергу псевдопровідник запитував, чи є в околиці люди, віддані справі ОУН, на що отримав відповідь: «Є в селі Хоружівка одна людина, вона перед вами… Яким я був, таким і залишився, тому не випадково прийшов зараз на зустріч у ліс». Щодо можливості організованої дії в даний момент Ющенко висловився скептично. На його думку, головним завданням підпільників було зберегти себе і «не викликати підозри з боку безпеки з тим, щоб вичекати належного моменту». На завершення Ющенко запропонував «провіднику» зустрітися через два місяці у Харкові, де він перебуватиме на сесії в інституті.

Початок операції виглядав для чекістів надзвичайно успішним — рибка клюнула на приманку, тепер лишилося лише розвинути успіх. Та наступна зустріч розвіяла їхні сподівання. Ющенко в Харкові заявив «Дорожному»: «У даний час мені нічого з Вами говорити і прошу мене не шукати і не бентежити». Така поведінка об'єкта схилила працівників органів до думки, що «Ющенко є учасником ОУН і попереджений оунівським підпіллям про те, що агент "Дорожний" не є представником ОУН». Вони також розглядали варіант, що Ющенка про провокацію попередив «Лихий», який намагався втекти від органів безпеки і був затриманий на кордоні. Тож у розвитку операції чекісти повернулися на кілька кроків назад і нездатні були протягом кількох років рушити з місця.

Тим часом, за документами Сумського обласного управління МҐБ, на території області у квітні 1951 року на оперативному обліку перебували 172 особи, які підозрювалися у причетності до ОУН. Незадовільний стан боротьби з підпіллям на Сумщині привернув увагу міністра державної безпеки Ковальчука. Він вважав неприпустимим той факт, що за 1950 рік в області не затримано жодного члена ОУН. Наголошуючи на відсутності результативної

\- 5 -

его националистической деятельности и связях с оуновцами в Коршевском районе.

Одновременно просим дать указания Коршевскому РО МВД, Станиславской области установить связи Ющенко по Коршевскому району и с. В-Каменка. Не исключена возможность, что среди этих связей в РО МВД есть агентура. В положительном случае изучить возможность завязывания переписки под легендой руководящего участника ОУН с разрабатываемым нами Ющенко.

О Вашем решении по этим вопросам просим поставить нас в известность.

НАЧАЛЬНИК УПРАВЛЕНИЯ МВД СУМСКОЙ ОБЛ.
полковник

/ ХОРОШУН /

ЗАМ. НАЧАЛЬНИКА 4 ОТДЕЛА УМВД СУМ. ОБЛ.
подполковник

/ БУЛАТОВ /

Довідка Управління МВД Сумської області у справі Андрія Ющенка, 1954 р.

роботи, міністр наводив конкретні приклади: «Так, у розробці Ющенка Андрія, який стоїть на формулярному обліку, нема інформації з серпня 1950 року, хоча УМҐБ відомо, що він, перебуваючи в 1946 році в Коршівському районі Станіславської області, був організаційно пов'язаний із керівником СБ районного проводу "Буковинцем" і не виключено, що в Сумську область прибув за спеціальним завданням підпілля».

У відповідь на звинувачення міністра в бездіяльності сумські чекісти швиденько готують план посилення агентурно-оперативної роботи, який, зокрема, передбачав подальшу розробку об'єкта «Хитрого». Для цього вони не придумали нічого кращого, як знову підіслати до Ющенка агента «Дорожного». Очевидно, така винахідливість не дала жодних результатів, тому єдине, що вони могли писати у звітах у цій справі, що «розробку "Хитрого" продовжуємо через агентуру села Хоружівка».

Нові спроби активізувати операцію припадають аж на початок 1954 року. Із Сумщини йде запит у Станіславське УМҐБ з пропозицією підібрати агента для скерування до Андрія Ющенка. «При складанні завдання-легенди агенту мається на увазі направити його до Ющенка, бандита ОУН, що змушений переховуватися від органів радянської влади». Тобто тепер про налагодження зв'язку із псевдопідпіллям Західної України не йшлося.

У листопаді 1954 року такого агента було знайдено. Це був колишній провідник Служби безпеки ОУН Надвірнянського району «Сокіл». Його підведення до Ющенка мало продемонструвати вершини майстерності чекістів. «Беручи до уваги, що близьким зв'язком Ющенка по періоду його роботи в с. В. Кам'янка Коршівського району є Філіпов Дмитро Дмитрович, засуджений 1948 року за націоналістичну діяльність, — через відділ КҐБ при Раді Міністрів СРСР Краслага МВД СРСР добути рукописи і фотокартку Філіпова, використовуючи які зав'язати з Ющенком листування і в позитивному випадку направити до нього агента "Сокола" з рекомендаційним від нього листом і фотокарткою Філіпова».

Був також запасний варіант підведення «Сокола», який також спирався на попередні зв'язки Ющенка з підпільниками Коршівського району «Сірком», «Остапом»: «Отримати фотокартки бандитів "Сірка" та "Остапа" і шляхом репродукції зробити груповий знімок, куди увійде і агент "Сокіл"». Жодної інформації про втілення цих кроків у документах не знаходимо, тож можемо припустити, що вони так і залишилися паперовими комбінаціями.

Та «Хитрий» не давав спокою Сумським чекістам. У липні 1955 року вони інформували керівництво, що «спільно з УКҐБ у Станіславській області підібраний досвідчений агент "Береза" (знайомий Ющенка)». Планом передбачалося підвести агента шляхом «випадкової зустрічі» у Києві, де Андрій Ющенко складатиме державні іспити в Інституті іноземних мов. У грудні 1955 року КҐБ Сумської області доповідав, що «Береза» не зміг виїхати на місце. Оперативний захід перенесли на початок наступного 1956 року. «Залежно від того, як Ющенко сприйме агента "Березу", будуть розроблені наступні заходи у цій справі», — зазначалося наприкінці документа.

Проте наступних кроків в операції проти «Хитрого» вже не було — у 1956 році ведення справи-формуляра припинили. Очевидно, як через її багатолітню безрезультатність, так і через серйозні політичні зміни в СРСР, адже 1956-й — це рік, коли було проведено XX з'їзд партії, який засудив сталінізм, коли почалася «відлига».

Так «Хитрий» перехитрив КҐБ, пережив СРСР і дочекався-таки незалежної України.

P. S. Справа-формуляр на Ющенка Андрія Андрійовича обсягом 647 аркушів знищена в Сумському управлінні КҐБ 27 грудня 1985 року. Цю історію написано на базі 13 документів, виявлених у контрольно-наглядових справах, що стосуються оперативно-агентурної роботи Управління КҐБ Сумської області.

«Перехоплення» почуттів, або Любов як зброя

Кохати можна коли завгодно
і де завгодно, і тим насиченіше,
чим ближче до смерті.

Габріель Гарсія Маркес,
«Кохання під час холери»

В європейській культурі з любов'ю прийнято пов'язувати все найкраще та світле, що є в людині. Це почуття облагороджує й негідників, робить романтичним і здатним до самопожертви. Любов може розквітнути навіть у, здавалося б, цілком непридатних для романтичних почуттів умовах — в екстремальних обставинах війни та кровопролиття. У цьому випадку вона сама набуває екстремальних форм, спонукає людей до надзвичайних кроків.

Чимало біографій керівників українського підпілля закінчуються словами «загинув у криївці з дружиною, застрелилися, аби не потрапити живими до рук ворога». Так учинили крайовий провідник ОУН Карпатського краю Ярослав Мельник у 1946-му, керівник СБ ОУН Микола Арсенич у 1947-му, командир Воєнної округи УПА «Говерля» Микола Твердохліб у 1954-му та багато інших. Таким був останній вияв взаємної любові тих, хто зумів пронести своє почуття через жахи воєнного протистояння.

Що відчували двоє, які опинялися віч-на-віч із смертю, вже перебуваючи, по суті, у могилі, під землею? Чи допомагала їм любов спільно перетнути безповоротну межу, особливо якщо вони знали, що десь у цьому жорстокому житті лишається їхня дитина, плід такого невчасного кохання?

Звісно, про це не розкажуть документи, які просто фіксують факт, що «після операції з бункера витягнуто трупи бандита з дружиною». Але маємо унікальний випадок, коли одна така операція не завершилася — криївку так до кінця й не виявили, чекісти пішли, а підпільники, що перебували в ній і вже готувалися до смерті, залишилися живими.

Через роки після цієї страшної ночі Марія Савчин, дружина Василя Галаси — «Орлана», керівника ОУН на Волині, описала пережите:

«Ми зрозуміли, що прийшов кінець. Стали готуватись до смерті. Орлан виклав на стіл всі важливі документи, листи, інструкції, що їх треба було знищити, щоб не попали в руки ворога. Також підлягали знищенню світлини, записки з різними домовленнями та гроші… В криївці ставало обмаль кисню, і неможливо було палити відложені на знищення матеріали. Ми дерли їх на малесенькі часточки, відтак зливали водою і змішували ногами з землею.

Тоді я взялася до своєї колекції світлин… Сирітоньки наші [Марія з Василем мали двох дітей — *В. В.*], прощайте. Серцем востаннє пригортаю вас. Хай Мати Божа ніколи не лишає вас без своєї опіки… Простіть нам. Тато сумно дивився на мене, і я, враз зі світлиною, себе розривала на шматки. Мама… Де ти, завіяна снігами в Сибіру? Чи відчуваєш, мамо, що прийшли мої останні хвилини? Ти казала, що материнська молитва з дна моря вирятовує. Молись тепер, мамо…

Поблідлі, мовчки сповняли останній обов'язок. Назовні аж до неприродного опановані, але нервові рухи зраджували наш справжній стан. В очах вже заблимувало тогобічне світло з вічності, а з душі все ще гостро виривався німий крик: жити! Тоді, наче у відповідь, заговорив Орлан:

— Ми були приготовані на такий кінець, ми не перші. Нам доля й так призначила жити довше за багатьох наших друзів, тож будьмо зрівноважені, наскільки воно можливо в нашій ситуації.

На столі вже лежали три набиті пістолі.

— Застрелитись мені самій чи, може, ти?.. — спитала Орлана, хоч знала, що питання зайве, і знала, яка буде відповідь.

— Як собі бажаєш, — відповів.

У моїй уяві до деталей виринула картина після нашого загину. Вони геть забруднять наші тіла, як будуть витягати з бункера. Покладуть нас на машини й повезуть до Луцька, ні, певно, до Львова. Там, на подвір'ї ґебівського будинку, зіпруть наші замерзлі тіла об мур і приводитимуть людей, щоб пізнавали, хто ми. А може, й не будуть показувати, може, відразу зорієнтуються, хто загинув, таж вони впізнають мене у Львові. Тут по селах будуть говорити про нашу смерть. Шкода, що я не в рідних сторонах, там люди точно знали б, що саме я загинула, а тут пройду безслідно… Дружина Дубового казала, що перед смертю вдягне чисту білизну та вишиту блузку. В мене також є вишита сорочка, подарована Нечаєм у Карпатах, але не маю охоти її вдягати, вже буду так, як є.

З кожною наступною хвилиною мене все більше огортало почуття самітності. Кажуть, в товаристві і смерть легша. На ділі ж вона ні трохи не стає легшою, бо, навіть будучи в товаристві, кожна людина мусить зустріти її індивідуально, мусить сама переступити поріг вічності. Може, тому ми й не розмовляли, бо кожний хотів мати для себе ті останні хвилини життя...»

Того разу смерть оминула Василя і Марічку, хоч життя готувало ще чимало випробувань їхній любові.

Обох захопили з допомогою провокації у 1953-му, допитували і схиляли до співпраці. Закохані домовилися, що жінка дасть згоду на співпрацю, аби потрапити на волю, завербованою агенткою дістатися на Захід і розповісти правду про те, що робиться в Україні. Вона так і зробила, хоч знала, що це може означати смерть для коханого Василя.

Врешті їхні пригоди закінчилися щасливо. Настільки, наскільки могло бути щасливим життя в той час. Марічка повернулася в Україну і зустріла Василя, але... через півстоліття після того, як залишила його в тюремній камері на Короленка, 33. Зустріч відбулася вже в 1990-х, у незалежній Україні.

Василь Галаса та Марічка Савчин. Їхнє кохання розцвіло в підпіллі

Утім, любов в екстремальних умовах спонукає як до надзвичайно шляхетних, так і надзвичайно підлих кроків. Про останній із випадків — решта нашої історії.

На середину 1951 року чекісти вже мали на своєму рахунку багато успішних операцій проти українського підпілля. Проте «остаточний розгром залишків бандформувань», про який вони звітували партії з 1946 року, все ніяк не міг завершитися. Особливо важко протистояти повстанцям було в гірських районах Карпат, де підпільники користалися не лише сприятливими природними умовами, але й сильною підтримкою місцевого люду.

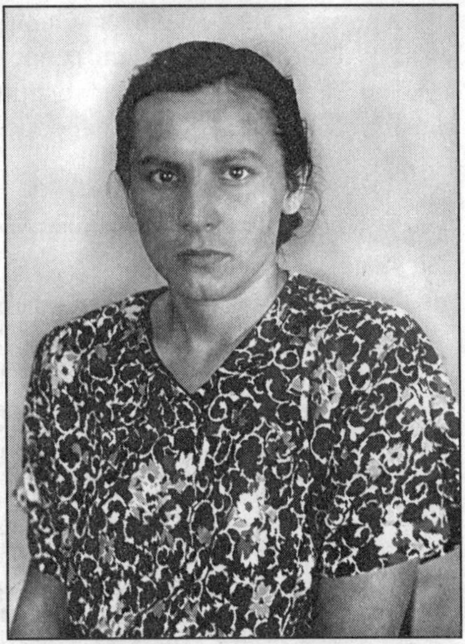

Марія Савчин. Арештанське фото

У рамках однієї з операцій 24 липня 1951 року оперативники вийшли на зв'язкових «Яросевича» і «Сміхуна», які могли привести їх до одного з головних ворогів у цьому терені — референта Служби безпеки ОУН Коломийського окружного проводу Романа Тучака — «Клима». Повстанців захопили за допомогою підсипаного в їжу снодійного. Під час допитів один із них («Яросевич») назвав місце переховування Тучака.

Через чотири дні чекісти, яких вів колишній зв'язковий, рушили до лісової схованки. Незважаючи на обережність, захопити повстанців зненацька не вдалося — чатовий (рідний брат «Яросевича») відкрив вогонь. Сутичка була короткою, а перевага ворога, який ішов на захоплення важливого керівника підпілля, — очевидною. Тому повстанці, відвоювавши для себе цінні секунди життя, вирішили відібрати його в себе самі.

Серед підпільників були дві сестри — Люба та Надя. Перша з них померла моментально від кулі, пущеної у скроню. Пістолет другої дав осічку, і вона впала не від своєї кулі, а від пострілів нападників. Впала, але не загинула — лише отримала поранення в праву руку і обидві ноги.

Розлючені, бо не вдалося тихо провести захоплення, чекісти розгнівалися ще більше, коли побачили, що серед убитих немає Романа Тучака. Його не було у схованці в момент штурму. Здавалося, операція провалилася. Але енкаведисти не бажали відступати, особливо коли дізналися, що підпільниця Надя Кульчицька, яку вони захопили живою, — дружина керівника СБ. Вони мусили скористатися унікальним шансом. Тим паче, що, як звітували оперативники, «з інформації, якою ми володіємо про "Клима", відомо, що він відчуває сильну прив'язаність до своєї дружини і малолітнього сина».

Схоже, 28-річний референт СБ Коломийщини не дуже приховував своїх почуттів до сім'ї. Один із його охоронців так згадував момент, коли подружжя передавало свою дитину батькам Наді: «Передавати дитину йшли ми

К о п и я

Перевод с украинского.

Полковнику ЗАХАРОВУ

28 июля сего года Ваши войска наскочили на мой постой, где была моя жена и ее сестра. Как мне известно, одна из них жива. Если это моя жена, то взамен за то, что ее отпустите ко мне и не троните семьи, я соглашаюсь с Вами сотрудничать. В доказательство моего согласия я соглашаюсь выдать одного из руководящих людей на этой территории. Для убеждения, что она жива, пусть напишет мне небольшую записку, в которой укажет факты, известные только нам двоим. О дальнейшей работе договоримся когда она уже будет на свободе и со мною.

К ней передаю записку, чтобы она согласилась сотрудничать- выдать меня и на этом основании Вы ее отпустите на работу учительницей в село Ключив Великий, где я должен с нею встретиться и забрать. Почва для этого уже подготовлена, потому что все говорят, что ее отпустят, чтобы с ее помощью поймать меня. Записку к ней направьте в передаче, которую соберите сами. Родители сдетьми хотели выехать во Львов, не препятствуйте им в этом, они и так от Вас не убегут, Сына моего, который для меня является всем, не забирайте от них, пусть будет с ними. Прошу не издеваться над женой, она любила меня и только из-за этого пошла в подполье. Жене прошу выдать паспорт и другие документы на мою фамилию, в паспорте сделайте отметку о нашем браке и впишите ребенка.

О моем письме и предложении пусть жена не знает, и вообще никто, это лучше. Думаю, что с этим предложением Вы согласитесь.

С нетерпением жду ответа от Вас и записки от нее до 25 августа, потому, что я смогу сразу дать работу. Ответ шлите на Березов Нижний ко мне через "Ярого" Сделайте это в форме провокационного письма, а под низом на чистом месте дайте настоящий ответ молоком. Пишите на бумаге пригодной для этого. Записку от Нади через какую-то женщину из Березова, арестованную и освобожденную, которая может вручить "Ярому" /Кунериниха/ Следующий раз буду писать в адрес родителей, а Вы будете брать письма или дайте адрес гражданского лица.

II.8.I95I года "КЛИМ"

П.С. Прекратите операции своих войск, ибо там могут быть я и все пропадет- Яблоновщина и Печенежинщина.

СПРАВКА: первое письмо от руководителя СБ Коломыйского окружного "провода" ОУН "Клима"

СТ ОПЕРУПОЛНОМОЧЕННЫЙ ОТДЕЛА 2-Н УМГБ
Станиславской области ст лейтенант

ПЯСТОЛОВ

Лист, який став початком операції «Перехоплення»

троє — Клим, його дружина Надя Кульчицька і я… При передачі дитини жінка поводилася спокійно, по ній не було помітно, що вона нервувала. Зате Клим був дуже схвильований, з очей котилися сльози і в останню хвилину, коли забирали дитину, він зіскочив із горища і ще раз подивився в той бік, куди її понесли. Дитина була передана 8 липня 1951 року. Після цього не було дня, щоб Клим не згадував про свою дитину. Він говорив, що дитина для нього була втіхою і відрадою в житті, ділився зі мною своєю минулою радістю, про те, як йому добре було слухати, коли дитина після його повернення з терену говорила: Тятя, тятя».

Через три тижні після прощання з малятком до Романа дійшла інформація про чекістську облаву. Достеменно про її наслідки він не знав, йому сказали лише, що одна з жінок залишилася живою. Він зустрівся з батьками дружини, яким повідомив про смерть однієї і полонення іншої дочки. Мати Наді почала кляcти Романа, звинувачуючи його в тому, що він довів до смерті її доньок. Вимагала зробити все, щоб урятувати бодай одну. Кілька днів Роман ходив сам не свій, у душі змішалися горе і надія. Він чомусь був певен, що саме Надя жива. Але це лише посилювало інше душевне протистояння — поміж відчуттям обов'язку, відданістю друзям і справі, якій присвятив своє життя, та любов'ю, без якої він не мислив цього життя. Врешті перемогла остання.

Через два тижні після захоплення Наді Роман відійшов подалі від своїх охоронців та сів писати листа. «Полковнику Захарову, — звертався він до свого чекістського візаві, — 28 липня цього року Ваші війська наскочили на мій постій, де були моя дружина та її сестра. Як мені відомо, одна з них жива. Якщо це моя дружина, то взамін на те, що відпустите її до мене і не зачепите її сім'ї, я погоджуся співпрацювати з Вами. На доказ моєї згоди я погоджуюся видати Вам одного з керівників у цьому терені».

Референт СБ Роман Тучак через свою любов до дружини став агентом МҐБ «Тарасом Степановичем»

Заради кохання Роман Тучак вирішив пожертвувати життям, але не власним, а побратимів. Позиція, яку він обіймав у підпіллі як керівник Служби безпеки, створювала для

Копия

Перевод с украинокрго

ДОРОГОЙ РОМКО

Вероятнр тебе известно,что случилось у нас 28 утром.Любки нет в живых,а я ранена в обе ноги и в правую руку, нахожусь в Станиславе.Я уже написала тебе одно письмо,не знаю получил ли ты его.Сегодня имею возможнoсть передать тебе еще одно письмо через одну добрую девушку,поэтому пользуюсь случаем и пишу. Я чувствую себя довольно хорошо, раны хорошо заживают.Хуже всего то,что ранена левая стопа и я не могу ходить,но обещают врачи,что скоро встану,через месяц,два.

Ко мне относятся очень хорошо,получаю хорошие продукты,поправилась и набираюсь сил, но работать на какой-либо работе не могу.Я сейчас живу тем,что когда-то было хорошим,поэтому хочу поделиться с тобою.Ромко, помнишь последний вечер в Черногоре,мы сидели с тобой возле окна,в комнате было темно, на дворе светила луна,перед нами расстилалась картина темного бора, а ближе к окну стояла задумчивая смерека,одетъ в лунное сияние.Она была такая чудесная,как девушка в венке,от нее падала празрачная тень и ложилась на покров снега.То был спокойный тихий вечер.У нас в домике почти шопотом велась беседъ ,о чем ты знаешь,Мы тихо шептались и любовались раскошной смерекой, которая как цветок,склоняла свою верхушку в сторону нашего окнъ.Ты так любовался ею и обещал через несколько лет прийти на то самое место посмотреть такое же оно красивое и дальше. Так, это были чудесные времена,но я верю,что они дня нас не пропали.Мне также припоминаются первые часы жизни маленького Степанка.Ты,опершись на локти возле нашей постели,долго смотришь на нас обоих,не говоря н и слова,Тебе было трудно.У тебя болела душа,но ты ничего не сказал.Вспоминаю также,когда мы разлучались со Степанком,какая печаль была на твоем лице,как ты заглядывал в каждую щелочку,чтобы его еще раз увидеть. Не увидев,возвратился и лег,как солома,закрыв лицо руками. Ты любишь его и он тебя также,смотря с порога,он улыбнулся и ушел.Я не теряю надежды,а наоборот верю,что ты и дальше будешь любоваться сыном,а сын тобою. Я так довольна,что могу написать тебе несколько слов, мне так приятно в эту минуту,мне кажется,что ты со мною рядом и мы говорим обовсем этом. Я слышу твои слова,вижу твою улыбку и чувствую твою теплоту.

Извини,но на этом я закончу,потому что мне тяжело писать. Целую тебя крепко – НАДЯ.

Перевела ё украинского оперуполномоченный отдела 2-Н УМГБ Станиславской области лейтенант Бездетко

Лист Надії Кульчицької до Романа Тучака

чекістів унікальні можливості. Лист есбіста потрапив за адресою і став початком масштабної агентурної операції «Перехоплення», яка керувалася міністром держбезпеки УРСР Ковальчуком, участь у розробці якої брали керівники МҐБ СРСР. Перехоплені чекістами почуття підпільника обернулися смертю великої кількості людей, фактичним розгромом підпілля на великій території Карпат.

Любов таки зла...

Підпільниця Надя Кульчицька, яка майже переступила межу небуття, завдяки старанням чекістів вижила. Врятована, вона тепер дуже хотіла жити і жити по-іншому, ніж дотепер, — бути поруч із коханим, дитиною, проводити спокійні, може, навіть нудні будні разом із сім'єю. Але в ті страшні часи за такі прості бажання треба було платити страшну ціну. Надя, як і Роман, виявила готовність платити за своє звичайне людське щастя життям інших людей, з якими ще вчора ладна була вмирати. Листа Романа Тучака чекісти їй передали, щойно отримали. Вони розуміли: від того, чи погодиться Надя відповісти, залежатиме успіх їхньої операції. І вона погодилася.

Між закоханими зав'язалося листування, кожне послання якого починалося романтичним «Дорогий Ромку», «Кохана Надю». Ліричне спілкування відбувалося на фоні кривавого протистояння і за посередництва чекістів, далеких від ніжних почуттів. Вони, очевидно, не просто стояли за спиною в Наді, яка писала листи чоловікові. «Остаточний варіант листа від Наді» — так називається один із документів, який зраджує наявність ще кількох, не затверджених МҐБ, текстів.

Чекісти не мали підстав цілком довіряти підпільниці і побоювалися, що вона зможе подати чоловікові якусь інформацію, котру зрозуміє лише він. Тому змушували її переписувати тексти. Разом з тим вони усвідомлювали, що важливо не перестаратися, бо так можна викликати недовіру в Тучака. Керівник СБ був досвідченим підпільником, тому вже перші листи містили інформацію, яку могла подати тільки його дружина, щоб переконати: текст писала таки вона.

Невипадково це були романтичні спогади закоханих. «Ромку, пам'ятаєш останній вечір у Чорногорі, — писала Надя, — ми сиділи з тобою біля вікна, в кімнаті було темно, надворі світив місяць, перед нами розстелялася картина темного бору, а ближче до вікна стояла задумана смерека, одягнута в місячне сяйво. Вона була така чудова, як дівчина у вінку, від неї падала прозора тінь і лягала на покрив снігу. У нас у хатці майже пошепки велася бесіда, про

Копия

Перевод с украинского.

ЛЮБИМАЯ НАНЯ!

Записку от тебя получил. Я так сильно ею обрадовался что был бы насмерть зацеловал бы того человека, который дал мне возможноеть получить ее. Сейчас рад, что ты жива, что хорошо с тобой обходятся и что уже выздоравливаешь. Твоя вера, что будем вместе, передается мне и я также свято верю в это, приложу к этому все усилия.

До момента получения от тебя записки я не ел и не спал. Сейчас выгляжу очень плохо, но верю, что все будет в порядке и я возвращусь к такрму состоянию, как в 1948 году.

Я встретился с мамой и сообщил обо всем. Она бедная так плакала, что я не смог выдержать. Ты знаешь как я их люблю. Мы всегдь мечтали быть с ними. Степанко похорошел и очень умный ребенок.

Наня, когда мы уже встретимся?

Крепко целую, твой Р.

Перевела с украинского оперуполномоченный отдела 2-Н УМГБ
лейтенант
Бездетко.

СПРАВКА: Подленник находится в архивном агентурном деле "Перехват" арх № 29218 т.I стр 29, хранится в УАГ УКГБ по Станиславской области.

ВЕРНО: СТ ОПЕРУПОЛНОМОЧЕННЫЙ 2 ОТДЕЛА УКГБ ПО СТАНИСЛАВСКОЙ ОБЛАСТИ, КАПИТАН
/ПОРУБАЙ/

Лист Романа Тучака до Надії Кульчицької

що ти знаєш. Ми тихо шепотіли і любувалися розкішною смерекою, яка, як квітка, схиляла свою верхівку в бік нашого вікна. Ти так любувався нею і обіцяв через кілька років прийти на те саме місце, чи таке ж воно гарне й далі».

«Вранці 28-го, — описувала Кульчицька обставини свого полонення в листі, — розбудив нас Кармелюк, кажучи, що, напевно, йдуть хлопці, тому що щось тріщить. Через кілька хвилин почулися автоматні черги. Ми обидві взулися і вибігли з колиби. Побачивши багато військових, вирішили стрілятися. Люба застрелилася, а в мене вийшла осічка, і я була поранена в праву руку й обидві ноги. Мене підібрали військові, і зараз я перебуваю в Станіславі в УМҐБ».

Далі Надя інформувала, як добре до неї ставляться чекісти. Вона намагалася переконати чоловіка в тому, у що, може, й сама щиро вірила: кожен має право на щастя. Хоча розуміла, що їм це право буде дано дорогою ціною: «При спогаді про тебе в мені все застигає, ти стоїш перед моїми очима. Мені згадується наше щасливе, хоч і бідне життя. Чому не можна вимагати від життя чогось більшого? Чому ми не можемо жити далі разом, як колись щасливо. Воно людині дано тільки раз, тож навіщо мучитися все життя. Дивись, твої молоді роки промчали так, ніби їх не було, вони не залишили жодного веселого спогаду. Для чого тоді живеш? Щоб мучитися? Романе, послухай мене, вдар горем об землю, залиш ці муки, вернись до світу, подивися, як люди живуть зі своїми жінками, з маленькими дітками». Далі рукою Наді чекісти наводять приклади тих, які здалися владі й зуміли почати нове життя.

Завданням наступної частини листа було зіграти на почуттях Тучака до дитини та дружини, тому цей фрагмент особливо ліричний: «Ти ж батько маленької дитини, яка залишилася беззахисною. Воно, маленьке, нікому нічим не завинило. Воно посміхається і до кожного тягне руки, а чому йому не знати своїх батьків, за що його маленького карають... Я знаю, що в той час, коли ти читаєш цього листа, в тебе покотиться не одна сльоза... Не залишай мене в такому становищі, я вірю, що ти все ж мене послухаєш. Зроби це не для мене, зроби це для нашої маленької дитини».

Читати такого листа було б важко будь-якому чоловікові та батькові, але не Романові Тучаку. І не тому, що есбіст мав кам’яне серце, а тому, що на момент отримання послання він уже прийняв рішення, і тепер усі його зусилля були спрямовані на його втілення.

Хоча в листі Романа до дружини емоцій також вистачає: «Кохана Надю! — писав він. — Записку від тебе отримав. Я так сильно зрадів нею, що насмерть зацілував би того чоловіка, який дав можливість її отримати. Зараз радий, що ти жива, що з тобою добре поводяться і що вже поправляєшся. Твоя віра, що будемо разом, передається мені, і теж свято вірю в це, і докладу до цього всіх зусиль. До моменту отримання від тебе записки я не їв і не спав. Зараз виглядаю зле, але вірю, що все буде гаразд і я повернуся до такого стану, як у 1948. Я зустрівся з мамою, повідомив їй про все. Вона, бідна, так плакала, що я не міг витримати. Ти знаєш, як я їх люблю. Ми завжди мріяли бути з ними. Степанко погарнішав і дуже розумна дитина».

У листах Тучака до чекістів не було жодних сентиментів, лише холодний розум та чіткий розрахунок. «25 вересня, — писав він, — я буду йти на зустріч до Сірого дорогою, що веде з Дубового до Верха через Петричиву. На зворотному шляху десь зліва від криниці зробіть засідку і обстріляйте нас. Перед засідкою з лівого боку дороги, якщо йти від Верха, покладіть порохню зі світляками (дерево), я буду йти останнім і біля неї закашляю. Якщо не буде кашлю і хтось буде йти, то значить, що я буду повертатися 26-го ввечері». Підготовлена Тучаком сцена відбулася, під час стрілянини в лісі він відірвався від своїх друзів по зброї і отримав можливість зустрітися з новими «колегами».

«Після прочісування місцевості, куди пішли бандити, що були з ним поруч, — звітували чекісти про операцію, — коли остаточно переконалися, що поблизу немає нікого зі співучасників Клима, його викликали умовним сигналом, вивели з лісу і на закритому автомобілі доставили в м. Коломию, де й відбулася зустріч. Щоб виправдати відсутність Клима тривалий час, у районі інсценування перестрілки з Яблунівського гарнізону було викинуто дві роти солдат, які протягом доби проводили активні пошукові дії, нібито розшукуючи бандитів, що втекли».

Тим часом у Коломиї чекісти зустрілися з колишнім есбістом, внаслідок чого він став агентом під псевдонімом «Тарас Степанович». Як щедрий аванс новоспеченому співробітнику організували зустріч із Надею, яка, відзначали в МҐБ, «справила на нього особливе враження, і це ще більше схилило агента до нас».

Уже після перших розмов чекісти отримали від Тучака фактично повний поіменний список керівництва підпілля на теренах Коломийщини, відомі йому місця переховування та зв'язки. Проте Роман не обмежився тим, що видав наявні в нього дані. Він пішов значно далі у співпраці, розробляючи вказівки для чекістів, які мали за мету швидку ліквідацію підпілля. «У зв'язку з моєю співпрацею з Вами, — рекомендував він, — я вважаю за необхідне, щоб найближчим часом були ліквідовані окружний провідник Сірий, керівник Коломийського надрайонного проводу ОУН Кошовий і Печеніжинський районний провідник Сивий, чим створяться можливості, щоб я очолив Коломийський окружний провід, а це забезпечить виконання поставлених переді мною завдань».

Чекісти також дбали про те, аби зберегти цінного агента. А тому інсценували суд над його дружиною «з викликом заздалегідь підготовлених свідків із Заболотівського і Яблунівського районів, де її знають як учасницю підпілля ОУН, котрі після суду змогли б рознести чутки про її репресії серед учасників підпілля ОУН».

Насправді Надю вивезли до конспіративної квартири у Львові. «За мене не переживай, — писала вона звідти чоловікові, — я зараз перебуваю в хорошому готелі, у прекрасному номері. Кімната дуже хороша, і ванна поруч, ресторан, одним словом, усі умови... Вечорами маю можливість прогулятися по прикрашених кольоровими рекламами вулицях Львова. Коли йдеш вулицею, відчуваєш життя міста. Особливо красиве місто в тумані ночі. Також у Львові і батьки, тож я маю можливість кожен день бачитися зі Степанком... Посилаю тобі фото Степанка, він страшний розбишака. Степанко цілує ручки і посилає багато па, па».

Агента «Тараса Степановича» також намагалися убезпечити від несподіваної зустрічі з органами безпеки десь у лісі. Тому район його дислокації було довірено досвідченим чекістам, які вміли вдавати уважні розшуки «бандитів» і разом з тим уникати від випадкового виявлення одного з них — Романа Тучака. «Людей, що прибувають до Вас із Краю і Станіславського округу, — рекомендували йому офіцери МҐБ, — за найменшої підозри, що вони можуть Вас розконспірувати, — ліквідувати під виглядом агентури МҐБ». Посада Тучака як керівника Служби безпеки справді давала йому можливість під цим приводом убивати підпільників, не викликаючи підозри інших.

Почалася страшна гра, де головну роль виконував Роман Тучак. Її першими жертвами, як і планувалося, стали провідники «Сірий» та «Кошовий». Перший з них загинув у бою, другий помер пораненим у руках МҐБ. «У подальшому, — звітували чекісти, — у результаті даних, отриманих від агента Тараса Степановича, було ліквідовано керівний склад Коломийського окружного, надрайонного і районного проводів ОУН, після чого він очолив Коломийський окружний провід ОУН».

Проводячи ліквідації членів підпільної мережі, чекісти не забували про необхідність прикрити свого агента. «Для зашифрування джерела, — рекомендували вони, — в кожному окремому випадку при ліквідації бандитів особам, відповідальним за проведення операції, підготувати по 1—2 кандидатурі з числа активних бандпособників, яких у процесі операції можна було б виставити як осіб, що вказали на місця укриття бандитів». Для цього вони навіть «оживили» померлого провідника «Кошового» — знайшли людину, схожу на нього, і з перев'язаним бинтом водили по селах, інсценізуючи його зраду.

Подальше розгортання операції «Перехоплення» передбачало не лише винищення повстанців, але й творення легендованих (створених МҐБ зі своїх агентів) структур підпілля. На кінець 1951 року завдання були сформульовані так: «Протягом зими підготувати з числа щойно завербованої агентури в кожному районі по 2—3 кандидатури для переводу на нелегальне становище і за допомоги Тараса Степановича з настанням весни ввести цю агентуру в підпілля ОУН на керівне становище». Поступово реальна мережа підпілля на Коломийщині почала зникати, а на її місці розгортала діяльність легендована МҐБ структура.

Незважаючи на неабиякий підпільний талант, Роман Тучак заледве не провалив операцію. Своєю поведінкою він викликав підозру у власних охоронців — «Голуба» і «Когута». Відчувши наростання сумнівів щодо себе, есбіст намагався організувати їх убивство — з першим йому це вдалося, натомість другий утік, отримавши важке поранення. Таким чином на кінець 1951 року до СБ ОУН потрапила інформація, що кидала тінь на Романа Тучака, але для того, щоб остаточно розібратися, потрібен був час, яким він сповна скористався.

Тому наступний, 1952-й, рік став періодом найбільших успіхів агента «Тараса Степановича». Викликані на зустріч із «провідником» «Климом» підпільники зникали безслідно. Справжніх заміняли завербовані агенти, що поширювали структури фальшивої ОУН. Окремий удар було спрямовано проти людей, які підтримували підпілля. Псевдоповстанці виявляли таких і викривали перед МҐБ, який уже здійснював репресії. Для виправдання зникнення підпільників чекісти проводили інсценізацію антиповстанських операцій, поширювали чутки про переведення тих чи інших оунівців у дальші райони.

Літо — традиційно період найактивнішої діяльності підпілля. У 1952-му на Коломийщині ця пора року стала часом найбільших втрат. «Внаслідок проведених заходів у цій справі, — писали чекісти про Перехоплення, — за літній період 1952 року ліквідовано і захоплено 52 бандитів… Повністю ліквідовані Буковинський окружний провід, Вижницький надрайонний, Косівський надрайонний, Косівський районний, Яблунівський районний, Кутський районний, Жаб'ївський районний, п'ять кущових бандгруп і п'ять сільських бандгруп ОУН». Загалом від початку 1952 року під час реалізації операції завдяки Роману Тучаку МҐБ захопило або ліквідувало 85 учасників визвольного руху.

Роман Тучак після здійснення своїх агентурних «подвигів» почав працювати на заводі

Тим часом сам він отримував листи, де чекісти запевняли, що «в недалекому майбутньому разом із Вами поїдемо на новосілля у Ваш власний будинок, оформлений на Ваше ім'я. Старі купили будинок по сусідству з Вашим».

Операція «Перехоплення» тривала до кінця 1953 року. «Створені легендовані проводи ОУН, — читаємо в підсумкових документах МҐБ, — відіграли свою позитивну роль у розгромі бандоунівського підпілля. Тому з урахуванням оперативної обстановки вирішено їх ліквідувати». Так само недоцільним визнано подальше використання в цій роботі агента «Тараса Степановича», який на той момент устиг розтратити довіру до себе з боку підпільників. «Перевіркою встановлено, що в результаті допущених помилок у роботі зі спецагентом Тарасом Степановичем, а також через деяку неправильну поведінку самого спецагента Тараса Степановича частина оунівського підпілля, що залишилася на території Коломийського округу, серйозно запідозрила його у зв'язках із органами МҐБ».

Гра закінчилася. Точних її результатів не маємо — останні звітні цифри операції «Перехоплення» говорять про ліквідацію 174 підпільників до кінця 1952 року. Тож ідеться приблизно про дві сотні людей, життям яких заплатив Роман Тучак за свою любов.

Роман із Надею прожили довге життя в гарній квартирі на проспекті Перемоги в Києві. Після завершення своєї одіссеї спецагент працював на заводі, а потім вийшов на пенсію. Дев'ять років, до смерті в 2000-му, отримував пенсію від української держави, і, напевно, це були не мізерні кошти колишнього працівника заводу.

Тож у закоханих усе ніби вдалося. Але навряд чи їхнє життя від цього стало щасливішим, навряд чи колись вони знову пережили такі ж хвилини щастя, як тоді взимку в підпіллі, коли споглядали з вікна за красунею-смерекою. Адже на крові сотень колишніх друзів щастя не збудуєш.

Агент «Блакитний», або Параноя як зброя

***«Головний ворог безпеки — параноя»** — цієї тези нас, громадських активістів, навчали перед Помаранчевою революцією хлопці з сербського руху «Отпор». Вони на той момент уже мали за собою успішний досвід кількарічної боротьби з режимом Мілошевича, тому знали, що говорили.*

Таємні служби свідомо поширюють інформацію про всюдисущу агентуру, якою нібито просякнуті лави опозиціонерів. Таким чином вони не лише змушують своїх опонентів витрачати час і зусилля на безплідні пошуки ворогів у своїх лавах, але й змушують їх повірити у всемогутність спецслужб. Якщо серед опонентів влади шириться атмосфера недовіри, то її дуже легко використати для того, аби будь-які непорозуміння між ними подати як зумисний саботаж чи роботу на ворога. Поступово головним стає внутрішній фронт боротьби з «агентами», а зовнішні вороги відсуваються на задній план. Владі залишається лише спостерігати за повільним, але невпинним процесом колапсу опозиції, перетворенням потенційно небезпечної зірки в чорну діру.

Руйнівний потенціал параної в лавах підпільного збройного руху є значно більшим, ніж у будь-яких інших формах боротьби. Яскравим прикладом цього є події, що розгорнулися на Волині після переходу німецько-радянського фронту на початку 1944 року. У лавах підпілля ОУН та відділах УПА опинилося багато людей, серед них були як ті, хто справді хотів боротися за свободу, так і ті, які в такий спосіб рятувалися від репресій радянської влади. Мотивація останніх дозволяла владі перетворювати їх на своїх таємних співробітників — в обмін на гарантію збереження життя та свободи. Так у підпіллі з'явилося чимало агентів, діяльність яких обернулася в дошкульні удари зсередини. Проте ще більшої шкоди завдали спроби швидко побороти агентуру, яку почали бачити повсюдно. Спровокована радянськими спецслужбами параноя призвела до того, що Службою безпеки ОУН було вбито сотні невинних людей. Щоб зупинити «чистку», знадобилося доволі багато часу і зусиль. Цей жорстокий урок показав підпільникам, з яким підступним ворогом іде боротьба, і змусив їх підвищити рівень власної контррозвідки. У результаті СБ ОУН зуміла так реорганізувати свою роботу, що забезпечила можливість продовження боротьби, яка тривала ще десять років.

Тим часом радянські спецслужби в післявоєнний період зосередили свою увагу на знищенні керівників українського підпілля. Для реалізації цього завдання були створені спеціальні розшукові групи, які полювали на конкретних чільників ОУН та УПА. Їхнім завданням було не лише організовувати пошукові дії, військові операції, але й збирати та аналізувати інформацію про кожного члена Проводу ОУН. Чекістів цікавили відносини між ними, існування певних непорозумінь, які можна було використати для розпалювання взаємної недовіри і можливого її переростання у протистояння. Звичайно, між керівниками підпілля існували суперечки щодо конкретних проблем тактики та стратегії визвольного руху. Вони неминучі між будь-якими людьми, які разом беруться за реалізацію масштабного проекту.

Воєнні умови водночас і посилювали, і зменшували масштаби цих непорозумінь. Відсутність нормального зв'язку між окремими керівниками, породжена підпільними умовами, іноді виливалася у нескоординовані дії. Так, улітку 1944 року члени Проводу ОУН, котрі перебували на німецькому боці фронту, створили Українську головну визвольну раду як орган, що мав представляти український визвольний рух у контактах з іншими народами. У цей самий час на теренах, підконтрольних радянській владі, з цією ж метою інші члени Проводу створили Народно-визвольну революційну організацію. Непорозуміння були подолані лише наприкінці 1944 року, коли всі чільники ОУН змогли зібратися разом і прийняти рішення про ліквідацію другої з названих структур.

З іншого боку, війна не давала можливостей дрібним суперечкам розростися в масштабне протистояння, адже спільний ворог змушував забувати про внутрішні непорозуміння. Спільна боротьба на межі життя і смерті сприяла зміцненню довіри один до одного.

Члени Проводу ОУН привертали особливу увагу чекістів, їх убивство чи арешт, на думку НКВД, були важливою передумовою придушення руху опору. Тому розшуку кожного з них приділялася величезна увага: для цього створювалися спеціальні оперативні групи, які нараховували десятки, а то й сотні осіб.

Василь Кук та Уляна Крюченко в підпіллі

Боївка Василя Кука, у центрі дружина — Уляна Крюченко

Від початку повторного утвердження радянської влади в Західній Україні стартував розшук Василя Кука — однієї з ключових фігур визвольного руху. Вже дуже швидко чекісти зрозуміли, що мають справу з надзвичайно вправним підпільником, виявити і ліквідувати якого буде вкрай важко. Тому його вирішили скомпрометувати в очах побратимів як агента, вбити якого стане завданням СБ, а не НКВД.

У квітні 1947 року вони підготували «План проведення комбінації з компрометації члена Центрального проводу ОУН "Лемеша", він же "Свар"». Восьмисторінковий документ плюс кілька сторінок додатків — чудова ілюстрація підступних методів дій чекістів. Текст починається з інформації про членів Проводу ОУН Романа Шухевича, Романа Кравчука та Василя Кука, щодо яких вказано, що вони «є кадровими членами Організації українських націоналістів, фанатично налаштованими, і ліквідувати їх можна лише за допомогою добре продуманих комбінованих операцій чи компрометації перед іншими членами ОУН з наступною їх ліквідацією СБ».

Чекісти, спираючись на агентурну інформацію та перехоплене листування, відзначали наявність суперечок між Романом Шухевичем та Василем Куком, які могли бути використані у провокації. Зокрема, їм було відомо про створення УГВР за ініціативи та участі першого та НВРО за участі другого. Проте це непорозуміння швидко було вичерпане і не стало основою для розпалювання дальших суперечок між обома керівниками. Навпаки, після переходу фронту Василь Кук повернувся на посаду організаційного референта у Проводі ОУН, а згодом став і заступником Шухевича.

Але минулі суперечки, на думку працівників МҐБ, могли стати достатньою підставою для розгортання операції. «Згідно з планом комбінації, — читаємо в документі, — "Леміш" буде скомпрометований перед оунівським підпіллям, зокрема центральним Проводом ОУН, СБ, як нібито агент органів Міністерства державної безпеки, завербований зафронтовою оперативно-чекістською групою МҐБ ще в травні 1943 року у Дніпропетровській області, де він у той час очолював т. зв. Південний крайовий провід ОУН». Для цього чекісти створюють документ під назвою «Довідка на секретного співробітника МҐБ УРСР "Блакитного"», підписаний заступником міністра державної безпеки. Прізвище Кука в тексті ніде не згадується, його головним героєм є агент «Блакитний». Проте людина, ознайомлена з віхами біографії Василя Кука, могла легко викрити таємного співробітника.

Завданнями, які, згідно з цією довідкою, він виконував, були: «а) внесення розколу в лави ОУН; б) ліквідація оунівських керівних кадрів». Для надання написаному достовірного вигляду як виконання першого завдання вписано створення Куком Народно-визвольної революційної організації, яка подавалася в документі як чекістська провокація. «У цій роботі, — підсумовували чекісти, позбавляючи сумнівів у підпільників, які читатимуть документ, — агент "Блакитний" виявив себе здібним виконувати наші серйозні завдання».

Ще більше «компромату» намагалися подавити як виконання другого завдання: тут і битва під Гурбами, якою керував Кук у квітні 1944 року, представлена як операція органів МҐБ—МВД, що проводилася за даними, отриманими від «Блакитного», і призвела до того, що «були розгромлені та розігнані бандитські зграї, що називалися "Південна група УПА"». Реалізацією спецоперації представлено «чистки», здійснені СБ ОУН на Волині: «Виконуючи

Схематически линию связи Центрального"провода" можно изобразить следующими образом:

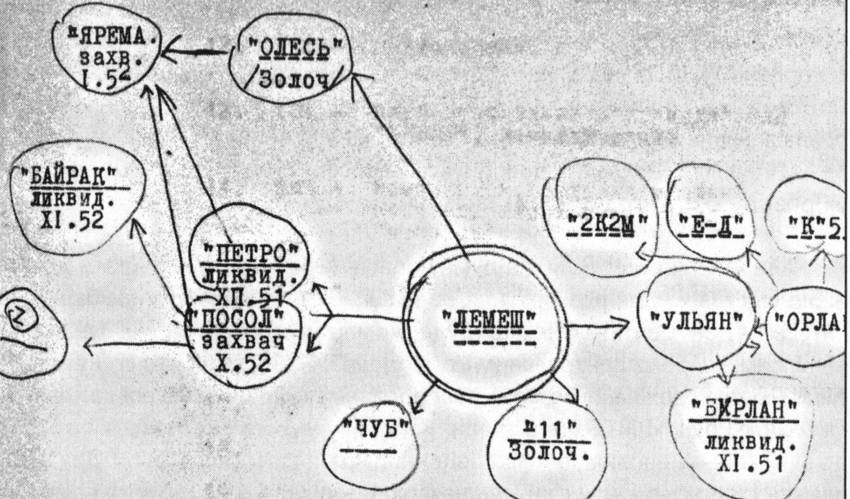

В бункере КУКА также изъят его личный блокнот, в котором укрываются клички следующих организационно связанных с КУКОМ бандглаварей:

1. "КРС -"УЛЬЯН", разыскивается.
2. 89-В -"ОЛЕСЬ", -""-
3. 8/3 - "ПЕТРО" ,ликвидирован.
4. 70 - "БАЙРАК" -""-
5. 2К2М - спецагент "Н-26".
6. С Х - " ПОСОЛ" ,захвачен.
7. ПСЛ - "ОРЛАН", разыскивается.
8. К-5 - неизвестен.
9. 88/4 - "ЯРЕМА", захвачен.

Схема зв'язку Василя Кука. Розробка чекістів

спільно розроблений план, секретним співробітником "Блакитним" були дані вказівки: під приводом посилення організації кваліфікованими кадрами провести ретельну "чистку" організації від "ненадійного" елемента та "сексотів НКВД", створивши для цього спеціальні контрольні групи СБ. Це завдання "Блакитним" було виконано. Діями контрольних груп СБ на Волині внесено велику дезорганізацію в лави ОУН і знищено значну кількість керівного складу організації». Але навіть таких звинувачень виявилося недостатньо, тому в документі відзначено «участь» Кука в ліквідації членів Проводу ОУН Якова Бусела та шефа СБ ОУН Миколи Арсенича. «У даний час агент "Блакитний", — завершується документ, — працює над підведенням під удар члена центрального Проводу ОУН "Білого" [Романа Шухевича — *В. В.*]».

Отже, в документі, який мав привести до морального, а відтак і фізичного знищення Василя Кука, чекісти майстерно поєднали правду (участь у створенні НВРО), напівправду (справді спровоковані ними «чистки» СБ ОУН, які, проте, подавалися як завдання, дане Кукові) і відверту брехню (вбивства членів Проводу). Саме така суміш мала бути вбивчою, адже перевірка встановила би правдивість частини фактів, правдоподібність інших і неможливість перевірити решту.

До речі, ця довідка — ще один аргумент на користь повної відкритості архівів. Якщо було б знайдено лише її, без супровідних документів, що пояснюють її походження та призначення, оцінка ролі Василя Кука у визвольному русі була б цілком іншою. Він увійшов би в його історію як один із найбільших зрадників підпілля, а на рахунок чекістів записали б ще одну «блискучу операцію».

Але повернімося у 1947 рік. Вдало сконструйована легенда була лише частиною операції. Іншим важливим завданням було закинути документ підпільникам так, аби його потрапляння до них не викликало жодних сумнівів. Цьому служив детально прописаний сценарій, вартий Голлівуду. Звичайно, що не обійшлося без улюблених чекістами переодягнених бандерівців.

Сценою для операції мала стати місцевість неподалік Рогатина, де, за інформацією МҐБ, часто переховувалися керівники українського підпілля. За кілька днів до початку операції тут з'являється псевдоповстанський відділ, який встановлює зв'язок із місцевим підпіллям, здобуває його довіру. Сюди ж прибуває спеціальна пошукова група МҐБ, яка відкрито й максимально помітно для місцевого населення розгортає свою діяльність. Саме на адресу цієї групи в Рогатині кур'єр мав нібито доправити довідку на агента «Блакитного» із супровідним листом, у якому давалися вказівки її керівнику: «Відповідно кп-3

Совершенно секретно

"УТВЕРЖДАЮ"

МИНИСТР ГОСБЕЗОПАСНОСТИ УССР
ГЕНЕРАЛ-ЛЕЙТЕНАНТ

САВЧЕНКО

" апреля 1947 года

П Л А Н

проведения комбинаций по компрометации члена центрального "Провода" ОУН "ЛЕМИША", он же "С-ВАР"

В результате ряда проведенных органами МГБ МВД оперативно-чекистских ударов по оуновскому подполью, ликвидирована значительная часть руководящего состава центрального "Провода" ОУН, возглавлявшего бандитско-террористическую деятельность на территории западных областей Украины.

Как установлено, к настоящему времени на территории Галиции из руководящего состава центрального "Провода" ОУН остались:

1. ШУХЕВИЧ Роман - руководитель оуновского подполья на Украине - член центрального "Провода" ОУН, последняя оуновская кличка "МАМАЙ".

2. "ЛЕМИШ" - последний псевдоним "С-ВАР" - организационный референт центрального "Провода" ОУН и ответственный за работу оуновского подполья на "ПЗУЗ".

3. "МАКСИМ" - "ПЕТРО", он же "ПАНАС" - член центрального "Провода" ОУН и краевой проводник ОУН на "ЗУЗ".

План компрометації Василя Кука

до раніше даних мною вказівок дуже обережно встановіть зв'язок із "Блакитним" і відберіть у нього детальний звіт про плани Організації українських націоналістів на цьому етапі. У зв'язку з тим, що "Блакитний" підозрюється керівництвом центрального Проводу ОУН, активних завдань по розгрому ОУН не давайте». Для достовірності в портфель поклали кілька справжніх документів про операції МҐБ у цьому районі.

Кур'єра по дорозі перехоплюють учасники псевдоповстанської групи: «Із захопленим оперативним співробітником, із документами учасники спецгрупи заходять до будинку, де вони раніше зупинялися, проводять його швидкий допит, бажано в присутності господаря будинку. Після короткого допиту, за вказівкою старшого групи оперпрацівника виводять у ліс, а решта учасників спецгрупи починають обідати. Портфель із документами залишають при собі, поклавши його десь на лавці». Через кілька хвилин у селі з'являється відділ МҐБ, і псевдоповстанці поспішно залишають хату, у якій обідали, «забувши» на лавці важливі документи.

Щоб ні в кого не виникло сумнівів щодо переодягнених бандерівців, які змушені були з поспіхом тікати, протягом наступного дня чекісти ретельно «шукають» їх, допитуючи місцевих мешканців.

«Після проведення "операції", — читаємо далі у плані, — військова група знімається і відводиться в Станіслав. Зрозуміло, що господар будинку, пов'язаний з ОУН, перші кілька днів після "втечі бандитів" (спецгрупи) буде чекати можливого їх повернення, щоб забрати «залишені ними документи» та речі, але згодом, переконавшись, що бандити не з'являються, зацікавиться змістом пакетів, що містяться в портфелі і, побачивши їхню "важливість", безумовно, своїми каналами направить їх до керівних ланок ОУН та СБ».

Блискуче задумана операція не дала результатів — ліквідувати Василя Кука руками самих підпільників не вдалося. Більше того, попри спроби компрометації, він очолив повстанський рух після загибелі Романа Шухевича. Чекістам знадобилося ще сім років для того, аби захопити його в полон. Нездатні зламати бранця, вони знову вдалися до спроб компрометації перед своїми — збережене життя мало стати головним свідченням його зради. Але навіть через двадцять років після полонення вони змушені були визнати Кука «найбільш небезпечною особистістю в націоналістичному середовищі».

Параноя виявилася безсилою зброєю проти людей, які довіряли один одному. Довіряли тому, що разом щоденно ризикували життям, адже однаково вірили в ідею, що єднала їх і штовхала на боротьбу.

Останній бій останнього командира

Вбивство Романа Шухевича 5 березня 1950 року чекісти розглядали як заключний акорд тривалого протистояння з бандерівцями. Смерть керівника мала обезголовити підпілля, позбавити його необхідної координації та зв'язку і таким чином полегшити остаточну ліквідацію розрізнених груп повстанців. Але чекісти прорахувалися: їхня війна не завершилася ще довго після 1950 року.

Живучість визвольного руху забезпечувалася, зокрема, досвідом нового керівника — Василя Кука — «Лемеша». Член Проводу ОУН з 1941 року, один із організаторів проголошення Акта відновлення незалежності 30 червня 1941-го, провідник ОУН на теренах Південно-Східної України, командир УПА-Південь, згодом заступник Головного командира УПА — цей перелік посад яскраво засвідчує: рух очолив один із найкращих. Друга погана новина для чекістів — Василь Кук був не лише добрим організатором та командиром, а й членом ОУН із найбільшим стажем перебування в підпіллі.

Василь Кук, керівник підпілля ОУН на Дніпропетровщині, 1941—1943 рр.

«Леміш» перейшов на нелегальне становище після кількох арештів ще в часи польської окупації в 1937 році. Попри те, що до вересня 1939 року його розшукувала польська поліція, він розгорнув активну діяльність, зокрема облаштувавши на Підгаєччині підпільну друкарню для публікації видань ОУН. Врешті полякам так і не вдалося ще раз затримати Василя.

Знову заарештований уже новими окупантами — німцями — восени 1941 року, проте ненадовго: Кук утік із ув'язнення і переїхав на Дніпропетровщину. У 1944 році Василь Кук як член Проводу ОУН стає об'єктом розшуку НКВД і одним із фігурантів оперативно-розшукової справи «Берлога», заведеної на керівництво підпілля.

Піймати «Борсука». Арешт Василя Кука

На початку 1945 року матеріали про «Лемеша» були виділені в окрему оперативну-розшукову справу. Чекісти відзначали його надзвичайні здібності підпільника, хитрість та невловимість і «нагородили» розшуковим псевдонімом «Борсук». Полювання на «Борсука» тривало майже десять років, доки він потрапив у пастку.

«Маючи в особі Кука небезпечного ворога держави і досвідченого підпільника, — писали оперативники, — з метою його розшуку і захоплення чекістськими органами України були вжиті заходи для того, щоб, у першу чергу, встановити його місця переховування, виявити бандгрупи, на яких він базується, і канали його зв'язку із закордоном».

У 1950 році керівництво МҐБ вирахувало, що Кук переховується на стику Львівської, Тернопільської та Станіславської областей. Місце дислокації було обране не випадково: по-перше, через сприятливі природні умови (ліси), по-друге, швидкий і постійний перехід між областями створював додаткові труднощі для чекістів, забюрократизовані структури яких діяли в межах конкретних територіальних одиниць.

У травні—червні 1950 року емґебісти отримали точнішу інформацію про перебування Кука. Вони провели масштабну облаву, у результаті якої загинули повстанці з відділу, при якому перебував Василь Кук, зокрема його особистий охоронець «Муха». Сам командир прорвався з оточення.

У лютому наступного року «органи» захопили живим провідника Подільського крайового проводу ОУН Василя Бея — «Уласа». Підпільник мав безпосередній контакт зі своїм керівником, тож саме через нього можна було вийти на Кука. Зважаючи на це, арештант «був завербований та як агент повернувся до бандоунівського підпілля». Проте підпільник, зв'язавшись із командиром, розповів про вербовку і продовжив боротьбу до своєї загибелі в травні 1952 року.

Серйозним успіхом чекістів стало полонення в жовтні 1951 року емісара Закордонного представництва Української головної визвольної ради Василя Охримовича, який за допомоги американської розвідки повернувся в Україну і утримував контакт із керівником підпілля.

«Використовуючи цю обставину, — писали в МҐБ, — від імені Охримовича було розпочато агентурну гру, в результаті якої вдалося встановити, що

Кук навесні 1953 року перейшов переховуватися в Станіславську область на базу т. зв. Рогатинського надрайонного проводу ОУН… Однак через те, що Кук розшифрував гру, завершити її успішно і захопити його через ці можливості не вдалося».

Іноді смерть чи полон були дуже близько до Василя Кука. Чекісти у своєму полюванні наближалися до повстанського командира, проте йому вдавалося вирватися з їхніх тенет. «У грудні 1952 року, — читаємо в документі спецслужби, — оперативно-військовою групою вбито бандитів Зенка та Орача, які, як згодом з'ясувалося, до дня ліквідації переховувалися в одному бункері з Куком».

11 липня 1953 року під час спроби переходу на Схід України в полон захопили провідника ОУН на Волині та Поліссі Василя Галасу, найближчого соратника останнього командира УПА, та його дружину Марію Савчин. Учасник операції Георгій Санніков писав: «Захоплення цих ворогів радянської влади було здійснене однією з агентурних спецбоївок із застосуванням спецпрепарату Нептун-47 (сильне снодійне, яке додавали до їжі або напоїв). Однак нам не вдалося змусити Галасу надати допомогу органам КҐБ і вийти на Лемеша та інших упівців, що поки активно діють. Він перехитрив нас, давши брехливі свідчення».

Головний командир УПА Василь Кук, 1950—1954 рр.

Зима 1953—1954 років була, напевно, найважчою в довгому підпільному житті Василя Кука — постійні облави, викриття сховищ, зменшення кількості місць, де можна було перебути холодну пору року. Однак він зумів уникнути арешту і навесні почав налагоджувати контакт із клітинами підпілля. Саме цей момент вирішили використати чекісти для завершення своїх багатолітніх пошуків.

«КҐБ при Раді Міністрів УРСР розробив детальний план заходів, — читаємо в їхніх документах, — який передбачав вербовку Юрка [зв'язкового Кука — *В. В.*] як агента, створення агентурної групи у складі спецагентів Карпа, Жарова і Богуна (Юрко), скерування їх на пункти зустрічей, де міг з'явитися Кук, і очікування його приходу в бункері Почекальня. Для успішних дій для спецагентів була напрацьована ретельна легенда про лінію поведінки на кожен конкретний випадок і поставлено завдання за всяку ціну захопити Кука живим. Зі спецагентами було організовано постійний зв'язок із допомогою радіо і відпрацьовано взаємодію зі спеціальною оперативною групою КҐБ, створеною для підтримки регулярного контакту і надання в потрібний момент необхідної допомоги».

23 травня 1954 року Василь Кук разом із дружиною Уляною Крюченко прибули у визначене місце зустрічі зі зв'язковим. Невдовзі прийшов «Юрко», який мав переправити їх по зв'язку далі на схід, але перед тим запропонував перепочити у криївці неподалік. Втомлене подружжя погодилося, адже зв'язкового знали давно і підстав не довіряти не мали. У криївці швидко заснули.

Тим часом зв'язковий та агент «Юрко» натис кнопку пристрою «Тривога», яким було обладнано сховок. За кілометри від цього місця в райвідділку КҐБ засвітилась лампа, сигналізуючи, що пастка закрилася — «Борсук» упіймався.

До криївки негайно виїхала озброєна група чекістів. Тим часом Кук, прокинувшись, побачив направлене на нього дуло автомата в руках у товариша. Лише одного погляду вистачило, щоб зрозуміти — колишнього товариша…

Останні хвилини операції описав єдиний на сьогодні живий її учасник Георгій Санніков. «Затримані Леміш і Оксана [псевдоніми Василя Кука та його дружини. — *В. В.*] з допомогою чекістів піднімаються на поверхню. Там їх підхоплюють руки людей, що стоять довкола. В оточенні декількох осіб відводять на кілька метрів від люка. Всі мовчать. З люка з'являються чекісти, які обшукували затриманих. Останнім на поверхню виходить довготелесий Чумак [він же агент Юрко. — *В. В.*]. В руках у нього всі речі Лемеша та Оксани, їхня зброя».

Проте цей тріумфальний момент не став кінцем історії боротьби спецслужби з Куком. А самого останнього командира УПА попереду чекав його останній, найдовший і найважчий бій, у якому він залишився сам на сам проти системи.

Останній бій

«Чому тебе не вбили?» — це питання чи не найчастіше доводилося чути Василеві Куку протягом його довгого життя. Він не міг дати на нього відповіді, бо її не знав. Він просто робив усе, щоб перемогти. Навіть після полонення.

Натомість відповідь знали ті, хто його затримував у 1954 році. Один із них, Георгій Санніков, через півстоліття у мемуарах розповів про мотиви чекістів: «Розстріляти його було надто простим і оперативно невиправданим рішенням. Поки він був потрібен живим, там буде видно. Можливо, вдасться схилити його до співпраці, примусити попрацювати на радянську владу. Такого рівня лідера ОУН, який потрапив до рук чекістів живим, у держбезпеки ще не було. А раптом Леміш, переконавшись у безвихідності свого становища, дасть згоду і допоможе в широкому пропагандистському плані? Ефект був би грандіозний. Ще б пак, сам Леміш закликає до співпраці з радянською владою непокірних українців. Закордонні центри ОУН відразу практично припинили би своє існування... Мертвий він перетвориться на мученика віри та ідеї».

Проте практичний підхід ще треба було узгодити на рівні керівництва країни, а тут існували різні думки: дехто з московських можновладців пропонував влаштувати над останнім командиром УПА гучне пропагандистське судилище, а Хрущов вважав, що Кука потрібно розстріляти.

Фото, за яким чекісти розшукували Василя Кука

Важко однозначно сказати, чому в суперечці перемогли чекісти. Можливо, тому, що після смерті Сталіна позиції компартії в країні дещо ослабли, а новий керівник лише почав закріплюватися біля керма. Можливо, і тому, що, не розстрілявши затриманого керівника підпілля в 1954 році, вони нічого не втрачали, адже могли зробити це будь-коли пізніше.

Тим паче, що факт арешту Василя Кука був суворою таємницею — учасники операції дали підписку про нерозголошення інформації. З українського керівництва про це знали лише три особи — секретар ЦК Компартії України Олексій Кириченко, генеральний прокурор УРСР Роман Руденко та секретар ЦК КПУ із пропаганди. Офіційно розшук «Лемеша» тривав, у ньому й надалі були задіяні тисячі людей.

Тим часом об'єкт розшуку перебував у внутрішній тюрмі КҐБ на Короленка, 33, де його не лише допитували, але й намагалися обробляти ідейно. Георгій Санніков, ідеологічний «вихователь», змушений був визнати, що часто програвав у суперечках з арештантом. Іноді після завершення «дебатів» він просив дівчат із оперативного персоналу, які здійснювали запис бесід, витирати деякі моменти, бо «якби голова КҐБ, а доповідалося саме йому, почув дещо зі сказаного, то мене в найкращому випадку усунули б від роботи з Куком».

На допитах Кук не мовчав — розповідав про власну боротьбу та боротьбу своїх побратимів. Ця інформація була не надто корисною для КҐБ, адже більшість із тих, про кого йшлося, вже загинули, а інші перебували в таборах. А Кук таким способом перетворив свою чималу чотиритомну справу на надзвичайно цінне джерело для сучасних істориків УПА, яке збереглося до наших днів старанням самих чекістів.

Унікальну інформацію про останнього командира УПА можна знайти не тільки в його справі, але й у матеріалах оперативно-розшукової справи «Блок», заведеної на українських дисидентів. Серед інших документів тут знаходимо доповідну голови КҐБ УРСР Віталія Федорчука з листопада 1974 року на ім'я керівника Компартії УРСР Володимира Щербицького, цілком присвячену Василеві Куку.

Через двадцять років після арешту «Лемеша», коли головними супротивниками чекістів уже давно були дисиденти, а не повстанці, керівник КҐБ України писав про нього як про «найбільш небезпечну особистість у націоналістичному середовищі». Федорчук ретельно обґрунтовував свою тезу цілою низкою фактів. Завдяки цьому документу ми дізнаємося про найтриваліше й найважче протистояння Василя Кука з режимом — двобій у форматі «один проти системи».

Отже, Кука лишили живим, аби використати «в оперативних іграх із американською і англійською розвідками та націоналістичними центрами для проникнення агентів КҐБ в агентурну сітку спецслужб супротивника і закордонні центри ОУН, перехоплення каналів зв'язку, що ведуть до націоналістичних елементів в Україні, виведення у СРСР шпигунів та емісарів, їх захоплення, передачу за кордон дезінформаційних даних і вирішення інших оперативних завдань». Перелічені вище цілі, вже як звинувачення, Василь Кук неодноразово чув від своїх недругів після проголошення незалежності України.

Спробуємо за словами головного українського чекіста — особи, далеко не зацікавленої у відбілюванні ворога, — відтворити те, як «співпрацював» із органами Головний командир УПА.

Василь Кук після виходу з тюрми, 1960 р.

Остаточне рішення про «використання» Василя Кука було прийняте КҐБ СРСР наприкінці 1957 року. Після цього «з ним проводилися відповідні бесіди, на яких він висував власні умови, добиваючись звільнення з-під варти. Куку було вказано на невідповідність висунутих ним вимог, оскільки він практично нічого не зробив для допомоги органам держбезпеки». Тож чекісти побоювалися звільняти Василя Кука, і він був залучений до оперативних заходів, залишаючись в ув'язненні.

«Хоча він і дав згоду на участь у них, — бідкалися каґебісти, — але під усякими приводами відразу ж став уникати виконання своїх обіцянок, не відкрив наявних у нього домовленостей щодо зв'язку із закордонними центрами ОУН, став вносити сумнівні пропозиції». Очевидно, такі пропозиції ув'язненого мали не лише завадити чекістам реалізувати їхні плани, але й попередити друзів за кордоном про його перебування під арештом. Повністю викрити задуми Кука в КҐБ не могли, проте так само не могли довірити продовжити його діяльність. «З цих причин, — читаємо далі в документі, — проведення оперативних ігор із використанням Кука незабаром було припинене, і КҐБ прийняв рішення про його використання у пропагандистських заходах, які проводили органи держбезпеки проти антирадянських організацій українських націоналістів».

Пропагандистський ефект каяття останнього керівника підпілля суттєво посилювався таким елементом, як милосердя радянської влади. Тому 14 червня 1960 року постановою Президії Верховної ради СРСР Василь Кук та його дружина Уляна Крюченко були помилувані. Про те, що відбувалося за лаштунками цієї милості, пише Федорчук у своєму листі керівникові партії: «При звільненні Кука з-під варти і проведенні з ним роботи щодо його ідейного переконання передбачалося організувати його виступ на прес-конференції перед закордонними та радянськими журналістами, у пресі і на радіо, підготувати з його участю звернення до оунівських угруповань за кордоном, випустити від імені Кука брошуру для поширення серед еміграції, в якій показати антинародну сутність українського націоналізму».

Проте з цих масштабних заходів реалізовано лише один: «Підготовлено від імені Кука відкритий лист під заголовком *До Стецька, Лебедя, Ленкавського, Ребет і до всіх українців, котрі проживають за кордоном*, під машинописним текстом якого він 22 серпня поставив свій підпис». Згодом лист був поширений через підконтрольне КҐБ «Товариство культурних зв'язків з українцями за кордоном» в діаспорі та в газетах західноукраїнських областей.

«8 вересня того ж року, — читаємо далі в документі, — Кук був завербований Комітетом державної безпеки України як агент для використання в заходах щодо компрометації керівників закордонних націоналістичних центрів». Для тих, хто понад усе бажає звинуватити останнього командира у зраді, цих слів головного чекіста мало би цілком вистачати. Та на горе їм Федорчук на цьому не зупинився й відверто писав далі: «Однак від виконання завдань КҐБ він ухилявся, жодних матеріалів, що заслуговували на оперативну увагу, не надавав (робота з ним проводилася керівним складом КҐБ УРСР). В останні роки зв'язок із Куком як агентом припинено, але з оперативних міркувань йому про це не повідомлялося». Тож очільник КҐБ УРСР змушений був визнати: навіть керівний склад його структури не зумів зробити з Кука, який цілковито був у їхніх руках, агента.

Сім'я Куків Василь, Уляна та їхній син Юрко — разом після довгих поневірянь, 1960-і рр.

«Одразу після звільнення Кук, — нарікав далі на зухвалого підопічного Федорчук, — відмовився від написання якихось статей проти українських націоналістів і при цьому став вимагати, щоб органи КҐБ звільнили з місць ув'язнення низку учасників бандоунівського підпілля, повернули зі спецпоселень усіх його родичів та інше. Ці прохання Кука були виконані». Серед звільнених тоді були не лише родичі Василя Кука, але й члени Проводу ОУН Михайло Степаняк та Петро Дужий, засуджені свого часу до розстрілу, який потім замінили 25 роками таборів. Крім того, Кука поселили хай у невелику, але окрему квартиру на Дарниці, не завадили вступити на навчання на історичний факультет, згодом на роботу в Центральний історичний архів та Інститут історії. «Це плата за зраду», — казатимуть потім його недруги. Насправді ж каґебісти, розуміючи недієвість «батога», завзято працювали пряником. Але «невдячний» Кук не мінявся. «Все це, — писав Федорчук про старання КҐБ, — не справило належного впливу на Кука, співпрацювати з органами КҐБ він не став. Будучи націоналістом-фанатиком і твердо залишаючись на попередніх ворожих позиціях, він зрадив попередні обіцянки. Жодних статей та інших матеріалів проти українських націоналістів отримати від нього протягом більш як десяти років так і не вдалося».

Але Василь Кук не просто залишався бездіяльним щодо «благодійників». Він продовжував свою тиху боротьбу з ними, даючи чекістам майстер-класи українського підпільника. «У процесі спостереження за Куком, — писали вони, — зафіксовано низку фактів, які дають підстави вважати, що він міг використати визволення від кримінальної відповідальності і наступне перебування на волі для продовження антирадянської діяльності та вчинення інших злочинів.

Під час його виїздів у Ленінград у 1965 році і в Москву в 1969-му відзначено, що він поводив себе підозріло, застосовував різні хитрощі з метою виявлення переслідування. В обох випадках йому вдавалося втекти від зовнішнього спостереження і безконтрольно повертатися до Києва».

Документ, написаний Федорчуком у листопаді 1974 року, тобто через рік після великого розгрому українського дисидентського руху, фіксує контакт останнього командира УПА з цим середовищем. Зокрема, наголошує, що Кук неодноразово відвідував Оксану Мешко, син якої, Олександр Сергієнко, також перебував в ув'язненні як дисидент.

Мешко була об'єктом справи «Блок», підтримувала зв'язки з іншими фігурантами цієї ж справи, на той момент заарештованими Іваном Дзюбою, Іваном Світличним, В'ячеславом Чорноволом, Євгеном Сверстюком, Валентином Морозом, Василем Стусом.

Керівник КҐБ УРСР Федорчук, який писав доповідну Щербицькому, не просто вирішив потривожити керівника Компартії України, перелічивши гріхи Василя Кука. Документ мав чітку мету — добитися скасування помилування Кука та притягнути його до кримінальної відповідальності. Але цього не сталося, адже тоді відповідати довелося б не лише старому підпільнику, а й десяткам чи навіть сотням чекістів, які бралися за його «перевиховання» та «оперативне використання».

Останній командир УПА виступає перед студентами, 2005 р. Його боротьба за правду тривала до останніх днів життя

А багато з них за двадцять років, що минули від арешту Кука, високо просунулися службовою драбиною, стали генералами та керівниками важливих підрозділів у структурі безпеки. Тому пропозиція Федорчука застрягла десь у коридорах влади, і 60-літній підпільник у тюрму не повернувся.

Проте каґебісти не забували про нього до останніх днів існування СРСР. Один із них у розмові з Георгієм Санніковим сказав: «Знаєш, до кінця свого життя він буде в колі нашого зору, наш вічний об'єкт розробки… Він так і не пішов на співпрацю з нами, залишився на своїх позиціях переконаного борця за незалежну, вільну Україну… Ми ж знаємо його добре — смілива людина… Ми й зараз контролюємо кожен його крок, проводимо по ньому весь комплекс агентурно-оперативних і оперативно-технічних заходів. Слухати його ми будемо завжди».

Але їхнє «завжди» закінчилося, а Василь Кук дожив-таки до незалежності України, до своєї перемоги над КҐБ та СРСР в останньому — найдовшому — бою, що тривав майже півжиття.

Бандера: старі та нові міфи

Відколи на переломі 1935—1936 років Степан Бандера опинився на лаві підсудних у Варшаві, його ім'я перебуває в епіцентрі словесних баталій. Уже понад сімдесят років українці, поляки, росіяни, євреї, представники інших національностей дискутують про його місце і роль в історії. Столітній ювілей Бандери у 2009 році, а особливо надання йому і позбавлення його звання Героя України наступного року, надали цим дискусіям нового дихання, хоч, на жаль, навряд чи наблизили нас до розуміння його місця і ролі в історії.

Ювілейна дата повернула до життя старі і призабуті радянські пропаґандистські кліше (терорист, зрадник, колаборант), які подаються як «нове бачення» істориків. Схоже було в 2007 році зі століттям Романа Шухевича. У випадку з Бандерою до цих штампів додалися ще й нові стереотипи: деструктивний політик та розкольник, авторитарний вождь, який не приймав демократичних цінностей, людина, не причетна безпосередньо до масового визвольного руху середини XX століття. Попри відмінності між носіями стереотипів, є два суттєві спільні моменти. Перший і принциповий: такі стереотипи підводять до тези, що Бандера в жодному випадку не може бути національним героєм. Другий — методологічний, але не менш важливий: роблячи ті чи інші висновки про Бандеру, історики та публіцисти, які представляють обидві згадані тенденції, не вважають за необхідне покликатися на документальні джерела. У результаті до радянських аксіом, що не потребували доведення (на кшталт «Бандера — нацистський прислужник») додалися новітні: «Бандера не визнавав демократичних принципів, закладених III Збором ОУН» чи навіть «виступав проти створення УПА». Для остаточного спростування стереотипів потрібні серйозні, зіперті на широку джерельну базу дослідження. Проте реальність зобов'язує ризикнути зробити це в межах невеликої публіцистичної статті.

«Терорист»

Цей штамп щодо Степана Бандери, напевно, найстаріший, адже терористом його називала ще польська влада. Відповідаючи на цей закид на суді у Варшаві, він чітко показав своє ставлення до терористичних методів боротьби в тактиці ОУН: «Прокурор сказав, що на лаві підсудних засідає гурт українських терористів та їхній штаб. Хочу сказати, що ми, члени ОУН, не є терористами. ОУН огортає своєю акцією всі ділянки національного життя. Заявляю, що ні програмово, ні, якщо йде мова про кількість членів у поодиноких ділянках організаційної праці, бойова акція не є єдиною, не є першою, але рівнорядною

Під час туристичного походу. Степан Бандера другий справа

з іншими ділянками. Тому, що в цій залі розглядали атентати, що їх виконувала Організація, міг би хтось думати, що Організація не числиться з життям людини взагалі і навіть із життям своїх членів. Коротко скажу: люди, які весь час у своїй праці є свідомі, що кожної хвилини самі можуть втратити життя, такі люди, як ніхто інший, вміють цінити життя. Вони знають його вартість. ОУН цінить вартість життя своїх членів, дуже цінить, але — наша ідея в нашому понятті є така велична, що коли йде про її реалізацію, то не одиниці, не сотні, а мільйони жертв треба посвятити, щоб її таки реалізувати. Вам найкраще відомо, що я знав, що накладу головою, і відомо вам, що мені давали змогу своє життя рятувати. Живучи рік із переконанням, що втрачу життя, я знав, що переживає людина, яка має перед собою перспективу в найближчому часі втрати життя. Але впродовж цілого того часу я не переживав того, що переживав тоді, коли висилав двох членів на певну смерть: Лемика і того, хто вбив Перацького».

Терористами польська влада називала не лише Степана Бандеру, але і його соратників, котрі боролися в рядах Української військової організації чи ОУН. Як свого часу росіяни називали Юзефа Пілсудського та діячів Польської військової організації, котрі боролися проти російської влади. Як, зрештою, у всі часи називає революціонерів будь-яка окупаційна влада. Насильство, освячене державною владою, називають політикою, навіть якщо її результатом будуть тисячі чи мільйони загиблих. Силова спроба протистояти цьому насильству поза державними інституціями автоматично шельмується як терор. Тому практично кожен національно-визвольний рух проходить етап, коли його представляють як терористичний, а його антиокупаційну боротьбу — як терористичні акти. Лише після того, як цей рух набирає обертів, переростає з формату збройної боротьби окремої організації в загальнонаціональну, знаходить собі союзників у світі і, врешті, перемагає, лише тоді він позбавляється цього принизливого тавра. Польський, ірландський, єврейський визвольні рухи демонструють саме такі сценарії розвитку. Колишні терористи Пілсудський, Коллінз, Бегін після перемоги ставали національними героями та керівниками відновлених держав. Діячі українського визвольного руху, які протиставилися державному терору Польщі, СРСР та Німеччини, не дожили до своєї перемоги. Проте створення незалежної української держави — свідчення перемоги їхнього руху, а тому настав час позбавити їх тавра «терористів».

«Колаборант»

Основним елементом радянської пропаганди, спрямованої проти ОУН та УПА, було постійне звинувачення в колаборації з нацистами. І, незважаючи на опубліковані тисячі документів, десятки досліджень про антинацистську боротьбу українських націоналістів, цей міф продовжує існувати. У межах пропаганди Степан Бандера розглядався (а часом розглядається й досі) як мало не головний приспішник Гітлера в Україні. Тим часом Бандера скептично оцінював можливість використання німецької допомоги у відродженні України. Цей момент став одним із ключових у його дискусії зі старшими членами ОУН, яка закінчилася розколом організації.

Андрій Мельник та інші ветерани визвольних змагань 1917—1920 років, спираючись на досвід 1918 року, були переконані, що лише українсько-німецька співпраця може привести до незалежності. Степан Бандера головним вважав принцип опори на власні сили, а зовнішню допомогу розглядав лише як імовірний допоміжний засіб. Не маючи довіри до німців, він шукав інших союзників: у 1940 році через свого брата Олександра Степан Бандера, зокрема, вів переговори з міністром закордонних справ Італії Чіано щодо можливої італійської підтримки українського визвольного руху.

Поряд з тим розроблялася концепція створення фронту поневолених народів. Актуальність таких кроків посилювала міжнародна ситуація після 23 серпня 1939 року, коли Німеччина стала союзником головного ворога ОУН — СРСР. Пакт Молотова—Ріббентропа ще раз довів: у справі відновлення української держави не слід цілковито покладатися на німців. Тому 30 червня 1941 року ОУН під керівництвом Бандери проголосила Акт відновлення незалежності України без жодного узгодження із «союзниками». Незважаючи на наявні в ньому дипломатичні дифірамби на адресу Гітлера, німці чітко зрозуміли, що їх ставлять перед доконаним фактом. Аби спинити «українську самодіяльність», поліція негайно затримує Степана Бандеру і ставить перед ним вимогу відкликання Акта. Це була пропозиція, від якої не можна відмовлятися, але Бандера зробив це.

Усім, хто досі вірить у Бандеру — «німецького підлабузника», раджу почитати унікальний німецький документ — протокол розмови керівника ОУН із заступником державного секретаря Ернстом Кундтом від 3 липня 1941 року. 32-літній юнак, учорашній політв'язень, керівник підпільної організації поневоленого народу проти високопоставленого чиновника Третього Райху, перед яким тремтіли керівники держав. У відповідь на звинувачення в неузгодженості дій націоналістів із німецьким керівництвом Бандера бере на себе цілковиту відповідальність за Акт, додаючи: «Я хочу ще раз вияснити, що всі мої накази не залежали від будь-якого розпорядження чи згоди німецьких властей. Видаючи свої накази, я не покладався на жодні німецькі власті, ані на їхнє погодження, але тільки на мандат, який я отримав від українського народу». Вдруге після 1936 року Бандера своєю принциповою позицією поставив себе перед перспективою смерті. Далі були перебування під арештом, що

Пластуни. Генеральна рада «Загону Червона калина» в Академічному домі у Львові. Зліва направо сидять: Степан Охримович, Володимир Калинович, Володимир Ерденбергер, Євген Пеленський, Богдан Чехут, Осип Грицак, Роман Ерденбергер, Михайло Поточняк. Стоять: Осип Тюшка, невідомий, Осип Каратницький, Степан Бандера, Юліан Гошовський, Ярослав Рак, Ярослав Падох, Роман Щуровський. 1928 р.

мало «допомогти» змінити непродумане рішення, та концтабір Заксенгаузен як покарання за те, що це рішення не було змінене.

У 1944 році, коли стала зрозумілою німецька поразка на Східному фронті, нацисти спробували відновити свої загравання з українцями, для чого, власне, й був залишений живим Бандера. Його вивезли із Заксенгаузена і поселили як арештанта в будинку під Берліном. Він щойно вийшов із табору, не мав інформації про події на фронтах та справи в Україні. Цим пробували скористатися німці, запропонувавши очолити пронімецький український комітет, «освятити» своєю присутністю черговий колабораціоністський проект. Бандера не піддався спокусі примарної влади — відмовився. Його принциповість вкотре стала на заваді використання його самого та всього визвольного руху для реалізації чужих інтересів.

«Авторитарний лідер»

Саме ця принциповість і непоступливість часом представляються як авторитаризм, нездорові амбіції чи навіть «вождистські замашки». Для довершення образу Бандери як авторитарного лідера «однозначно стверджують» про несприйняття ним демократичних цінностей у масштабах організації, а тим більше держави. Скільки правди в цих тезах? Очевидно, що Бандера був амбітною людиною, вірив у визначальну роль вольових особистостей в історії, з дитинства готував себе до великої місії. Він формувався в епоху, коли авторитарні тенденції домінували повсюдно, державами керували вожді, фюрери та дуче. Проте саме Бандера очолив опозицію, яка піднялася проти «вождизму» в ОУН. Саме він і його товариші-«крайовики» протиставилися спробі становлення автократичної влади в організації на чолі з Андрієм Мельником. Створений ними Революційний провід, попри значні повноваження голови, був командою сильних керівників. Бандера як лідер вивів на керівні ролі Романа Шухевича, Василя Кука, Романа Кравчука, Дмитра Грицая, Ярослава Старуха та інших, котрі очолили різні ланки визвольного руху вже після його ув'язнення і забезпечили тривалу ефективну боротьбу підпілля.

Як свідчать документи, у Проводі Бандери рішення приймалися більшістю, тобто кожен голос мав значення. Саме такий стиль роботи він вважав очевидним і необхідним. В одному зі своїх листів в Україну Бандера писав: «В кожному Проводі, який я провадив, зокрема в Проводі ЗЧ (Закордонних частин. — *В. В.*) ОУН існував і дальше існує такий порядок: всі рішення приймаються більшістю голосів. Голоси всіх членів Проводу рівні. Справи вирішуються після всебічної дискусії. Кожен член Проводу має право піддавати під розгляд і вирішення Проводу кожну справу… Це елементарні засади функціонування

Проводу, і ніколи не було в нас думки застосовувати іншу методу».

Як кожен керівник, Бандера прагнув до домінування власної політичної сили, проте ніколи не робив із цього головної мети. Сформульований ним принцип «нашою перемогою є перемога наших ідей» реалізовувався на практиці: утворений у червні 1941 уряд (Українське державне правління) складався з представників різних політичних сил.

Степан Бандера, початок 1940-х рр.

Поширене сьогодні в історіографії та публіцистиці твердження про те, що Бандера не сприйняв рішень III Надзвичайного великого збору ОУН, бо, перебуваючи в ув'язненні, «пропустив процес визрівання в ОУН демократичних тенденцій», є неправдивим у кількох моментах. По-перше, Бандера ніде і ніколи не відмовлявся від рішень цього збору, вважаючи їх обов'язковими як для себе, так і для всіх членів ОУН. По-друге, процес визрівання демократичних тенденцій у програмі ОУН почався не в 1943-му, а в 1940 році саме під керівництвом Степана Бандери. Гасло «Свобода народам! Свобода людині!», яке представляється як квінтесенція цього процесу, вперше прозвучало не в рішеннях 1943 року, а в маніфесті ОУН із грудня 1940 року. «Бандера — авторитарний вождь, який не визнає демократичних норм» — це звинувачення було сформульоване його опонентами у другій половині 1940-х років на еміграції і використовувалося в типовій для еміграції політичній боротьбі. При цьому одним із «головних речників демократизації» представлявся Микола Лебедь — людина, усунута з поста провідника ОУН в 1943 році за авторитарний стиль керування. На жаль, багато істориків некритично прийняли цей закид, не намагаючись верифікувати його з допомогою доступних джерел.

«Розкольник»

Із політичного еміграційного протистояння проростає і наступний стереотип — розкольника. Бандера, твердять деякі публіцисти та історики, відіграв в українському визвольному русі радше деструктивну, аніж позитивну роль, адже з його ім'ям пов'язані два розколи. «Руїна», «розкол», «братовбивство» —

Під час прогулянки в горах. Донька Степана Бандери Леся, дружина Ярослава, Степан Бандера, донька Наталя, Дмитро Миськів, 1950-і рр.

ці поняття подаються мало не як архетипічні для української нації, як її родове прокляття. Натомість такі негативні явища є аж надто типовими для бездержавних націй, які стають об'єктом зовнішніх маніпуляцій політиків та спецслужб, аби вбачати в них щось винятково українське.

Очевидно, не обійшлося без таких маніпуляцій і в розколах ОУН, відповідальність за які списують на Степана Бандеру. І якщо в питанні розколу 1940 року поки не знайдено документів, які однозначно підтверджували б його зовнішню інспірацію, то в так званому другому розколі 1954 року вона дуже чітко прослідковується. Звичайно, ця подія мала й певні об'єктивні чинники (особисті та організаційні непорозуміння), проте безпосередньою причиною стали сфальшовані МҐБ документи та тривала оперативна гра, яка велася з українською еміграцією від імені воюючої України.

Важливо також оцінити вчинки самого Степана Бандери в цих критичних ситуаціях, аби дати відповідь, чи заслуговує він на звинувачення в розкольництві. І в 1940-му, і в 1954 році бачимо його дії щодо недопущення розколу: у першому випадку неодноразові звернення та поїздка до Андрія Мельника, у другому навіть добровільний відхід із посади керівника організації задля збереження її цілісності.

Як і у випадку з іншими міфами про Бандеру, звинувачення в розкольництві опирається на незнання конкретних фактів чи невміння розглянути їх із ширшої перспективи. До прикладу, датою розколу по лінії «бандерівці —

мельниківці» називають 10 лютого 1940 року — день створення Революційного проводу на чолі з Бандерою. Тим часом ще кілька місяців після цього продовжувалися спроби залагодити конфлікт, а представники обох течій працювали в одному приміщенні на вулиці Зеленій у Кракові. І лише силове захоплення приміщення бойовиками на чолі із Зиновієм Книшем (згодом одним із найбільш плодючих авторів мельниківського спрямування) і позбавлення бандерівців доступу до нього спалило мости для можливого порозуміння.

Потім настали роки взаємної ворожнечі та звинувачень, найважчим із яких було звинувачення бандерівців у вбивстві провідних членів ОУН(м) Сеника і Сціборського. Ця справа досі залишається нез'ясованою, проте якщо подивитися в ширшому контексті, то важко не помітити аналогій із пізнішими подіями 1957 та 1959 років. Тоді вбивства Ребета і Бандери теж представлялися як «братовбивчі розбірки» в середовищі українських націоналістів. І тільки сенсаційне зізнання кілера від КҐБ Сташинського показало справжніх замовників та виконавця атентатів.

І на завершення про розколи. Говорячи про розкол в українському русі, у нас прийнято говорити лише про його деструктивну роль. Тим часом принаймні конфлікт 1940 року став додатковим імпульсом для розвитку. Адже до керівництва руху прийшли молоді енергійні люди, з новим баченням, готові до еволюції своїх світоглядних засад, геополітичних уявлень та методології

Микола Климишин, донька Степана Бандери Леся, Степан Бандера, син Андрій

боротьби. Саме ці люди, яких згодом стали називати «бандерівцями», вивели український визвольний рух на якісно новий рівень розвитку, перетворивши його в загальнонаціональний. І тут знову напрошуються аналогії: єврейський національний рух набув нового дихання завдяки «розкольнику» Володимиру Жаботинському, який вийшов із Всесвітньої сіоністської організації, заснувавши нову течію «сіоністів-ревізіоністів».

«Лише символ»

Стереотипом, який чи не найактивніше утверджується в суспільстві сьогодні, є теза, що Бандера не може вважатися національним героєм, адже «безпосередньо не брав участі у визвольній боротьбі»: спочатку як в'язень польських тюрем, згодом — німецького концтабору, а потім як політичний емігрант, який не мав змоги впливати на ситуацію в Україні. «Бандера — лише символ боротьби» — цю фразу роблять ключовою в сучасному відображенні Бандери. Проте аналіз історичних фактів чітко показує безпосередню, а часто й визначальну роль Бандери в українському визвольному русі. Саме він провів інкорпорацію Української військової організації в ОУН, чим завершив формування структури Організації, яке тривало з 1929 року. Саме він вивів на новий рівень діяльність ОУН у першій половині 1930-х років, саме під його керівництвом ОУН провела низку гучних бойових та пропагандистських акцій, які зробили цю організацію популярною не лише в Україні, а й за її межами. Його активна діяльність у 1939—1941 роках заклала міцні основи для наступного етапу розвитку визвольно-

Відзначення 20-х роковин загибелі Євгена Коновальця. Зліва направо: Дарія Ребет, невідомий, Ярослав Стецько, Степан Ленкавський, Дмитро Андрієвський, Степан Бандера, Андрій Мельник, Микола Капустянський

го руху. У цей час проведено велику кількість військових та організаційних вишколів, які підготували кадри для подальшого розгортання повстанської армії. Тоді ж закладено важливі ідейні засади, які забезпечили розвиток ОУН із підпільної організації в загальнонаціональний визвольний рух.

Степан Бандера, одне з останніх прижиттєвих фото

Значну роботу проведено Бандерою в післявоєнний період на еміграції. Під його керівництвом мережу ОУН розгорнуто практично у всіх країнах, де мешкали українці: Західній Європі, Північній та Південній Америці, Австралії. Створені ОУН громадські організації (Спілка української молоді, Організація оборони чотирьох свобод України, Ліга визволення України) ефективно захищали права українців у світі. Через бандерівські видання («Шлях перемоги», «Визвольний шлях», «Гомін України» та багато інших, що виходили практично по всій українській діаспорі) проводилася активна інформаційна кампанія, що доносила світові правду про Україну та українців.

Лідерство Бандери визнавали керівники визвольного руху в Україні — на подання Романа Шухевича його було обрано членом Бюро Проводу ОУН у 1945 році, програмовий текст провідного ідеолога визвольного руху Петра Федуна називався «Хто такі бандерівці і за що вони борються», тисячі повстанських листівок завершувалися гаслом «Хай живе Степан Бандера!», а відомий повстанський художник-гравер Ніл Хасевич зробив його портрет, підписавши «Другові Провіднику». В Україні в умовах боротьби ніхто не піддавав сумніву авторитет Бандери як керівника визвольної боротьби. Визнавали його й ті, хто боровся проти визвольного руху. Термін «бандерівці» набув фактично офіційного звучання і використовувався в документах Компартії та НКВД — МҐБ. Радянська влада до кінця життя Бандери вважала його небезпечним ворогом і навіть пішла на його ліквідацію в 1959 році. Тобто вже тоді, коли визвольний рух в Україні було придушено і сам режим намагався представляти себе по-новому, відмежовуючись від злочинів Йосипа Сталіна, Степан Бандера був реальним і небезпечним для ворогів діячем українського визвольного руху. А разом з тим — він став його символом.

Стати символом за життя і пронести цей тягар, не спіткнувшись, — це справжній виклик долі, достойно відповісти на який не зуміли тисячі тих, кого свого часу вважали героями. Маємо унікальні рядки, написані самим Бандерою, де він описує свої переживання: «Мушу Вам щиро сказати, що мені дуже важко. Гнітить мене невимовно те, що з моїм ім'ям зв'язується найбільші цінності нашої боротьби, куплені працею, великими жертвами і кровію Найкращих Друзів. Чуюся негідним служити за символічне зосередження тих вартостей українського визвольного руху. Під тим моральним тягарем людина слаба, все бачить, як мало сама внесла до спільних надбань, яка безмежна різниця між власним вкладом, власною спроможністю і власною вартістю та тим, що має репрезентувати й очолювати. Репрезентація — це не моє діло, не маю для цього жодних диспозицій і чуюсь зле в такій ролі. Змістом мого життя досі була боротьба, так і мусить бути дальше. Не можу боротьби репрезентувати, коли не беру в ній участі. На репрезентанта "за склом" не надаюся».

Проте доля розпорядилася інакше: Степан Бандера так і не зміг повернутися безпосередньо на поле бою та змушений був до кінця життя нести цей хрест — бути символом. Прізвище Бандера, що перекладається «прапор», таки стало його життєвою місією.

В Україні сьогодні друкують багато статей та книжок про Степана Бандеру. Автори переповідають основні факти з його життя: діяльність у підпільній організації, боротьба, тюрми, концтабори, відвертий виклик окупантам, принесене в жертву особисте життя, репресована родина, врешті, смерть від рук убивці. Здавалося б, усе вже зрозуміло і немає жодного народу, який би відмовився від такого героя. Проте ще часто в українських авторів стосовно Бандери бракує відваги зробити висновок із цих фактів. Але переконаний, що настане момент, коли автори, читачі та всі інші українці знайдуть у собі достатньо сили назвати героя героєм. І Бандера знову стане символом, символом того, що українцям уже не треба оглядатися на когось, формулюючи власні погляди на минуле чи бачення майбутнього.

Могила Степана Бандери

ГУЛАГ. Кінець імперії терору

И черный флаг с кровавой полосой
Укажет путь нам в праведной борьбе!

Гімн Норильського повстання

Активна діяльність діячів українського визвольного руху чи культурного відродження в радянські часи найчастіше переривалася арештом та довголітнім ув'язненням у таборах. Їх, молодих, сповнених енергії та творчих задумів, поглинав та поступово перетравлював створений комуністами монстр під назвою ГУЛАГ. Його становлення відбувалося паралельно із закріпленням радянської влади на теренах колишньої Російської імперії. І це не дивно, адже табірна система була невід'ємною складовою функціонування СРСР, інструментом для усунення із суспільного життя і цілковитої ізоляції «соціально шкідливих елементів».

Географія імперії, де вистачало віддалених, важкодоступних і цілковито не заселених територій, надала більшовикам унікальний шанс для реалізації експерименту зі створення «правильного» суспільства. Всі, хто не вписувався в комуністичні уявлення про правильність, мали доживати віку в диких, незасвоєних теренах, рабською працею наближаючи побудову світлого майбутнього для решти людей. Ця решта не мала жодного контакту з висланими, але повинна була знати, що вони десь мордуються у важких умовах і таке може чекати кожного.

Перші більшовицькі табори постали майже відразу після захоплення червоними влади, а саме в 1918 році. У міру закріплення радянської адміністрації поступово творилася і розросталася система місць утримання в'язнів та спеціальні установи керування ними. У 1930 році в структурі каральних органів для цього створено Управління таборами, згодом перейменоване в Головне управління — ГУЛАГ, назва якого тепер не потребує перекладу жодною із мов. Необхідність створення такої структури для влади була очевидною, адже станом на початок 1930 року в ув'язненні перебували 250—300 тисяч осіб.

Проте це був лише зародок ГУЛАГу, кількість «підопічних» якого протягом наступних двадцяти років зростала швидше, ніж у дуже динамічному місті. На початок 1935 року вона перейшла мільйонну межу, притому, що пік

Табір «Інтауголь»

сталінських репресій був іще попереду. За дев'ять місяців періоду Великого терору (з 1 липня 1937 до 1 квітня 1938 року) число в'язнів ГУЛАГу збільшилося більш ніж на 800 тисяч і перевищило 2 мільйони.

Швидкі темпи зростання перервала німецько-радянська війна у 1941 році. Радянський Союз, який у результаті блискавичної війни зазнав небачених військових втрат, терміново потребував поповнення. При цьому в армію для захисту країни, яка зламала їхні долі, призвали «ворогів народу». До кінця першого року війни в'язничу робу на солдатську шинель змінили майже півмільйона осіб.

Ті, хто були визнані недостойними захищати, залишилися в таборах і пережили чи не найважчі роки свого життя в ГУЛАГу. Радянська влада, яка стояла перед реальною загрозою колапсу, в момент, коли зовнішній ворог опинився біля воріт столиці, залишила внутрішніх ворогів на поталу голоду та холоду. Смертність у таборах різко зросла і становила в 1942 році близько чверті середньорічної кількості ув'язнених.

ГУЛАГ надолужив свої втрати вже після війни, коли СРСР міг знову зосередити всю увагу на внутрішньому протистоянні. Саме перше повоєнне десятиліття стало періодом найбільшого розвитку таборів — на початок 1953 року їх нараховувалося 166. Ще рік перед тим, у 1952-му, встановлено рекорд кількості ув'язнених у Радянському Союзі: понад 2 мільйони 800 тисяч. Серед тих, хто поповнювали табори, — значна частина учасників збройних антирадянських рухів, що не вщухали вздовж усього західного кордону СРСР. Згодом саме вони, колишні повстанці та партизани, стали причиною того, що, здавалося б, нездоланна імперія ГУЛАГ спочатку дала тріщину, а потім і завалилася.

Якраз після війни до таборів уперше потрапив особливий, небачений досі контингент. Не вчителі, колгоспники, письменники, художники чи актори, яких радянська влада робила терористами і диверсантами, а люди, котрі насправді зі зброєю в руках воювали проти неї. Звичний для охоронців прийом — віддати «контриків» (тобто засуджених за політичними статтями) на поталу кримінальним в'язням — перестав працювати. Колишні вояки, здатні постояти за себе, силою та організованістю швидко ліквідували домінування кримінальних. «Тепер убивства відбувалися частіше, ніж утечі в їхні найкращі часи, — писав Олександр Солженіцин. — Вони вчинялися впевнено та анонімно: ніхто не йшов здаватися зі скривавленим ножем; і себе, і ніж берегли для іншої справи. В улюблений час — о п'ятій годині ранку, коли бараки відчинялися поодинокими наглядачами, що йшли собі відчиняти далі, а в'язні ще майже всі спали, — месники у масках тихо входили у намічену секцію, наближалися до потрібної вагонки та неухильно вбивали зрадника, котрий щойно прокинувся та дико верещав, або навіть ще сплячого».

Навіть жінки не були звільнені від важкої каторжної роботи у таборах

Табірний пункт біля копалень ім. О. Матросова, Колима

Давши собі раду з «братами» по нещастю, сили спрямовано на боротьбу з адміністрацією таборів. У червні 1945 року група ув'язнених вояків УПА копальні «Покришкін» на Колимі напала на охорону табору та знищила її. Колишні партизани, які знову отримали до своїх рук зброю (автомати, кулемети, гранати), залишили зону. У погоню за втікачами кинуто війська, і за 50 кілометрів від табору відбувся бій, у якому всі бунтівники загинули.

Через два роки, у травні 1947 року, у Воркуті на станції Ханове́й — нове заворушення. Знову проти повсталих, які встигли озброїтися, виставлено переважаючі війська, знову загибель усіх у бою. Такі бунти із захопленням зброї на Колимі та у Воркуті продовжувалися в наступних 1948 та 1949 роках, попри постійне жорстоке придушення їх радянською владою.

Повстання були лише зовнішнім виявом перелому ситуації в ГУЛАГу після війни. Внутрішніми, невидимими для більшості, змінами стало створення і діяльність підпільних організацій. Члени ОУН принесли з собою не лише дух непокори, але й навички конспіраторів, які дозволили їм продовжити свою діяльність навіть у таборах. У 1947 році досвідчений підпільник та зек зі стажем Михайло Сорока (перебував в ув'язненні з 1940 року) став засновником і керівником однієї з найвідоміших таких організацій — «ОУН-Північ». Ця підпільна структура зуміла налагодити зв'язок не лише між різними таборами, але навіть з Україною.

Для боротьби з «бацилою» спротиву радянське керівництво вирішило в 1948 році створити спеціальні табори, де мали утримуватися політичні в'язні — «особлаги». Але таким чином СРСР досяг протилежного результату: небезпечної концентрації своїх активних супротивників. Повстання у трьох таких таборах — Речлагу (Воркута), Горлагу (Норильськ), Степлагу (Караганда) — стануть початком кінця табірної системи.

ГУЛАГ був невід'ємним елементом тоталітарного режиму, створеного Сталіним. Тому смерть «вождя народів» у березні 1953 року струсонула як радянську імперію, так і її потворну модель — імперію терору ГУЛАГ. 27 березня 1953 року газета «Правда», яка постійно інформувала жителів СРСР про боротьбу з ворогами народу, помістила несподіване оголошення про амністію. За кілька тижнів на волю вийшло більше мільйона в'язнів, переважно засуджених за дрібні проступки, господарські зловживання чи крадіжки. Таким способом радянське керівництво намагалося зняти напруження в суспільстві, яке важко було не відчути після смерті Сталіна.

Політзеків амністія не зачепила, тому влада, замість того, щоби отримати спокій, викликала бунт та повстання. Цього разу найбільші за історію існування табірної системи СРСР. Табірне керівництво, відчуваючи наростання незадоволення серед в'язнів, вирішило посилити репресії. Навесні 1953 року почастішали випадки жорстокого побиття політзеків і навіть розстрілів охоронцями. Таким чином не просто сіяли страх, але й брутально ліквідовували потенційних організаторів бунтів. Крім того, адміністрація спробувала використати давній «заспокійливий засіб» проти політичних — кримінальних в'язнів.

Полковник УПА, командир Воєнної округи «Буг» Василь Левкович. Відбув 25 років ув'язнення у таборах

21 травня 1953 року за вказівкою начальника генерала Семенова до другого табірного відділення Горлагу переведено озброєних ножами бандитів. Вже незабаром у таборі сталася кривава різанина з їхньою участю. Інші в'язні відповіли організованим протестом — не виходили на роботу, допоки присланих убивць не ізолювали. Але й після цього протистояння не припинилося. Через кілька днів, 25—26 травня, охорона

Група політв'язнів на лісоповалі. У центрі стоїть (сьомий зліва) Віктор Харків, командир Воєнної округи УПА «Башта»

двічі стріляла по ув'язнених — були кілька вбитих та поранених. Власне, ці розстріли, чи то вияв нервовості охоронців, котрі відчували наростання протесту, чи то спроба йому запобігти стали безпосереднім поштовхом до повстання, яке увійшло в історію під назвою Норильського.

Поступово страйки охоплюють одне за одним табірні відділення, тут створюються комітети, що перебирають на себе керівництво подальшим протестом. Через тиждень, 5 червня, у повстанні беруть участь вже 6 табірних відділень і понад 16 тисяч в'язнів. Гаслом бунтівників стало бандерівське «Воля або смерть!», а прапором — чорне полотнище з червоною смугою. Та це й не дивно, адже серед керівників повстання були колишні члени ОУН. Один із них, Степан Семенюк, згодом писав: «Ми пам'ятали наказ Проводу ОУН: продовжувати боротьбу за волю України й інших поневолених народів скрізь і за будь-яких обставин».

Адміністрація намагалася придушити протест у зародку, проте з незначними результатами. Ще в перший тиждень у 2-й табірній зоні заарештовано близько 50 організаторів бунту. Однак цей успіх адміністрації навчив повсталих, які тепер організували власну охорону, почали виробляти холодну

Євген Грицяк під час ув'язнення

зброю і були готові до активного спротиву. 30 травня в'язні 5-ї зони відбили штурм озброєної охорони.

Крім холодної зброї, повсталі почали використовувати зброю інформаційну. У таборі обладнали типографію, яка виготовляла листівки із закликом до солдатів не брати участі в придушенні повстання та інформувала місцеве населення про боротьбу. Для їх поширення використовувалися... повітряні змії. Ось як описує це один із керівників повстання Євген Грицяк: «Листівки розкидалися по місту в дуже оригінальний спосіб. Для цього було виготовлено сім паперових зміїв, які, підіймаючись угору, несли з собою до 300 листівок кожний. Листівки підв'язувалися під змія скрученими в трубку і перев'язаними ниткою. З-під нитки звисав запалений ватяний ґніт. Коли змій підіймався на свою висоту, ґніт догоряв і перепалював нитку; тоді листівки розсипалися в усі боки. А далі вітер розносив їх по всьому місту і навіть далеко поза його межі».

Повстанці висували як конкретні вимоги щодо умов праці та побуту в'язнів, перегляду справ і покарання охоронців, винних у надуживанні владою, так і загальні — припинення політики репресій. Радянська влада, зрозумівши, що не в змозі зупинити розростання протесту, вирішила піти назустріч в'язням. 5 червня 1953 року в Норильськ із Москви прилетіла комісія МҐБ СРСР під керівництвом полковника М. Кузнєцова. «Ми успішно скористалися з нагоди, — згадує Євген Грицяк, — вперше перед московською комісією поставили ряд ультимативних вимог. Ми не просили Москву змилуватися над нами, не благали, а вимагали, і не тільки стосовно себе. Ми вимагали заміни усієї нелюдської системи гноблення і застерігали, що продовження політики терору неможливе, що ми будемо боротися проти цієї системи усіма доступними методами».

Проте влада була готова лише на поступки щодо умов ув'язнення. Тому почалася покрокова ліквідація повстання — з допомогою зброї та водометів, одне за одним захоплювалися табірні відділення, заарештовувалися

Воззвание

1

ДОРОГИЕ ДРУЗЬЯ!

ХОРОШЕНЬКО ПОДУМАЙТЕ И ОТ ДУШИ ОТВЕТЬТЕ:
Кто построил 25° 3-б, БМЗ, Коксохим завод, БОФ, Медеплавильный з-д, 3ий кирпичной и цементный заводы?
Кто проэктировал и воздвигал город со всеми особозначительными сооружениями в нем?
Кто открывал ряд рудников, корьеров, шахт?
Кто вчасности открыл наш ведущий в комбинате р-к – „МЕДВЕЖИЙ РУЧЕЙ
Кто показал исключительно организованные и самые эффективные методы труда в условиях сурового заполярья?
Кто внес и внедрил в жизне десятки сотень рационализаторских предложений, дающих неведанно высокую производительность труда и огромнейшую экономию в стране?!
Кто выполнял и перевыполнял план комбината на протяжении почти десятка лет? Кто же, наконец, выдвигал наш Норильский комбинат на одно из первых мест в МВД и всей стране, обезпечивая ему Переходящие Красное Знамя МВД? И над всем этим везде и повсюду величественно высочится наше имя – людей с номерами в закрытых бараках лишенных всех прав и благ человека! Невольно возникает вопрос:
Является ли это тем огромным и мощным Вкладом в деле построения коммунизма, в дело укрепления мира во всем мире, в дело создания блага для человека на земле? Является ли это тем весильным фактором, который определяет искупление вины перед нашей Родиной? И обеспечивающий свободу человека? Почему же нас забыли и вычеркнули со списка полезных людей нашей Родины? Почему не внимали и не хотять внимать нашим жалобам и прозьбам, на протяжении десятка лет? После всего этого – имеем ли мы, наконец право остановить на нужное время работу и потребовать от местных властей, чтоб они попросили к нам на место (в Норильск) К.Е. Ворошилова, или же самую авторитетную правительственную. Комиссию из Москвы, а не представителей из МВД Красноярского края, как нам сулят наши начальники!? Хотят этого, или не хотят наши местные власти они обязаны выполнить справедливое и вполне заслуженное требования трудящей массы! Довольно задерживать наши жалобы в Норильске, и давать нам фиктивные отводы.
Наше дело справедливое!
Мы требуем разбора дел на месте с личным опросом каждого з/к. и конкретным решением Московской комиссии на месте!
ВЕРИМ в достижение цели!

Листівка повстанців Норильська

керівники бунтівників. Таким чином, на початок серпня вдалося придушити опір в 1-му, 2-му, 4-му, 5-му та 6-му таборах. Натомість тривав протест у 3-му, більшість в'язнів якого становили українські та прибалтійські націоналісти.

4 серпня 1953 року розпочався штурм 3-го табору, останнього оплоту Норильського повстання. В операції взяли участь солдати, цивільні комуністи та комсомольці Норильська, спеціально мобілізовані для придушення бунту. За різними підрахунками, під час боїв загинуло від 50 до 150 в'язнів. Радянській владі після понад двох місяців нарешті вдалося зірвати червоно-чорний прапор повстання, який майорів над табором.

Але це був лише початок. Ще під час подій у Норильську спалахнуло інше повстання — у Воркуті, яке тривало з 19 липня до 1 серпня 1953 року. Очевидно, навчені гірким досвідом Норильська, чекісти цього разу діяли швидко — вже в перший день повідомили міністра внутрішніх справ СРСР Сергія Круглова. Через п'ять днів з'явилося рішення за його підписом, яким задовольнялися деякі вимоги повсталих: 9-годинний робочий день, дозвіл писати листи рідним раз на місяць, можливість побачень із ними. Таким способом влада намагалася зупинити розростання протесту, поки він не набрав ширших форм.

Проте керівники спротиву наполягали на продовженні боротьби. «Авторитети бандерівського угрупування, — доповідали керівництву табору

Табірний цвинтар. У таких могилах, без імен та хрестів, ховали в'язнів

агенти, — ведуть розмови, в яких ідеться, що вони добилися мало і потрібно активніше добиватися скорочення термінів або звільнення, які треба вимагати шляхом масової відмови від роботи». На десятий день, попри поступки, які гарантувало радянське керівництво, на роботу не вийшло понад 12 тисяч в'язнів. Тому 31 липня та 1 серпня почався штурм непокірних таборів, у результаті якого, за документом МВД, загинули 53 в'язні і 138 дістали поранення. Майже половину серед загиблих, згідно з цим же документом, становили молоді чоловіки віком від 20 до 30 років.

Після придушення небезпечних повстань весни—літа 1953 року сотні в'язнів були заарештовані як організатори, тисячі переміщені в інші табори. Проте «бацилу бунту» вбити не вдалося, і тиша, яка протягом кількох місяців панувала в ГУЛАГу, була оманливою. Для утримання спокою в березні 1954 року ЦК КПРС прийняв рішення «Про покращення роботи виправно-трудових таборів ГУЛАГу з перевиховання в'язнів». Ним, зокрема, закріплено ряд поступок ув'язненим, на які Кремль змушений був піти після Норильського та Воркутинського повстань. Проте це не спинило небезпечного бродіння в таборах.

В'язні Норильська. Праворуч сидить Степан Семенюк, один із керівників повстання

Наростання напружегння відчувалося, зокрема, в таборах Степлагу, близько 50 % якого становили українські націоналісти і понад 20 % — прибалтійські. Для боротьби з ними використовувався звичний набір засобів — залякування, «випадкові» розстріли і, нарешті, знову привезення в табір кримінальних злочинців. «Перед першотравневими святами [1954 року. — *В. В.*], — пише про це Солженіцин, — господарі привезли 650 злодіїв, частково побутовиків (в тому числі багато малолітніх). "Прибуває здоровий контингент!" — злорадно попереджали вони П'ятдесят Восьму [тобто засуджених за політичними статтями. — *В. В.*]. — Тепер не поворушитесь. А до привезених злодіїв казали: "Ви в нас наведете порядок!"». На подив адміністрації, кримінальні не лише не стали «наводити порядку» з політичними, але й приєдналися до них під час повстання.

А почалося воно з того, що 15 травня 1954 року охоронець Калімудін випустив автоматну чергу в колону ув'язнених, вбивши 18 осіб та ще 33 поранивши. Крім того, було побито близько 40 в'язнів, деяких безпідставно кинуто в ізолятор. Увечері 16 травня група на чолі з членом ОУН Віталієм Скіруком напала на ізолятор, розгромила його і звільнила ув'язнених. Так розпочалося Кенгірське повстання, яке тривало 42 дні.

Його перебіг досить схожий на інші — відмова виходити на роботу, поступове розширення ареалу, спроби адміністрації заспокоїти повстанців частковими поступками (зокрема, було оголошено про засудження на чотири роки тюрми охоронця Калімудіна). Як і в інших повстаннях, в Кенгірі створено підпільний керівний центр, який контролювали українські націоналісти. Вже через кілька днів після початку бунту міністр внутрішніх справ СРСР Круглов доповідав керівництву, що «масовою непокорою керують засуджені оунівці». Серед керівників спротиву — досвідчений підпільник та організатор політв'язнів Михайло Сорока, а також Герш Келлер, єврей за національністю, заарештований 1944 року за участь в українському підпіллі.

Герш Келлер, колишній вояк УПА, один із керівників Кенгірського повстання

Наприкінці червня стало зрозуміло, що задовольнити в'язнів частковими поступками не вдасться. Тому радянське керівництво вирішило піти на штурм повсталих таборів. Очевидно, повстанці очікували на таке завершення і готувалися до нього. Згідно з документами слідства, в таборі знайдено 1577 металевих прутів і пік, 291 ніж зразка «фінки», 68 саморобних шабель, 36 саморобних гранат, 4 пістолети, 26 сокир, 40 саморобних вил і списів, 400 пляшок із негашеним вапном і 300 пляшок із піском, понад 20 кілограмів товченого скла, 2113 одиниць інших видів гострорізучих і металевих предметів. Проти

Михайло Сорока, один із керівників Кенгірського повстання

цього «арсеналу» радянська влада виставила 1600 озброєних солдатів, три пожежні машини з водометами та... 5 танків Т-34.

26 травня о четвертій ранку комісія МВД востаннє запропонувала повсталим здатися. Після цього розпочався кривавий штурм. «Побачивши танки, в'язні жіночого табору, — згадує колишній арештант Варконі, — щоб рятувати своїх друзів, вийшли назустріч ворогу. Майже всі вони були святково вдягнуті у вишиті сорочки. Близько двох сотень жінок і дівчат узялися за руки і лавами рушили проти танків. Але танки не зупинилися. Вони навіть не зменшили швидкості й один за одним переїхали живу фалангу. Одночасно солдати кинулися до бараків, розстрілюючи кожного зустрічного». Під час цієї операції, на думку дослідниці Лесі Бондарук, вбито та поранено близько семисот осіб.

Кенгірське повстання, як і попередні, було придушено. Але це означало не кінець руху опору, а кінець ГУЛАГу — він уже ніколи не оговтається від завданих ударів і почне швидко валитися. Після повстань у 1953—1954 роках ліквідовано особливі табори для політв'язнів, у 1955 році започатковано загальну реформу місць тримання, до 1957 року припинила існування велика кількість таборів, нарешті, у 1960 році ліквідовано сам ГУЛАГ.

За тридцять років через нього пройшло майже 30 мільйонів в'язнів. Табори для політичних існували і після 1960 року, через них перейшли тисячі людей, останні з яких вийшли на волю аж у 1989-му. Проте табірна система СРСР вже ніколи не повернула собі сили, яку мала за часів ГУЛАГу.

Зрощення цієї табірної імперії з цілою імперією СРСР було настільки міцним, що повстання 1953—1954 років позначилися не тільки на долі в'язнів, але й на житті всіх мешканців країни. Радянське керівництво в 1956 році на XX з'їзді КПРС змушене було засудити злочини доби сталінізму, взяти курс на лібералізацію суспільних відносин. Настала «відлига», плодами якої в Україні стали «шістдесятники», дисиденти, самвидав, а отже, новий етап боротьби.

P. S. Попри важливість історії табірних повстань, вона досі є маловідомою. Лише в 2008 році з'явився документальний фільм Михайла Ткачука «Загадка Норильського повстання» (до речі, відзначений Шевченківською премією). У 2009 році інформація про ці повстання внесена до шкільної програми з історії (звідти вона була вилучена наступного року міністром Дмитром Табачником), а у 2011 році історик Леся Бондарук захистила кандидатську дисертацію на тему «Український рух опору в радянських таборах у 1940—1950-х роках». Тож правда про українських героїв, які поставили крапку в існуванні ГУЛАГу, дуже повільно, але повертається до нас.

Степан Семенюк виступає на відкритті виставки «УПА. Історія нескорених» у головному корпусі СБУ на Володимирській, 33 (колишня штаб-квартира КҐБ, Короленка, 33). Вони таки перемогли

Пам'ятник ворогу, або Як КҐБ писав історію УПА

У травні 1954 року до рук ґебістів потрапив Головний командир УПА Василь Кук. Наступного, 1955-го, при спробі захоплення гине провідник ОУН на Волині Анатолій Маєвський. Керівні ланки підпілля цілком ліквідовані, залишилося провести «зачистку» теренів від окремих його вогнищ.

Радянським органам безпеки знову довелося мобілізувати свої зусилля у 1956 році, аби спинити наростання активізації руху опору, породженого як внутрішніми (повернення з таборів політв'язнів після лібералізації режиму), так і зовнішніми (повстання в Будапешті, заворушення в Польщі) причинами. Лише в другій половині 1950-х вони могли впевнено констатувати, що придушення повстання, яке чекісти щорічно з 1944 року обіцяли керівництву партії, нарешті відбулося.

Останнім його акордом мала стати ліквідація Степана Бандери — людини, яка і для самих учасників, і для ворогів визвольного руху стала його символом. 15 жовтня 1959 року каґебісти доповіли Микиті Хрущову про вбивство в Мюнхені провідника націоналістичного руху. Та цій події не судилося стати завершальним актом у протистоянні. Через півроку, 12 квітня 1960 року, на теренах Підгаєцького району Тернопільської області відбувся останній бій групи підпільників, під час якого двоє з них загинули, а підпільниця, що була з ними, потрапила в полон. Тож останнє слово таки було за повстанцями.

Тим часом головний акцент у протистоянні між українським національним рухом та комуністичним режимом змістився в інформаційну сферу. При цьому представники української діаспори активно використовували історію Української повстанської армії. Адже вже саме поширення інформації про УПА та її тривалу боротьбу підважувало міф про непереможність комуністичного режиму.

Крім того, це яскраво демонструвало методи утвердження радянської влади в Україні і піддавало сумніву її легітимність. Перші праці з історії УПА з'явилися ще тоді, коли боротьба тривала. Їхніми авторами були колишні учасники визвольного руху (книги Миколи Лебедя — 1946 рік та Петра Мірчука — 1953 рік). У 1957 році опубліковано перший збірник документів УПА, почали з'являтися спогади ветеранів армії.

Фотоальбом зі світлинами повстанців зі справи № 398

Така активність діаспори провокувала радянську реакцію. Рівень комуністичної пропаганди про «українсько-німецьких буржуазних націоналістів» виявився явно недостатнім. Звичайне замовчування теж спрацьовувало дедалі важче, особливо в умовах хай обмеженої, та все ж лібералізації режиму в часи «відлиги», коли дедалі частіше почали порушуватися раніше заборонені теми.

Тому в надрах КҐБ визріла ідея підготувати масштабне дослідження та збірник документів, який викривав би «злочинну суть українського буржуазного націоналізму» і розповідав би про «героїчну» з ним боротьбу. Матеріалів, що могли стати основою для роботи про ОУН та УПА, у сховищах чекістів було більш ніж достатньо, адже документи підпілля для них були такою ж важливою ціллю, як і самі підпільники. За понад десять років боротьби їх зібрано сотні тисяч. Політична ситуація кінця 50-х — початку 60-х років XX століття дала добру нагоду їх узагальнити.

Проте визначальними були все ж, схоже, не політичні причини, а мотиви особистого характеру. Безстрашні воїни «плаща і кинджалу» хотіли слави. Їхня кривава боротьба була практично невідома більшості суспільства, яке й не уявляло масштабів протистояння в Західній Україні. Вони отримали безліч відомчих і державних нагород, мали дуже хороше соціальне забезпечення — один день у боях проти підпілля зараховувався у вислугу років за три, плюс інші додаткові нарахування.

Але все це не могло задовольнити амбіцій людей, котрі прагнули визнання і слави, хотіли усім розповісти про свої «подвиги» та увічнити їх. Станом

Вилучена у повстанців зброя

на кінець 1950-х більшість колишніх учасників боїв із підпіллям досить високо просунулися по службовій драбині, мали високі військові звання і могли заручитися підтримкою найвищого керівництва Комітету.

Вперше ідея про необхідність узагальнення матеріалів боротьби з українським визвольним рухом була озвучена головою КҐБ УРСР Віталієм Нікітченком 28 серпня 1959 року. За його вказівкою створено робочу групу з 24 чекістів, що мали зібрати пропозиції щодо підготовки збірника та розробити методологію роботи. Склад групи чи не найкраще свідчив про серйозність намірів ініціаторів: серед них було 15 полковників, 6 підполковників, 3 майори — усі обіймали керівні посади в радянських органах безпеки в західноукраїнських областях в 1940—1950-х роках, не лише брали безпосередню участь у ліквідації підпілля, але й керували цим процесом.

Згідно із вказівками робочої групи, в усіх обласних архівах КҐБ та в Києві розпочалася масштабна робота з виявлення документів, що висвітлювали структуру підпілля, його тактику, діяльність окремих керівників, особливості боротьби із ним НКВД. Окремо наголошувалося на агентурній роботі проти підпілля, особливо на створенні легендованих структур (псевдоповстанських відділів та ланок мережі ОУН), які чекісти вважали вершиною своєї оперативної майстерності.

Колишній начальник УМҐБ у Станіславській (тепер Івано-Франківській) області полковник А. Костенко, до прикладу, пропонував обов'язково використати документи чекістських агентурних операцій з ліквідації керівництва ОУН, проте не забути й про попередній досвід 1920-х. Він, зокрема, вказує на знищення на Харківщині повстанського загону «Пустовойта» чисельністю 150 вояків — Костенко особисто проникнув у цей загін і підвів під оперативний удар чекістів.

Для посилення роботи із систематизації зібраних документів голова КҐБ УРСР Нікітченко дав вказівку відрядити до Києва співробітників із західноукраїнських управлінь, крім того, долучити до роботи звільнених у запас службовців, які безпосередньо брали участь у боротьбі проти українського підпілля. З бюджету КҐБ виділено значну на той час суму — понад десять тисяч карбованців. Про хід роботи Нікітченко звітував своєму безпосередньому шефу, голові КҐБ СРСР Шелепіну.

Перший етап завершено на початку 1962 року: результатом стало створення справи № 372 під розлогою, майже бароковою назвою «Збірник документів про структуру та характер антирадянської діяльності "Організації українських націоналістів — ОУН" та "Української повстанської армії — УПА"; про методи та заходи агентурно-оперативної роботи органів державної безпеки України з ліквідації організованого підпілля ОУН і озброєних банд УПА на території республіки в період 1943—1954 рр.». Справа складалася з 98 томів, що разом містили 36 647 аркушів.

Фото з убитими повстанцями. Саме таких світлин найбільше в альбомах НКВД, адже вони — підтвердження «ефективної роботи» органів

Дослідницька робота настільки захопила чекістів, що вони продовжили її і після офіційного завершення проекту — пошук та систематизація документів тривали до кінця 1963 року. Так створено ще дві додаткові справи №№ 376 та 398, що складалися з конфіскованих у підпільників документів.

Обсяг укладеної КҐБ колекції матеріалів на сьогодні — це 242 томи (103 томи у справі № 372, 88 — у справі № 376, 51 — у справі № 398, серед них 10 томів копій з архівів польської комуністичної безпеки). Величезна кількість документів про УПА збереглася тільки тому, що були долучені до цієї справи і відправлені до Києва, адже на місцях вони могли бути знищені як такі, що «не мають оперативної цінності».

Частина із надзвичайно важливих матеріалів таки потрапила під ніж — за наказом № 00150 у 1990 році знищено оперативно-розшукові справи «Берлога» на Провід ОУН в Україні (з понад 30 томів лишилося тільки 8) та на Романа Шухевича (з 13 томів справи залишився тільки 1). Завдяки справі № 372 до нас дійшли копії деяких із цих документів.

Справи містять унікальну колекцію фотографій (кілька тисяч, зібраних в окремих 15 томах), повну добірку графічних робіт відомого повстанського художника Ніла Хасевича (її передано до музею Великої вітчизняної війни),

Трофейне повстанське фото, яке використовувалося для розшуку підпільників

негативи фотографій, колекція фіктивних і справжніх печаток різних органів влади, зібраних підпільниками, типографські шрифти, що використовувалися в підпільних друкарнях.

Тож чекістами виконано справді величезну архівно-пошукову роботу, але чи здобули вони очікувану славу? Ні, бо поки тривав проект, змінилося керівництво КҐБ та й держави загалом, яке швидко згорнуло хрущовську відлигу і впевнено повернуло в епоху «застою». Тому про відкриття якихось нових сторінок минулого не могло бути й мови, навіть якщо вони розповідали про «героїчну боротьбу чекістів».

Адже навіть таке подання інформації засвідчувало масовість та завзятість українського визвольного руху. Тож радянська влада знову повернулася до тактики замовчування його історії. «Подвиги» чекістів знайшли своє відображення лише у спеціальних підручниках, виданих Вищою школою КҐБ ім. Ф. Дзержинського (на зразок книги: Шульженко Б., Хамазюк И., Данько В. Украинские буржуазные националисты. — Москва, 1963), доступ до яких мали тільки співробітники спецслужби.

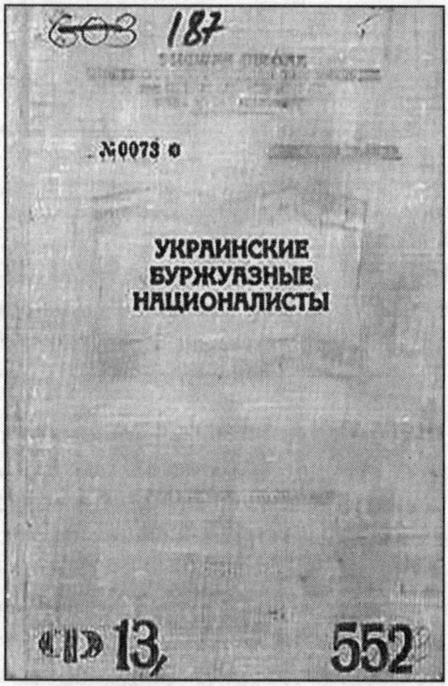

Обкладинка підручника Вищої школи КҐБ ім. Ф. Дзержинського

Через кілька десятиліть після створення колекції історія жорстоко пожартувала з чекістів — зібрані ними документи стали майже головним джерелом історії УПА. Саме завдяки цим матеріалам сучасні українські та закордонні дослідники поступово повертають із небуття правду про український визвольний рух 1940—1950-х років. Тож чекісти власними руками створили пам'ятник своїм ворогам — воякам Української повстанської армії.

Кухня антисемітизму від КҐБ

25 травня 1926 року терорист Самуель Шварцбард у центрі Парижа убив Симона Петлюру. Злочинець не намагався зникнути з місця події, адже фізична ліквідація головного отамана Армії УНР була лише частиною місії. Іншим, не менш важливим завданням була дискредитація вбитого, а разом з тим — і всього національного руху, який він репрезентував. Обидва акти Шварцбард відігравав настільки вдало, що не тільки дуже швидко вийшов на волю в ореолі месника, але й надовго закріпив за Петлюрою та українським рухом тавро антисемітизму.

Суд чомусь не бажав чути одного з провідних діячів та ідеологів сіоністського руху Володимира (Зеєва) Жаботинського, який не погоджувався з шельмуванням Петлюри як антисеміта, а також оминув увагою зв'язки вбивці з більшовицьким ЧК на батьківщині в Одесі.

Минуло десять років після вбивства, коли в 1936 році скромний страховий агент, громадянин Франції Самуель Шварцбард приїхав із дружиною до рідної Одеси на екскурсію, зупинившись у найдорожчому місцевому готелі. Наслідком його відвідин стали масові арешти анархістів, колишніх колег, здається, не лише страхового агента. А в березні 1938 року під час мандрівки до Південної Африки 52-літній Шварцбард помер від серцевого нападу, лишивши історикам простір для дискусій про його стосунки з радянською спецслужбою.

Історія з Петлюрою настільки сподобалася чекістам, що випробувані тоді прийоми дискредитації і пришивання антисемітського ярлика стали одним із головних методів у боротьбі з українським національним рухом. Своєрідною фірмовою стравою кухні КҐБ.

Минуле українсько-єврейських відносин є складним та неоднозначним. Не менш складним є його відображення в роботах українських та єврейських авторів. За багато років в оцінюванні цих взаємин накопичилося безліч недомовок і, що найважливіше, неправди та брехні, яка поширювалася і, на жаль, досі свідомо поширюється. Частина цієї дезінформації була спеціально спродукована радянськими спецслужбами для розпалювання ворожнечі між народами.

Насамперед слід відповісти на питання: навіщо КҐБ провокувало загострення українсько-єврейських відносин? Очевидно, це була лише реалізація старої римської імперської концепції «поділяй і владарюй». Саме вона забезпечувала можливість існування радянської влади, яка реалізовувала політику поневолення багатьох національностей.

Свідомі дії із роздмухування українсько-єврейського конфлікту спиралися не лише на вигадані факти чи вміло влаштовані провокації. Їхню ефективність забезпечували реальні суперечності між обома народами. Проте вони не були чимось винятковим, а, навпаки, радше характерними для взаємин практично між усіма сусідніми народами. Такі відносини часто виливалися в суперництво чи навіть відверту ворожнечу.

Що ж стосується саме українсько-єврейських взаємин, то тут були додаткові чинники, які сприяли такому загостренню. До складних національних взаємин додавалися не менш дражливі міжрелігійні, економічні та соціальні відносини. Ще одна особливість — специфіка становища євреїв, котрі мешкали на українських землях і були, по суті, «меншиною в меншині». Тобто національною меншиною на етнічних теренах народу, який, позбавлений державності, сам був зведений до національної меншини. Ця особлива роль використовувалася панівною державною владою для свого підсилення — євреїв намагалися зробити інструментом приборкання українців і у польській, і в радянській державі. У цьому також не було нічого унікального, адже таким самим чином імперська влада часто маніпулювала українцями, поборюючи польський національний рух в Австро-Угорщині.

Загалом на суспільній думці українців та євреїв, на жаль, більше позначилися не періоди їх мирного співіснування, які нараховували сотні років, а драматичні епізоди конфліктів. Історичні факти з XX століття про спільну боротьбу українців і євреїв, як-от існування єврейського куреня у складі Української галицької армії чи єврейська національно-культурна автономія в рамках української держави доби Центральної ради, не стали основою для формування нової суспільної опінії.

Проте вони були достатньо тривожним сигналом для сил, які намагалися утвердити своє панування над українським та єврейським народами, адже свідчили про принципову можливість українсько-єврейської співпраці, а отже, і про її потенційну небезпеку для радянської влади. Тому утвердження сталінського тоталітарного режиму супроводжувалося придушенням як українського, так і єврейського національних рухів. Це чудово можна простежити за документами каральних органів СРСР. Вони розповідають як про репресії проти українських громадських та культурних діячів, так і про переслідування таких єврейських організацій, як «Гехолуц», «Бріт Ганоар», «Гашомер Гаціор», «Поалей Ціон».

ПЕРЕДАВАЙТЕ З СЕЛА В СЕЛО, З ХАТИ В ХАТУ, З РУК ДО РУК.

ДО НАСЕЛЕННЯ УКРАЇНИ.

До Вас завзятих борців, що напружуєте останні зусилля, оберегаючи рідну хату від ворога, до Вас, що перед цілим світом вкрили себе славою, обороняючи свою Батьківщину, до Вас дорогих братів буде оце слово моє.

Кати наші—більшовики скрізь поширюють чутки, що буцім то українські повстанці нищать еврейське населення. Я, Головний Отаман Українського Війська не вірю цьому, не вірю, бо знаю нарід Український, який, утиснений грабіжниками—завойовниками, сам не може утисняти народу иншого, що так само страждає від більшовицького панування, як і він.

Гляньте довкола себе, придивіться уважно і ви побачите, що не тільки селянство, а й робітники, і ремісники, і торговці, одним словом все, що є на Вкраїні живого і чесного, стогне під ярмом комуністів. Всіх, хто звик заробляти свій хліб чесною працею чи своїх рук, чи розуму, комуністи хтять загнати, як робочу худобу, до одної обори—комуни.

Еврейське населення—дрібні торговці, ремісники та робітники—що, як і всі трудящі, заробляє кусок хліба своєю працею, тако ж скривджене і пограбоване більшовицькими порядками. Крам з крамниць торговців, струмент і варстати у ремісників відбирається для комуни. Хиба ж це не розорення для еврейського населення? Хиба ж, загибаючи з голоду, пограбоване еврейське населення може радіти грабіжникам—більшовикам? Ні. Еврейське населення так, як і ви, селяне, жде, не діждеться визволення від комуністів-грабіжників.

Коли ви зустрінете серед комуністів евреїв, памятайте, що вони для свого народу такі ж запроданці—каїни, що забули віру і закони батьків своїх, як і ті з наших зрадників, що пристали до комуністів; і несправедливо було б складати вину за них на весь еврейський нарід, як неможливо складати вину за наших зрадників—комуністів на весь український нарід. Я знаю, що таких запроданців відцуралася чесна еврейська громада і яко зрадників свойого народу плямувала їх.

Я певен, що ви це добре розумієте і що не ви переслідуєте і нищете еврейське населення, а нищать його самі більшовики та ті бандити, які при комуні розплодилися на нашій землі.

В своїй боротьбі з нашим народом більшовики не гидують ані брехнею, ані підкупами. На награбоване чуже золото вони, розіславши по всіх країнах своїх представників, позакладали газети на всіх мовах, в яких ганьблять нашу святу справу—визвольний рух нашого народу, малюють його як бандитський, погромний і на кожній сторінці кричать про еврейські погроми, які ніби творили українські повстанці.

Робітництво і селянство де-яких держав Европи, що ще не бачили на власні очі більшовиків, мали їх за народолюбців, вірили наклепам на українських повстанців і до нашого визвольного руху відносилися підозріло.

Але та сердечна зустріч, яку проявило еврейське населення при поверненню нашого війська на рідну територію в минулому році, ті сльози, якими еврейське населення провожало відступаюче наше військо і той жах, який охопив еврейське населення перед навалою більшовиків, ті десятки тисяч евреїв, що потягнулися за нашим військом, тікаючи від більшовицької навали і що тут, разом з нами, на чужині ділять нашу долю і мріють нашими мріями,—все це переконало цілий світ, що бандити не ми, а самі більшовики.

Тяжко мені чути цю більшовицьку брехню про вас, брати-селяне, і коли б серед вас завелась яка паршива вівця, що плямує усіх вас ганебними бандитськими вчинками, мусите викинути її з ваших рядів негайно.

Як Головний Отаман Війська Українського, я наказую Вам: більшовиків-комуністів і инших бандитів, що роблять еврейські погроми та нищать населення, карати безпощадно і як один стати в оборону бідного змученого населення і через ваші військові суди розправлятися з бандитами негайно.

В скорому часі я повернуся з Українським Військом і Урядом на Україну, і ті, що шкодили нашій справі, приставали до повстанців для грабунків і погромів, будуть суворо покарані по законах військового часу, як зрадники нашого народу та прислужники ворога.

П Е Т Л Ю Р А

ГОЛОВНИЙ ОТАМАН ВІЙСЬК УКРАЇНСЬКОЇ НАРОДНЬОЇ РЕСПУБЛІКИ.

Звернення Симона Петлюри до населення України із закликом не допустити антисемітських погромів, 1921 р.

Загрозу можливої українсько-єврейської співпраці підтвердили події Другої світової війни, коли євреї приєднувалися до лав українського повстанського руху, щоб зі зброєю в руках боротися за незалежну Україну. Загальновідомим є факт значної присутності євреїв серед медичного персоналу УПА, тому не буду зупинятися на цьому детальніше, а спрямую зацікавлених до кримінальної справи № 75893 на одного з таких лікарів — Шаї Давидовича Варма. Ця справа міститься в Архіві СБУ.

Донедавна невідомою була історія політичного консультанта командира УПА-Північ Дмитра Клячківського єврея Лейби-Іцика Добровського, який кілька років працював у структурах пропаганди підпілля. Саме він був автором листівок-звернень УПА до представників національних меншин. Заарештований СМЕРШем Добровський був переданий НКВД та засуджений на десять років ув'язнення за націоналістичну діяльність. Його доля стала відомою завдяки віднайденню кримінальної справи № 75134 в Архіві Служби безпеки України.

У післявоєнний період українські повстанці проводять активну пропагандистську роботу серед народів Східної Європи, що потрапили під радянський вплив. Її метою було створити єдиний антибільшовицький фронт боротьби. Спецслужби СРСР протистояли цьому не лише військовою силою, але й за допомогою дискредитації УПА як антисемітів.

Восени 1945 року успішно завершився пропагандистський рейд відділів українських повстанців на територію Словаччини — про них заговорила місцева і світова преса, почало піднімати голову місцеве антикомуністичне підпілля. Через кілька місяців після цього, у грудні 1945 року, під час нічного нападу у двох словацьких селах Уліч і Колбасов вбито 14 євреїв. Цей факт дуже швидко підхопила прокомуністична пропаганда, однозначно приписавши його українським повстанцям. Звинувачення як безсумнівне перекочувало в чехословацьку історіографію, де воно існувало кілька десятиліть як вагомий доказ антисемітизму УПА. Лише у 2006 році на конференції «УПА в історії повоєнної Словаччини. 1945—1947 роки» словацький історик Міхал Шмігель, спираючись на документи та спогади очевидців, спростував ці звинувачення, довівши, що вбивства — справа рук місцевих селян.

Під час наступного рейду УПА на словацькі терени невідомі поширювали провокаційну листівку словацькою мовою зі зверненням до місцевих євреїв негайно виїжджати під страхом смерті. Під загрозливим текстом містився «переконливий» підпис: «Бандерівці». От тільки жодної листівки чи іншого документа УПА з таким підписом ви не виявите у жодному архіві.

Натомість в Архіві СБУ знайдемо листівку-звернення із традиційним для підпільної пропаганди підписом «Українські повстанці»: «Євреї — громадяни України!» Лейтмотивом цього тексту, написаного в 1950 році, був заклик до спільної боротьби українців та євреїв проти сталінського тоталітаризму. Ймовірно, ця листівка була початком пропагандистської акції українського підпілля, спрямованої на зближення українського та єврейського рухів. Адже 1950 рік — це не тільки час жорстокого придушення українського визвольного руху репресивною машиною СРСР, але й час розгортання радянським керівництвом масованої антиєврейської кампанії.

Спроби налагодження співпраці не були односторонніми, їх робили й учасники єврейського національного руху. Про це свідчить, зокрема, інформація із секретного підручника «Антирадянська діяльність єврейських націоналістів і боротьба з нею органів державної безпеки», виданого Вищою школою КҐБ у 1956 році. Тут, серед іншого, читаємо: «Агентурним шляхом встановлено, що в 1947 році члени партії сіоністів-ревізіоністів (“Херут”), що проїжджали теренами України, мали завдання зв’язатися з українськими націоналістами і запропонувати їм свої послуги».

Пошуки співробітництва продовжувалися і в еміграції. Про це говориться в «Інформаційному повідомленні» КҐБ УРСР до ЦК Компартії УРСР від 31 травня 1968 року. «За даними, отриманими оперативним шляхом, — вказується у документі, — чільники сіоністських організацій Нью-Йорка намагаються встановити діловий контакт з українськими націоналістичними організаціями». В іншому повідомленні від 1980 року міститься розділ «Про спроби блокування оунівців із сіоністами». Тут ідеться про спільне спорудження українцями та євреями меморіального парку «Бабин Яр» у м. Денвер (штат Колорадо, США), де планувалося встановити пам’ятник загиблим євреям та українцям — жертвам нацизму. Ця акція, за інформацією КҐБ, розглядалася її ініціаторами як «перший практичний крок до реалізації єврейсько-української угоди про співпрацю, нібито прийнятої в 1979 році в Ізраїлі представниками “Всесвітнього єврейського конгресу” і УККА (Українського конгресового комітету Америки)». Документ завершується запевненнями, що «Комітетом держбезпеки республіки вживаються заходи щодо протидії спробам блокування українських націоналістів із сіоністами».

Саме для того, щоб унеможливити контакти між представниками українського та єврейського національних рухів, щоб убезпечитися від їх можливого переростання в активну співпрацю, радянські спецслужби проводили активну інформаційну чи, радше, дезінформаційну роботу.

Яскравим прикладом є розкручування тези про нібито участь вояків батальйону «Нахтігаль» в антиєврейських акціях у Львові в 1941 році. Ця легенда 1959 року знову вигулькнула в інформаційному просторі у 2007 році у зв'язку з присудженням головному командиру УПА Роману Шухевичу звання Героя України. В Архіві СБУ віднайдено цілий масив документів, який чітко показує, як формувався цей міф, а також відображає механізм, яким користувалися чекісти для загострення українсько-єврейських стосунків.

Кампанія розпочалася 24 жовтня 1959 року з прес-конференції східнонімецького професора Альберта Нордена. Науковець зробив сенсаційне «відкриття» про те, що масові вбивства у Львові організували і провели українці, вояки спеціального батальйону «Нахтігаль». Розпочався активний збір матеріалів і свідчень, які б дозволили обґрунтувати тезу про причетність «Нахтігалю» до нацистських злочинів у Львові. Усі докази підготували блискавично швидко — протягом листопада 1959 року, але набралося їх лише дев'ятнадцять. Під час перегляду цих обвинувальних матеріалів впадає в очі одна деталь: свідків шукали по всьому світі, тільки не у Львові, де «Нахтігаль» мав чинити свої «злочини».

Підібрати потрібні матеріали та свідків допоміг всесильний тоді КҐБ. 2 жовтня 1959 року Друге управління КҐБ УРСР отримало вказівку з Москви від заступника начальника Другого управління КҐБ СРСР Щербака щодо збирання матеріалів про участь Теодора Оберлендера та батальйону «Нахтігаль» в організації масового знищення єврейського населення у Львові в липні 1941 року. Як вказано в документі, інструкція була зумовлена тим, що Оберлендер звинувачувався у злочинах «нашими німецькими друзями» (очевидно, йдеться про східнонімецьку спецслужбу «Штазі»).

Власне, з того часу розпочинається інтенсивний пошук «свідків», який зачепив Львівську, Тернопільську та Хмельницьку області, де мали б пам'ятати про «злочини» «Нахтігалю». Перша отримана КҐБ інформація була не особливо втішною. У довідці з Хмельницької області від 16 жовтня 1959 року читаємо: «Встановлено, що в першій половині липня 1941 року із Західної України через Сатанів по шосейній дорозі до Хмельницька рухався на велосипедах та автомобілях озброєний загін українських націоналістів у німецькій формі. Загін у Сатанові не затримувався. Розстрілів ним радянського партійного активу та їхніх сімей не встановлено».

Незабаром надійшла інформація з Тернопільського КҐБ, у якій ішлося про те, що створеною ще в 1945 році Надзвичайною державною комісією виявлено низку фактів про звірства німців на території області. «Ніяких інших офіційних документів, що підтверджували б звірства німецьких окупантів в Тернопільському таборі радянських військовополонених, не знайдено, — читаємо в документі, — в актах Надзвичайної державної комісії, що констатували злочини німців на території Тернополя і Тернопільської області, батальйон "Нахтігаль" і, зокрема, Оберлендер не згадуються».

Такі відповіді, зрозуміло, не могли задовольнити керівництво КҐБ, яке попросило повторно провести пошук потрібної інформації. Проте цього разу чітко вказувалося, як саме він має відбуватися. Отож, цитата зі ще одного секретного документа — інструкції з Москви від заступника начальника Другого управління КҐБ СРСР Щербака: «Встановлених свідків злочинів "Нахтігалю" слід підготувати для допиту працівниками прокуратури, про що будуть дані вказівки прокуратурою СРСР. При підготовці до допитів свідків слід використовувати опубліковані статті про злочини "Нахтігалю"».

Після таких вказівок «очевидці» врешті почали давати потрібні свідчення. Згодом у рамках інформаційної кампанії вони були опубліковані в окремій брошурі «Криваві злочини Оберлендера».

Не всі «свідки» виявилися свідомими радянськими громадянами і часом навіть наважувалися просити за свої «послуги» відповідних компенсацій з боку КҐБ. В одній із довідок КҐБ за 19 жовтня 1959 року вказується, що професор Сокольницький, який готовий виступити на прес-конференції в Берліні, «просить дозволу на відвідання деяких навчальних закладів та підприємств електротехнічної промисловості в Берліні, а згодом відвідати сина та доньку в Польщі».

Вже незабаром, у травні 1960 року, голові КҐБ УРСР Віталію Нікітченку звітували: «Відповідно до Ваших вказівок Управлінням КҐБ при РМ УРСР у Львівській області за період із жовтня 1959 до квітня 1960 року проведено заходи щодо документації і збирання доказів про злочини в місті Львові на території області, вчинені Оберлендером і батальйоном "Нахтігаль". З метою компрометації Оберлендера та українських націоналістів зібрані УКҐБ матеріали широко використовувалися у місцевій і центральній пресі, кінохроніці, а також на прес-конференціях у Москві. Крім того, були виявлені і відповідно підготовлені свідки, що виступали у цій справі на прес-конференції в Москві і на суді в Берліні». За чудово виконану роботу шукачів правди із КҐБ нагороджено нагрудними знаками «Почесний співробітник органів держбезпеки», цінними подарунками та відзначенням згідно з наказом КҐБ УРСР.

Згадана вище брошура «Криваві злочини Оберлендера» була далеко не єдиним виданням, яким проводилася активна дезінформація, спрямована

> Начиная с 1966 года, Комитетом госбезопасности Украины было проведено ряд мероприятий, в результате которых главарь ЗЧ ОУН СТЕЦЬКО был разоблачен перед широкими кругами еврейской общественности как один из главных виновников участия оуновцев в акциях геноцида, проводившегося гитлеровцами.
>
> В развитие этих мероприятий, от имени лиц еврейской национальности, проживающих в ФРГ и возмущенных безнаказанностью

Інформація про початок операцій проти Ярослава Стецька

на загострення українсько-єврейських стосунків. Безпосередньо за сприяння спецслужби через підконтрольне їй «Товариство культурних зв'язків з українцями за кордоном УРСР» видавалися і поширювалися різноманітні книжечки, що мали за завдання дискредитувати українських націоналістів і представити їх як антисемітів.

Одна з них, «Антисемітська діяльність українських націоналістів» за авторством Петра Ковальчука, була видана за допомогою чекістів у 1965 році. Для доведення антисемітизму ОУН автор активно покликається у своїй роботі на україномовну пресу, що виходила в окупованій Україні під повним контролем німців. Розлогі цитати антисемітського характеру, взяті з цих газет, мали переконати читача в тому, що саме такою була позиція ОУН та УПА. Цікава, втім, неважлива для автора деталь: жодних цитат із видань ОУН чи УПА він не наводить. Ковальчук зумисно ніде не вказує, що окупаційна преса в Україні не мала жодного стосунку до націоналістичного підпілля, ба навіть часто використовувалася для інформаційної боротьби з ним.

Схожими за характером були й інші видання такого типу, зокрема англомовна книжечка Майкла Ганусяка «Щоб ми не забули» («Lest we forget»). В інформаційному повідомленні КҐБ УРСР на ім'я Володимира Щербицького чітко вказано мету цього видання: «Для розпалювання ворожнечі між українськими націоналістами та сіоністами в США була видана англійською мовою брошура під назвою «Щоб ми не забули». Наступні рядки трохи піднімають завісу над творчим процесом написання книжечки Майклом Ганусяком. «У якості "автора" [лапки поставлені укладачами документа! — *В. В.*] видавця брошури, — читаємо тут, — виступив один із керівників прогресивної української організації "Ліга українських американців", який в останні роки відвідував Україну і мав змогу легендувати наявність у нього матеріалів, використаних у брошурі».

Тобто КҐБ підібрав (а може, навіть виготовив) матеріали для брошури, опрацював їх належним чином і надрукував під іменем Ганусяка. Для потужнішого інформаційного ефекту книжечки до її видання залучено єврея Сема Півзнера. «Для популяризації брошури автор, за нашою рекомендацією, привернув до здійснення цього заходу як "співвидавця" одного з єврейських прогресивних діячів Нью-Йорка. Спільний виступ прогресивних українських та єврейських організацій в США проти оунівців як військових злочинців дав певний політичний ефект». Далі Щербицького детально інформують про розсилання брошури по території США та Канади, де вона була розповсюджена саме напередодні Світового конгресу вільних українців. Цікаво, що деякі науковці й досі у своїх дослідженнях вважають дану публікацію такою, що заслуговує на довіру.

З наступного інформаційного повідомлення КҐБ УРСР керівництву партії з липня 1974 року бачимо, що чекісти відстежували результати своєї інформаційної роботи. Зокрема, вказується, що брошурою «Щоб ми не забули» зацікавилася служба імміграції та натуралізації США, розповідається про громадські акції проти українців-учасників націоналістичних організацій.

Приложение № 3, к № 5267

Тому стою на становищі знищення жидів і доцільности перенести на Україну німецькі методи екстермінації жидівства,

דער שולדיקער זאל באשטראפט ווערן

יבוא האחראי על ענשו!

Провокаційна листівка проти Ярослава Стецька, підготовлена КҐБ від імені єврейської організації

Для протистояння цій кампанії українські громадські діячі у США організували «Український комітет проти брехні». Зважаючи на це, КҐБ звітувало керівництву партії: «Готуються заходи, спрямовані на компрометацію "Українського комітету проти брехні" та окремих його членів».

За допомогою дезінформації чекісти намагалися не тільки скомпрометувати український визвольний рух, але й позбутися його керівників. У повідомленні КҐБ УРСР на ім'я ЦК Компартії України від 7 жовтня 1969 року зазначалося: «Починаючи з 1966 року КҐБ України проведено ряд заходів, внаслідок яких чільник Закордонних частин ОУН Стецько був викритий перед широкими колами єврейської громадськості як один із головних винуватців участі оунівців в акціях геноциду, проведених гітлерівцями».

Наступна інформація показує, яким чином діяли чекісти. «Від імені осіб єврейської національності, що мешкають у ФРН, обурених Стецьком, нами єврейською (іврит та ідиш) та англійською мовами підготовлено листівку, що закликає помститися Стецькові за тисячі невинних жертв геноциду». Емоційний, сповнений патріотичного пафосу заклик мав за мету штовхнути когось із євреїв на вбивство Ярослава Стецька. «До якого часу, — читаємо у листівці, — ми будемо терпіти цього виродка? Невже серед євреїв, які так блискуче захищали свою Батьківщину, не знайдеться людини, яка в ім'я духу Жаботинського-Трумпельдорфа була б здатна всадити кулю в цю самозадоволену пику?.. Стежте за появою Стецька у Вашій країні, і в пам'ять про невинні жертви гітлерівсько-бандерівського терору будьте готові розрахуватися з ним».

Як свідчить звіт чекістів перед партією, листівки були надіслані в редакції єврейських друкованих органів в США, Великій Британії, Франції, Ізраїлі і ФРН. Крім того, аби довести заклик до відома українських націоналістів, чотири примірники відправлено із Лондона, Нью-Йорка і Парижа в редакції бандерівських газет і журналів «Вісник» (США), «Визвольний шлях» (Велика Британія) та «Шлях перемоги» (ФРН). Очевидно, чекісти знову намагалися скористатися рецептом 1926 року — шукали нового Шварцбарда, цього разу проти Ярослава Стецька.

На сьогодні в архівах виявлено лише окремі моменти провокаційної діяльності радянських спецслужб, спрямованої на загострення українсько-єврейських стосунків. Судячи з того, що інформацію про них взято з доповідних керівництва КҐБ УРСР найвищому партійному керівництву (ЦК чи навіть особисто Щербицькому), цій провокаційній роботі надавалося першорядне значення. Пошук таких документів має тривати, і лише їх оприлюднення може спинити використання сконструйованих у минулому міфів у сьогоднішніх політичних іграх.

Спокуса скористатися такими міфами не дає спокою багатьом вітчизняним і закордонним політикам. Про це чудово написав Мойсей Фішбейн у статті «Єврейська карта в російських спецопераціях проти України». Тож кухня антисемітизму від КҐБ діє далі: годує нас давно простроченими продуктами, готує за старими рецептами. Змінилася лише вивіска. Та й то лише — перші дві букви.

Українське відлуння Празької весни

14 жовтня 1964 року в Москві відбувся пленум керівництва компартії, який «задовольнив прохання товариша Хрущова про звільнення його від обов'язків першого секретаря ЦК КПРС». Так тихо й непомітно для більшості мешканців комуністичної імперії відбулася важлива подія, фактично політичний переворот.

Він означав не лише заміну першого обличчя СРСР Микити Хрущова на Леоніда Брежнєва, але й різкий поворот у політиці від започаткованої першим із них лібералізації режиму. Наприкінці 1964 року громадяни зрозуміли, що настає не тільки кліматична, але й політична зима. Період «відлиги» швидко завершувався.

Політичне «похолодання» вдарило насамперед по небажаних для радянської влади плодах попереднього часу. Уже незабаром під прес режиму потрапили представники цілої плеяди української культури, що увійшли в історію під назвою «шістдесятники». Саме вони найактивніше відгукнулися на зміни в країні після смерті Сталіна, повірили в можливість її лібералізації, а отже, і можливість своєї творчої свободи. До удару по «шістдесятниках», який мав продемонструвати «новий, правильний курс влади», комуністична партія та КҐБ ретельно готувалися.

Демонстранти під час Празької весни
з антирадянськими гаслами

Хвиля арештів розпочалася 24 серпня 1965 року. За кілька днів за ґрати кинуто понад два десятки представників творчої еліти того часу, серед них художник Опанас Заливаха, літературний критик Іван Світличний, поет Святослав Караванський. Серед заарештованих опинилися також Михайло Горинь, Іван Гель, Михайло Осадчий та інші, які вже незабаром стануть відомі в СРСР та світі як українські дисиденти. У відповідь ті, хто ще залишався на волі, вдалися до акцій протесту, початком яких став виступ Василя Стуса, Івана Дзюби та В'ячеслава Чорновола на прем'єрі фільму Сергія Параджанова «Тіні забутих предків» 4 вересня 1965 року.

Протести не стали масовими — влада зуміла придушити опір у зародку. Але вона розуміла небезпеку подальшого розростання «інакомислення» в країні, тому 25 липня 1967 року наказом голови КҐБ Юрія Андропова у структурі Комітету створено спеціальне П'яте управління, відповідальне за боротьбу з «ідеологічними диверсіями». Ця політична поліція стала одним із символів радянського тоталітарного режиму, проіснувала майже до самого його кінця і була ліквідована лише в серпні 1989 року.

Тим часом наприкінці 1960-х років КҐБ здавалося, що спокій у рамках комуністичної імперії забезпечено. Але події, які відбулися на її західних околицях на початку 1968 року, засвідчили, що такий стан є дуже оманливим. Політичні зміни в Чехословаччині голосно відгукнулися в Україні, і Празька весна вдарила об, здавалося, уже зміцнілу тут брежнєвську кригу.

Радянська влада намагалася силою придушити чеський «соціалізм із людським обличчям»

Колишній повстанець Василь Макух учинив самоспалення на знак протесту проти радянської інтервенції в Чехословаччині

«У зв'язку із загостренням ситуації, — доповідали чекісти 1968 року, — і, зокрема, з подіями в ЧССР, органи КҐБ при Раді міністрів УРСР уживають заходів щодо підвищення політичної пильності й боєготовності, покращання оперативної роботи. Звертається увага на посилення заходів по антирадянських елементах, а також особах, котрі виношують ворожі настрої, здатні спровокувати політично шкідливі ексцеси та антигромадські дії».

Москва намагалася локалізувати проблему, зокрема блокуючи будь-які інформаційні витоки з Чехословаччини. Тому про це нічого не писали радянські газети. Тому органи безпеки проводили ретельну перлюстрацію листування громадян СРСР із мешканцями бунтівної республіки. «Останнім часом, — звітував КҐБ, — фіксується масове засилання листів із Чехословаччини на адресу організацій і окремих громадян України. Автори цих листів під виглядом роз'яснень подій у ЧССР піддають сумніву або ж відкрито критикують політику ЦК КПРС і Радянського уряду, вказують на необ'єктивність радянської преси, намагаються прикрасити ситуацію, що склалася в Чехословаччині, заявляють про всенародну підтримку ЦК КПЧ і особисто товариша Дубчека». Але блокування інформації не спрацьовувало — зокрема тому, що на теренах України в той час працювало чимало чехів та словаків, котрі знали правду і намагалися ділитися нею.

Серед подій у Чехословаччині, які мали безпосередній вплив на українські реалії, треба назвати постанову нової влади про відновлення на теренах республіки Української греко-католицької церкви. За даними КҐБ, це активізувало вірян забороненої в Україні церкви.

19 серпня 1968 року її служитель отець Пиріжок «провів незаконне богослужіння в селі Градівка Городоцького району [Львівської області. — *В. В.*] у приміщенні закритої, але не освоєної для господарських потреб православної церкви, після чого був затриманий дружинниками. Дізнавшись про затримання Пиріжка, група вірян у кількості понад 100 осіб зібралася біля приміщення сільської ради з вимогою звільнити уніатського священика. Отримавши відмову, віряни заповнили службові приміщення сільської ради і спробували проникнути в кімнату, у якій перебував Пиріжок. Керівники сільської ради змушені були зачинити двері кабінету на замок, а біля дверей виставити дружинників». Побоюючись подальшого розростання релігійного протистояння, КҐБ розгортає масоване переслідування відомих їм священиків УГКЦ, зокрема Йосипа Воровського, Володимира Стернюка, Василя Величковського та інших.

Ситуація в Україні загострилася, коли за наказом влади в липні 1968 року проведено часткову мобілізацію. «У деяких місцевостях республіки, — інформували чекісти владу, — серед населення спостерігаються факти панічних настроїв. Мешканцями скуповуються сіль, сірники, консерви, крупи та інші предмети першої необхідності, створюються черги в магазинах. Такі факти спостерігаються в містах Одеса, Івано-Франківськ, Канів».

Події в сусідній країні активізували не лише паніку, але й «націоналістичні настрої серед населення», зокрема серед раніше засуджених радянської владою за політичними статтями: «Житель м. Нововолинська Волинської області Іщук, раніше засуджений за антирадянську діяльність, з приводу мобілізації військовослужбовців запасу заявив: "Ну, якщо така колотнеча, треба готувати сухарі і йти в іншу армію". Мешканець с. Бариш Бучацького району Тернопільської області Гайда заявив стосовно мобілізації, що поки до нього дійде посильний, він піде в ліс. Батько колишніх бандитів ОУН Баранюк Іван, житель Бучацького району Тернопільської області, заявив: "Так довго не буде. Якщо я доживу до зміни влади, то жорстоко мститиму"». Таких радикальних висловів, які свідчили про бажання поквитатися з представниками влади, чекісти в той час зафіксували чимало. Подібні настрої особливо посилилися в серпні під час вторгнення радянських військ до Чехословаччини: «Мешканець Львова Балук Іван Семенович, інженер облколгоспбуду, біля пам'ятника радянським воїнам заявив: "Чехи звільняються від комуністичного іга. Пора й нам, українцям, зробити те саме. Тут лежать не герої, а бандити. Справжні герої лежать у лісі, вбиті совєтами"».

Уже незабаром індивідуальні антирадянські настрої стали виливатися в більш організовані і публічні дії незадоволених владою. У підсумковому звіті КҐБ від 24 серпня 1968 року зафіксовано поширення антирадянських листівок у Львові, Чернігові, Жданові Донецької області, Одесі, Чернівцях та Черкаській області. В одній із таких листівок писалося: «Руки геть від свободолюбного чехословацького народу! Громадяни! Чехословацький народ, як ви знаєте, повстав проти сваволі і гніту зграї людей, які називають себе комуністами і лізуть зі шкіри, щоб зберегти свою владу над народом».

У деяких місцевостях доходило до гостріших виявів протесту. КҐБ повідомляло комуністичну партію про загрозу підготовки радикально налаштованими особами до збройних актів. «Націоналістичні елементи, — інформував шеф КҐБ України Віталій Нікітченко 25 серпня 1968 року, — вживають конкретних заходів у цьому напрямку. У лісовому масиві в 1 кілометрі від села Бабине Самбірського району Львівської області виявлено будівництво схрону. Вживаються заходи для встановлення осіб, причетних до цього».

До жодних радикальних, тим паче збройних виступів тоді в Україні не дійшло. Саму Празьку весну в серпні—вересні 1968 року швидко задушили танками СРСР та його союзників по Варшавському блоку. Проте ці події вкотре продемонстрували, що комуністична влада як в Україні, так і за її межами тримається не на підтримці людей, а на насильстві та терорі. А події у Празі, хоча і завершилися поразкою демократизаторів, стали важливим чинником для подальшого зростання дисидентського руху на всіх теренах, що їх контролював Радянський Союз.

Вшанування пам'яті чеського студента Яна Палаха, який учинив самоспалення на знак протесту проти радянської інтервенції в Чехословаччині

Прага-68: вигляд із танка окупанта

Реакція на чехословацькі події весни—літа 1968 року в Україні була різною. Найбільш політично свідомі громадяни негативно сприймали радянську агресію і придушення демократії в сусідній державі. Деякі з них висловлювали своє незадоволення відкрито чи навіть таємно поширювали листівки із засудженням цього кроку.

Звичайно, були й готові підтримати всі починання влади. Таких, очевидно, найбільше було серед привілейованих і визнаних владою. Один із документів КҐБ того часу зафіксував висловлювання відомого українського композитора Анатолія Кос-Анатольського: «КПРС і Радянський уряд зайняли цілком правильну лінію стосовно подій у Чехословаччині. Так звана демократія, за яку ратують деякі чехословаки, фактично перетворилася в анархію, і цю ситуацію використовують ворожі соціалізму сили. В ім'я соціалізму в Чехословаччині необхідно, щоб анархія була придушена, щоб Комуністична партія Чехословаччини взяла до своїх рук контроль над усіма засобами пропаганди: пресою, радіо, телебаченням».

І хоч звіти КҐБ із 1968 року постійно фіксують різноманітні вияви невдоволення діями радянської влади в Чехословаччині, чекісти щоразу запевняли: «Переважна більшість радянських людей одноголосно підтримує заходи, вжиті ЦК КПРС, Радянським урядом та іншими дружніми соціалістичними державами щодо ЧССР».

Насправді «переважній більшості радянських людей» події в сусідній країні були байдужі. Заклопотана проблемами виживання, ця більшість зреагувала лише на мобілізацію до армії. Реакція була звичною для покоління, у якому ще жили ті, хто пам'ятав війну: якщо мобілізація — значить війна, якщо війна — значить треба запастися всім необхідним. Звичні для Радянського Союзу черги в магазинах збільшилися в кілька разів, людей охопила паніка.

Війна не розпочалася, але до неї таки готувалися. Радянське керівництво побоювалося втручання військ НАТО, які проводили навчання неподалік кордонів Чехословаччини. Тому до вторгнення під кодовою назвою «Операція "Дунай"», яке подавалося як «інтернаціональний обов'язок», приготували великі маси війська: близько півмільйона радянських, польських, східнонімецьких, угорських та болгарських солдатів. Серед мобілізованих були люди, які по-різному ставилися до подій у Чехословаччині — підтримували, засуджували чи були байдужими до того, що там коїться. Але завдяки рішенню влади всі вони стали інструментом упокорення «ненадійного союзника», тобто окупантами.

Знаючи настрої суспільства, КҐБ мав підстави сумніватися в лояльності солдатів, кинутих на заспокоєння Чехословаччини. Тому органи безпеки проводили ретельну перлюстрацію листування військових, яке чудово відтворює атмосферу, у якій ті опинилися, перетнувши західний кордон СРСР.

У листах мобілізованих найчіткіше проступає нерозуміння ситуації, а звідси і страх майбутнього. Один із них, мешканець Хмельницька, писав: «Зараз обстановка у нас зловісна й небезпечна. Нас посилають в експедицію за кордон. Якщо не пошлють — це буде чудово, а поки до зубів озброюють. Щодня приходять чутки — одна гірше іншої. Якщо вже помічалася розрядка, то тепер знову посилилося напруження. Що вийде з цієї затії, не знаю, але ніколи не відчував небезпеки так, як зараз».

Серед солдатів поширювалися не лише панічні настрої, але й небезпечні «націоналістичні віяння», які підняла в Україні Празька весна. «Надходять сигнали, — звітували чекісти, — що націоналістичні настрої проявляються також серед резервістів, призваних до Радянської армії… Резервісти виявляли незадоволення службою, багато з них вимагали демобілізації і відкрито висловлювали своє небажання воювати за інших. Окремі особи співали в частині

Радянські солдати, яких влада зробила окупантами

націоналістичні пісні. У результаті такої ситуації частина резервістів-українців була демобілізована, а на їхнє місце прибули кадрові солдати».

Проте панівними все ж були гнітючі настрої і незадоволення побутовими умовами. Ось що писали вояки про перебування у військових таборах у Чехословаччині: «Довкола одні дерева і більше нічого. Сонця майже не бачиш, живеш, як у тюрмі, не бачиш світу білого. Часом сядеш, і до голови приходить, досить часто: нащо мене мати народила? Хочеться взяти автомат і пустити кулю в лоб». «Ми живемо, як свині, — обурювався інший солдат, — усе брудне. Як тільки скажеш це, то зразу кажуть, що зрадник батьківщини».

Депресивна атмосфера серед військовослужбовців посилювала пияцтво. «Я не дуже великий п'яниця, — писав один із них, — але часом настрій падає до нуля, ніде не знаходиш собі місця — намет чотири на чотири. Ось і плюєш на все, на це прокляте життя, на здоров'я і навіть на день, коли народився».

Схожі настрої зачіпали не тільки простих солдатів, але й офіцерів: «Живемо в полі, в наметах, а вже осінь, сиро і холодно. Але не це головне. Головне, що ніхто не знає, що йому робити, де прикласти свої здібності офіцера. Увійшли сюди і нічого не робимо. Займаємося тим, що боремося з холодом, брудом і дизентерією».

Саме молодих чехів радянська пропаганда зображала головними ворогами для їхніх ровесників у формах радянських солдатів

Населення Чехословаччини негативно сприймало непроханих «гостей», і вони це швидко відчули. «Живемо в лісі у наметах, — писав солдат в Україну. — І далі блокуємо військове містечко. І далі отримуємо образи (Окупанти!, Загарбники!) і погрози (Забирайтеся додому! та інші)». «Чехи налаштовані вороже, — згадував інший, — у контакт із нами не вступають, а якщо вступають, то лише для того, щоб чимось спровокувати. На цьому вже погоріло багато офіцерів. Менше людей загинуло при входженні, ніж зараз. Одна надзвичайна ситуація за іншою, все пов'язано з пиятикою, а люди йдуть із життя, і таких не один десяток».

Попри велике напруження, до масштабного протистояння з місцевими мешканцями, такого, як у Будапешті 1956 року, не дійшло. Але сутички між демонстрантами та окупантами таки відбулися. За неточними підрахунками, під час вторгнення загинуло більше сотні громадян Чехословаччини і 12 радянських військовослужбовців. Значно більшими, як слушно писав цитований вище солдат, були небойові втрати армії — 84 особи померло через необережне поводження зі зброєю та технікою, в аваріях та від хвороб.

Напружену атмосферу протистояння між солдатами і місцевим населенням чудово використала радянська пропаганда для промивання мізків своїм воякам. І вже незабаром результати її активної роботи стали проявлятися в листах. «Справи у Чехословаччині дещо покращилися, але контра далі шаленіє. Не перестають поширювати брехню і наклепи на все добре, що

Діалоги з окупантами

зробили наші батьки і старші брати». Термін «контрреволюція» щодо подій у Чехословаччині, який, очевидно, вбивали в голови воякам політруки, дедалі частіше трапляється в їхніх листах додому: «Контрреволюція поки не здається, становище залишається напруженим, контра тут звіріша за фашистів».

У Чехословаччині радянські солдати вперше зустрілися з масовим виявом серед місцевої молоді субкультури хіпі. Хлопцям у формах пояснювали: їхні довговолосі ровесники — це теж поганий вплив Заходу і зрада ідеалів соціалізму. «У найнадійніших місцях, — ділився солдат своїми спостереженнями, — засіла контра. У школах, інститутах, вчителі і професори викладають учням і студентам наклепницькі нападки на Радянський Союз, а ця волохата молодь їм охоче вірить».

Під впливом системної пропаганди ще зовсім нещодавно розгублені солдати поступово перетворювалися в типових окупантів із притаманною їм упевненістю у важливості власної місії, зневагою та ненавистю до місцевого люду. «Як ти знаєш, — писав один новоявлений окупант, — нашому брату тут погано. Чехи називають нас окупантами, нахабно в очі говорять: «Навіщо приїхали? Забирайтеся геть, поки цілі». Я сам розмовляв із багатьма чехами і, знаєш, таке ставлення, що взяв би та як прикладом...». «У мене все гаразд, — писав інший, — малюємо плани перебудови міста, чехи психують і не хочуть іти геть. Ми їх потроху привчаємо слухатися, але ворогів нажили на десятки років».

З часом став проявлятися типовий великодержавний шовінізм, який мав бути простим поясненням того, що роблять ці вояки далеко від дому. «Політичний порядок не покращився, а навпаки, — повідомляв солдат після вторгнення в Прагу. — Не були вони, сволота, нашими друзями і скоро не будуть. Хтось давно повернув свідомість людей в інший бік... Ну а те, що ми вже стоїмо тут котрий місяць без сімей — це не так уже й страшно. У всякому випадку, погодьтеся, це набагато краще, ніж якщо б довелося кожну п'ядь цієї дружньої землі брати з боями, знову розкидати російські кістки по чужих землях».

Через десять років після Праги, у 1979-му, радянська влада знову кине своїх солдатів «виконувати інтернаціональний обов'язок», тепер у далекий Афганістан. Тут, на відміну від Чехословаччини, таки доведеться брати з боями кожну п'ядь «дружньої» землі. Тільки занепад СРСР зупинить бажання Москви розкидати «російські» кістки по чужих землях. У 1989 році війська виведено з гарячого Афгану і лише в 1991-му — із Чехословаччини. Так закінчувався радянський імперіалізм, кінчалася сама імперія.

Самвидав під прицілом КҐБ

Контроль інформаційного поля — обов'язкова умова життєздатності тоталітарного режиму. У суспільстві повинен звучати лише голос влади, і тільки він може бути почутий простими громадянами, будь-яка альтернативна думка заборонена. Тому одним із найважливіших елементів діяльності протирежимного руху є інформаційна робота. Її завдання — поширення власних опозиційних ідей серед громадськості та протистояння урядовій пропаганді через відображення реального стану справ у країні.

В епоху високих технологій, Інтернету та соціальних мереж, коли слово набуло електронного вигляду, втілити такі цілі під силу невеликим організаціям чи навіть окремим особистостям. Яскравий приклад — оприлюднені в 2010 році сайтом «WikiLeaks» документи, поширенню яких не змогла завадити навіть влада такої могутньої країни, як США.

Тож сьогодні можливості тотального контролю за інформаційним полем зменшуються, а шанси опозиційної думки бути почутою постійно зростають. Натомість кілька десятків років тому, коли повідомлення здебільшого передавалися за допомогою друкованого слова, це співвідношення було явно не на користь опозиціонерів. Тому виготовлення і поширення альтернативних джерел інформації було важкою і ризикованою, але від того не менш важливою справою.

Злам у боротьбі українського визвольного руху з радянською владою, який стався у 1946 році, проявився не тільки у зміні тактики підпілля, але й у поступовому зміщенні протистояння зі збройної площини в ідейну. Відповідно інформаційно-видавнича діяльність стає одним із пріоритетних напрямів роботи ОУН. Її результатом стала поява понад 150 найменувань періодичних видань, більше 800 різноманітних брошур, десятка мемуарних та літературних збірників. Остання відома на сьогодні підпільна публікація ОУН того часу — журнал «Молодий революціонер» — датована 1953 роком. Активну видавничу роботу у післявоєнний період забезпечували близько 70 підпільних друкарень, одна з яких пропрацювала до 1954 року. Зрештою, до середини 1950-х років остаточно ліквідовано ланки ОУН, а 1960 року відбувся останній відомий нам повстанський бій.

Та це вже був час нових форм протесту — дисидентського руху. Його представники цілковито відмовилися від застосування зброї, зосередивши

«Тамвидав» — перевидання за кордоном самвидавного журналу «Український вісник»

«Український вісник» у виданні «Смолоскипу»

зусилля виключно на ідейній боротьбі проти радянського режиму. Головним інструментом інформаційної війни став так званий самвидав — публікація та розповсюдження нелегальним шляхом різноманітних текстів (художніх, публіцистичних, наукових, політичних) у різних формах (листівки, періодичні видання, брошури).

Після смерті Сталіна, в умовах так званої відлиги, відбулося пожвавлення опозиційного руху, відтак український самвидав значно зріс якісно і кількісно. І навіть репресії проти інакодумців, розпочаті з приходом до влади Леоніда Брежнєва, не зуміли зупинити руху до свободи.

Найвідоміші зразки українського самвидаву («Інтернаціоналізм чи русифікація?» Івана Дзюби, «Собор у риштованні» Євгена Сверстюка, «Репортаж із заповідника імені Берії» Валентина Мороза, «Лихо з розуму» В'ячеслава Чорновола) з'явилися вже після масових арештів дисидентів у 1965—1966 роках. Більше того, саме тоді відбувається «політизація» як власне опозиційного руху, так і спродукованих ним текстів. У 1970 році започатковано найвідоміше видання українського самвидаву — журнал «Український вісник», п'ять номерів якого вийшли до початку наступної хвилі репресій.

Дисиденти — автори та читачі самвидаву. Стоять ліворуч: Любомира Попадюк, Василь Стус, Олена Антонів, Ірина Калинець, Марія й Ганна Садовські, Михайло Горинь; сидять — Стефанія Шабатура («циган»), Мар'ян Гатало, Олександр Кузьменко. Різдво 1972 р., через три дні Стус, Калинець та Шабатура були заарештовані

Така ситуація непокоїла комуністичну владу, котра вимагала від органів безпеки жорсткішої реакції. 28 червня 1971 року ЦК КПРС ухвалив спеціальну постанову «Про заходи з протидії нелегальному поширенню антирадянських та інших політично шкідливих документів». Відповідно 16 липня 1971 року керівництво КҐБ УРСР повідомило своїх шефів про початок нової фази боротьби з інакодумством в Україні: проти учасників дисидентського руху порушено справу групової розробки «Блок». Її об'єктами визначено 24 особи, зокрема Івана Світличного, Івана Дзюбу, Євгена Сверстюка, Зиновія Антонюка, Василя Стуса, Ігоря Калинця, Богдана Гориня, Івана Геля.

Каґебісти уважно вивчали їхню діяльність, накопичували інформацію про антирадянські прояви, виготовлення та поширення самвидаву. Планований удар по фігурантах справи мав зламати спротив в Україні.

30 грудня того ж року Політбюро ЦК КПРС ухвалило рішення про початок всесоюзної кампанії проти самвидаву з метою цілковито знищити інфраструктуру його виготовлення і розповсюдження. На виконання цієї

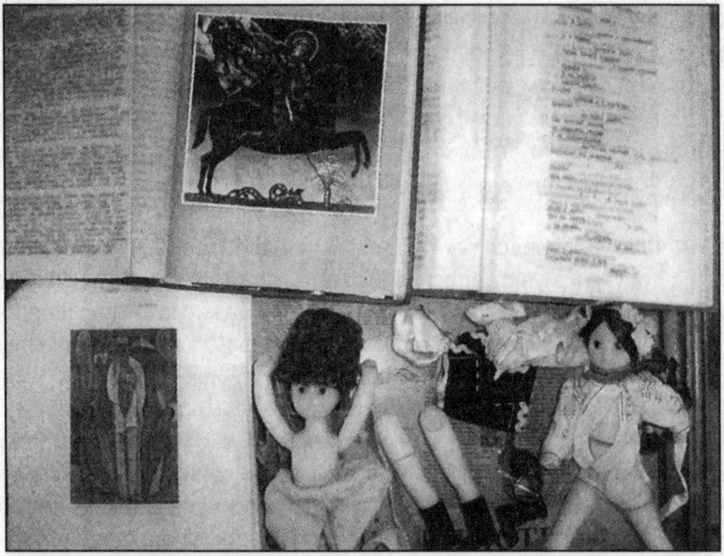

Зразки самвидаву 1970—1980 рр. та ляльки-контейнери, в яких було перевезено до США самвидавні фотоплівки із зображенням картин Опанаса Заливахи

постанови 20 січня 1972 року голова КҐБ УРСР Віталій Федорчук направив до ЦК Компартії доповідну записку, у якій детально проаналізовано об'єкт планованої атаки — український самвидав. Цей документ чудово відтворює масштаби видавничої роботи дисидентів станом на початок 1970-х років.

Спецслужба змушена була констатувати значне поширення нелегальних видань серед «творчої та наукової інтелігенції, студентської та учнівської молоді». За даними КҐБ, від 1964 року до моменту написання звіту в Україні зафіксовано розповсюдження 778 найменувань документів понад 250 авторів. Найпопулярнішими були тексти розроблюваних у справі «Блок» Івана Дзюби, Євгена Сверстюка, В'ячеслава Чорновола, Михайла Гориня та інших «націоналістично налаштованих осіб» — Михайла Брайчевського, Ліни Костенко, Алли Горської.

Крім українських, на теренах республіки поширювалися документи, виготовлені за її межами. Їхніми творцями були російські демократи Андрій Сахаров, Олександр Солженіцин, кримськотатарські автономісти та єврейські націоналісти. Ці видання, за даними КҐБ, потрапляли в Україну стараннями жителів Києва Леоніда Плюща та Івана Світличного, Одеси — Ніни Строкатової, Харкова — Генріха Алтуняна.

Понад сто одиниць самвидаву станом на 1971 рік потрапили за кордон, де друкувалися в українських діаспорних видавництвах «Сучасність» та «Смолоскип». Згодом, писали каґебісти, частина цих публікацій, «авторами яких є радянські громадяни, засилаються назад в Україну з відповідними коментарями відверто ворожого змісту у вигляді "вступів", "редакційних заміток", "післямов"».

Таким чином з'являвся так званий тамвидав. Тільки в 1970 році конфісковано 19 582 документи, які пересилалися з-за кордону, 4 200 із них походили із закордонних центрів ОУН. У наступному, 1971 році це число ще більше зросло — за дев'ять місяців перехоплено і конфісковано 20 357 закордонних видань.

КҐБ не лише фіксував прояви самвидаву, але й активно боровся з ними. Віталій Федорчук у доповідній запевняв керівництво Компартії: органи проводять планомірний розшук авторів антирадянських документів та осіб, які займаються їх розмноженням. Під особливою увагою КҐБ перебувала множильна, друкарська техніка та шляхи поширення опозиційної літератури. Згідно зі звітом Федорчука, внаслідок активного наступу на самвидав за 1970—1971 роки спецслужба заарештувала 39 осіб, з них 4 повторно.

Контроль над інформацією не обмежувався увагою до друкованого слова, адже з'явилося нове відгалуження самвидаву, так званий магнітвидав — поширення записів із декламаціями заборонених поетів чи недозволеними піснями співаків. На початку 1970-х років каґебісти здійснили перевірку студій фонозапису: «У результаті, — доповідав Федорчук, — вилучено десятки тисяч метрів магнітофонних записів ідейно не витриманих пісень Висоцького і Галича, пародій, декламацій. В одному лише Сімферополі вилучено більше 18 тисяч метрів магнітозаписів».

Відповіддю на інформаційну активність дисидентів була також радянська контрпропаганда, яка відбувалася за участю КҐБ. «У 1971 році за матеріалами органів безпеки в республіканській та місцевій пресі опубліковано 137 статей, що викривають буржуазно-націоналістичну ідеологію, компрометують осіб, які проводять антирадянську діяльність, у тому числі і таких виробників та поширювачів самвидаву, як С. Караванський, В. Мороз, Н. Строкатова».

Січень 1972 року, коли готувався звіт Федорчука, став початком нової, ще більш жорстокої, ніж у 1965—1966 роках, хвилі репресій, яка мала покласти край існуванню самвидаву і дисидентського руху загалом.

Операція «Блок». Дія перша

4 січня 1972 року о 21:20 у потягу Москва—Прага за неправильне заповнення документів прикордонники затримали громадянина Бельгії Ярослава Добоша. Тимчасово, до з'ясування обставин, затриманого поселили в готелі «Україна» у прикордонному містечку Чоп. «Випадкове» затримання в поїзді було інсценоване КҐБ, який насправді вже кілька днів «вів» бельгійського туриста.

Добош зацікавив чекістів після того, як у Києві зустрівся з літературознавцем Зіновією Франко, дисидентом і об'єктом справи «Блок». Цікавість переросла у підозру, коли Добош попросив Зіновію зв'язати його з іншим об'єктом цієї справи — Іваном Світличним.

За підозрілим туристом встановили стеження, яке підтвердило, що під час прогулянки Львовом він намагався виявити «хвіст». Під час митного контролю на станції Чоп серед речей Ярослава Добоша виявили записку з іменем ще одного об'єкта «Блоку» — поета Ігоря Калинця. Цього було досить, аби турист із підозрюваного став затриманим.

5 січня 1972 року каґебісти, маючи на руках санкцію прокурора Львівської області, провели особистий обшук Ярослава Добоша. «На пропозицію видати наявні в нього документи, які вивозилися з СРСР за кордон, — звітували чекісти керівнику компартії УРСР Петру Шелесту, — іноземець пред'явив металеву коробочку із вкладеними в неї вісьмома фотоплівками, які він, згідно з першою заявою, отримав від невідомої особи у Львові. На фотоплівках відзнято "Словник українських рим", автором якого є Караванський С., котрий перебуває в ув'язненні».

Крім того, у Добоша виявлено фото засудженого Валентина Мороза та об'єкта справи «Блок» Василя Стуса. Під час «бесіди» з органами безпеки іноземець визнав, що намагався в Україні дістати інформацію про заарештованих представників інтелігенції та вивезти книгу Караванського для друку за кордоном. Чекісти зафіксували: на завершення Добош заявив, що «протестує проти арештів Мороза, Караванського та інших письменників і наукових співробітників, які нібито боролися за українську мову і культуру».

Затримання на кордоні дало КҐБ необхідну карту для подальшого розгортання власної політичної гри. Ярослав Добош, студент Лювенського католицького університету, член Спілки української молоді, який вивозив

В'язничне фото В'ячеслава Чорновола, січень 1972 р.

заборонений самвидав, став уособленням безпосереднього зв'язку руху опору в Україні із закордонними націоналістичними центрами. Тож радянська пропаганда тепер змогла представити дисидентів як «націоналістичних найманців» та «запроданців капіталістичного Заходу». Підготувавши ідеологічну платформу та зібравши від липня 1971 року (початку операції «Блок») вдосталь інформації, чекісти перейшли до активних дій — масових арештів дисидентів.

Хвиля репресій 1972 року мала поставити остаточну крапку в існуванні руху опору в Україні, тому була особливо масштабною, а вироки — особливо жорстокими. Тільки в перший місяць цього року заарештовано близько 20 дисидентів, серед них найвідоміші і знакові постаті — В'ячеслав Чорновіл, Євген Сверстюк, Іван Світличний, Василь Стус, Іван Гель, Ірина Калинець, Стефанія Шабатура. Загалом протягом 1972 року ув'язнено близько 100 осіб, 89 із них засуджено за антирадянську діяльність.

Проте в КҐБ розуміли, що самими тільки арештами зламати рух опору в Україні не вдасться, адже на заміну одним з'являться інші. Дисидентський рух не був чисельним (за даними самвидаву, його активістами були близько 600 осіб), не мав розгалуженої структури, яка охоплювала б усі прошарки суспільства (це були майже виключно представники інтелігенції).

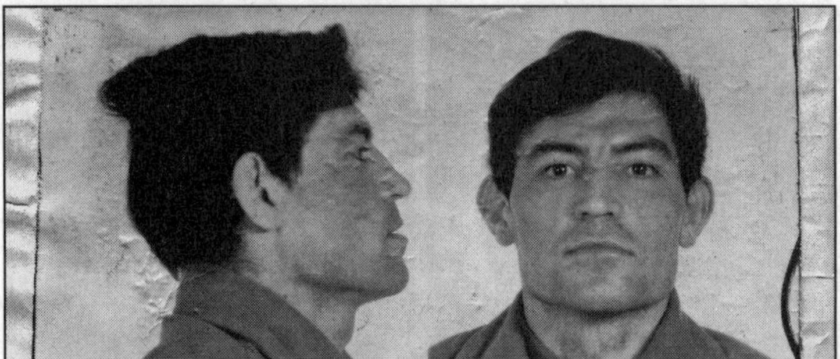

В'язничне фото Василя Стуса, січень 1972 р.

Небезпека для режиму полягала в іншому: основу руху становили високоморальні люди, слова яких були значущими для всього суспільства. Тож їх недостатньо ув'язнити, адже так вони можуть перетворитися на мучеників, які навіть з-за ґрат впливатимуть на інших. Затриманих треба зламати психологічно, змусити відмовитися від своїх ідей, від своїх товаришів, від самих себе. Обставини раптового затримання, перебування у тюрмі під час слідства і жорстокі судові рішення мали послужити цьому. Тому чекісти 1972 року намагалися повторити подвиг своїх попередників з 1937 року, коли багато підсудних визнавали все необхідне владі, зрікаючись власних поглядів.

Натомість як заарештовані дисиденти, так і ті, що ще залишалися на волі, майже відразу розпочали боротьбу за відстоювання своїх прав. «Люди добрі, дуже вже негаразд ви чините… — так починав свого листа від 23 січня 1972 року керівникам компартії Василь Стус, який вже десять днів перебував у в'язниці. — Спам'ятайтеся, люди добрі. Після нас із Вами потопу не буде,

Прес-конференція Ярослава Добоша, 2 червня 1972 р.
Фото з радянської газети

а "буде син, і буде мати, і будуть люди на землі", і тоді Вашим дітям буде соромно за Вас. Твердо вірю, що через кілька років буде соромно і кожному з Вас за те, що ви чините не по правді».

Не мовчали й побратими затриманих, які залишилися на свободі. Голова КҐБ УРСР Віталій Федорчук 28 січня інформував керівника Компартії УРСР Шелеста: «Оперативним шляхом отримані дані, що деякі об'єкти справи "Блок" та їхні однодумці на волі продовжують обговорювати питання розсилки телеграм із приводу арештів в Україні у різні радянсько-партійні органи і домовляються відправляти такі телеграми з різних міст республіки для створення видимості "масового протесту"». У Львові, за даними КҐБ, таку роботу проводить Михайло Горинь.

У березні 1972 року кияни Євген Пронюк, Василь Лісовий та Василь Овсієнко підготували та поширили новий, шостий номер самвидавного журналу «Український вісник», редактор якого, В'ячеслав Чорновіл, вже три місяці перебував у в'язниці. Таким способом вони намагалися не лише відвести від затриманих звинувачення у виготовленні цього видання, але й підхопити їхню ініціативу та інформувати громадськість про нову хвилю репресій.

Сподівання КҐБ на те, що раптові масові арешти викличуть розгубленість і приголомшеність у середовищі дисидентів, поки не виправдовувалися. Не відіграла потрібної чекістам ролі і перша покаянна заява фігуранта справи «Блок» Зінові Франко, опублікована 2 березня 1972 року в газеті «Радянська Україна».

Продовженням пропагандистської кампанії проти дисидентів стала проведена органами безпеки у червні 1972 року прес-конференція за участю затриманого на початку року Ярослава Добоша. Він публічно засудив свою націоналістичну діяльність на Заході, розповів про зв'язки із заарештованими. «Мене попросили зробити заяву такого змісту… — почав свій виступ Добош. — Виконуючи завдання ОУН, я 27 грудня 1971 року виїхав у Радянський Союз. В обумовлених місцях я зустрівся з І. Світличним, З. Франко і Л. Селезненком і за сприяння Селезненка зустрівся з А. Коцуровою. Усіх цих осіб я проінформував про антирадянську діяльність українських організацій на Заході і про те, що українські націоналісти у своїй діяльності співпрацюють із сіоністами, а від них я отримав політичну інформацію, яка була мені потрібна, і документи… Запевняю радянський уряд, що ніколи в житті я більше не буду займатись антирадянською діяльністю, і, якщо мені дадуть можливість повернутись у Бельгію, то я ніколи не вчинятиму жодних дій проти Радянського Союзу».

Матеріали прес-конференції під гучними заголовками «Українські буржуазні націоналісти — найманці імперіалістичних розвідок» КҐБ розмістив у республіканських і обласних газетах та на радіо. Сам Ярослав Добош, помилуваний радянською владою, повернувся до Бельгії. Тут він відмовився від озвучених у Києві свідчень як від поданих під примусом. Так закінчилася для нього ця справа, натомість в Україні її відголос лунав ще довго…

Заблокована країна. 1972–1973 роки

Хвиля репресій, що стартувала на початку 1972 року, тривала. 18 травня заарештовано Надію Світличну, яку спершу викликали на допит стосовно діяльності її брата Івана, а згодом і її саму звинуватили в антирадянській діяльності. 6 липня ув'язнено дисидента Євгена Пронюка, через три дні — його колегу Василя Лісового. Продовжувалася ретельна обробка затриманих, під час якої використовувалися і залякування, і обіцянки. Каяття інакодумців було надзвичайно важливим для чекістів і розглядалося як обов'язкова передумова придушення руху опору в Україні.

Нарешті, КҐБ отримав важливий результат: 7 липня 1972 року в «Літературній Україні» опубліковано заяву «На терези совісті» за підписом заарештованого в лютому поета-шістдесятника Миколи Холодного. Після публікації його звільнили з тюрми, він виїхав до Вінниці, де почав вчителювати. КҐБ уважно спостерігав за реакцією на заяву в середовищі дисидентів і констатував: переважно вона викликала несприйняття, а очікуваних чекістами змін у поведінці не відбулося.

2 серпня 1972 року в листі органів безпеки до керівника Компартії Володимира Щербицького подавалася отримана оперативним шляхом інформація про поведінку засуджених у в'язницях, зокрема їхня реакція на заяву Холодного.

Іван Дзюба заявив: «Я не піду ніколи на шлях зради. Хай мене судять. Зате вийду з ув'язнення з чистою душею».

Зі слів Євгена Пронюка: «Мені добре відомо, чим займалися корифеї української інтелігенції Світличний, Чорновіл, Сверстюк, Дзюба та інші. Їхні ідеї я цілком поділяю і підтримую. Мене заарештували за мої вільні думки».

Євген Сверстюк: «Я ніколи, за жодних обставин не проситиму помилування. Я залишаюся й надалі стоятиму на своїх позиціях у національному питанні. Свою діяльність буду продовжувати. Я буду боротися проти існуючого ладу».

Заарештована художниця Стефанія Шабатура заявила, що збирається «відсидіти свій строк із гордістю».

Незламність дисидентів засвідчили і перші суди над арештантами 1972 року. Протягом 31 липня — 2 серпня у Львові відбувся один із них — над

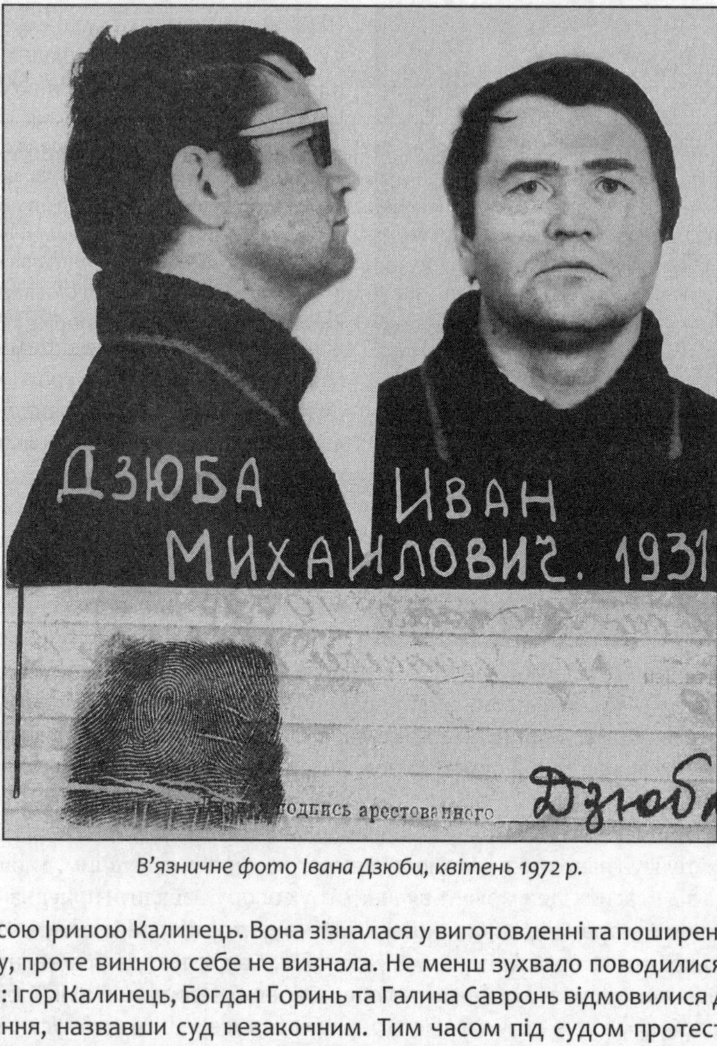

В'язничне фото Івана Дзюби, квітень 1972 р.

поетесою Іриною Калинець. Вона зізналася у виготовленні та поширенні самвидаву, проте винною себе не визнала. Не менш зухвало поводилися деякі свідки: Ігор Калинець, Богдан Горинь та Галина Саврону відмовилися давати свідчення, назвавши суд незаконним. Тим часом під судом протестували родичі та близькі засудженої, одного з них «за порушення громадського порядку» ув'язнено на 15 діб. Сама Ірина Калинець отримала значно жорсткіший вирок — 6 років колонії і 3 роки заслання.

Через два дні відбувся відкритий суд над іще одним дисидентом зі Львова — Іваном Гелем. Він також не визнав себе винним, оскільки озвучені звинувачення злочинами не вважав. Надане йому останнє слово підсудний використав для пропаганди своїх ідей і звинувачень суддів: «Судити мене, — заявив він, — у вас немає права ні юридичного, ні морального, ні історичного.

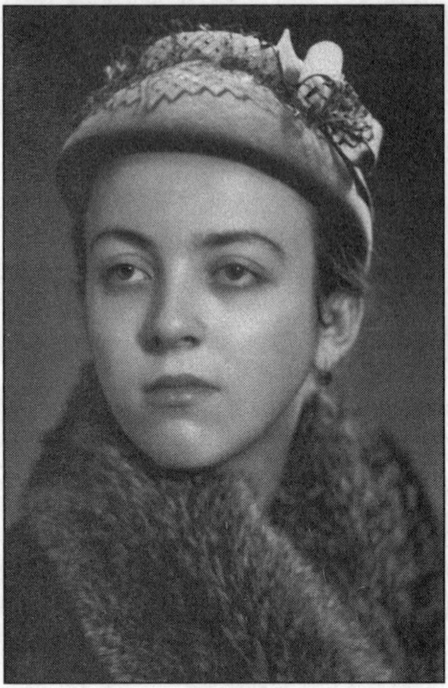

Ірина Калинець

Найвищим законом і судом для мене є Бог, Україна, моя незламана і незаплямована честь. Я — син України, і в своєму серці пронесу як найсвятішу ношу долю мого народу, його біль, тривоги і муки. Я жалію лише за одним: дуже мало зробив, щоб глибше і ширше порушити ці ідеї, винести їх у широкий світ України і голосом усього народу втілити в життя. І все ж я твердо вірю, що недаремно сьогодні тут, що ні тюремні ґрати, ні концтабори, навіть смерть неспроможні убити цих ідей. Вони вічні, як вічний нездоланний мій народ».

Суд належним чином оцінив відвагу Геля — його визнали особливо небезпечним рецидивістом і присудили 10 років позбавлення волі у колонії особливого режиму та 5 років заслання.

За кілька днів чекісти заарештували Ігоря Калинця, який у листопаді 1972 року отримав такий самий вирок, як і його дружина, — 6 років таборів і 3 роки заслання.

Проте в КҐБ чітко розуміли, що не жорстокі вироки підсудним, а лише їхня відмова від власних ідей можуть зупинити рух опору, завадити приєднанню до нього нових активістів, спровокованих мучеництвом попередників. Потрібно було каяття не просто одного з учасників руху, а того, хто користувався найбільшим авторитетом. Таким, за оперативною інформацією КҐБ, був Іван Дзюба, тож саме на ньому каґебісти вирішують зосередити свої зусилля.

Під час масових арештів 12 січня Дзюба був серед затриманих — його взяли, коли він прийшов у гості до заарештованого тоді Івана Світличного. Проте Дзюбу не ув'язнили, а лише протягом кількох місяців викликали на допити. З одного з таких допитів 18 квітня він додому вже не повернувся — його заарештували.

Перебування підсудного у в'язниці створювало для КҐБ чудові умови для «перевиховання» інакодумця. Роботу органів полегшував фізичний стан в'язня, у якого проявився туберкульоз, а згодом ще й гіпертонія.

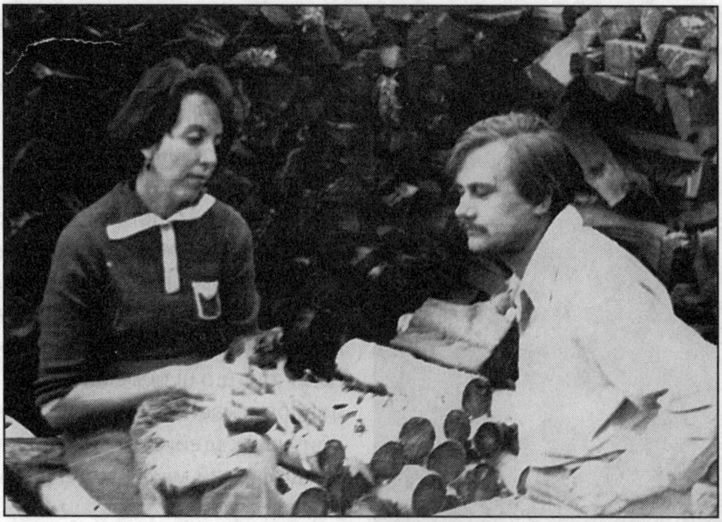

Ірина та Ігор Калинці

Перші кілька місяців не дали жодного результату. За інформацією, отриманою від внутрішньокамерного агента, Дзюба не збирався «іти назустріч слідству». До роботи з його переконання долучився сам голова КҐБ УРСР Віталій Федорчук, який кілька разів зустрічався з в'язнем. Дзюба відкидав висунуті йому звинувачення в антирадянській діяльності, не вважаючи свою творчу діяльність протизаконною. Натомість каґебісти постійно повторювали, що його робота «Інтернаціоналізм чи русифікація?» використовується найбільшими ворогами радянської влади — українськими націоналістами, які з нього самого творять антирадянський символ.

Літературний критик, який справді ніколи не ставив собі за мету боротьбу з радянською владою, а лише думав про її покращення, не був готовий до цього. «З мене, живої людини, — писав він згодом у спогадах, — робили "прапор", притому не ті, хто був мені справді близький, а ті, хто дуже поверхово розумів мене чи й перекручував мої погляди на свій штиб». Зрештою, у листопаді 1972 року в доповідній КҐБ на ім'я Щербицького зазначалося: «Зі слів Дзюби, він готовий виступити публічно в пресі, по радіо і телебаченню із засудженням своєї злочинної діяльності». Розпочалася кількамісячна підготовка до суду, протягом якої хворий Іван Дзюба утримувався у тюрмі.

Обробка ув'язнених дисидентів не означала припинення нових арештів. 5 березня 1973 року затримано Василя Овсієнка, «колишнього студента Київського державного університету, учителя середньої школи села Ташань

Іван Гель

Київської області, у якого вилучено підготовлений ним для розповсюдження документ із наклепницькими вигадками про "незаконність" арешту об'єктів справи "Блок"».

Через тиждень після цього мав початися суд над Іваном Дзюбою. Попри те, що підсудний вирішив «визнати власні помилки» у праці «Інтернаціоналізм чи русифікація?», чекісти готувалися до процесу дуже ретельно. Ще 5 березня голова КҐБ УРСР Федорчук надіслав Щербицькому доповідну, у якій ознайомив чільника КПУ з цією підготовкою. «З урахуванням особистості і становища Дзюби, — читаємо тут, — як одного з основних ідеологів націоналістичних елементів у республіці, широко відомого в середовищі антирадянської еміграції за кордоном, КҐБ при Раді Міністрів УРСР надається важливе значення забезпеченню цього судового процесу і створення умов для його проведення на належному політичному рівні».

Належні умови передбачали посилення контролю за об'єктами справи «Блок», які залишалися на волі, зокрема Борисом Антоненком-Давидовичем, Оксаною Мешко, Юрієм Бадзьом. Чекісти зобов'язалися запобігти можливому приїзду до Києва відомих російських дисидентів Андрія Сахарова та Олександра Солженіцина. «З метою підтримання громадського порядку на судовому процесі і припинення можливих антигромадських виявів підібрано необхідну кількість дружинників та співробітників міліції. Крім того, в оперативний наряд включено групу слухачів Київських курсів КҐБ СРСР».

Суд, що відбувся 11—16 березня, знову виніс жорстокий вирок — 5 років таборів суворого режиму та 5 років заслання. Реакцією на нього став лист відомого перекладача Миколи Лукаша на адресу Верховної ради УРСР, Верховного суду і прокурора УРСР. Автор цілковито солідаризується з поглядами засудженого і просить розглянути можливість йому відбувати покарання замість хворого Івана Дзюби. Через це вже незабаром Лукаша виключено зі Спілки письменників України, а КҐБ посилило контроль за його діяльністю, доповідаючи партії «про підготовку заходів з його компрометації».

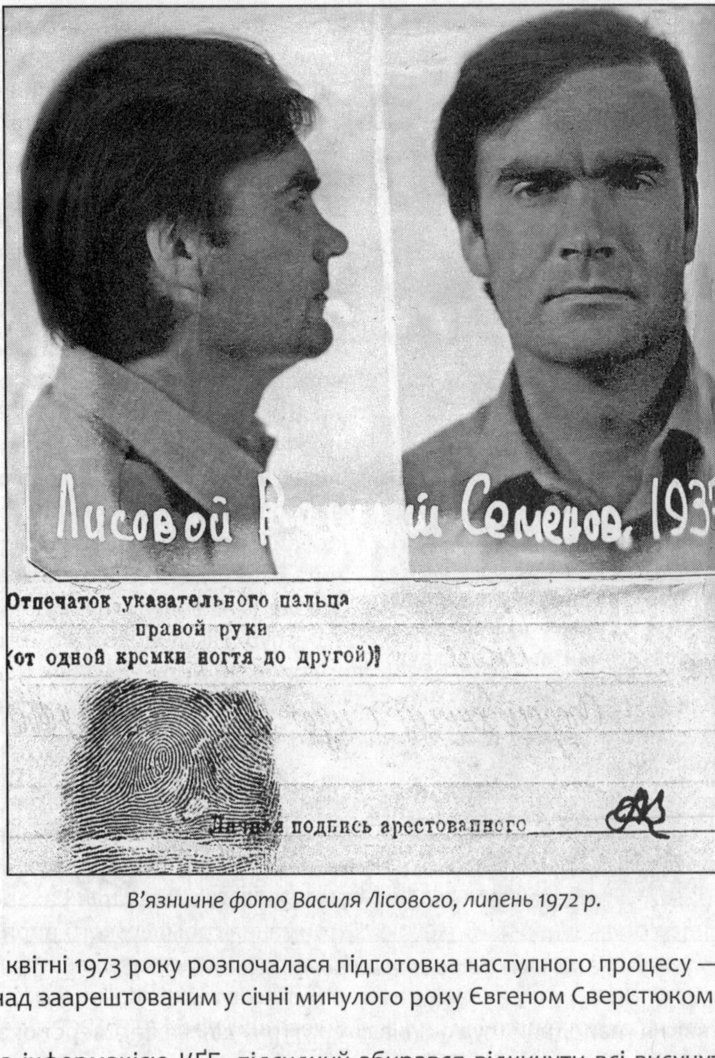

В'язничне фото Василя Лісового, липень 1972 р.

У квітні 1973 року розпочалася підготовка наступного процесу — цього разу над заарештованим у січні минулого року Євгеном Сверстюком.

За інформацією КҐБ, підсудний збирався відкинути всі висунуті йому звинувачення та заперечити інформацію, отриману від свідків. За десять днів до початку процесу чекісти «оперативним шляхом» отримали останнє слово, яке готував у камері підсудний. «Протягом більше року, — писав Євген Сверстюк, — слідство розшукувало мою таємну ворожу діяльність і, не знайшовши такої, постановило вважати ворожими цілі моєї літературної діяльності. Кинули на неї кримінальну тінь... Перед сумлінням та перед законом я не почуваю вини. А чи зумів піднестись до вимог часу, до рівня обов'язку — хай про це судить народний суд, а потім суд історії».

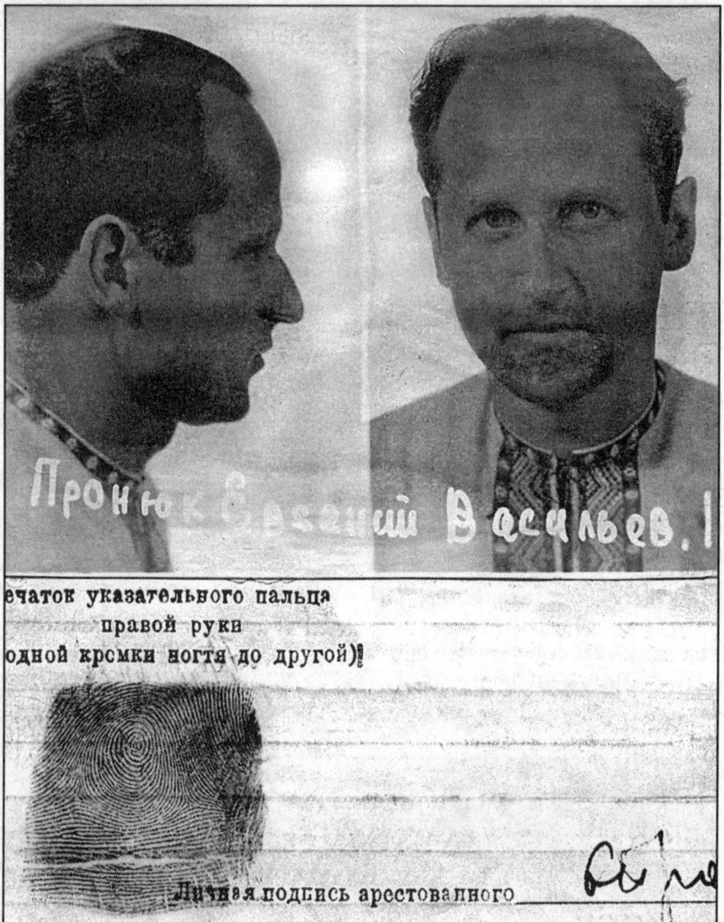

В'язничне фото Євгена Пронюка, липень 1972 р.

24 квітня «народний» суд оцінив літературну діяльність Сверстюка вироком у 7 років таборів та 5 років заслання.

Наприкінці червня 1973 року Федорчук у доповідній на ім'я Щербицького підбив перші підсумки майже дворічної реалізації операції «Блок», за якою тепер проходили 35 осіб (22 з Києва, 9 зі Львова, по одному з Тернопільської, Франківської, Полтавської та Вінницької областей). Він вказував, що в рамках справи перевіряються ще 563 особи, пов'язані з ними. На той момент підтвердилася інформація «про антирадянську та націоналістичну діяльність» 179 із них. «Після часткової реалізації справи "Блок" з числа зв'язків об'єктів цієї справи в 1972—1973 роках профілактовано 71 особу і 24 залучені до оперативної співпраці, хоча їх вивчення продовжуємо».

Незважаючи на значні «успіхи» в поборюванні руху опору, чекісти змушені були констатувати, що «об'єкти справи Антоненко-Давидович, Мешко, Коцюбинська, Бадзьо, Світлична, Гончар І., Русин, Іванисенко, Боднарчук, Горинь Б., Горинь М., Пашко, Кендзьор, Шереметьєва і Попадюк, залишаючись на ворожих позиціях, намагаються згуртувати однодумців, продовжують у більш конспіративній формі вороже впливати на оточення». При цьому відзначалася провідна роль Бориса Антоненка-Давидовича у Києві та Михайла Гориня у Львові.

Для нейтралізації і розбиття дисидентського середовища КҐБ проводить провокативні дії: «З метою посилення недовіри один до одного і загострення розбрату між "авторитетами" та активними учасниками так званого "національного руху" продовжували подальше поширення і закріплення виниклих у об'єктів "Блоку" підозр про співпрацю з органами КҐБ Боднарчука, Русина, Шереметьєвої, Дашкевича та деяких їхніх зв'язків, що залишаються на ворожих позиціях».

Крім того: «Стосовно низки переконаних націоналістів, таких як Антоненко-Давидович, Кочур, Гончар І. М. та деяких їхніх однодумців, передбачається продовжити заходи з компрометації. У цей час завершується підготовка

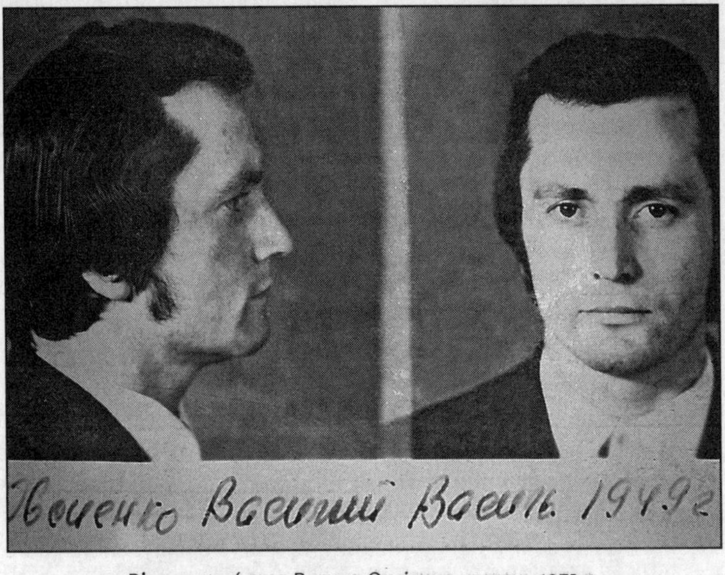

В'язничне фото Василя Овсієнка, липень 1972 р.

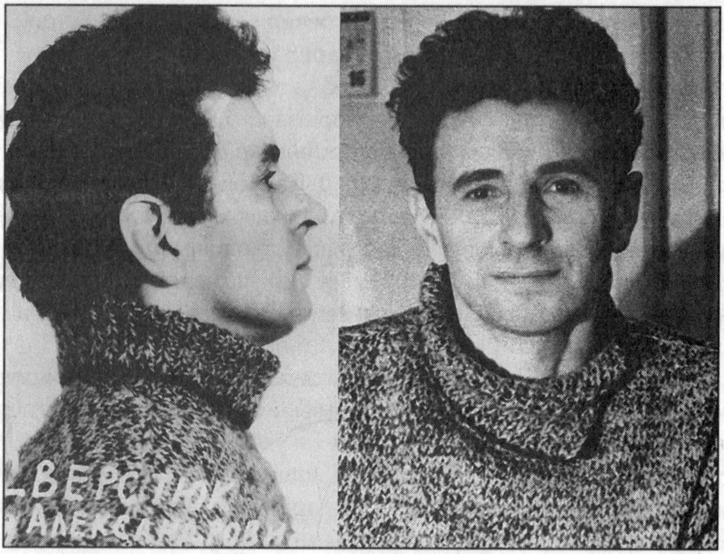

В'язничне фото Євгена Сверстюка

для компрометації Світличного І. А. перед закордонними центрами ОУН як головного "винуватця" провалу та арештів найактивніших учасників націоналістичної діяльності в республіці з числа так званих "шістдесятників". У цих матеріалах передбачається посилити виниклу за кордоном і в колі розроблюваних осіб підозру про його "співпрацю" з органами КҐБ».

До кінця 1973 року продовжено пропагандистську кампанію радянської влади проти інакодумства в Україні. Одним із її елементів стала опублікована 9 листопада 1973 року в «Літературній Україні» заява ув'язненого Івана Дзюби.

«Вирішальним, що схилило мене до "Заяви", яка стала підставою для мого помилування, — писав Дзюба у своїх спогадах, — було відчуття безглуздості катастрофи… і уявлення про те, що можу ще зробити набагато більше. Я розумів, звичайно, що мій крок буде шоком для багатьох, але думав, що з часом усі побачать, заради чого я так учинив… Я справді розглядав свою "Заяву" як самозахист. Але об'єктивно воно виглядало не зовсім так. Адже я не тільки відкидав те, що мені приписували ті, до кого я потрапив у полон, але й декларував перегляд своїх поглядів. Я просив пробачення у влади: помилування. Тому мене мучило не так те, що хтось із знайомих, побачивши мене, переходив на другий бік вулиці (з різних причин: хтось на знак зневаги, а хтось боявся бути поміченим у товаристві хоч і помилуваного, а все-таки "державного злочинця"), — як мучило власне сумління».

Через тиждень після оприлюднення чекісти звітували партії, що «Заява» «поширюється нами в місцях тримання серед ув'язнених колишніх однодумців, її передано по радіо за кордон і опубліковано в газеті "Вісті з України" [контрольоване КҐБ видання для українців діаспори. — *В. В.*]». Сам Дзюба, незважаючи на помилування, залишався підозрілим для органів безпеки, які далі наглядали за ним і періодично проводили «профілактичні розмови».

Проте очікування чекістів, що за однією заявою посиплються інші і їм таким способом удасться цілковито дискредитувати рух спротиву, не виправдалися. Ув'язнені в таборах дисиденти не «перевиховувалися» і залишалися на своїх позиціях, тим самим надихаючи однодумців на волі. КҐБ зафіксував слова Антоненка-Давидовича про це: «Тішить, що не всі перелякалися, що є ще герої: це львівська молодь, і Чорновіл, і Сверстюк, і Стус, і Світлична, і Сергієнко, і Лукаш».

Острів свободи за колючим дротом

Нагляд за поведінкою дисидентів у таборах засвідчив, що вони не лише не відмовляються від своїх поглядів, а, навпаки, стають більш радикальними в антирадянських переконаннях. Між іншим, цьому сприяли їхні зустрічі із учасниками визвольного руху попереднього періоду — членами ОУН та вояками УПА, що на початку 1970-х добували своє довголітнє ув'язнення.

Дисиденти, за інформацією чекістів, налагоджують зв'язок між засудженими різних таборів, «також намагаються прокладати канали зв'язку з волею, закордонними націоналістичними центрами і формуваннями, вишукують можливості передачі цими каналами тенденційної та антирадянської інформації і справити ворожий вплив на своїх однодумців, які перебувають на волі».

КҐБ відзначав, що в'язні Євген Сверстюк, Іван Світличний та Олександр Сергієнко перебирають на себе роль організаторів «ворожих» виступів, при цьому активно контактують із прибалтійськими, закавказькими та єврейськими націоналістами. Вони, зокрема, готують різноманітні протестні послання і намагаються передати їх за межі табору.

«У засудженого Сергієнка вилучено ворожий документ, так зване "По-

В'язничне фото Василя Стуса, травень 1980 р.

Робоча зона табору № 19 (селище Лісне, Мордовія), де карався свого часу Василь Стус

слання Раді національностей Верховної Ради СРСР і Організації об'єднаних націй", який з його участю підготовлений групою українських, прибалтійських та закавказьких націоналістів і містить різкі антирадянські випади проти КПРС, органів радянської влади, злісні наклепи на національну політику в нашій країні, який, по суті, закликає до активної боротьби з радянським устроєм і розділення Союзу РСР на так звані національні держави».

У доповідній за вересень 1973 року зафіксовано висловлювання Івана Світличного про те, що табір — це «єдиний острів свободи, який існує в нашій країні». Схожі думки подавали у своїх спогадах про табірне життя й інші.

Така активізація учасників руху опору в таборах непокоїла органи безпеки. Вони зрозуміли, що навіть після ув'язнення протистояння з дисидентами не закінчилося, почався новий його етап, до якого «стражі порядку» не були готові. Адже головна зброя — залякування тюрмою та табором — була використана, проте не дала очікуваного результату.

Для вироблення нових механізмів впливу проведено спеціальну нараду. «З ініціативи Комітету держбезпеки України, — читаємо у повідомленні від 27 вересня 1973 року, — з санкції КҐБ Союзу РСР у даний час у Києві проводиться робоча зустріч зацікавлених органів, у тому числі представників 5-го Управління КҐБ при Раді Міністрів СРСР, КҐБ Мордовської АРСР і Управління

КҐБ у Пермській області, під час якої розробляються додаткові заходи, спрямовані на розкриття та припинення антирадянської діяльності засудженими, які залишилися на ворожих позиціях».

Проте, як свідчать повідомлення, поведінка в'язнів не змінилася. «У ході оперативних заходів по засуджених об'єктах справи "Блок", — читаємо в доповідній від 3 червня 1975 року, — що проводилися нами спільно із зацікавленими органами, КҐБ встановлено, що, незважаючи на заходи профілактичного і виховного впливу, більшість цих осіб продовжує твердо залишатися на ворожих позиціях».

Зокрема, з ініціативи Івана Світличного арештанти 8 березня надіслали в різні інстанції скарги із вимогами звільнити ув'язнених за антирадянську діяльність жінок. Більше того, вони вирішили продовжити свою видавничу діяльність: підготували і передали на волю три номери самвидавного журналу «Вісті з архіпелагу ГУЛАГ». Органи безпеки відзначали особливу активність в організації протестів Євгена Сверстюка, Ігоря Калинця, Зиновія Антонюка та Євгена Пронюка.

Лідером українських політв'язнів чекісти вважали Івана Світличного, тож усіляко намагалися скомпрометувати його. «У березні цього [1975. — *В. В.*] року, — писали чекісти, — Світличний призначений на посаду бібліотекаря з урахуванням тієї обставини, що серед в'язнів панує думка про призначення

Карцер табору № 19 (селище Лісне, Мордовія)

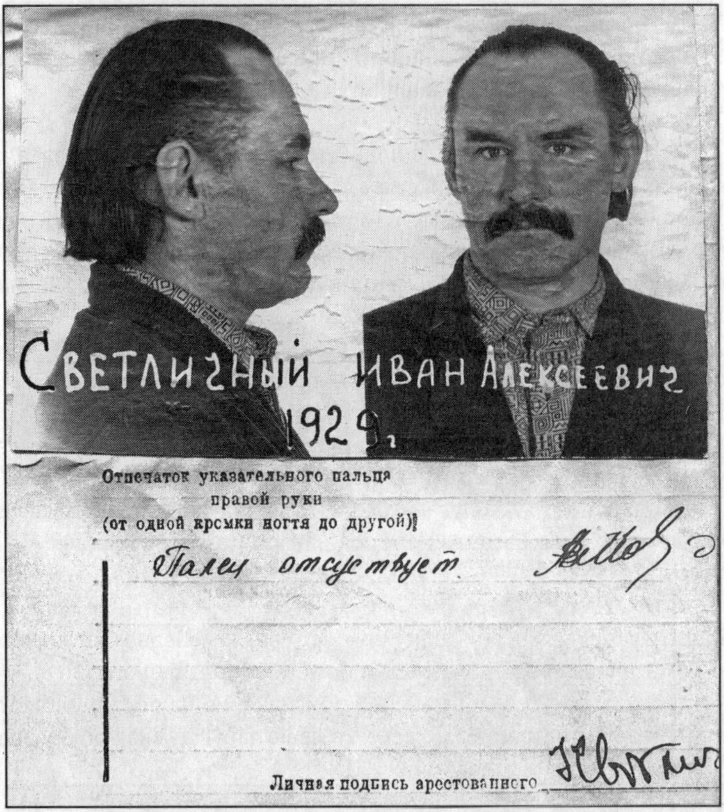

В'язничне фото Івана Світличного, січень 1972 р.

на цю посаду осіб, які користуються підтримкою органів КҐБ. Для закріплення схожих підозр через адміністрацію ВТК Світличному робляться незначні поступки, прощаються незначні порушення режиму утримання».

Перебування дисидентів у неволі мобілізувало українців у вільному світі і спонукало до масштабної роботи з інформування про радянські репресії. Для підтримки в'язнів представники української діаспори організовували масове розсилання на їхню адресу листів та телеграм. Чекісти підрахували, що протягом 1974 року для утримуваного у Владимирській тюрмі Валентина Мороза надійшло близько 1 000 телеграм і 1 300 листів. Наступного, 1975 року, до дня його народження у квітні отримано 430 телеграм і 230 листів. За кордоном створюються комітети захисту політв'язнів, до роботи яких українці діаспори намагаються залучити державних та політичних діячів інших країн, «деякі засуджені обираються членами "академій", "клубів", офіційно

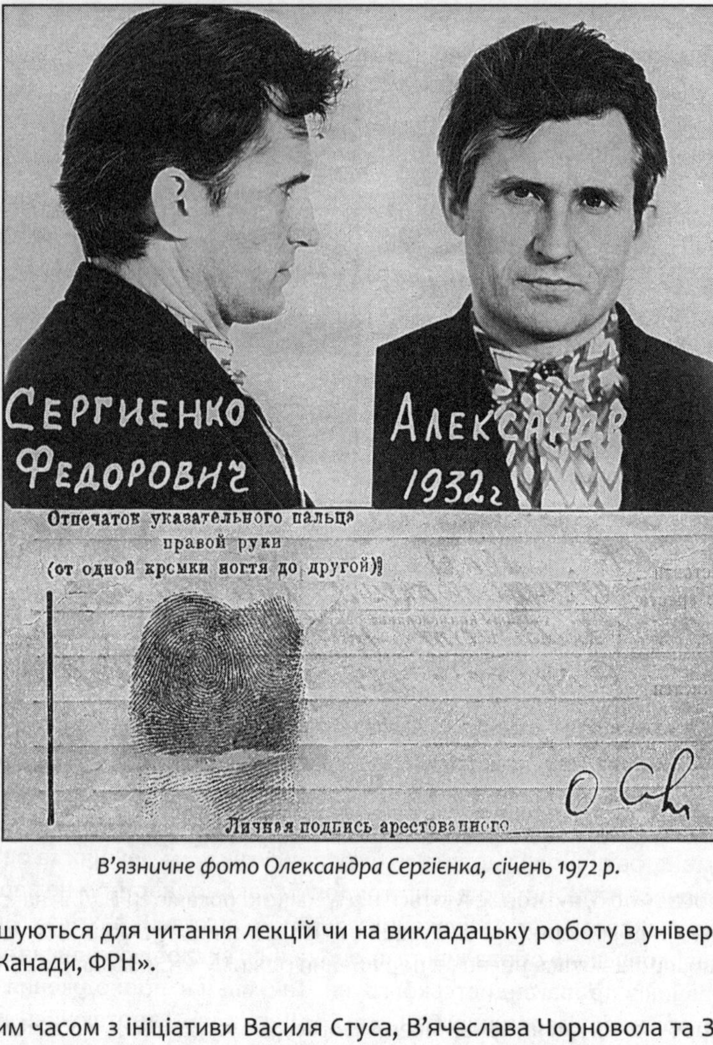

В'язничне фото Олександра Сергієнка, січень 1972 р.

запрошуються для читання лекцій чи на викладацьку роботу в університети США, Канади, ФРН».

Тим часом з ініціативи Василя Стуса, В'ячеслава Чорновола та Зиновія Антонюка 30 жовтня 1974 року запроваджено відзначення у таборах Дня політв'язня. Щоб завадити заходу, наступного року напередодні цього дня КҐБ вирішив етапувати Василя Стуса, Василя Лісового та Стефанію Шабатуру до Львова та Києва для проведення з ними виховної роботи. Та зірвати відзначення не вдалося — 29 жовтня Стус та Шабатура оголосили про початок наступного дня одноденного голодування. Те саме, за повідомленням КҐБ, зробила 30 жовтня 21 особа в Дубравному виправно-трудовому закладі (у тому числі об'єкти «Блоку» Чорновіл, Світлична та Овсієнко) та 14 осіб у Владимирській тюрмі (у тому числі Валентин Мороз).

КҐБ не полишав спроб «перевиховати» протестантів за допомогою погроз, фізичного тиску та пропаганди. У доповідній керівнику КПУ Володимиру Щербицькому голова КҐБ УРСР Віталій Федорчук інформував, що за 1975 рік до Дубравного і Скальнинського виправно-трудових закладів, де тримали більшість дисидентів, здійснено 13 виїздів оперативних співробітників, які провели 117 розмов із в'язнями, а також «гастролі» чотирьох пропагандистських груп з участю «висококваліфікованих лекторів, викладачів суспільних наук вищих навчальних закладів». КҐБ, як і інші радянські установи, намагався вразити керівництво країни кількісними показниками своєї роботи, камуфлюючи таким чином відсутність прогресу у «перевихованні» інакодумців.

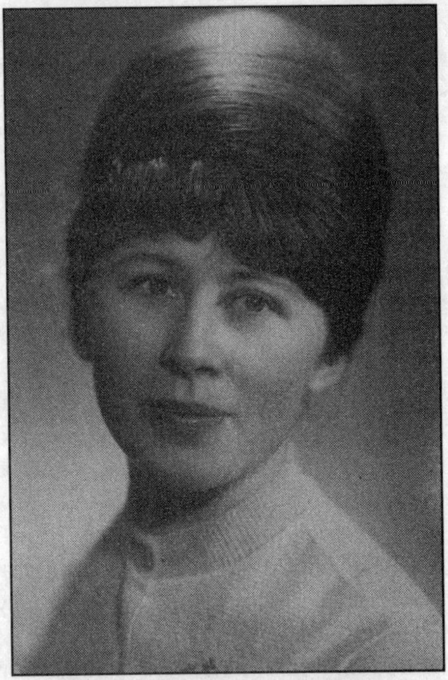

Стефанія Шабатура перед арештом

Тож і через два роки чергова пропагандистська група постала перед тим, що «екстремістськи налаштовані об'єкти справи "Блок" Світличний, Сверстюк, Пронюк, Лісовий, Калинець, Марченко, а також їхні однодумці Глузман, Гриньків, Сапеляк, колишні бандоунівці Басараб, Верхоляк та інші демонстративно відмовилися бути присутніми на лекціях та бесідах, покликаючись на те, що виправно-трудовим законодавством не передбачено обов'язкової участі засуджених у політико-виховних заходах. Вказані засуджені допускали образливі та провокаційні висловлювання на адресу представників пропагандистської групи. Так, під час проходження групи по території колонії колишній бандит ОУН Верхоляк, звертаючись до них, вигукнув: "Дивіться, панове, на колючий дріт і запам'ятайте, що це чекає ваших дітей"».

Відважна поведінка ув'язнених справляла враження і на їхню сторожу. На думку чекістів, існувала загроза, що поширювана дисидентами пропаганда може вплинути на табірних охоронців. Аби завадити цьому, «для підвищення політичної пильності офіцерів і солдат, які несуть охорону державних злочинців, у ряді військових частин були прочитані лекції з цих питань і проведені бесіди».

На середину 1976 року стало зрозуміло, що ситуацію в таборах змінити не вдається. Віталій Федорчук звертається до керівництва комуністичної партії з пропозицією розосередити політв'язнів: «Враховуючи складну оперативну обстановку в місцях ув'язнення осіб, засуджених за націоналістичну, сіоністську та іншу антирадянську діяльність, а також труднощі в організації з ними в цих умовах оперативної та профілактично-виховної роботи, вважали б за доречне розглянути питання про розосередження зі Скальнинського та Дубравного ВТЗ частини ув'язнених, що стоять на ворожих позиціях, по виправно-трудових колоніях із посиленим режимом утримання на території союзних республік».

Отже, звітуючи про важку ситуацію у таборах, шеф українського КҐБ фактично визнав власну безпорадність у боротьбі з «островом свободы» і перемогу політв'язнів, зламати яких чекістам не вдалося ні пропагандою, ні погрозами.

Тим часом на волі рух опору знову підводить голову. У листопаді 1976 року в Києві створено Українську громадську групу сприяння виконанню Гельсінських угод (Українська Гельсінська група). Серед її активістів — як нові люди, так і активні учасники попередніх етапів дисидентського руху, зокрема Василь Стус та В'ячеслав Чорновіл, які вийшли на волю 1979 року.

Іван Гель під час заслання на річці Печорі (селище Милва, Комі АРСР)

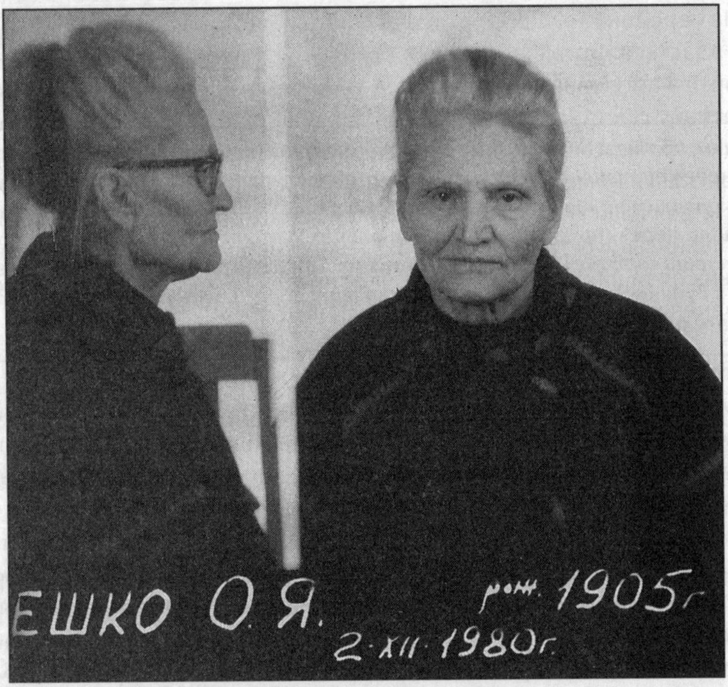

В'язничне фото Оксани Мешко,
матері Олександра Сергієнка, грудень 1980 р.

Новим була зосередженість на правозахисній діяльності, вимогах до влади дотримуватися взятих на себе зобов'язань щодо прав і свобод громадян. Учасники правозахисного руху наголошували на виключно легальних способах діяльності. Проте це не врятувало їх від репресій влади — 39 із 41 члена Української Гельсінської групи були ув'язнені. Серед них — 76-літня Оксана Мешко, Василь Стус та В'ячеслав Чорновіл.

Тиша, що запанувала в СРСР у першій половині 1980-х, сприймалася чекістами як їхня остаточна перемога над рухом опору. Та це було лише затишшя перед бурею — у другій половині цього десятиліття влада змушена була почати так звану перебудову, а з кінця 1980-х на волю виходять засуджені дисиденти. Поступово розгортається масовий національно-демократичний рух, який покладе край існуванню СРСР та його, здавалося б, непереможної спецслужби — КҐБ.

Бердянське «ЧП» 1974 року

Свобода в обмін на порядок та безпеку — таку негласну угоду пропонують суспільству недемократичні (авторитарні чи тоталітарні) режими. Іноді громадяни погоджуються на цю умову. Особливо часто це відбувається в суспільствах, що перейшли через тривалі періоди соціальних потрясінь. І зазвичай програють, втративши свободу і не здобувши безпеки. Адже для режиму більш небезпечними завжди будуть саме внутрішні, а не зовнішні вороги, і подальша боротьба з першими поглинатиме всі його ресурси.

Сталін, зайнятий внутрішньою боротьбою проти народу, не зумів помітити наростання зовнішньої небезпеки і зарадити її поширенню. У результаті громадяни СРСР, яким нібито гарантувалася безпека від зовнішньої агресії, заплатили за її подолання мільйонами життів.

Проте навіть у мирний час радянський режим, зосереджений на боротьбі із внутрішнім ворогом, був нездатний забезпечити порядок у власній державі. Адже цим ворогом були не кримінальні елементи, а інакодумці. Полювання на поширювачів самвидаву, на людей, котрі відважувалися збиратися в річницю перепоховання Шевченка на його могилі, для влади було значно важливішим, ніж затримання вбивць та грабіжників. На останніх не завжди вистачало часу чи інших ресурсів. Тим паче, якщо за умови повного контролю інформаційного поля можна було просто приховувати інформацію про реальні масштаби кримінальних злочинів, наслідки злочинної бездіяльності органів влади чи екологічних катастроф. За фасадом тихого і спокійного життя «епохи розвинутого застою» приховано чимало людських трагедій.

Кінець 1974 року. Каґебісти задоволені розгортанням операції «Блок», за якою за два попередні роки арештовано головних українських дисидентів. Здавалося б, у країні запанував спокій. Інформаційні звіти чекістів для керівництва партії стають нудними і беззмістовними: на території країни перебуває стільки-то іноземців, ворожих проявів не зафіксовано, надзвичайних ситуацій на виробничих об'єктах не сталося.

Спокійні повідомлення перервалися 4 листопада інформацією про надзвичайну ситуацію в м. Бердянську. Тут сталося справжнє «ЧП районного масштабу», до якого безпосередньо причетним був КҐБ. В інформації йшлося про стрілянину в місті, вчинену прикордонником, та кількох загиблих. Через два дні голова КҐБ УРСР Віталій Федорчук у доповідній на керівника КПУ Володимира Щербицького детально описав інцидент і дії чекістів, спрямовані на його приховування.

Усе почалося зі звичайної пиятики, яку організували четверо військовослужбовців Західного прикордонного округу КҐБ. Молоді солдати влаштували забаву просто на підпорядкованому їм контрольному пункті. О 19-й годині вечора двоє з них, сержант та рядовий, вибігли в місто, ймовірно — за додатковим «пальним». Схоже, хлопці на той момент і так добряче «заправилися», тому вже незабаром вступили в бійку з місцевими мешканцями. На місце інциденту прибув військовий патруль, який, однак, устиг затримати лише рядового. Тим часом розгарячілий бійкою і втечею від патруля сержант повернувся на рідний КП. На місці не виявилося чергового, що дало можливість утікачу відкрити зброярню і взяти автомат. Коли ж відсутній працівник незабаром прибув на місце, то побачив п'яного колегу, який навів на нього автомат із вимогою видати патрони. Таким чином сержант отримав і склав у речовий мішок 20 заряджених патронами магазинів (загалом близько 500 патронів).

Озброєний до зубів п'яний «Рембо» вирішив повернутися в місто для продовження перерваної патрулем «дискусії». На місці він не застав нікого з її учасників, проте це його не стримало — «він відкрив безладну стрілянину по перехожих, внаслідок якої вісьмох убив і вісьмох поранив, вистрілявши понад 300 патронів». Спроба патрульних міліціонерів Олександра Матвєєва та Віктора Андрусенка затримати збожеволілого солдата закінчилася невдачею.

Бердянськ у роки оманливо спокійного «застою»

Їхні постріли не зачепили його, натомість автоматна черга прикордонника обірвала життя Матвєєва. На той час серед убитих уже були три жінки і одна подружня пара. У мішку залишалося ще близько двох сотень набоїв, які могли забрати життя ще багатьох мешканців Бердянська. Але автомат треба було перезарядити, чим скористався один із перехожих — коваль місцевого заводу, який захопив і обеззброїв п'яного прикордонника. 19-літнього вбивцю спочатку помістили на гарнізонну гауптвахту за межами міста, а через два дні після похорону його жертв — до слідчого ізолятора міста, де він мав чекати суду.

Вістки про інцидент такого масштабу в невеликому місті швидко поширювалися, а отже, прийшов час для чекістів провести «інформаційну зачистку». «У місто Бердянськ, — інформував Федорчук, — скеровано оперативну групу КҐБ при Раді міністрів УРСР на чолі із заступником голови Комітету держбезпеки України товаришем М'якушком. Для вивчення обстановки в місто скеровано агентуру і довірених осіб Бердянського МО УКҐБ. Посилено охорону адміністративних будівель партійних і радянських органів, а також приміщення КП Бердянськ. Особистий склад КП Бердянськ повністю замінено. Силами оперативного складу служби зовнішнього спостереження УКҐБ, працівниками міліції та дружинниками (всього 600 осіб) у вечірній та нічний час ведеться патрулювання в місцях скупчення населення і проживання вбитих та поранених.

Мати вбитого міліціонера Олександра Матвєєва з портретом сина

Здійснюється контроль ефіру, телефонно-телеграфного зв'язку і вихідної кореспонденції для запобігання поширенню наклепницьких вигадок про те, що сталося. Конфісковано понад 200 документів, котрі висвітлюють ці події. У деяких листах вони подавалися у викривленому негативному світлі».

У закритому інформаційному просторі, просякнутому радянською пропагандою, справді почали ширитися фантастичні чутки. Зокрема, чекісти змушені були протистояти поширенню усної інформації, що злочини вчинив прикордонник родом із Західної України чи Кавказу, який «діяв із націоналістичних намірів». Врешті КГБ упорався зі своїм завданням, припинивши поширення будь-якої інформації про подію — брехливої чи правдивої.

Про вечір 3 листопада 1974 року пам'ятатимуть хіба родичі загиблих — до них ця дата промовлятиме з надгробних пам'ятників. Про безглузде вбивство не писали в газетах, про нього не говорили по радіо і нічого не показували на телебаченні. Уже незабаром про подію не пам'ятатимуть і місцеві жителі. А для інших її просто ніколи не існувало. Тож потім їм легко буде розповідати, що, «можливо, ми і не мали свободи, але було спокійно», і переконувати, що безпеку варто міняти на волю.

КҐБ проти правди про Голодомор

Інформаційна блокада довкола Голодомору утримувалась комуністами десятки років, майже до останніх днів радянської влади в Україні. На початку 1980-х українці діаспори кинули їй серйозний виклик — розпочали підготовку до вшанування 50-ї річниці трагедії. Окремі повідомлення та публікації, присвячені Голодомору, з'являлися за кордоном і до того. Але цього разу було заплановано масштабну інформаційну кампанію із залученням провідних науковців, журналістів, з громадськими акціями і тиском на західних політиків. Світ, який десятки років закривав очі на українську трагедію, мав почути правду.

Комуністи дуже швидко відчули загрозу кампанії відновлення пам'яті, тому КҐБ від самого початку пильно спостерігав за діями українців діаспори і намагався чинити їм всілякі перепони. Перші повідомлення КҐБ про підготовку відзначення 50-ї річниці Голодомору стосуються грудня 1982 року. Наступного, 1983 року чекісти вже регулярно звітують Володимиру Щербицькому про українську кампанію та власні спроби її зупинити. В інформації з березня того року повідомлялося, що голова уряду УНР в екзилі Ярослав Рудницький направив генеральному секретареві ООН меморандум із даними про Голодомор і звинуваченнями СРСР у геноциді проти українців.

Омелян Пріцак, директор Українського наукового інституту Гарвардського університету в 1973—1989 р.р.

Щоб привернути увагу світової преси та західних політиків до проблеми Голодомору українські громадські організації проводять численні мітинги та пікети під радянськими дипломатичними представництвами. Одна з найбільших таких акцій відбулася 2 жовтня у Вашингтоні поблизу радянського посольства. У мітингу взяло участь близько восьми тисяч осіб.

Книга Роберта Конквеста «Жнива скорботи» — перше наукове дослідження Голодомору в західному світі

Особливо небезпечним для радянської влади стало залучення закордонними українцями до кампанії провідних політиків своїх держав. КҐБ 1 червня 1983 року повідомляв: «Нацццентри намагаються притягнути до цього пропагандистського шуму окремих державних діячів США. Зокрема, їм вдалося схилити члена палати представників Конгресу США Дж. Соломона внести на розгляд Конгресу проект провокаційної резолюції, що містить заклик до американського президента “оголосити прокламацію, яка засуджує політику геноциду у відношенні до українського народу”, заслухати на засіданнях Конгресу “свідків — очевидців голоду”».

У жовтні голова КҐБ УРСР С. Муха інформував керівництво комуністичної партії, що «чільникам “Організації захисту прав людини на Україні” вдалося схилити члена палати представників від штату Нью-Джерсі Дж. Флоріо внести на розгляд Конгресу питання про створення урядової комісії “з розслідування причин і обставин голоду в Україні в 1932—1933 роках”. Через нацпресу оунівці звернулися до української діаспори в США із закликом чинити тиск на конгресменів інших штатів, щоб вони підтримали пропозицію Флоріо». У грудні занепокоєні каґебісти писали, що в акції до річниці Голодомору в Канаді запланована участь лідера консервативної партії Канади, майбутнього прем'єра Браяна Малруні.

Чекісти відстежували не лише активні політичні дії українців діаспори, але й організовані ними наукові форуми. У повідомленні від 19 травня 1983 року йдеться про підготовку наукового симпозіуму за участю Канадського інституту українознавчих студій Університету Альберти та чотирьох університетів провінції Квебек. Через місяць першого секретаря ЦК КПУ Щербицького інформували про ще одну «небезпечну ініціативу» українських науковців: «директор “українського наукового інституту” при Гарвардському університеті

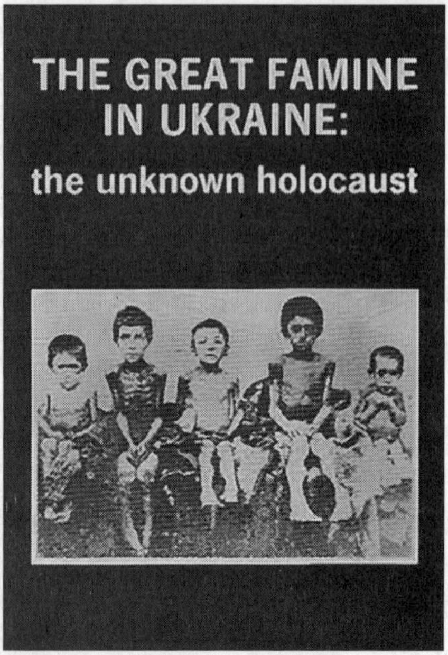

Видання Української національної асамблеї у США «Великий голод в Україні: невідомий голокост», 1983 р.

О. Пріцак запропонував створити постійний центр типу сіоністського інституту "Яд Вашем". У ньому пропонується зосередити публікації про "голод", списки його "жертв", свідчення "очевидців", "фотоматеріали". Для збирання та оброблення таких матеріалів, видання "наукових праць", пропагандистських брошур, організації "конференцій" і розроблення "навчальних" програм для шкіл і вищих навчальних закладів передбачається запровадити у вказаному інституті спеціальний курс — так званий "український голокост"». У верхньому лівому кутку документа — резолюція, написана Щербицьким, з вимогою розробити конкретний план протидії. Резолюція внизу повідомляє, що такий план опрацьований і затверджений головою КҐБ УРСР С. Мухою.

Практично в кожному листі спецслужба запевняла керівництво партії: Комітет здійснює активну протидію заходам діаспори, зокрема, в засоби масової інформації «просунуті матеріали, які викривають вигадки про штучний голод».

Інформаційне протистояння між КҐБ і діаспорою не завершилося у 1983 році. Наступного року з'явився перший документальний фільм про Голодомор «Жнива розпачу» (автори Юрій Луговий та Святослав Новицький). Показ стрічки знову примусив чекістів переконувати партію: здійснюються «активна протидія» і «викриття вказаної антирадянської акції». Попри появу в західних ЗМІ публікацій, які просували необхідні комуністам «спростування», дедалі очевиднішим ставав програш Радянським Союзом цієї інформаційної війни.

У 1985 році лобістська кампанія української діаспори в Америці увінчалася успіхом: Конгрес США створив спеціальну комісію з дослідження фактів голоду в Україні, виконавчим директором якої призначено Джеймса Мейса. Наступного, 1986 року з друку виходить книга всесвітньо відомого британського історика Роберта Конквеста «Жнива скорботи. Радянська колективізація і терор голодом», що стала потужним аргументом у науковій дискусії щодо суті Голодомору.

Джеймс Мейс, виконавчий директор комісії Конгресу США з дослідження фактів голоду в Україні

Аби протиставитися інформаційному наступу, керівництво комуністичної партії створює власну «антикомісію», яка мала спростувати «вигадки про штучний голод». Паралельно із цим КҐБ УРСР у співпраці з союзним Комітетом розпочинає розгортання окремої операції під назвою «Фарисеї». У звіті на ім’я Щербицького від 14 березня 1987 року зазначаються певні успіхи в її реалізації: появу публікації в тижневику «The New York Times Book Review», яка критикує книгу Конквеста як тенденційну і зіперту на докази, «нав’язані українськими націоналістами». Згадуються вигідні для комітету статті з критикою фільму «Жнива розпачу» в канадській «The Globe and Mail».

Проте ці скромні результати були далеко не достатніми для того, аби протиставитися чи принаймні призупинити розгорнуту українцями кампанію. 5 травня 1987 року КҐБ інформувало Щербицького: у квітні відбулося підсумкове засідання Конгресу США, яке схвалило доповідь про результати розслідування, що підтверджували штучний характер голоду. «Конгресмени США, що виступили на цьому засіданні — Д. Майк, В. Брумфільд, Б. Гільман та інші — підкреслили «виключну важливість проробленої роботи і цінність доповіді». Зважаючи на це, КҐБ рекомендував «враховувати викладену інформацію при підготовці до виїздів за кордон, насамперед представників наукової і творчої інтелігенції, для вчинення аргументованої протидії підривним діям супротивника».

Саме 1987 рік можна вважати часом остаточного перелому в медіа-війні між КҐБ та українською діаспорою. Каґебістська кампанія з тріском провалилася. 25 грудня Щербицький у доповіді, присвяченій 70-річчю створення УРСР, вже згадав про факт голоду. Наступного року в українській радянській пресі

Плакат про Голодомор, випущений представниками української діаспори

з'являються перші публікації про голод, і їх кількість постійно зростає.

Інформаційну блокаду, утримувану комуністами більш як півстоліття, врешті, було прорвано. Світ та Україна відкрили для себе страшну правду про злочин геноциду 1932—1933 років. А вже незабаром зникла держава, керівництво якої вчинило і ретельно приховувало цей злочин. На руїнах СРСР постала незалежна Україна. Тож справдилися слова Євангелія: «Пізнайте правду, і вона зробить вас вільними!»

Чорнобиль: курс на катастрофу

Українське законодавство забороняє обмежувати доступ до інформації про стан навколишнього середовища та екологічні катастрофи. У радянські ж часи будь-яка інформація, включно з даними про техногенні чи природні аварії, яка проливала світло на негаразди в «країні розвинутого соціалізму», була таємною. Її ретельно охороняли, навіть якщо за це довелося платити життям та здоров'ям тисяч громадян.

Всюдисущі «органи» акуратно збирали такі матеріали, обробляли їх і доповідали вищому партійному керівництву країни. Партія, у свою чергу, приймала певні рішення, не рахуючись з інтересами «простих смертних» та не ставлячи їх до відома. Часом рішень просто не приймали, адже якщо про проблему ніхто не знав, то й гострої потреби на неї реагувати не було — «авось саме якось». Аварія 26 квітня 1986 року в Чорнобилі могла відбутися тільки в такій країні.

Чорнобильська атомна електростанція ім. В. І. Леніна вважалася стратегічним економічним об'єктом СРСР. Тому КҐБ наглядало за нею від перших днів спорудження. «Відповідно до директив XXIV з'їзду КПРС, — читаємо в інформаційному повідомленні чекістів від 19 вересня 1971 року, — у Київській області в Чорнобильському районі поблизу села Копачі споруджується перша в УРСР Чорнобильська АЕС електричною потужністю 2,0 млн кВт». Далі подається технічна характеристика об'єкта. При цьому спецслужба писала, що повний опис технічних особливостей є тільки в Міністерства енергетики СРСР, а відповідне відомство УРСР ними не володіє і не має досвіду експлуатації атомних станцій.

Вже на самому початку звучать застереження: «Питання відбору, розстановки і навчання будівельно-монтажного і експлуатаційного персоналу Чорнобильської АЕС слід проводити більш ретельно, ніж на звичайних електричних станціях, адже наслідки халатного і зловмисного ставлення персоналу АЕС можуть призвести до важчих і небезпечніших для оточення результатів».

Каґебістські звіти про ЧАЕС аж до самої аварії у квітні 1986 року рясніють інформацією про недбальство та зловживання у спорудженні та експлуатації станції. 17 серпня 1976 року повідомлялося про можливий зрив запланованого на наступний рік відкриття станції через запізнення будівельників. А під час спорудження використовувалися неякісні матеріали.

В'їзд на Чорнобильську атомну електростанцію ім. В. І. Леніна

Ось лише деякі витяги з повідомлення про технічні порушення: «Гамма-просвічуванням на трубах були виявлені раковини і тріщини, в результаті труби виявилися непридатними для експлуатації і мали бути відправленні заводу для усунення браку в заводських умовах... Всі труби з порушенням правил після ремонту на АЕС прийняті під монтаж... Бучанський цегляний завод (Київська область) систематично постачає будівництву АЕС низької якості облицювальну плитку та цеглу (45 одиниць міцності проти норми 75)... У квітні 1976 року внаслідок порушення технології бетонування бака для рідких радіоактивних відходів місткістю 5 000 кубічних метрів через халатність прораба сталеве облицювання бака було деформоване. У результаті при введенні в експлуатацію бака через тріщини на облицюванні міг відбутися витік радіоактивних відходів і забруднення навколишнього середовища».

Ситуація не змінилася і через кілька років, коли запрацював перший реактор станції. 17 січня 1979 року, «згідно з отриманими оперативними даними, на окремих ділянках будівництва другого блоку Чорнобильської атомної електростанції зафіксовано факти відходу від проектів і порушення технології ведення будівельних і монтажних робіт, що може призвести до аварій та нещасних випадків». А вже за місяць, 19 лютого, відбулася аварійна зупинка першого енергоблоку АЕС.

Значний радіоактивний витік на території станції стався 20 квітня 1981 року: «Службою радіаційної безпеки ЧАЕС, — інформує партію КҐБ, —

Будівництво Чорнобильської АЕС, початок 1970-х рр.

визначено зону площею 180 кв. м із рівнем радіації, який досягав 20 мікрорентген на секунду при нормі в 0,8 мікрорентген».

Того ж року КҐБ звітував про те, що «за період експлуатації 1977—1981 років на атомній електростанції відбулося 29 аварійних зупинок, з них 8 — з вини обслуговуючого персоналу».

9 вересня 1982 року, на початку нового навчального року, сталася аварія на першому енергоблоці АЕС, про що в той самий день республіканське керівництво спецслужби отримало звіт свого київського підрозділу. Спочатку розраховували, що для ліквідації наслідків аварії знадобиться 5 днів. Проте масштаби виявилися значно більшими, ніж їх хотіли представити чиновники. У повідомленні, яке керівник КҐБ УРСР С. Муха надіслав керівництву партії 13 вересня, ішлося вже про необхідних 10 днів робіт.

Створена для з'ясування обставин та результатів інциденту комісія працювала з 18 до 28 жовтня — через півтора місяця після «п'яти днів, необхідних для ліквідації наслідків»! Члени комісії констатували: «В районі села Чистогалівка, розташованого в Пд-Пд-Зх напрямку на відстані 5 кілометрів від АЕС, на ґрунті реєструються так звані "гарячі" частинки розміром 10ч20 мікрон, активність яких коливається від 10—7ч10—9 кюрі, що перевищує допустимі норми в сотні разів». Саме ці «гарячі» частинки є найнебезпечнішими для людей, — зазначали експерти, — і в разі потрапляння в організм можуть призвести «до серйозних ускладнень включно з летальним результатом через "пропалювання" тканин організму». Але повідомляти довколишніх мешканців про таку небезпеку було заборонено.

Незважаючи на важкі наслідки аварії, 5 листопада очільник спецслужби поспішив заспокоїти Володимира Щербицького: «Обстановка в оперативному плані на АЕС і околицях нормальна. Фактів поширення панічних чуток не відзначається». З цього чітко видно, що головне завдання полягало в блокуванні «панічних чуток», а не в попередженні громадян про загрозу. Люди можуть вмирати — аби тихо.

«Ще у передаварійний період, — писав у своїх спогадах співробітник КҐБ Юрій Петров, — оперативним шляхом було здобуто попереджувальну інформацію щодо численних фактів неякісного виконання будівельно-монтажних робіт, постачання бракованого устаткування, порушення принципів технологічної дисципліни та правил радіаційної та пожежної безпеки. Лише у 1983—1985 рр. сталося 5 аварій і 63 відмови основного обладнання, що супроводжувалися значними матеріальними збитками. Тривожна інформація негайно доповідалася у вищі республіканські партійно-урядові інстанції. Однак належно реагували далеко не завжди. Більше того, коли за матеріалами Прип'ятського міськвідділу КҐБ була подана інформація до ЦК Компартії України, котра свідчила про витік радіаційних речовин з ЧАЕС, вона була ква-

Вже на етапі спорудження станції було допущено чимало помилок, що згодом обернулися катастрофою

Ігор та Ірина Калинці, поети та борці за незалежність України, 1970-і роки

Праця ліквідаторів аварії на ЧАЕС

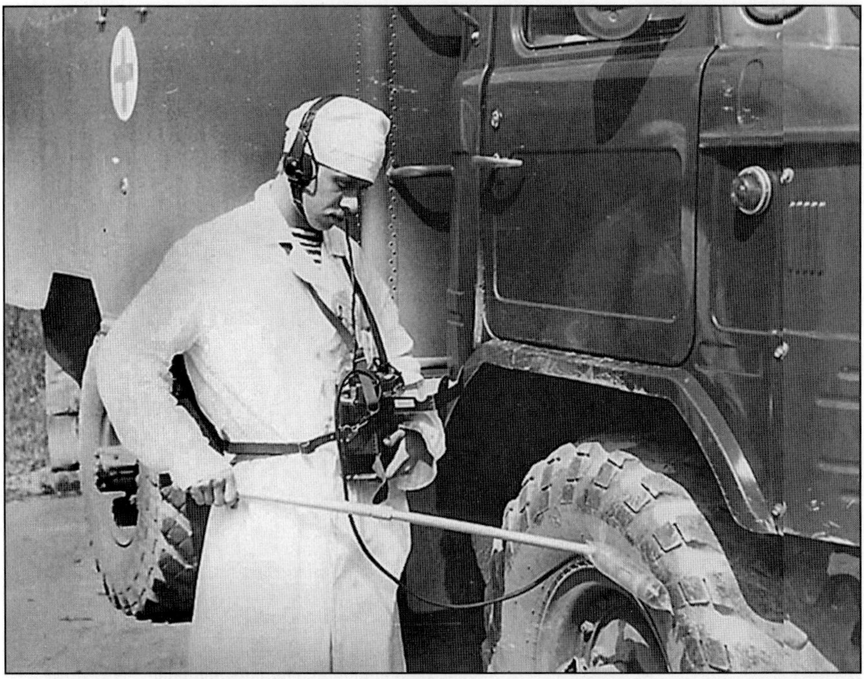

Замірювання радіації на вантажівці

Найбільшим клопотом для КҐБ у 1987 р. стало повернення до активного громадсько-політичного життя колишніх політв'язнів. Михайло Горинь, Левко Лук'яненко та В'ячеслав Чорновіл стали двигуном національно-демократичного руху кінця 1980-х років

Київ, 24 серпня 1991 р.

ліфікована як дезінформація, а низка співробітників КҐБ отримала стягнення по службі».

Тріщини в перекриттях третього і четвертого блоків були зафіксовані КҐБ ще 17 березня 1984 року. Перший із блоків на той час працював трохи більше двох років, другий — лише вступав в експлуатацію. Але доробляти його не було часу — згодом каґебісти писали про поспіх із дотерміновим запуском реактора до чергового з'їзду партії.

У жовтні того ж року співробітники спецслужби підготували спеціальний аналіз роботи всіх чотирьох енергоблоків. «У процесі проведення контррозвідувальних заходів нами було проведено аналіз надійності роботи енергоблоків ЧАЕС. У результаті вивчення встановлено, що перший і другий енергоблоки ЧАЕС менш надійні в плані безпеки навколишнього середовища... Третій, четвертий і наступні блоки ЧАЕС [на той момент тільки споруджувалися. — *В. В.*] конструктивно виконані більш надійно... Разом з тим, за даними спеціалістів, ці блоки не гарантують надійної і безпечної роботи, оскільки випробовування їх в екстремальних умовах не проводилися».

26 квітня 1986 року працівники ЧАЕС провели випробовування на четвертому енергоблоці, яке обірвалося вибухом о 1:25.

«Что это означает?», або Боротьба СРСР із радіацією

«26 квітня ц. р. о 1 годині 25 хвилин у приміщенні четвертого енергоблоку під час виведення його в плановий середній ремонт і проведення випробувань турбогенераторів № 7 та 8 стався вибух і виникла пожежа, яка перекинулася на дах третього енергоблоку. В результаті вибуху зруйновано шатро покрівлі ректора № 4 і машинного залу. Під час аварії в приміщенні перебувало 17 робітників зміни. 9 із них госпіталізовано, 4 робітники у важкому стані, один із них у реанімації. Пожежу локалізовано».

Це — текст першої доповідної про аварію на Чорнобильській АЕС, надісланої управлінням КҐБ Київської області керівництву в Київ та Москву вночі 26 квітня. Єдине, що вирізняє даний звіт від інших про технічні аварії на промислових об'єктах, — це інформація про рівень радіації: «На території станції 20—25 мікрорентген на секунду, в м. Прип'ять 4—14 мікрорентген на секунду».

Вже через кілька годин КҐБ УРСР подало керівництву розширений опис, у якому серед іншого зазначалося про смерть однієї людини з тих, які перебували на станції в момент аварії, та зникнення іншої.

З кожним наступним повідомленням цифра зафіксованого радіоактивного випромінювання збільшувалася. А спроба приховати масштаби катастрофи ставала дедалі нереальнішою. «Станом на 15:00 26 квітня радіаційна обстановка в районі аварії характеризується рівнем радіації гамма-частинок у безпосередній близькості до вогнища до 1 000 мікрорентген на секунду, на території АЕС — до 100, в окремих районах м. Прип'яті — до 2—4 мікрорентген на секунду».

У доповідній для ЦК Компартії України від 28 квітня йдеться вже про 1 000—2 600 мікрорентген на секунду на третьому і четвертому енергоблоках і про 30—160 в межах міста.

Можливо, читач вже розгубився від такої кількості цифр і малозрозумілих одиниць вимірювання. Але, на жаль, не розуміли цих даних і тодішні керівники, від рішень котрих залежала доля багатьох людей. На документі з інформацією про міський радіаційний фон третього дня після аварії Володимир Щербицький залишив єдину резолюцію: «Что это означает?» А означало це, що за некомпетентність у критичні хвилини довелося заплатити життям і здоров'ям людей, які не мали інформації про масштаби лиха.

Чорнобильська станція після вибуху

Першими жертвами стали пожежники, переконані, що гасять звичайну пожежу на промисловому об'єкті. Наступними — всі довколишні жителі. Їх евакуація розпочалася аж через 36 годин після аварії.

Ось що згадує один із ліквідаторів Микола Цімох: «27 квітня о 13 годині 10 хвилин по місцевому радіо я почув жіночий голос, який від імені органів міської виконавчої влади повідомив: "Товариші, як вам відомо, у зв'язку з аварією на Чорнобильській АЕС в місті складаються несприятливі радіаційні умови, вживаються необхідні заходи щодо їх локалізації. З метою забезпечення повної безпеки громадян урядовою комісією прийнято рішення провести тимчасову часткову евакуацію населення міста, в першу чергу — жінок і дітей. До кожного під'їзду будинків будуть подані автобуси. Взяти документи, вкрай необхідні речі, а також запас їжі на 2—3 дні. Початок евакуації з 14 години"».

«Я і мої колеги були очевидцями незвичайної евакуації, — продовжує ліквідатор, — шкода, що ця акція тоді не фіксувалась телевідеокамерами, мабуть, моторошна була б картина. Уявіть собі потік жінок із діточками, кожна з яких несе валізу, торбинку з одягом і їжею (а посадочне місце в автобусі для людини — лише одне)».

Президія першотравневого параду в Києві, 1 травня 1986 р.

Люди, які мали впродовж 50 хвилин покинути свої домівки назавжди, були впевнені, що за кілька днів повернуться. Із довідки КҐБ за 4 травня дізнаємося, що лише 3 травня завершено евакуацію населення з 10-кілометрової зони, а на 4—5 травня заплановано провести повну евакуацію із 30-кілометрової зони.

Відразу після аварії, 26 квітня, розпочалося слідство з метою встановити причини катастрофи. Версія, висунута в перші дні, залишилася незмінною — наслідок недбальства. «За даними оперативних джерел, — писали слідчі КҐБ 1 травня, — напередодні аварії реактор четвертого енергоблоку ЧАЕС функціонував у режимі, відмінному від нормального, оскільки в цей період без офіційного узгодження з проектною організацією проводилися випробовування турбогенератора. Попередні опитування вказаних осіб, а також вивчення через оперативні джерела технологічних процесів роботи обладнання реактора у період, що передував аварії, дають можливість зробити припущення, що між 1 год. 10 хв. і 1 год. 23 хв., тобто до аварії, персоналом блоку могли бути допущені відхилення від регламенту експлуатації системи блоку».

У повідомленні від 7 травня вказується, що «загальною причиною аварії була низька культура працівників АЕС. Мова йде не про кваліфікацію, а про культуру роботи, внутрішню дисципліну і почуття відповідальності».

«Вибух стався, — читаємо в іншому висновку, — внаслідок низки грубих порушень правил роботи, технології і недотримання режиму безпеки під час роботи 4-го блоку АЕС. Навіть у момент вибуху на працюючому реакторі і турбіні проводилися експерименти… У результаті вибуху, наслідки якого, на думку спеціалістів, свідчать про його потужність у декілька тонн у тротиловому еквіваленті, було зруйновано дах, а можливо, і стіни реактора. Вибухом викинуто й розкидано по території станції велику кількість радіоактивних

Керівники УРСР В. Щербицький та СРСР М. Горбачов виявилися зовсім не готовими до наслідків катастрофи

Веселі демонстранти не знали, якій небезпеці піддала їх влада, вивівши на вулиці

Замірювання радіації на вантажівці

речовин разом зі зруйнованими шматками реактора. Частину радіоактивних осколків викинуто далеко за межі АЕС, аж до міста і залізничної станції Прип'ять».

27 квітня біля селища Хотів співробітники контрольного поста затримали автомобіль ВАЗ. Водій розповів, що він разом зі своїми друзями виїхали вранці (до початку евакуації) з Прип'яті на відпочинок у ліс. Очевидно, компанія нічого не знала ні про аварію, ні про слід, який вона залишила на них самих. «Перевіркою встановлено, — доповідав капітан КҐБ Холод, — що рівень радіації на поверхні автомобіля перевищував фоновий у 5 000 разів».

Недбальство та некомпетентність, які призвели до катастрофи, панували і після неї. Керівники не розуміли, «що це означає» і не здатні були оцінити реальну загрозу. Ця неосвіченість мала свою ціну: життя та здоров'я тисяч людей. Зокрема дітей, які за кілька днів після аварії марширували прикрашеним Хрещатиком під палючим радіаційним сонцем, вітаючи Щербицького та його соратників зі «святом праці». І це при тому, що невблаганний графік динаміки радіаційного фону в Києві саме між 10 і 12 годинами 1 травня зафіксував пік радіації за весь час від катастрофи.

Десятки років СРСР тренувався на уроках цивільної оборони в очікуванні атомної війни з капіталістичним Заходом. Як засвідчила атомна атака зсередини, готовність до дій у критичній ситуації була близькою до нуля. «Виявлено

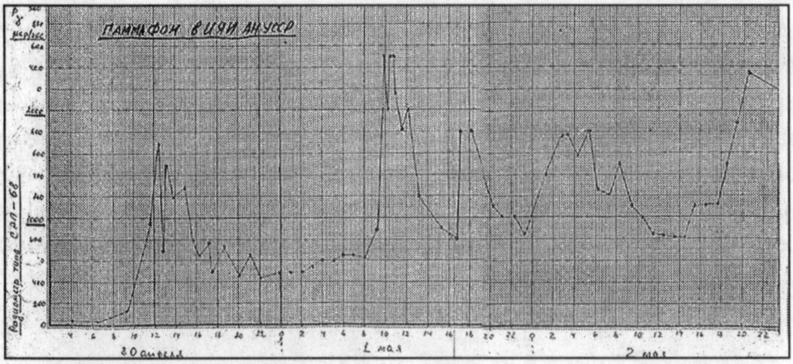

Графік радіації у Києві на 1—2 травня 1986 р. «Зашкалювало» саме у полудень 1 травня, коли на Хрещатик вивели дітей для участі в демонстрації

значну неознайомленість населення в питаннях дії радіації, — доповідали співробітники КҐБ, — а головне — у проведенні профілактичних заходів щодо захисту від радіації. Свідчення — масові випадки отруєння йодистими препаратами».

Проте неготовими до біди виявилися не лише прості громадяни, але і влада. «При розгортанні санітарно-обмивальних пунктів, — читаємо в повідомленні від 12 травня, — із 47 на 2 травня 1986 року придатними виявилися лише 5, на 3—10 травня — ще 7... Персонал СОП не мав жодних індивідуальних засобів захисту і сам піддався зараженню. Крім того, він укомплектований на 70 % з перестарілих і сімейних жінок, які відмовилися виїжджати в зону».

Праця ліквідаторів аварії на ЧАЕС

Для роботи в зону аварії були скеровані військові. Із документів КҐБ дізнаємося цікаві факти: «Під час проведення мобілізації деякі працівники комісаріатів, зокрема в Латвійській, Литовській РСР, Львівській, Івано-Франківській областях, вдавалися до відвертого обману осіб приписного складу, яким повідомляли про направлення їх не в Чорнобиль, а в цілинні райони, говорили про оплату в п'ятикратному розмірі, обіцяли допомогу в отриманні безкоштовних путівок після повернення, надання інших пільг сім'ям». Цікаво, чому брак добровольців радянська влада намагалася компенсувати обманною мобілізацією на територіях, де вона користувалася найменшою підтримкою?

Брак уявлень різноманітних державних інстанцій про реальні масштаби проблеми, з якою вони нібито боролися, яскраво ілюструє заява хімічної служби Міноборони СРСР від 20 травня про «можливість повернення населення на колишні місця проживання в низці населених пунктів у 30-кілометровій зоні». Ще не минуло й місяця після катастрофи, прилади для вимірювання радіації фіксували жахливі цифри за сотні кілометрів від Чорнобиля. Але… поверненням людей до домівок можна було загасити зростання паніки. Тож така пропозиція, попри її в буквальному значенні вбивчий характер, реально розглядалася радянським керівництвом. Адже для комуністичної верхівки поширення інформації про аварію було ще більш небезпечним, ніж поширення радіації.

Бригада зі спорудження саркофага над четвертим енергоблоком

Post-Чорнобиль: спершу інформація, а радіація потім

«На Чорнобильській атомній електростанції сталася аварія, яка призвела до ушкодження одного з реакторів. Вживають заходів щодо ліквідації наслідків аварії. Постраждалі отримують допомогу. Створена державна комісія», **— звичним суворим голосом оголосила ведуча інформаційної програми «Час» о 9-й годині вечора 28 квітня 1986 року.**

Для мільйонів телеглядачів, які таким чином вперше дізналися про вибух на ЧАЕС, ці слова нічого не пояснили. Оприлюднені скупі дані, з яких неможливо і приблизно уявити масштаби катастрофи, не стали виявом бажання радянської влади бодай щось розповісти громадянам. Кремль просто не міг більше відмовчуватися — кілька годин тому Швеція, фахівці якої зафіксували на своїй території підвищену радіацію, звернулася до Москви з вимогою дати пояснення.

Протягом усього часу ліквідації наслідків аварії влада намагалася жорстко контролювати будь-яку інформацію про катастрофу. Звісно, під благородним прикриттям боротьби з поширенням паніки. Проте через тижні і місяці після вибуху людей вбивала не паніка, а відсутність елементарних відомостей, які могли попередити багато нещасть.

7 травня 1986 року співробітники КҐБ у своєму донесенні відзначали низький загальний рівень поінформованості людей про заходи захисту від радіаційного опромінення. «У цьому виявляється слабка робота засобів масової інформації, — читаємо тут. — Якщо говорити про висвітлення подій, то слід відзначити, що викликає сумнів, наприклад, показ по телебаченню низки сюжетів. У полі під Чорнобилем стоїть голова колгоспу і запевняє, що колгосп перевиконує плани посіву. Це, звичайно, добре, але питання полягає в тому, чи буде придатним цей урожай до їжі. Якщо ґрунт не заражений радіоактивними речовинами, то сказати треба було, власне, про це, а краще за все утриматися від показу сумнівної якості сюжетів, які викликають двояке тлумачення».

Тому в подальшому і утримувалися від показів сюжетів, публікації статей та поширення найменшої реальної інформації. У повідомленнях КҐБ періодично натрапляємо на звіти про «проведення попереджувально-роз'яснювальних бесід з особами, які допускають поширення брехливих чуток». Тож

Сотні кілометрів від Чорнобиля. Шведський фермер працює на своїй ділянці після виявлення радіоактивних опадів

офіційні ЗМІ мовчали або інформували частково, всі інші джерела були звинувачені в поширенні неправдивих відомостей: інформаційна блокада довкола катастрофи трималася майже рік.

Тим часом на Заході, починаючи від 28 квітня 1986 року, піднімається справжня інформаційна хвиля про аварію в Чорнобилі. Якось реагувати на неї нове «демократичне» керівництво Кремля почало майже через рік після вибуху.

23 лютого 1987 року ЧАЕС відвідали американці — професор Гарвардського університету Вілсон Роберт і кореспондент газети «Los Angeles Times» Робер Шпір. «За словами Вілсона, — інформували каґебісти, — метою їхньої поїздки є об'єктивне висвітлення подій на станції в теперішній час. У процесі проведених контррозвідувальних заходів були отримані дані про спроби іноземців зібрати інформацію про радіаційну обстановку безпосередньо на станції та прилеглій зоні». Тож журналісти могли прогулятися територією ЧАЕС, може, навіть дещо пофотографувати, але не отримати інформацію про радіаційний фон.

Використовуючи звичну для себе тактику, чекісти організовували поїздки в Чорнобильську зону «правильних» закордонних журналістів. «6 квітня, — звітував КҐБ, — вахтове поселення "Зелений мис" по лінії партійних органів відвідали два кореспонденти комуністичних газет Франції і Данії, які прибули

Сухі і беззмістовні інформаційні повідомлення в радянській пресі про наслідки аварії та боротьбу з нею

з метою підготовки матеріалів для заперечення розгорнутого буржуазними засобами інформації пропагандистського галасу довкола аварії на ЧАЕС у зв'язку з річницею, що наближається».

Дуже швидко чекісти усвідомили: для поширення потрібної їм інформації можна використовувати не лише ідеологічних союзників, але й «клятих капіталістів», для яких правда про масштаби аварії була фінансово незручною. «Відповідно до рішення Інстанції, 24 квітня цього року в 30-кілометровій зоні ЧАЕС перебувала знімальна група американської телекомпанії "СіБіЕс" у складі керівника московського бюро Ендрюса Вайта, телеоператора Річі Джозефа, звукооператора Роучал Колін, які взяли інтерв'ю в директора ЧАЕС, провели кінозйомку об'єкта "Укриття", роботи підрозділів МО СРСР з дезактивації території ЧАЕС, процесу прийому лікарями станційного медпункту, пункту дозиметричного контролю на виїзді з особливої зони… Знімальна група зацікавлена у висвітленні ліквідації аварії у вигідному для нас світлі у зв'язку з наміром власників атомних станцій Заходу довести безпеку їх подальшого використання».

Через кілька місяців від початку організованих вояжів закордонних журналістів у Чорнобильську зону КҐБ із задоволенням констатував, що більшість публікацій в іноземних медіа після квітня 1987 року «мають об'єктивний і доброзичливий характер». Цьому, очевидно, сприяло бодай часткове відкриття інформації, на якому постійно наголошували керівники країни. Але чекісти були більш відверті у своїх документах і писали, що нова якість інформації в західній пресі «пояснюється зацікавленістю західних монополій, у зв'язку з тим, що матеріали про події на ЧАЕС викликали масовий рух серед населення їхніх країн з вимогами заборонити будівництво об'єктів атомної енергетики».

Протест проти приховування страшної правди наростав не тільки за кордоном, але й у самому Радянському Союзі. Після першої річниці аварії співробітники КГБ звітували про свої активні дії зі стримування демонстрацій: «В контакті з партійними і радянськими органами, опергрупами МВД і особливих відділів КҐБ СРСР, адміністрацією організацій у зоні проведено комплекс оперативних, організаційних, попереджувально-роз'яснювальних заходів з метою завадити антигромадським та іншим небажаним діям у день річниці аварії на ЧАЕС, у період поминальних свят із традиційним відвідуванням цвинтарів, а також святкування міжнародного Дня солідарності трудящих. У результаті надзвичайних ситуацій не допущено».

Проте вже дуже швидко стало зрозуміло, що блокувати витік інформації про Чорнобильську аварію стало неможливим. Керівництво країни, марно намагаючись це робити, цілковито дискредитувало себе в очах людей. Кремль не викликав вже ані поваги, ані навіть страху. В результаті спроби Москви приховати правду про катастрофу та її наслідки посилили опозиційний національно-демократичний рух в Україні. До його учасників долучилися «зелені» — активісти боротьби проти забруднення навколишнього середовища. Врешті побудована на брехні імперія впала.

P. S. У січні 1994 року Верховна Рада України прийняла Закон «Про державну таємницю», який заборонив засекречування будь-яких відомостей про стан навколишнього природного середовища та екологічні катастрофи. Відтоді відкрито доступ до документів, що проливають світло на трагедію 25 років тому. У 2001 та 2006 роках розсекречено унікальні документи КҐБ, які використані під час написання цієї та двох попередніх статей.

Остання чекістська п’ятирічка

Органи безпеки в СРСР часто називали окремою країною в країні. Співробітники мали особливі повноваження та не менш особливі привілеї, які ставили їх понад тогочасною системою суспільних відносин, перетворювали в замкнуту, недосяжну касту.

Самі чекісти полюбляли говорити про себе як про радянську еліту — безстрашних і безкомпромісних «воїнів плаща і кинджала», які, на відміну від представників комуністичної влади, не піддаються деморалізуючому впливу оточення.

На цьому стереотипі побудований поширений тепер міф про всесильний КҐБ, який ініціював перебудову задля усунення комуністичної партії, а згодом розвалив СРСР для захоплення влади в пострадянських державах.

Проте події останньої для чекістів п’ятирічки, яка закінчилася розпадом СРСР та ліквідацією КҐБ, свідчать: Комітет ішов до ганебного кінця в ногу із усією владою. Його розкладання було синхронним із розкладанням усього комуністичного режиму. Тому дати «1917—1991» впевнено можна ставити як на надгробку СРСР, так і на пам’ятнику ганебної слави КҐБ.

Початок: 1986—1987 роки

Друга половина 1980-х стала початком політичної кризи комуністичної системи і розвитку опозиційних національно-демократичних рухів. Складовими цього руху в Україні були такі течії:

— опозиційні політичні організації, створені здебільшого колишніми політв’язнями та дисидентами;

— організації, які боролися за відродження національної культури та історичної пам’яті;

— релігійні організації, зокрема рух за відродження забороненої владою Української греко-католицької церкви;

— екологічні організації, діяльність яких активізувалася після Чорнобильської аварії;

— молодіжні неформальні об’єднання;

— робітничі організації, страйкові комітети та профспілки, які боролися за кращі соціальні умови.

Кожна з течій мала власні цілі, але те, що на заваді їхньої реалізації стояла офіційна влада, поступово зближувало ці середовища і, врешті, призвело до щільної координації дій та об'єднання зусиль. Комуністичний режим убачав у таких організаціях загрозу і спробу подолати його монополію на громадське та політичне життя.

Головним інструментом у боротьбі з опозицією в СРСР залишалася спецслужба — КҐБ, а саме спеціально створене в 1967 році П'яте управління, завданням якого була боротьба з «ідеологічною диверсією ворога». Але в новій політичній ситуації, коли керівництво держави оголосило «курс на перебудову і демократизацію», КҐБ не міг використовувати звичних методів репресій, фізичного усунення опонентів та залякування. Тож останні п'ять років його співробітники змушені були діяти по-новому.

Органи безпеки ретельно збирали інформацію про настрої в суспільстві, відстежували небезпечні для влади тенденції, що помітно зростали з початком перебудови. Опозиційні настрої посилилися після невдалих намагань приховати масштаби Чорнобильської аварії та продемонстрованої владою недієздатності під час ліквідації наслідків катастрофи.

Саме на 1986 рік припадає перша згадка в документах про спроби організувати неформальні об'єднання: «Управлінням КҐБ у Донецькій області наприкінці жовтня 1986 року проведені оперативні заходи щодо запобігання створенню в м. Жданові в робітничому середовищі так званої Суспільної групи громадської ініціативи».

Як особливо небезпечний факт Комітет відзначав, що група створювалася за зразком польського профспілкового руху «Солідарність». У грудні на стіл керівника компартії Володимира Щербицького лягла чекістська доповідна про створення неформальних об'єднань у колі молодих літераторів. Але це був лише початок...

Протягом наступного, 1987-го, року створюються все нові й нові громадські ініціативи. Найбільшу небезпеку для спецслужби становило повернення до активного громадського життя політв'язнів, котрі почали виходити на волю. Для того, аби нейтралізувати їх, розгорнуто роботу з метою «переконати їх у помилковості власних поглядів і схиляння до подання представникам прокуратури заяв до Президії Верховної ради СРСР про помилування і недопущення в подальшому ворожої та іншої протиправної діяльності».

У результаті заяви написали 48 із 72 колишніх в'язнів. Ще 24 особи принципово відмовилися від такої пропозиції. Оперативне спостереження за ними

Найбільшим клопотом для КҐБ у 1987 р. стало повернення до активного громадсько-політичного життя колишніх політв'язнів. Михайло Горинь, Левко Лук'яненко та В'ячеслав Чорновіл стали двигуном національно-демократичного руху кінця 1980-х

підтвердило: «Українські націоналісти Попадюк З. В., Хмара С. І. (Львів), антирадянщики Анаденко Ф. Ф. (Київ), Корягін А. І., Анцупов Є. М., Алтунян Г. О. (Харків), релігійні фанатики Ахтеров П. А. (Донецьк), Тереля Й. М. (Закарпаття) і Ігнатенко М. С. (Черкаси) своїх ворожих переконань переглядати не збираються, ба навіть висловлюють намір в умовах поглиблення демократизації продовжити антисуспільну діяльність».

Дехто з колишніх в'язнів поводився безстрашно і навіть виклично: «Чорновіл В. М., що повернувся після відбуття покарання до Львова, 24 лютого виїхав до Москви і звернувся в приймальню КҐБ СРСР, де в бесіді висунув вимоги реабілітації політв'язнів, у тому числі і його останньої судимості, дозволу публікуватися під власним прізвищем, повернення речових доказів, узятих у нього під час арешту 1972 року». Така поведінка зробила його об'єктом прискіпливої уваги чекістів, які присвоїли Чорноволу влучний псевдонім — «Невгамовний».

Аби полегшити свої будні в Україні, КҐБ вирішив не перешкоджати виїзду за кордон деяких із колишніх політв'язнів. Цим скористався, до прикладу, згадуваний Йосип Тереля, який виїхав до Канади.

Для м'якого впливу на непокірних пропонувалося «допустити декого із зазначених осіб до роботи за спеціальністю в колективах, які здатні виявляти позитивний ідеологічний вплив». Разом з тим уважали за необхідне організувати виступи у пресі відомих діячів культури та науки (пропонувалися Олесь Гончар, Борис Олійник), які засудили б антивладні дії дисидентів, зокрема наголосили на їхніх зв'язках із закордонними антирадянськими центрами.

Органи безпеки не полишали спроб використати компрометацію конкретних осіб. 27 вересня 1987 року на Київському летовищі затримано американську журналістку Марту Коломієць, серед речей якої виявили відеокасету із записом інтерв'ю двох відомих українських дисидентів — В'ячеслава Чорновола і Богдана Гориня.

Цей факт спецслужба намагалася використати для того, щоб представити їх як зрадників, котрі працюють на ворожу державу. КҐБ підготував і розмістив у пресі статтю під назвою «Інтерв'ю з-під поли», у якій стверджувалося, що насправді Чорновіл був засуджений за спробу зґвалтування, під час обшуку в нього конфісковано книгу «Майн кампф», а журналістка придбала для дисидентів автомобіль, чотири магнітофони та дорогий одяг у валютному магазині.

На думку КҐБ, пропагандистський ефект від організованих акцій був успішним. «У редакції газет, телерадіокомітет, адміністративні органи, — звітували вони партії, — приходять численні листи від трудових колективів і окремих громадян із різким засудженням націоналістичних елементів і вимогами припинити їхні дії, що шкодять нашій державі».

Отже, чекістська кампанія у пресі отримала відгук у формі організованої комуністичною партією хвилі обурення громадськості, тому обидві сили були задоволені від виконаної роботи. Саме таким чином комуністична влада поступово штовхала себе у вигадану реальність і втрачала можливість ефективно реагувати на справжні суспільні виклики.

Обкладинка журналу «Збірник КҐБ СРСР» за 1987 р. На сторінках цього видання чекісти ділилися досвідом операцій проти національно-демократичного руху в Україні

Додаткову проблему для КҐБ становило те, що опозиційний демократичний рух діяв не лише на території України, але і в інших республіках СРСР та комуністичних країнах Східної Європи. Спецслужба мала справу з масштабним міжнародним явищем і чітко це розуміла.

У звітах постійно звучить занепокоєння, що українські активісти вивчають досвід громадських рухів Прибалтики та Польщі. Чекісти вважали надзвичайно важливим не допустити координацію та співробітництво між різними середовищами.

В одному зі звітів із кінця 1987 року читаємо: «Відповідно до вказівок КҐБ СРСР, МВД СРСР і прокуратури вдалося запобігти спробі Чорновола, Гориня і Геля взяти участь 10—14 грудня цього року в т. зв. Семінарі незалежних громадських організацій країн — учасниць гельсінського процесу з гуманітарних питань». Українській делегації не дали вилетіти до Москви.

Через три місяці в аеропорті у Львові каґебісти затримали активіста і колишнього політв'язня Степана Хмару, який прямував до Москви на семінар, присвячений боротьбі за права людини. У нього були вилучені «машинописні документи, в яких украй тенденційно висвітлювалися хід перебудови в Україні і національна політика КПРС».

Ці епізодичні успіхи не могли приховати головного — неготовності чекістів працювати в нових реаліях. Вони не бажали помічати змін, які відбувалися в суспільстві. Як і більшість представників влади, вони вважали, що «зміни» — лише нове слово в лексиконі партійної пропаганди, яке слід частіше вживати у промовах.

У журналі «Збірник КҐБ СРСР», що виходив під грифом «Совершенно секретно», наприкінці 1987 року опубліковано велике інтерв'ю голови КҐБ УРСР генерал-майора Миколи Голушка під промовистою назвою «Мислити і працювати по-новому».

Головний український чекіст, ідучи за модними у владі трендами, заявляв: «Наша увага зосереджена на впровадженні в організаційну роботу демократичних методів (без шкоди принципу єдиноначальності), рішучій відмові від одностороннього наказного стилю, який призвів до того, що деякі керівники стали відриватися від колективів, активну роботу заміняли засіданством і дрібною критикою підлеглих».

Ба більше, Голушко визнавав, що «в 1986—1987 роках керівниками різних рівнів, в основному середньої ланки, було допущено немало порушень». Тому за дискредитацію «високого звання чекіста» з органів безпеки були звільненні сім керівних працівників управлінь КҐБ Ворошиловградської, Донецької, Львівської, Полтавської, Сумської, Херсонської та Миколаївської областей.

Проте розмов «по-новому» було недостатньо, щоб припинити реальні зміни в суспільстві, які тільки почали набирати силу.

Рік 1988-й

Небезпеки для радянського режиму, які в 1987 році лише заявили про себе, наступного року розгорнулися на повну силу. Намагаючись стримати розростання національно-демократичних рухів, КҐБ і далі особливу увагу зосередив на тому, щоб завадити консолідації та координації між активістами в різних республіках Союзу.

«Відповідно до вказівок КҐБ СРСР, МВД СРСР і прокуратури СРСР, — доповідали керівники спецслужби в березні 1988 року, — Комітетом держбезпеки республіки у взаємодії з іншими зацікавленими органами вживаються заходи щодо запобігання спробам екстремістськи налаштованих українських націоналістів узяти участь в антисуспільному зборищі в Москві в рамках Національної секції семінару з гуманітарних питань і прав людини».

Проте спецслужба вже не встигала блокувати всі зустрічі представників демократичних рухів і часто дізнавалася про них постфактум. «У січні—березні 1988 року, — звітували каґебісти керівництву партії, — Чорноволом, Горинем, Айрікяном, Костовою та іншими проводилися збори однодумців у Єревані та Тбілісі, де було проголошено про створення Міжнаціонального комітету захисту прав політв'язнів. 11—12 червня у Львові у приватній квартирі відбулося чергове засідання членів названого комітету, у якому взяли участь 15 осіб, у тому числі Костава (Грузія), Жуковскіс, Мейтін (Латвія), Терлецкіс, Круковскіс (Литва), Парек, Вілу (Естонія), а також вісім осіб зі Львова та Києва (Чорновіл, Горинь, Скочок та інші судимі за особливо небезпечні державні та інші злочини)».

Улітку 1988 року відбулася ще одна міжнародна подія — відзначення тисячоліття хрещення Русі, яке охопило українські громади по всьому світу. Увагою до цієї теми вирішили скористатися активісти руху за відновлення діяльності Української греко-католицької церкви на чолі з відомим дисидентом Іваном Гелем. Вони спиралися на підтримку керівництва забороненої церкви, яке діяло за кордоном, тому для КҐБ особливо важливо було завадити співпраці, що налагоджувалася.

Мітинг у Львові, 7 липня 1988 р.

Полковник Підгайний у статті «Набуваємо досвіду», опублікованій у внутрішньому журналі чекістів, писав, що управліннями Комітету у Львівській, Івано-Франківській, Тернопільській та Закарпатській областях вжито «комплекс заходів щодо просування на Захід із допомогою агентури оперативно вигідної інформації, що компрометує на морально-побутовому ґрунті керівника комітету Геля і деяких уніатських екстремістів».

Чекістам вдалося представити громадський рух за відновлення церкви як надмірно заполітизований і націоналістичний. 11 травня 1988 року Голушко рапортував Щербицькому: «Більшість священиків, у тому числі голова уніатів Стернюк (Львів), заявили про своє негативне ставлення до екстремістських намірів Геля та його однодумців».

Іншою серйозною проблемою влади стало «омолодження» національно-демократичного руху — поява великої кількості студентських громадських ініціатив, їхня швидка політизація. Довгий час чекісти намагалися не помічати цих процесів та подавали керівництву країни заспокійливу інформацію: «Аналіз ситуації серед студентської молоді свідчить, що абсолютна більшість молодих людей схвалюють і підтримують зміни, які відбуваються в країні, активно беруть участь у здійсненні наміченої партією програми перебудови».

Правдивою була лише перша частина цієї тези — прагнення змін справді домінувало серед молоді (одна з найпопулярніших пісень того часу — «Хочу змін» рок-групи «Кіно»). Другий постулат лише демонстрував бажання чекістів сподобатися керівництву держави.

Насправді авторитет комуністичної партії та комсомолу в молодіжному середовищі танув, як сніг на сонці. А під талим снігом почали з'являтися паростки незалежної громадської активності.

Тому КҐБ рекомендував державним структурам пришвидшити створення офіційних молодіжних організацій та клубів, які мали б відволікти молодь від участі в опозиційній діяльності. Важливу увагу слід було приділити пропаганді, щоб «викривати ворожі наміри закордонних підривних центрів вплинути на молодіжне середовище».

Загалом керівництво спецслужби дуже часто пояснювало наростання опозиційного руху впливом ворожої розвідки чи закордонних націоналістичних центрів. Ця традиційна теза добре вписувалася в рамки комуністичної ідеології, проте не могла з'ясувати справжніх мотивів, які штовхали все більше і більше людей приєднуватися до боротьби із владою.

Станом на середину 1988 року КҐБ доповідав про «контроль за ситуацією» у 21 неформальному об'єднанні, серед активістів яких були колишні політв'язні. Але, схоже, не допильнували... 7 липня на багатотисячному мітингу у Львові було оголошено про створення однієї з найвідоміших українських опозиційних організацій того періоду — Української Гельсінської спілки.

Її творці, зокрема колишні політв'язні В'ячеслав Чорновіл та Михайло Горинь, ставили собі за мету перетворити організацію в політичну, а згодом — у партію, опозиційну до комуністичної. Чекісти вирішили, що УГС — найнебезпечніша для них структура, і зосередили зусилля на боротьбі з її активістами.

У статті полковника І. Самойленка та підполковника В. Литвина «Українські націоналісти змінюють тактику» вказувалося, що для протистояння УГС «створено окрему оперативно-слідчу групу, вжито заходи щодо централізації агентурних і оперативно-технічних засобів, на спільних засіданнях із зацікавленими управліннями КҐБ опрацьовувалися питання маневрування агентурою, оперативного документування і правової оцінки дій розроблюваних осіб, також своєчасного обміну інформацією».

Далі чекісти хизувалися конкретними успіхами, часом доволі сумнівними. До прикладу, вони доповідали, що завдяки впровадженню в УГС агентів «Артура» та «Знайомої» КҐБ вдалося отримати перші зразки відновленого журналу «Український вісник», що його редагував В'ячеслав Чорновіл.

Молодіжний пікет у Києві, 1988 р.

Хоча навряд чи це коштувало агентам значних зусиль, адже журнал свідомо поширювався відкрито. Більших успіхів у роботі досягли інші їхні колеги: «Агенти впливу Едуард і Тихий, — писали чекісти, — зіграли на амбіційних претензіях на лідерство, вміло скористались ситуацією і внесли певний розкол в угруповання, у результаті окремі екстремісти відійшли від лідерів». Компрометація лідерів національно-демократичного руху залишалася важливим напрямком роботи спецслужби. У рішенні колегії КҐБ СРСР від 17 липня 1988 року щодо цього спеціально зазначалося: «Ширше практикувати публічну компрометацію організаторів і виконавців ворожих акцій, викривальні виступи свідків, антирадянщиків та націоналістів, що розкаялися».

У другій половині 1988 року влада зрозуміла: наростання національно-демократичного руху не зупинити, а тому вирішила скерувати його в потрібному напрямку, використати його ж методи собі на користь. Тобто знову вдалася до звичної з 1920-х та 1940—1950-х років тактики творення «легендованих» (фальшивих) структур.

У липні 1988 року КҐБ підготував рекомендації для відновлення впливу на суспільну ситуацію. «Через ініціативних відданих соціалістичному ладу осіб, — читаємо тут, — слід створити громадське об’єднання боротьби за перебудову і таким чином взяти справу в свої руки. Під гаслами за єдність, соціальну справедливість і соціалістичну рівність обмежити доступ націоналістично налаштованих елементів і втягнути в це об’єднання якомога більше здорових сил із самодіяльних організацій, надати їм достатні засоби (відрахування) і розгорнути з націоналістично налаштованими елементами ідеологічну війну.

Створити з підготовлених людей групи, які могли б у імпровізованій обстановці на мітингах заволодіти увагою людей».

Серед активістів опозиційних організацій дедалі популярнішою ставала ідея їх широкого об'єднання за зразком «Народних фронтів», що діяли у Прибалтиці. 23 листопада в Будинку письменника відбулося засідання членів Спілки письменників України, громадських об'єднань «Громада», «Спадщина», «Український культурологічний клуб», «Комітет захисту Голосіївського лісу», де розглядалася перспектива такого фронту.

Інформація про це відразу стала відома КҐБ, який наступного дня надіслав першому секретарю ЦК КПУ Щербицькому звіт про захід і копію проекту програми «Українського народного фронту». Лист закінчувався повідомленням: чекісти «через оперативні можливості здійснюють позитивний вплив на ініціаторів створення «Народного фронту» з метою спонукати їх до узгодження програмних документів із партійними органами».

Так між чекістами і активістами почалася боротьба, яка завершилася наступного, 1989-го, року створенням Народного руху України за перебудову.

Рік 1989-й

1989 рік посідає почесне місце в умовній категорії «Найвідоміші революційні роки світової історії». Справді, досить мало можемо знайти коротких часових періодів, настільки багатих глобальними змінами.

Найвиразнішим символом 89-го стало падіння Берлінського муру, яке ознаменувало кінець епохи холодної війни та звільнення народів Східної Європи від комуністичного панування.

Проте зміни не обмежилися тим, що Радянський Союз скорочував територію свого впливу, відступаючи із завойованих після Другої світової війни теренів. Вітер змін швидко і впевнено міняв саму імперію.

Саме цього року вперше похитнулася монополія комуністичної партії на владу. Це сталося в результаті безпрецедентних для радянської влади виборів 26 березня. Перших радянських виборів, які відбулися здебільшого

Шевченківські дні в Києві, березень 1989 р.

на альтернативній основі (тобто виборці мали можливість обирати більше, ніж з одного кандидата), під час яких був присутній елемент справжньої політичної конкуренції (наявність програм у кандидатів, їхні зустрічі з виборцями, телеефіри) і бодай частково дотримано таємниці голосування.

За результатами комуністи все ще мали абсолютну більшість (87 %!), проте, крім них, до законодавчого органу потрапили і представники демократичної опозиції, зокрема людина, яка стала її символом, — академік Андрій Сахаров.

Україна у 1989-му залишалася однією з неспокійних республік Союзу. Згідно з інформацією КҐБ, за цей рік тут відбулося 1 565 масових заходів, близько половини з них (732) були несанкціонованими, у вуличних акціях загалом узяли участь понад два мільйони осіб.

На одну з таких акцій у Львові, присвячену 50-й річниці радянської окупації Західної України, вийшло понад 50 тисяч осіб. Намагаючись спинити протести, чекісти за цей рік порушили 28 кримінальних справ, притягнули до адміністративної відповідальності (зокрема за організацію недозволених мітингів) 1 125 активістів.

На політичному фронті головною для спецслужби стала боротьба довкола підготовки установчого з'їзду Народного руху України.

У квітні керівники силових та правоохоронних відомств (КҐБ, МВД, прокуратури, Міністерства юстиції) змушені були звернути увагу керівництва республіки на серйозність ситуації і рекомендувати цю проблему «розглянути на Президії Верховної ради УРСР та визначити заходи щодо підвищення ролі і впливу в цій справі місцевих Рад народних депутатів». Органи пропонували прийняти закон про громадські об'єднання, який мав стати інструментом боротьби з незареєстрованими ініціативами.

Проте ці поради нічого не міняли: хоч влада розпоряджалася потужними структурами та необмеженим ресурсом, вона не мала що протиставити свіжій енергії активних громадян. Різноманітні вказівки та інструкції з приборкання опозиції гуляли по столах чиновників, які справно підписувалися про ознайомлення. Але від того приписи не ставали здатними впливати на реальність, за якою геть не встигали бюрократи.

Тому вже через кілька місяців КҐБ змушений констатувати: в новому об'єднанні складається невигідне для влади співвідношення сил між справді опозиційними (насамперед малися на увазі члени Української Гельсінської спілки) та підконтрольними силами. Напередодні з'їзду Руху спецслужба планувала «встановити діалог із комуністами, які увійшли до керівних органів НРУ, з метою їхньої мобілізації для обмеження впливів УГС; притягнути до роботи з викриття планів УГС авторитетних учених, істориків, мовознавців, використати засоби масової інформації».

На самому з'їзді 8—10 вересня 1989 року тривало протистояння між радикальним і поміркованим таборами делегатів, значною мірою інспіроване владою. Опісля КҐБ звітував про «зірвані спроби лідерів УГС включити у програмні документи постанови, що надають НРУ статус партії і вимагають створення незалежної самостійної держави».

Проте це була чи не остання перемога на цьому фронті. До кінця року чекісти визнали: виконавчі органи Руху були фактично перехоплені активістами УГС (сюди увійшли понад 20 членів цієї організації), один із чільних діячів якої, Михайло Горинь, очолив центральний секретаріат. Попри те, що упродовж року при управліннях КҐБ діяли спеціальні оперативно-слідчі групи, які займалися лише Гельсінською спілкою. Вони звітували, що протягом року опубліковано понад 30 компрометуючих публікацій про очільників УГС, а «просування оперативним шляхом у середовищі націоналістів інформації про привласнення деякими керівниками УГС частини матеріальних і технічних засобів, які надійшли із Заходу, викликало в їхньому середовищі обстановку суперечки, взаємні докори, неприязнь і підозри».

вересня 1989 року — Літературна Україна — 7

Установчого з'їзду НРУ

СТАТУТ

Народного руху України за перебудову

Текст Статуту Народного руху України опублікований у газеті «Літературна Україна», 1989 р.

Улітку 1989-го перед керівництвом СРСР постала ще одна серйозна проблема — країну струсонули шахтарські страйки. Уперше за багато років проти влади, яка мала бути втіленням «диктатури пролетаріату», почав підніматися сам пролетаріат.

Чекістів непокоїло можливе поєднання національно-демократичної опозиції зі страйкарями, тому вони взялися за активістів Руху, які налагоджували зв'язки із шахтарями. На деякий час КҐБ вдалося стати на заваді політизації виступів, але було зрозуміло: відчувши силу самоорганізації, протестувальники незабаром відчують і певні політичні амбіції. «Зважаючи на те, — зверталася спецслужба до керівництва країни, — що страйки висунули неформальних лідерів шахтарських колективів в особах керівників і членів страйкових комітетів, які мають реальну перспективу балотуватися на виборах у місцеві Ради, вважаємо за доцільне організувати з ними предметну політичну роботу для підготовки достойних кандидатів у депутати». Таким способом політично непідготовлених опозиціонерів намагалися перетворити на союзників влади.

Нездатність КҐБ контролювати ситуацію зумовлювалася серйозними внутрішніми проблемами. Опору радянської системи в 1989-му лихоманило не менше, ніж саму систему. Спроби чекістів прилаштуватися до нових викликів були невдалими.

Мітингувальники затримали працівника КҐБ, що викрав під час мітингу відеокамеру Ярослава Кендзьора, 12 січня 1989 р. Львів, площа перед Собором святого Юра

Радянська спецслужба з моменту створення була передусім каральнорепресивним органом режиму. Припинення владою репресій означало фактично ліквідацію цієї функції. А для виконання інших завдань, притаманних власне спецслужбам, КҐБ не особливо надавався. Навіть хороший молоток — поганий інструмент для художнього різьблення по дереву.

Протягом усього революційного 1989-го бачимо хаотичні кроки керівництва Комітету з метою втриматися «на плаву», довести владі і суспільству свою необхідність та актуальність. Керівництво КҐБ озвучувало заяви про потребу працювати по-новому, зокрема «ширше використовувати гласні форми чекістської роботи, вміло використовувати оперативні і політичні методи боротьби, постійно посилювати і поглиблювати зв'язки з трудящими».

Колегія КҐБ СРСР приймала рішення про те, що «зв'язок із трудящими, публічні виступи, у тому числі в засобах масової інформації, мають стати не лише невід'ємним елементом чекістської діяльності, але потребою керівного і оперативного складу».

У спеціальних інструкціях із листопада 1989 року керівників обласних управлінь Комітету зобов'язували провести обговорення на такі актуальні теми, як «Гласність і робота з агентурою», «Гласність і конспірація», «Гласність і профілактична робота органів КҐБ».

Чекісти розуміли: суспільство втрачало страх перед ними. «Відчувається гострий брак агентів впливу, — нарікали вони, — здатних не тільки справляти стримувальний вплив на націоналістичних лідерів, але й більш успішно розкладати угруповання зсередини шляхом відриву менш стійких її членів».

Для посилення авторитету «органів» колегія КҐБ УРСР постановила значні зусилля зосередити на боротьбі з організованою злочинністю, що саме тоді почала активно ставати на ноги.

Іншою суспільно корисною працею співробітників Комітету мала стати діяльність із реабілітації несправедливо засуджених у роки репресій, розсекречення документів про функціонування сталінського тоталітарного режиму. Таким чином Комітет також відмежовувався від жахливої практики попередників. Це зумовило несподівані результати — відкриття архівів стало відкриттям скриньки Пандори. Співробітники, які працювали із секретними документами, побачили справжнє обличчя радянської влади, розбіжностями між реальністю і образом. Такі відкриття поступово підважували лояльність до комуністичної ідеології, чинної влади та її органів безпеки. Євген Марчук, у той час високопоставлений офіцер КҐБ, уважав, що саме доступ до архівів почав міняти систему зсередини, вплинув на позицію співробітників органів безпеки в політичних подіях.

У серпні керівник литовського КҐБ Е. Ейсмунтас змушений був видати наказ про посилення контролю за контактами співробітників Комітету із представниками різних неформальних об'єднань, у результаті яких відбувається витік важливої інформації. Навряд чи ця проблема стосувалася тільки Литви.

Найбільш яскравим виявом незворотних змін у КҐБ стала ліквідація 11 серпня 1989 року сумнозвісного П'ятого управління, завданням якого була боротьба з ідеологічними диверсіями. Створений у 1967 році, цей підрозділ був серцевиною Комітету і головним інструментом боротьби з дисидентами та інакодумцями. У 1989-му, коли дисидентство переросло в масштабний суспільний рух, чекісти втрачали цей інструмент. Замість нього 5 вересня 1989 року колегія КҐБ СРСР сформувало новий структурний підрозділ — Управління захисту радянського конституційного ладу.

Цікавим є обґрунтування необхідності його створення: «Радикальні зміни, які відбуваються у СРСР, міжнародний клімат, що міняється, нові стратегія і тактика підривної діяльності спецслужб капіталістичних держав і закордонних антирадянських центрів диктують потребу переходу в організації контррозвідувальної діяльності від концепції боротьби з ідеологічною диверсією супротивника до концепції захисту радянського конституційного ладу, яка повною мірою відповідає завданню побудови правової соціалістичної держави».

Нове управління мало «виявляти і припиняти підривні акції, скеровані на ліквідацію радянського суспільного і державного устрою, сприяти чекістськими силами і засобами нормальному функціонуванню конституційних структур державної влади». Даниною новим політичним віянням стало завдання «захищати політичні і особисті права та свободи громадян СРСР».

З огляду на політичні обставини чекісти змушені були погодитися з ліквідацією одіозного П'ятого управління, яке геть не вписувалося в нові реалії гласності та перебудови. Проте вони сподівалися, що все обійдеться лише зміною риторики, і новостворене управління «З» виконуватиме необхідні їм функції політичної поліції. А що такі функції вкрай потрібні — вони не сумнівалися.

До кінця року хвиля «оксамитових» революцій через вуличні демонстрації та вільні вибори позбавила комуністів влади в Чехословаччині, Польщі, Угорщині, Німеччині, Румунії. У наступному, 1990-му, вона могла увірватися в Україну. Адже на цей рік було заплановано перші в УРСР демократичні вибори до Верховної та місцевих рад.

Кінець КҐБ. 1990—1991 роки

У неділю, 21 січня 1990 року, відбулася найбільша акція українського національно-демократичного руху. З нагоди річниці Акта Злуки Української Народної Республіки із Західноукраїнською Народною Республікою на вулиці вийшла небачена до того часу кількість людей (за різними підрахунками від 500 тисяч до 5 мільйонів), які вишикувалися в кількасоткілометровий ряд і об'єднали столиці двох державних формацій 1918 року — Львова і Києва. За ідеєю акція нагадувала проведений кілька місяців перед тим масовий захід під назвою «Балтійський шлях». У ньому взяли участь близько двох мільйонів активістів, які сполучили столиці трьох балтійських республік.

Тож чекісти знову не зуміли завадити поширенню ідей. Навіть здобувши досвід спроб блокування балтійської акції, в Україні вони також виявилися безсилими. Хоч намагалися. «Із урахуванням особливостей оперативної обстановки в області, — писали житомирські чекісти, — наявної інформації про

«Живий ланцюг» 22 січня 1990 р. — наймасштабніша акція українського національно-демократичного руху

прояви і задуми націоналістичних і антисуспільних елементів Управлінням КҐБ застосовувалися засоби для локалізації акції». Арсенал залишався традиційним: «профілактичні бесіди», погрози, розмови з керівниками підприємств, які мали пильнувати, аби їхні робітники раптом не з'явилися у вихідний день на вулиці поблизу маніфестантів.

У деяких місцевостях таким чином вдалося частково завадити проведенню акції, але не зупинити її. Із західноукраїнських областей їхали автобуси з тисячами людей, які будували ланцюг у районах, де бракувало місцевого населення. Загалом каґебісти стверджували: «Зростання останнім часом націоналістичних настроїв є прямим наслідком провокуючих дій націоналістів зі Львова. Особливо наочно їхня організаційна роль проявилася під час проведення т. зв. живого ланцюга, у якому були залучені близько 300 тисяч мешканців Львівської області, розосереджених по всій трасі».

У 1990 році чекісти остаточно програли «вуличну війну» — ані спинити, ані очолити мітингову стихію вони так і не змогли. А тим часом наближалися вибори, де вулична агітація та масові мітинги відігравали важливу роль мобілізації опозиційного електорату. Розуміючи це, керівництво українського КҐБ, МВД, прокуратури та Міністерства юстиції запропонувало в лютому ввести до 1 липня мораторій на проведення будь-яких політичних акцій у республіці та підвищити відповідальність за «порушення громадського порядку».

Колишні політв'язні Іван Гель та В'ячеслав Чорновіл на чолі демонстрації у Львові

Звичні 15 діб покарання вже не могли бути достатнім інструментом стримування громадської активності. До спроб законодавчого «закручування гайок» влада вдаватиметься цього року неодноразово. Так, чекісти пропонували прийняти закони про громадські та політичні організації, який заборонив би останнім отримувати закордонну допомогу, а також про порядок використання вогнепальної зброї співробітниками правоохоронних органів під час забезпечення громадського порядку. Врешті 2 квітня 1990 року прийнято Закон СРСР «Про посилення відповідальності за замахи на рівноправність громадян і насильницьке порушення єдності території Союзу РСР».

Попри толераційну риторику про боротьбу з національною дискримінацією, всі чітко розуміли завдання нового нормативного акта: придушити відцентрові тенденції в СРСР. Він забороняв громадські та політичні об'єднання, діяльність яких спрямовувалася на «порушення єдності території Союзу». Таким способом влада намагалася оголосити поза законом активістів національних рухів у республіках, що вже стали вагомим політичним чинником. В Україні навіть чинником, який після 26 березня 1990 року отримав парламентське представництво.

За два тижні до виборів львівські каґебісти занепокоєно констатували: «Численні угрупування, здебільшого націоналістичного штибу, що діють в області, використовуючи передвиборчу кампанію, об'єднали зусилля в боротьбі

Мітинги в Києві, серпень 1991 р.

за владу і зуміли відтіснити на другий план у питаннях ідеологічного впливу на населення офіційні органи. Через це серед значної його частини відбувається наростання націоналістичних та сепаратистських настроїв, відзначається швидка політизація робітничого класу на основі підкинутих націоналістами антипартійних гасел».

Спецслужба вирішила боротися з проблемою звичним способом: якщо неможливо зупинити, треба очолити. Ще наприкінці попереднього року прийнято рішення «рекомендувати керівному й оперативному складу органів КҐБ республіки, узгодивши з партійними і радянськими органами, активно включитися в передвиборчу боротьбу. Для забезпечення єдиного підходу розробити проект передвиборчої платформи кандидата в народні депутати від органів КҐБ». Тож співробітники спецслужби спробували стати народними обранцями, причому на всіх рівнях — від найнижчого місцевого до найвищого республіканського.

Українських чекістів надихав приклад шефа: Микола Голушко з минулого року був депутатом Верховної ради СРСР. Навіть у Львівській області, де працівники Комітету давно не користувалися симпатіями в місцевого населення, участь у виборах взяли 52 співробітники, у Тернопільській — усі начальники районних апаратів балотувалися до районних рад. У виборчій кампанії чекісти спробували задіяти всі наявні ресурси, однак результати не надто вражали: 537 чекістів по всій республіці отримали мандати депутатів різних рівнів, з них лише чотири почали працювати у Верховній Раді. Навіть

Колишні політв'язні — депутати Верховної ради УРСР після прийняття Декларації про державний суверенітет, 16 липня 1990 р. Зліва направо: Левко Горохівський, Олесь Шевченко, Левко Лук'яненко, Степан Хмара, Михайло Горинь, Богдан Ребрик, Леопольд Табурянський, Ірина Калинець, Олесь Сергієнко за нею (позаду), В'ячеслав Чорновіл, Богдан Горинь, Генріх Алтунян, Михайло Косів

гірше — «об'єкти оперативних розробок» перемогли Комітет у загальному рахунку. Окремі місцеві ради на Західній Україні контролювалися активістами національно-демократичного руху, а до Верховної Ради пройшли десятеро давніх «підопічних» спецслужби — дисидентів та колишніх політв'язнів.

Згодом саме вони, разом зі своїми молодшими соратниками з національно-демократичного руху, утворили депутатську групу «Народна рада», яка складалася зі 126 депутатів. Попри те, що це була далеко не більшість у парламенті, саме ця група своєю політичною активністю здійснила остаточний перелом у політичному розвитку країни. За кілька місяців було прийнято низку важливих актів — зокрема, 16 липня 1990 року проголошено Декларацію про державний суверенітет.

Протистояти новій хвилі стало значно важче, а то й неможливо. Каґебісти намагалися використовувати звичні методи провокацій, але вдалою була лише одна спроба. 14 листопада 1990 року за «напад на співробітника міліції» заарештовано колишнього політв'язня, а на той момент народного депутата Степана Хмару. Республіканське телебачення продемонструвало відеозапис інциденту з необхідними чекістам коментарями. У результаті вони із задоволенням констатували: «У більшості трудових колективів, серед технічної інтелігенції і сільських працівників згадане рішення Верховної ради УРСР [про дозвіл на арешт Хмари. — *В. В.*] продовжує сприйматися зі схваленням, як давно очікувані рішучі дії». Проте справа не стала переломною, і хоча темпи розвитку демократичного руху наприкінці 1990 — на початку 1991 року справді сповільнилися, повернути історію назад уже не міг ніхто.

Ситуація в країні змінилася, і для того, аби втриматися «на плаву», Комітет мав пристосуватися до нових обставин. Тому спецслужба вирішила вдатися до новомодного тоді інструменту — зв'язків із громадськістю, або піару. При цьому українські чекісти виявилися найбільш вправними. 23 липня 1991 року «Огляд про досвід роботи КҐБ Української РСР зі зміцнення зв'язків із громадськістю» було розіслано у всі республіканські комітети як взірцевий. Здавалося б, справді є чим хизуватися: протягом 1990 року відділи зв'язків із громадськістю створено у всіх обласних управліннях. За цей же рік підготовлено 51 радіопередачу, проведено 30 круглих столів, написано 189 статей про те, як Комітет сприяє «встановленню справедливості щодо жертв беззаконня», тобто жертв масових політичних репресій. Поставлене завдання передбачало «формувати у громадськості образ чекіста — захис-

Президія позачергової сесії Верховної Ради України, на якій було прийнято Акт проголошення незалежності України. Зліва направо сидять: Іван Плющ, Леонід Кравчук, Володимир Гриньов. 24 серпня 1991 р.

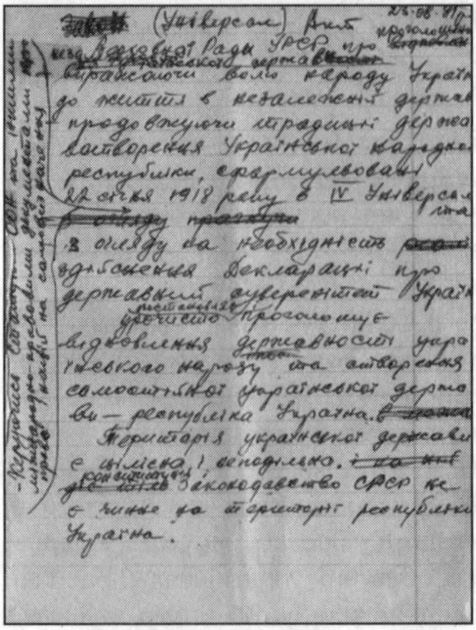

Чернетка Акта проголошення незалежності, автор Левко Лук'яненко. 24 серпня 1991 р.

ника прав і свобод особистості, а не тільки представника правоохоронних органів». Проте реальне ставлення суспільства до КҐБ практично не мінялося — страх перед чекістами відходив разом із повагою до них. Зрештою, це саме стосувалося і всієї радянської влади.

У першій половині 1991 року комуністи, здавалося, перехопили ініціативу в демократів — успішно провели референдум за збереження СРСР. Але надто пізно — розпад Союзу на той момент уже був неминучим. А радикальна спроба повернути історію назад, яку вчинили члени ГКЧП у Москві, поставила крапку на існуванні СРСР, а з ним і КҐБ.

Наостанок чекісти, мабуть, багато думали про історію: кожен про свою особисту, всі разом про історію своєї структури та про радянську загалом. Саме тому в останні дні своєї влади вони так завзято нищили документи, які могли показати минуле у правдивому світлі. Із цим теж не встигли. Знищили багато, але того, що залишилося, достатньо, щоб зрозуміти: ця система не повинна відродитися. А головна гарантія цього — наша пам'ять про її злочини.

Останні дні імперії. 1991-й очима КҐБ

Вітер змін, що впевнено наростав із кінця 1980-х, швидко змінив обличчя Центральної та Східної Європи. Процеси демократизації, «оксамитові» революції, об'єднання Німеччини поступово позбавляли країни регіону від впливу Москви.

У 1990 році цей вітер досяг самого серця комуністичної імперії — СРСР, спричинивши тут різкі і для багатьох несподівані перетворення. В Україні на виборах до Верховної Ради значну підтримку населення здобула демократична опозиція, яка вперше отримала можливість висловлювати власні думки не лише на мітингах, а й у сесійній залі парламенту. Серед тих, хто став депутатом, виявилася велика кількість колишніх дисидентів, рішуче налаштованих проти комуністичної влади. Вони ставили собі за мету добитися реалізації давньої мрії — незалежної України.

1990-й став періодом наростання тріумфу українського національно-демократичного руху. У західних областях владу майже цілком перебрала опозиція, з небуття повернулася українська символіка (гімн, прапор, герб), врешті 16 липня Верховна рада УРСР оголосила Декларацію про державний суверенітет. Восени цього року «революцією на граніті» про себе впевнено заявили українські студенти.

Комуністи тривалий час виглядали дуже невпевнено, були нездатні адекватно реагувати на темп змін, що зростав. А успіхи національно-демократичних

Масовий національно-демократичний рух зароджується на теренах, де 40 років тому діяла УПА. Львів, 1989 р.

революцій у сусідніх країнах додавали впевненості, що перемога української опозиції є дуже близькою. Але до кінця року ситуація почала мінятися. Після «революції на граніті» опозиція збавила темп наступу, а комуністи, користаючись контролем над більшістю країни і ключовими органами влади, розгорнули реакцію. 12 грудня 1990 року керівник КҐБ України Микола Голушко повідомляв про «певну розгубленість деструктивних сил, викликану активною протидією екстремістським проявам здорових сил у східних, центральних і південних областях, а також рішучими діями правоохоронних органів щодо антисуспільних елементів». Але в цьому ж повідомленні йдеться і про підготовку опозицією нових масових протестів та всеукраїнського страйку. Обидві сторони розуміли, що вирішальним у протистоянні буде наступний 1991-й. І він справді став таким для України.

Події цього періоду подані крізь призму документів КҐБ, тобто насамперед так, як бачили їх чекісти. На жаль, матеріалів, які могли б висвітлити роль радянських органів безпеки у цих подіях в Україні, залишилося надзвичайно мало, тож тим ціннішим є кожне документальне свідчення.

На сьогодні в Архіві СБУ віднайдено близько 250 документів КҐБ про події в Україні кінця 1980-х — початку 1990-х років.

Їх уперше оприлюднено на громадських історичних слуханнях, присвячених двадцятиліттю створення Народного руху України, згодом частина з них

Мітинг із вимогою відновити Українську греко-католицьку церкву. Львів, 1988 р.

була опублікована в журналі «З архівів ВУЧК-ГПУ-НКВД-КГБ» (сьогодні вони доступні на сайті Електронного архіву визвольного руху — www.avr.org.ua). Ідеться про інформаційні повідомлення та доповідні записки керівництва спецслужби, зосереджені у фонді № 16. Прикро, але цілком відсутні розпорядчі документи, накази, інструкції, детальні звіти про конкретні дії чекістів, які могли б пролити більше світла на описувані події. Проте навіть із документів, які залишилися, можна відтворити ситуацію тих днів і роль органів безпеки.

Революційні події того часу відбилися не тільки у змісті документів, а навіть в їхній формі: з кінця 1990 року інформування здійснювалося вже не на керівника українських комуністів, а на голову Верховної ради УРСР, серед документів трапляються тексти, написані українською мовою.

Комуністичний контрнаступ на початку 1991-го мав масштабний характер і розгортався на всій території СРСР. 16 січня Верховна рада Союзу оголосила про призначений на березень референдум щодо збереження СРСР як держави. Питання, винесене на всенародне опитування, було сформульовано в найкращих традиціях послідовників Ігнація Лойоли: «Чи вважаєте Ви необхідним збереження Союзу Радянських Соціалістичних Республік як оновленої федерації рівноправних республік, у якій будуть повною мірою гарантовані права та свободи людини і будь-якої національності?». Обтічне формулювання означало спробу реанімації вмираючого державного утворення. Це прекрасно розуміли як його противники, так і захисники. Тому однією з головних тем для опозицій національних республік стали протести проти нового союзного договору.

Найнебезпечнішою для комуністів була ситуація в Литві, де парламент вже контролювався демократами і де попереднього року дійшло навіть до проголошення Акта про відновлення Литовської держави. 8 січня невідомо / добре відомо ким спонукувані учасники прорадянської комуністичної організації «Єдінство» спробували захопити парламент. Трохи згодом сюди перекинули радянські спецпідрозділи, які почали займати важливі об'єкти інфраструктури міста. На вулиці вийшли демонстранти, щоб захистити демократичну владу. 13 січня сталися сутички між ними і присланими військами, у яких загинуло 15 і травмовано 600 осіб. Спроба силового взяття влади провалилася, але комуністи показали здатність до застосування сили.

Через два тижні після подій у Вільнюсі керівництво КҐБ України доповідало про певну стабілізацію ситуації в республіці. При цьому Голушко підкреслював, що «стримувальний вплив на політичну активність екстремістських елементів проявили січневі події у Прибалтійських республіках. Багато з них

Микола Голушко, останній керівник КҐБ УРСР. Згодом один із керівників ФСБ Росії

висловлюють побоювання щодо можливого застосування сили в західному регіоні і вважають необхідним уникати насильницьких методів боротьби з Радянською владою, уникати якихось провокаційних дій щодо співробітників правоохоронних органів та військовослужбовців». У доповідній констатовано зменшення кількості протестних акцій та чисельності їх учасників. Разом з тим тут відзначаються нові тенденції в українському протестному русі, зокрема посилення інформаційно-пропагандистської роботи через поширення власних видань та відправлення агітаційних груп із Західної України. За інформацією спецслужби, 17—18 січня у Львові відбулася нарада представників студентського руху (Української студентської спілки і Студентського братства), на якій, між іншим, висувалася пропозиція про необхідність створення підпільних структур, готових у випадку необхідності захопити важливі об'єкти. І хоча масштаби зовнішніх акцій зменшувалися, сам рух за незалежність поступово радикалізувався.

У наступних повідомленнях зафіксовано небезпечну для комуністів тенденцію — посилення позицій місцевих рад. Очевидно, найбільшу загрозу становила Західна Україна, де більшість у радах становила антикомуністична опозиція. Ситуація двовладдя, коли областю керували і обласна рада, і обком комуністичної партії, у перші місяці 1991 року почала змінюватися через зміщення реальної ваги в бік рад. Цьому сприяла як активність новообраних депутатів, так і дезорієнтація старих партійних кадрів, їхня дискредитація в очах місцевого населення. При цьому каґебісти відзначали: Львівська обласна рада у своїй діяльності виходить далеко поза компетенцію, окреслену радянським законодавством. Зокрема, її депутати проводять активну інформаційну роботу на всеукраїнському рівні, за кожним районом області закріплені ті чи інші регіони України. Це дало підстави КҐБ стверджувати, що «галицький регіон використовується для націоналістичної експансії на схід України».

Зважаючи на таку ситуацію, комуністичній партії рекомендується активніше проводити інформаційну роботу для розвінчання образу комуністів як ворогів. «Необхідно постійно показувати, — читаємо в рекомендаціях, — що компартія могла б виявляти реальний вплив на покращення життя людей, якби мала можливість діяльності в рамках рад. При розробленні проектів рішень радами депутати-комуністи мають висувати альтернативні проекти, виступати з ініціативою з найбільш актуальних питань життя населення».

Тобто КҐБ, усвідомлюючи, що посилення ролі рад спинити неможливо, пропонувала «очолити процес», перехопивши ініціативу. При цьому чекісти чітко розуміли: на Західній Україні у комуністів практично немає шансів бути обраними, а тому радили діяти через інші організації та партії. Зокрема, створювати нові громадські та політичні організації, «причому необов'язково, аби вони опиралися на платформу КПРС. Ці організації можуть бути соціал-демократичного, лівоцентристського і навіть центристського напряму. Важливі кілька умов — у програмових документах не повинно бути антикомуністичних, антисоціалістичних тез. Лідери організацій не повинні упереджено ставитися до комуністів та їхніх лідерів». Як бачимо, деякі джерела громадської активності, яка вилилася, серед іншого, у численні політичні партії, були дуже цікавими.

Тим часом 17 березня 1991 року відбувся референдум, який мав визначити майбутнє Радянського Союзу. Результати як у Союзі загалом (за винятком шести республік, які саботували референдум), так і в Україні зокрема засвідчили: влада комуністів ще досить сильна. За офіційними підрахунками, понад 80 % громадян УРСР взяли участь у референдумі, і понад 70 % з них відповіли

Студентське голодування в центрі Києва, жовтень 1990 р.

«так» на поставлене питання. Те, що в Україні не вдалося заблокувати проведення плебісциту, а також його результат стали вагомим ударом по опозиції.

Тож президент СРСР Михайло Горбачов вирішив розвинути свою перемогу і оголосив: підписання нового союзного договору відбудеться 20 серпня 1991 року. Українські націонал-демократи отримали чіткий строк для розгортання власних сил, аби завадити появі «оновленого» СРСР. Час, що залишився до цієї дати, був насичений активними діями з метою підняти масштабний громадський протест. Існували небезпідставні побоювання, що в Україні, якщо ситуація складатиметься невигідно для влади, повторяться вільнюські події.

Щоб протистояти можливому силовому сценарію, націонал-демократичні партії створюють власні охоронні, а в лексиці КҐБ «незаконні воєнізовані», формування. Місцеві ради засновують різноманітні муніципальні та народні дружини, що діють паралельно з міліцією, активно обговорюється створення української національної армії. «Даних про наявність у перерахованих вище структурах зброї, — читаємо у звіті за 15 червня, — Комітет державної безпеки не має. Разом з тим, виходячи з форми і спрямованості їхніх дій, у разі ускладнення соціально-політичної ситуації в республіці вони легко можуть озброїтися і трансформуватися в бойові загони». Протягом гарячого літа 1991 року КҐБ неодноразово повідомляв керівництво країни про воєнізовані групи та їхні вишкільні табори.

«Живий ланцюг» — акція з нагоди Дня Злуки, 22 січня 1990 р.

Доповідна держбезпеки від 25 липня 1991 року має дуже промовисту назву: «Про спроби створення паралельних структур влади». У ній ідеться про організацію громадянських комітетів, які мали взяти на себе владу у випадку кризової ситуації. Причому зазначалося, що структури таких комітетів діють не тільки в областях Західної України, але й у Черкаській області, творяться в Одеській, Чернігівській, Сумській областях. Отже, обидві сторони протистояння — стара комуністична влада і демократична опозиція — були налаштовані вкрай рішуче.

Окрім референдуму 17 березня, який мав легітимізувати єдність СРСР, Михайло Горбачов вирішив заручитися активною зовнішньою підтримкою. Тези про необхідність збереження Союзу публічно висловили його колишні непримиренні вороги — керівники Великобританії, Франції, Німеччини. Останнім рішучим ударом по «внутрішніх ворогах СРСР» мало бути озвучення позиції головного супротивника «імперії зла» — Сполучених Штатів Америки. Влітку важка американська політична артилерія була спрямована на українську владу.

У повідомленні від 30 липня йдеться, що від дипломатичних кіл США стало відомо про відвідання Києва Джорджем Бушем (старшим) «на «особисте прохання» президента СРСР з метою відповідно натиснути на українське керівництво і схилити його до підписання союзного договору». Керівник служби безпеки із забезпечення візиту американського президента, за твердженнями КҐБ, заявив: головною метою візиту до Києва було «стримування

Київ, 24 серпня 1991 р.

дальшої дезінтеграції СРСР». Відповідно, під час візиту жодних зустрічей із національною опозицією чи інших кроків, які могли б підважити думку про лояльність США до єдиного СРСР, не було. Більше того, у своєму виступі у Верховній Раді Джордж Буш говорив не лише про демократію і ринкову економіку, але засудив відродження націоналізму. Один із членів делегації Білл Кілл наголосив, що відносини США з Україною напряму залежатимуть від підписання республікою союзного договору.

Тож українці чітко зрозуміли, що у своєму прагненні незалежності можуть сподіватися лише на себе та Господа Бога. Через кілька тижнів після візиту Буша спрацював другий варіант.

Михайло Горбачов, який заручився підтримкою наймогутніших зовнішніх союзників, раптом отримав удар зсередини країни. 19 серпня під звуки «Лебединого озера» населення СРСР дізналося про створення «Государственного комитета по чрезвычайному положению» (ГКЧП) і перебирання ним влади у країні.

Схоже, москвичі не попередили про свою ініціативу київських «партайгеноссе», тож для українських комуністів ця новина була не меншим сюрпризом, ніж для решти населення. Швидко отямилися чекісти, які вже 20 серпня доповідали, що КҐБ, МВД та військові взяли стан справ в Україні

Національно-демократичний рух досяг своєї мети — 24 серпня 1991 р. Україна стала незалежною державою

під контроль, випереджаючи можливі антивладні виступи незадоволених національних сил. Проте загалом, на думку доблесних чекістів, «зміст документів керівництва ГКЧП і застосовувані ним заходи сприймаються в різних прошарках населення в основному позитивно. Обстановка в трудових колективах республіки спокійна».

Становище змінювалося за лічені години. 20 серпня опівдні починається масовий протестний мітинг у Москві, який згодом поклав край спробі перевороту. Тим часом українське КҐБ повідомляє: цього дня в республіці відбувається загострення політичної ситуації, зокрема через діяльність української опозиції, котра виступила на захист московських протестантів.

Тоді ж «Народна рада» (опозиційна група у Верховній Раді) виступила з вимогою проведення позачергової сесії парламенту. Наступного дня, 21 серпня, в Москві відбувся перелом, і спроби ГКЧП встановити владу цілком провалилися. В Україні тим часом розпочинаються мітинги з вимогою виходу зі складу СРСР. Тому в повідомленні КҐБ за 22 серпня вже читаємо, що «населення республіки з великою тривогою і турботою стежить за ситуацією в країні, засуджує авантюрні дії групи державних осіб, що пробували вчинити державний переворот».

Поразкою комуністів та їхньою дезорієнтацією негайно скористалася національна опозиція. 24 серпня 1991 року на позачерговій сесії Верховної Ради голосуванням прийнято документ, написаний Левком Лук'яненком — колишнім політв'язнем, засудженим свого часу радянською владою до смертної кари. Ухвалений тоді документ під назвою «Акт проголошення незалежності України» став початком нового періоду української історії.

Це сталося несподівано і для тих, хто все життя боровся за незалежність, і для тих, хто всіляко цьому заважав. Несподівано, але невипадково — акт 24 серпня став результатом не тільки активної діяльності національно-демократичного руху з кінця 1980-х років, але й багатолітньої боротьби кількох поколінь українців. 1 грудня 1991 року на референдумі українці підтвердили цю «невипадковість», зробивши її незворотним фактом історії.

P. S. Із заяви президента США Джорджа Буша 25 грудня 1991 року: «Сполучені Штати вітають історичний вибір на користь свободи, зроблений новими державами Співдружності. Незважаючи на потенційну можливість нестабільності і хаосу, ці події явно відповідають нашим інтересам».

У пошуках могили героя

Персонажі та сюжети історії з грифом «Секретно» мають довге життя і вперто нагадують про себе у сьогоденні. Люди, які загинули десятки років тому, події, що завершилися задовго до народження нинішнього покоління, не дають спокою сьогоднішньому суспільству — вони і досі в епіцентрі гострих дискусій не тільки істориків, але й політиків. Гриф «Секретно», накладений державою, яка вже сама зникла, на документи, що розкривають давно забуту правду про них, став прокляттям, яке не дає їм спокійно відійти у минуле і стати історією, а не політикою. Недорозслідувані злочини, незасуджені кати, невшановані герої — багаж, з яким ми марно пориваємося у світле майбутнє.

Кажуть, що воскресають лише там, де є могили героїв. Національні герої України лежать у чужій землі Європи, Америки, Росії. Про могили тих із них, котрі полягли на Батьківщині, ми часто взагалі нічого не знаємо. І це не випадково — їх боялися і після смерті, тож навіть інформація про місця їхнього поховання ретельно приховувалася. Здавалося б, упевнена у своєму вічному існуванні радянська влада насправді знала, що настане мить, коли їх шукатимуть, щоби віддати належну шану.

Історія загибелі Романа Шухевича 5 березня 1950 року в селі Білогорща під Львовом добре відома. Документи та дослідження, що детально відтворюють операцію МҐБ з ліквідації «Вовка» (так називали Шухевича чекісти), опубліковано, з ними може ознайомитися кожен охочий (і пересвідчитися, до речі, в тому, що відомий чекістський кілер Павло Судоплатов нескромно перебільшив власну роль у цій операції, коли описував її у своїх мемуарах).

Сталінське «Немає людини — немає проблеми» у випадку з Шухевичем не зовсім спрацювало. Ліквідація тіла командира УПА стала наступним важливим таємним завданням для чекістів. І його вони виконали на відмінно — через понад шістдесят років після загибелі місце поховання Головного командира УПА Романа Шухевича залишається невідомим. А там, де відсутня точна інформація, завжди знайдеться місце і для домислів, інсинуацій та політичних маніпуляцій.

Дискусії про те, де розташована могила Шухевича, почали вирувати відразу, щойно стало можливим говорити про невідомі сторінки нашої історії. При цьому з'являлися надзвичайно різні, часом цілком фантастичні версії. Кілька років тому в ЗМІ прозвучала інформація, яка містила нібито зізнання

Будинок у Білогорщі, в якому до 5 березня 1950 р. переховувався Роман Шухевич

ветерана МҐБ, що вказував на поховання Шухевича на подвір'ї колишньої тюрми на Лонцького. Для перевірки було навіть проведено археологічну розвідку, яка не дала жодних результатів.

Побутували й інші версії того, що сталося з тілом головного командира. Говорилося про можливість його таємного захоронення десь на Янівському цвинтарі у Львові, про традиційне для емґебістів знищення трупа в негашеному вапні чи навіть про те, що забальзамовану голову командира відправили безпосередньо в Москву вождю народів Сталіну. Проте за відсутності нових фактів питання врешті перестало цікавити ЗМІ.

І ось 2005 року преса знову зарясніла сенсаційними заголовками про відкриття «останньої таємниці УПА»: місця поховання її Головного командира. Перша публікація — «Чутки щодо місця знищення праху командира УПА Романа Шухевича підтвердилися» — була опублікована у рівненській газеті «Волинь». Там, власне, надруковано відповідь керівництва СБУ депутатові Василеві Червонію, про яку мова буде пізніше. Згодом в обласних та всеукраїнських газетах з'явилася ціла низка матеріалів на цю тему. До річниці «віднайдення» могили Головного командира УПА у 2006 році Хмельницька обласна державна адміністрація видала навіть спеціальну книгу-альбом «Нескорені», у якій цей факт вже трактується як незаперечний. Львівський краєзнавець Юрій Микольський на додаток до газетних і журнальних публікацій навіть видав спеціальну книжку про місце поховання «Тараса Чупринки».

Проте цього разу справа не обмежилася публікаціями чи інформаційним резонансом, а пішла значно далі: представники національно-демократичних партій провели на ймовірній могилі кілька урочистих вшанувань. Зокрема, 25—26 травня 2006 року в с. Гуків (на місці «віднайдення») відбувся перший всеукраїнський конкурс патріотичної пісні імені Р. Шухевича. Тут уже постав пам'ятник — величний базальтовий хрест із доволі дивним написом: «На цьому місці 9.03.1950 вознісся на Небо [дивне формулювання, адже відомо, що Шухевич загинув у Білогорщі. — *В. В.*] лицарський дух Головного командира УПА, вірного сина українського народу, генерала Романа Шухевича, який загинув 5.03.1950 року під м. Львів у нерівному бою з московсько-більшовицькими ординцями в результаті підлої зради. Друже командир, твоя справа не вмре, не загине». Документи та свідчення очевидців загибелі Шухевича абсолютно заперечують тезу про «підлу зраду» як причину трагічної події. Та, на жаль, недоречності з можливим місцем поховання Командира на цьому не завершуються.

Розібратися з тим, як, чому і звідки з'явилася інформація про «віднайдення» могили Головного командира УПА, знову допоможуть документи Галузевого державного архіву СБУ, проте цього разу передусім ті з них, які стосуються діяльності української спецслужби. Для зручності дослідників їх тут навіть зібрано в окрему папку під назвою «Копії документів МҐБ УРСР про обставини загибелі Головнокомандуючого УПА Романа Шухевича та матеріалів пошуку відомостей про місце його поховання».

Спеціальна папка матеріалів, присвячених проблемі, з'явилася в Архіві СБУ не випадково. Адже протягом 1991—2006 років працівникам цієї установи неодноразово доводилося відповідати на численні запити родини Головного командира, громадських організацій, народних депутатів щодо місця захоронення. Відповідь була незмінною: на основі наявних в архіві матеріалів встановити долю тлінних останків Романа Шухевича неможливо.

Серед великої кількості документів, що стосуються діяльності ОУН—УПА і належать до цього архіву, немає матеріалів, які б висвітлювали проблему. Інформація про Романа Шухевича в архівах СБУ (не тільки Київському, але і Львівському та Тернопільському) міститься у справах його соратників у боротьбі та близьких родичів, а саме: у справах Галини Дидик, Дарії Гусяк, Ольги Ільків — зв'язкових командира; Анни Конюшик — господині будинку в Білогорщі; дружини Наталії; сестри Наталії; сина Юрія. Найважливішим джерелом до історії життя та діяльності Головного командира УПА була заведена на нього справа-формуляр у 13 томах. Проте 12 томів були знищені вже в незалежній Україні — у 1997 році! Ймовірно, саме серед них і мав бути документ,

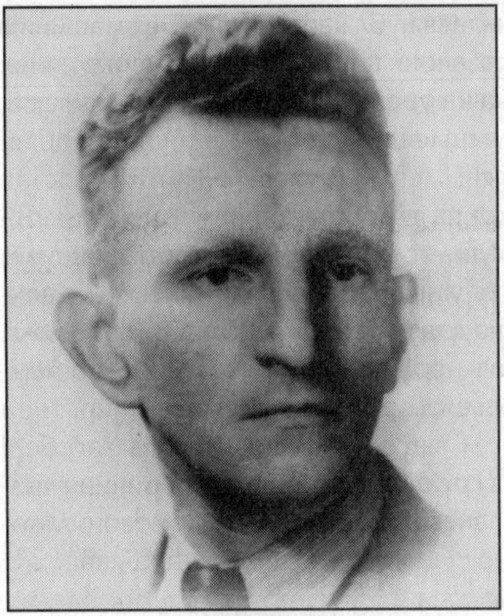

Роман Шухевич

який міг розставити всі крапки над «і» у справі місця захоронення тіла.

Представлені ГДА СБУ документи свідчать, що працівники цієї установи не тільки проводили пошук матеріалів у своїх архівосховищах, але й намагалися віднайти живих учасників операції 5 березня 1950 року. Саме ця зачіпка незабаром дала результати: опитано сім колишніх співробітників органів держбезпеки, які проживають у Львові та Києві і 1950 року працювали у Львівській області. Усі вони заявили, що організацією поховання тіл убитих тоді опікувався комендант Управління МҐБ Львівської області Климчик. Подальші пошуки виявили, що до 1991 року він жив у Львові, звідки згодом переїхав до Дніпропетровської області. На жаль, на момент початку розслідування Климчик уже помер.

Також опитано колишнього начальника відділу зовнішнього спостереження Управління МҐБ у Львівській області полковника у відставці В. М. Кошевського, який брав участь у білогорській операції: стояв в оточенні на відстані п'яти кілометрів від місця подій. Він заявив, що про ліквідацію тіла Романа Шухевича нічого не знає, натомість певну інформацію можуть мати колишні оперативні співробітники Управління Іван Костянтинович Бабенко і Олександр Іванович Болдін.

Спершу співробітники СБУ зв'язалися з Бабенком, який розповів про те, що робили з тілом Шухевича після його загибелі. Отже, згідно з його свідченнями, труп доставили до Управління МҐБ Львівської області, де медики підготували його до упізнання (ймовірно, забальзамували). В упізнанні брали участь заарештовані учасники ОУН—УПА та син загиблого Юрко. Бабенко стверджував, що труп залишався на території Управління протягом 5—7 днів, а що сталося з ним після цього, не знав. Наостанок Бабенко зауважив цікаву річ: на його думку, О. І. Болдін (другий із названих В. Кошевським) нічого про цю справу не міг знати, оскільки «особистої участі у заходах із ліквідації Р. Шухевича не брав».

Розмова з Бабенком відбулася 12 березня 2004 року, а вже менш як за два місяці на ім'я керівництва СБУ надійшов черговий запит — від групи народних депутатів В. Червонія, В. Черняка, Б. Загреви, О. Тягнибока та В. Асадчева. У відповідь було відіслано листа від імені тимчасового виконувача обов'язків голови СБУ В. Сацюка з традиційним повідомленням про відсутність інформації щодо можливого поховання.

Здавалося, що справа черговий раз на тому й зупиниться. Та вона отримала несподіваний розвиток — відгукнувся колишній співробітник МҐБ О. І. Болдін, який заявив, що брав участь у ліквідації тіла Р. Шухевича. Саме його двосторінкова заява стала основою для відповіді Голови СБУ І. Смешка депутатові В. Червонію від 1 грудня 2004 року, а ця відповідь, своєю чергою, — для сенсаційних заяв, урочистостей, відкриття пам'ятника.

У заяві О. І. Болдіна вказується, що в грудні 1998 року до нього звернувся колишній працівник МҐБ полковник Олександр Семенович Гнап із проханням розповісти, де і коли було поховано тіло Романа Шухевича. Цікаво, що керівництво СБУ, яке з 1992 року займалося вирішенням цієї ж проблеми, судячи з документів, нічого не знало про ініціативу ветерана МҐБ, до того ж, СБУ знадобилося значно більше часу, аби вийти на учасника подій березня 1950 року, аніж цьому ветерану.

Але йдемо далі за свідченнями Болдіна про події півстолітньої давності: «Нас, групу оперативних працівників 2-Н МҐБ України, зібрав разом начальник цього управління полковник Іван Кирилович Шорубалка і поставив перед нами завдання: вивезти Шухевича за межі Західної України і конспіративно спалити його».

Виникає запитання: навіщо так далеко вивозити труп, адже саме це може деконспірувати саму операцію?

Виконати завдання, за словами Болдіна, мали дев'ятеро осіб, із них, крім автора заяви, ніхто не залишився живим. Спершу група планувала поїхати на Житомир: за твердженням колишнього емґебіста, на той час це була єдина нормальна дорога. Але, вже виїхавши зі Львова, вирішили повернути на Тернопіль. «Переїхавши Збруч, група і вантажний автомобіль із військовими у вигідному місці повернули ліворуч через неглибокий придорожній кювет, піднялися вгору на ліву придорожню смугу, на околицю молодого лісу, де і вирішили почати кремацію тіла Шухевича. Усю фізичну роботу із розвантаження дрів і потім виносу тіла з машини, яке згодом поклали на підготовлену велику купу дрів, политу бензином, зробили солдати. Оперативні співробітники на відстані від вогнища оточили місце, щоб уникнути появи сторонніх людей. Весь процес зайняв три з половиною години. Коли згас вогонь і охололо

Посмертне фото Романа Шухевича

попелище, весь попіл було зметено на брезент, знесено вниз до ріки Збруч і з моста викинено в річку. Це було 9 березня 1950 року. Збруч розлився широко, і з того місця, де проходила кремація, було видно бурхливий потік ріки. Після завершення завдання група повернулась до Львова».

На жаль, Болдін не вказує, як через понад п'ятдесят років було знайдено потрібне місце, а лише наголошує, що «якби не наполегливість Олександра Семеновича [йдеться про Гнапа. — *В. В.*] і його детальне знання терену, ми не знайшли б те, що шукали». Наприкінці березня 2002 року на місці кремації О. І. Болдін з О. С. Гнапом встановили хрест, на якому написали роки народження і смерті Романа Шухевича.

Такий короткий виклад свідчень, що стали основою для заяв про виявлення місця поховання Романа Шухевича. Спробуймо розібратись із ними докладніше. Болдін вказує, що кремація відбулася 9 березня, тим часом, за словами Кошевського, тіло щонайменше до 10 березня, а може, й до 12-го, залишалось на упізнанні у Львові. Далі автор заяви вказує, що місце кремації було знайдено у 2002 році, де встановлено хрест, тоді як СБУ ще у 2004 році була переконана, що жодних слідів місця поховання виявити неможливо. Чому Гнап, який підтримував контакт із керівництвом СБУ і навіть був радником її голови Смешка, не повідомив Службу безпеки про знайдене місце?

За словами Болдіна, його виявлено завдяки старанням Гнапа, який добре знав цей терен. Звідки він міг знати місце кремації, якщо сам не брав у ній участі? Щоб з'ясувати ці питання, звернімося до свідчень самого Гнапа.

Перше, що впадає в око під час ознайомлення з документом під назвою «Інформація ветерана органів державної безпеки України Гнапа О. С. про пошук і встановлення місця поховання праху Р. Шухевича», — це стиль тексту. На відміну від сухої заяви Болдіна, маємо замалим не художній твір, який починається словами про «багатовікові стремління українського народу до його незалежності і державної самостійності». Зважаючи на час написання інформації (червень 2005 року), тут містяться і гостроактуальні пасажі, які мали б пояснити мотивацію автора: «Роздумуючи над нашим життям, дітей та онуків наших, особливо з обріїв наслідків Оранжевої революції, звернення Президента нашої держави В. А. Ющенка, держави, що вперше за свою 900-літню історію встає з колін і оновлюється, — подати один одному руку для загальнодержавного примирення, — я вирішив викласти свої думки в пресі».

З подальших слів Гнапа з'ясовуємо, що шукати місце захоронення останків Романа Шухевича він почав у 1998 році. Ще до зустрічі з Болдіним йому вдалося дізнатися про те, що тіло було спалене за межами Західної України. Після цього Гнап розпочав пошук «конкретних виконавців цього акта вандалізму». Він зазначає, що перевірив велику кількість архівних справ, опитав сотні свідків. Чомусь його активна пошукова діяльність залишилася непомітною для СБУ, котра здійснювала паралельні пошуки. Наприкінці 1999 року від згадуваного нами полковника Бабенка він дізнався про склад групи, яка проводила кремацію Шухевича. Слід нагадати: у розмові з працівниками СБУ в березні 2004 року Бабенко твердив, що нічого про це не знає.

Таким чином Гнап вийшов у своїх пошуках на Болдіна, якого, до речі, у своїх свідченнях весь час чомусь називає Бородіним. Тут, власне, знаходимо більше інформації про процес пошуку могили.

Отже, спочатку він був зосереджений у зовсім іншому районі — на Рівненщині, в околицях м. Корець і р. Корчик. Гнап це пояснює так: Болдін забув, що група, яка спочатку справді їхала на Житомирщину, згодом повернула на південь. Більше року пошуки тривали в неправильному місці. За цей час Болдін переніс дві важкі хвороби: інфаркт та запалення легенів, але його недуги не зупиняли Гнапа, для якого головним орієнтиром слугували слова про те, що «з місця, де спалювали тіло Р. Шухевича, було добре видно повноводну річку». Користуючись таким «точним» вказівником, Гнап «перевірив усі мостові переходи через р. Збруч аж до м. Скали Подільської Тернопільської області.

Переїхавши через Скала-Подільський міст на лівий берег Збруча, вдивившись пильно в рельєф тамтешньої місцевості, я побачив щось подібне до місцевості, про яку мені розказував Бородін О. І., де проводилася вищезгадана акція кремації. Розповівши керівництву СБУ, я взяв із собою в Києві Бородіна О. І. та виїхав на границю Тернопільської та Хмельницької області. Як тільки ми переїхали р. Збруч, Бородін сказав: "Оце і є те місце, яке ми стільки років шукали". Кілька годин він буквально кроками міряв відстань від дороги, оприділяючи місце згарища».

Описаний процес пошуків, як бачимо, викликає більше запитань, аніж дає відповідей. Як можна було точно локалізувати місце, керуючись самою лише розповіддю про події п'ятдесятирічної давності, почутою від дев'яностолітньої людини? Район пошуків, судячи зі слів Гнапа, був величезний: відстань від Корця Рівненської області до с. Гуків Хмельницької (де нібито знайдено місце кремації) — близько 200 кілометрів! Згідно зі свідченнями Гнапа, розшук завершився 2002 року, і про його результат знало керівництво СБУ. Чому жодної інформації про це не містять матеріали Служби безпеки, у яких детально описано власні заходи її працівників? Звідки Гнап, ще до зустрічі з Болдіним, знав, що останки Шухевича спалено за межами Західної України?

Усі ці питання турбували не тільки автора цих рядків, але й співробітників СБУ, які намагалися перевірити отриману інформацію. У процесі пошуку вони виявили одну непевну зачіпку. Це два накази керівництва МҐБ від 16 березня 1950 року, обидва — про відзначення співробітників відомства за участь у важливому завданні. Стосовно першого працівники архіву дійшли висновку, що це — відзначення за участь у ліквідації Романа Шухевича. Другий наказ містить прізвище О. І. Болдіна та А. Г. Кагановича, якого Болдін називає серед організаторів кремації тіла. Відповідно, висувалася робоча гіпотеза про те, що другий наказ був відзначенням учасників кремації. Проте прізвища інших, згаданих у другому наказі та у свідченнях Болдіна, не збігаються, перевірити ж названих у другому наказі осіб неможливо через відсутність даних про них як у Архіві СБУ, так і в Російському державному військовому архіві, куди зверталися працівники СБУ. Тому дуже важко говорити, що виявлений наказ підтверджує інформацію Болдіна.

Спробою підтвердити слова ветерана МҐБ були пошуки на дні Збруча неподалік від вказаного місця. Вони дали несподіваний результат: 4 і 6 жовтня 2005 року на дні річки було знайдено залишки кісток, які, згідно зі звітом шукачів, були «схожі на людські». Знахідка справді дивна, адже, по-перше, відповідно до свідчень, жодних кісток не залишилося, мова йшла виключно про розсипаний у ріці попіл. По-друге, важко уявити, як можна знайти у річці кістки, які пролежали у воді понад п'ятдесят років. Зрештою, чому не доведено чи спростовано «схожість» кісток на людські, не здійснено необхідної ДНК-експертизи щодо можливої належності цих кісток Романові Шухевичу?

Знову питання замість відповідей.

І ось, нарешті, головне з них: чому голова СБУ Ігор Смешко подав цю неперевірену інформацію як факт встановлення місця, де було знищено тіло Шухевича? Відповідь можна отримати, якщо звернути увагу на дату наданого депутату Червонію листа — 1 грудня 2004 року. Отже, вона не була виявом бажання якнайшвидше повідомити бодай щось: від часу отримання заяви Болдіна минуло вісім місяців. Більше того, здійснена за той час перевірка не дала додаткових аргументів. Тобто не було об'єктивних підстав вважати, що отриманий СБУ матеріал вичерпує проблему могили Шухевича.

Тому висуваємо припущення, що відповідь було зроблено 1 грудня 2004 року виключно з політичних мотивів. Керівництво СБУ, усвідомлюючи незворотний характер Помаранчевої революції, намагалося з найкращого боку показати себе патріотично налаштованій громадськості і вже майже новому президентові Віктору Ющенку. Саме тому Смешко вирішив скористатися з не до кінця перевірених відомостей. Схоже, що справу з «віднайденням» місця поховання Головного командира УПА можна розглядати в одному контексті з поширеною на початку 2005 року через закордонні ЗМІ інформацією про велику роль СБУ в тому, що Помаранчева революція не завершилася кровопролиттям.

Політичні спекуляції довкола проблеми на тому не припинились. У березні 2006 року, напередодні парламентських виборів, коло встановленого хреста відбувся великий мітинг, влаштований націонал-демократами. Місцева влада також активно намагалася використати «збручанську» версію, щоб привернути увагу до себе. Сільський голова Гукова, розташованого неподалік «віднайденого» місця, в одному з інтерв'ю стверджував, що місцеві жителі давно знали, де було спалено Романа Шухевича, але переховували цю таємницю.

Протягом 2007—2009 років Служба безпеки України неодноразово зверталася до ФСБ Росії з проханням надати відомості про місце поховання Шухевича. Документ, який містить таку інформацію, майже точно є в архіві у Москві. Проте відповідь весь час була однаковою: «Документів із теми, що вас цікавить, не знайдено». Так само не дало результатів додаткове розслідування й опитування можливих свідків та очевидців тих подій.

Тим часом в Україні й надалі вирували політичні пристрасті — вибори, перевибори, коаліції, опозиції. У цій круговерті періодично виринало прізвище Головного командира УПА: 2007 року указом президента він визнаний Героєм України, того ж року стараннями російських і проросійських ЗМІ «нагороджений» двома Залізними хрестами Третього Райху та званням гауптштурмфюрера СС. У 2010 році за нового президента суд у Донецьку (той самий, який кілька років тому відхилив аналогічний позов) визнав незаконним указ 2007 року, у вересні того ж, 2010 року зі шкільних підручників історії України зникають портрет та інформація про Шухевича. Країна перетворилася на театр абсурду, на сцені якого періодично ставлять історичні п'єси з героями та зрадниками, що періодично заміняють один одного.

Та хаос стосується не тільки минулого, його оцінок та інтерпретацій. Ним переповнена сучасність, яка не перестає дивувати взаємозаперечними рішеннями судів, «еластичністю» політиків, що сьогодні завзято відстоюють погляди, на поборювання яких учора витрачали всю свою енергію. Добра хвороба склероз, коли нічого не болить і кожен день новини, гарантує, що суспільство мовчки проковтне усі ці вихиляси і сприйматиме їх як належні. Так триватиме доти, поки громадськість не усвідомить, що держава, яка не будується на власній пам'яті про минуле, приречена на постійний хаос сучасності. Допоки ми не віддамо належної шани справжнім героям минулого, «героями» нашого часу будуть негідники та авантюристи.

Епілог, або Відкриваючи секрети

Шлях, яким репресивний режим припинив існування, визначає значною мірою майбутнє його архівів.

Міжнародна рада архівів

За роки панування комуністичного режиму спецслужбами створено мільйони томів документів. У них — не тільки внутрішні механізми діяльності репресивної машини, але й долі мільйонів людей, котрі потрапили під її жорна. Тоталітарна влада ретельно оберігала ці матеріали, приховуючи їх від загалу грифом «Секретно» та відмежовуючи від світу товстими стінами архівних сховищ, доступ до яких мали лише її вірні слуги.

У силу своїх можливостей та обов'язків спецслужби першими отримували сигнали про збої в системі влади. У другій половині 1980-х років аналіз цих сигналів призвів їх до висновку про неминучість розвалу режиму. Тому чекісти готувалися до цього, рятуючи насамперед самих себе. Піарники КҐБ намагалися сформувати нове обличчя радянської спецслужби: її співробітники брали участь у процесах реабілітації жертв репресій, пошуку їх поховань, звучали заяви з різким засудженням минулих тоталітарних практик. А тим часом в архівах спецслужби «зачищалися» сліди участі чекістів у злочинах.

Схоже, вони таки не змогли точно вирахувати темп суспільно-політичних змін, тому все знищити не встигли. Особливо прорахувалися комуністичні спецслужби країн Східної Європи. Хвиля «оксамитових» революцій 1989—1990 років розгорнулася настільки швидко, що вони не лише не встигли якось їй завадити, але й не змогли вберегти від захоплення її активістами «святая святих» — архівів. Згодом отримані матеріали стали основою для люстрації, яка дозволила цим країнам ефективно подолати тоталітарне минуле і почати побудову демократичних суспільств.

На теренах СРСР темп революційних змін був повільніший, що дало можливість КҐБ попрацювати значно ефективніше. Найрадикальніші перетворення наприкінці 1980-х — на початку 1990-х років назрівали у країнах Прибалтики. Тому чекісти тут швидше, ніж в інших республіках Союзу, розпочали масове вивезення документів із небезпечного регіону до Москви, а згодом, коли побачили, що не встигають із «депортацією», вирішили нищити їх на місці. Але й тут вони не встигли — значна кількість документів таки дісталася новій демократичній владі.

В Україні чекісти мали ще більше часу для «зачистки». Знищення архівів почалося в 1990 році на виконання наказу № 00150. Згодом частину документів, імовірно, було вивезено до Москви останнім керівником місцевого КҐБ Миколою Голушком. Архіви стали хорошим політичним «посагом» для нього й дозволили незабаром стати одним із керівників, а в 1993 році навіть шефом російської спецслужби.

А в Україні тим часом спалах національно-демократичного руху, який призвів до проголошення незалежності, почав спадати. Паралельно з ним потроху згасали спроби швидко розібратися зі своїм минулим. Ініціатива передання чекістських архівів із відання сучасної спецслужби, яка спиралася на спеціальний указ Президії Верховної Ради від вересня 1991 року, спочатку почала буксувати, а згодом зовсім зупинилася. У результаті до «цивільних» архівів вдалося передати лише півтора мільйона справ на репресованих радянською владою, решта і далі залишалася під опікою нової/старої спецслужби.

Звичайно, порівняно з часами КҐБ доступ до архівів СБУ в незалежній Україні був простіший. Проте говорити про їхню відкритість не доводилося — дослідникам і далі надзвичайно важко було дістатися до цих документів.

Документи в цих коробках не мав бачити ніхто

Політична ситуація в країні, керівництво якої не готове було остаточно порвати з тоталітарним минулим, сприяла закріпленню невизначеного стану напівзакритості/напіввідкритості архівів колишнього КҐБ.

Стан справ отримав шанс змінитися лише після кінця 2004-го.

Оскільки далі в цій статті мова йтиме про події, у яких її автор брав безпосередню участь, у тексті з'явиться незвичний для цієї книги виклад від першої особи. Отож, далі про Помаранчеву революцію та її наслідки для архівів КҐБ.

Про те, була це революція чи ні, дискутуватимуть ще довго. У будь-якому випадку вона дала шанс для здійснення цілого ряду реформ, що мали змінити країну. Вже зараз можна ствердити, що цим шансом українці скористалися лише незначною мірою. Очевидно, через брак досвіду — протягом сотень років ми не мали власної держави, а тому не могли набути практики керування нею. Більше десяти років незалежності влада залишалася «чужою і злочинною», тому більшість і надалі цуралася її. Громадський сектор перетворився у своєрідне «гетто», де виношувалися геніальні ідеї порятунку держави, яким ніколи не судилося бути втіленими через брак відваги взяти на себе відповідальність. Інтелектуали, сповнені власної вищості над представниками влади, блискуче вправлялися в її критиці, не спрямовуючи зусиль на безпосередню зміну ситуації.

Усе це надзвичайно чітко проявилося у 2005 році. Коли активні громадяни, виконавши свій обов'язок на Майдані, дружно повернулися до власних справ і делегували керування країною новій/старій еліті. Нова еліта, втративши громадський контроль, дуже швидко стала працювати за правилами старої, яка ніколи не відходила від керма держави. Влада знову стала «чужою і злочинною», а громадяни знову отримали можливість морального задоволення від її критики. Коло замкнулося, революція згорнулася.

У 2005 році я, як і більшість громадян України, переконаний, що виконав свій громадянський обов'язок щодо країни, з чистою совістю повернувся до улюбленої справи. Такою справою для мене завжди була історія. Протягом 2004 року, коли через активну громадську роботу вже не було часу займатися наукою, у голові визрівали цікаві проекти, до реалізації яких із захопленням узявся після Помаранчевої революції. Заглибившись у понад півстолітнє минуле, я тривалий час не помічав, що робиться довкола, як «нові» стають добре знайомими «старими» і перетворюють здобутки 2004 року майже в непорозуміння. Холодним душем для мене стала робота в Архіві СБУ. Як виявилося, тут нічого не змінилося не те що порівняно з 2004-м, а навіть із 1991 роком. Постійне і категоричне «нельзя» на запити щодо доступу до історичних документів засвідчило існування заповідника «каґебізму». У звичній для громадсько-активного науковця манері я почав публічно обурюватися (у статтях та інтерв'ю) тим, що СБУ зберігає секрети неіснуючої держави. У звичній для цієї організації манері її співробітники запропонували зустрітися. На диво, не було ні погроз, ні залякувань, а лише пропозиція подати власне бачення роботи архіву. Для мене це був перший серйозний виклик із звичної площини критики перейти до конструктиву. Підготовлені пропозиції потрапили на стіл нового керівника спецслужби Валентина Наливайченка.

Результатом стало його запрошення перейти на роботу в СБУ для втілення в життя поданого плану. Це був другий виклик, значно важчий за перший. Адже треба було перейти хай від конструктивних, але слів, до конструктивних дій. Крім того, серед науковців існувало чітке упередження щодо можливої роботи в органах влади як «бюрократичних, бездарних, тупих». Це упередження множилося на десять стосовно СБУ, а тим паче на Західній Україні, де ця «контора» вважалася цілком «не нашою». Поза тим, спокуса пройти шлях від ідеї, яку я плекав протягом тривалого часу, до конкретних справ узяла гору. Наприкінці 2007 року я дав згоду на «співпрацю з СБУ», а точніше — на працю в СБУ. Спочатку працював радником голови Служби, а згодом — директором архіву, який ще кілька місяців тому я марно штурмував, намагаючись отримати потрібну інформацію.

Аби почати змінювати ситуацію, головні зусилля на початку були спрямовані на вивчення реального стану. Розмови зі співробітниками, самостійні спостереження мали сформувати картину того, як працює установа, а вивчення законодавчої бази — показати, на що вона спирається у своїй діяльності. Дуже швидко стало зрозуміло: ці дві площини часто навіть не перетинаються — співробітники радше керувалися тезою «ми так завжди робили», аніж покликанням на ту чи іншу законодавчу норму. Тому змінювати насамперед треба було стиль роботи, а не законодавчу базу. Тим більше, що в умовах перманентної політичної кризи сподіватися, що наші законотворці раптом звернуть свою увагу на юридичні норми в архівній сфері, було б украй наївно.

Новий стиль роботи міг стати наслідком формування нових цілей та мети установи. До змін метою було передусім «збереження інформації», часто навіть шляхом обмеження доступу до неї тих, кому вона вкрай необхідна. Корпоративна культура, створена ще в часи КҐБ, плекала в середовищі співробітників закритість, певну виключність через доступ до даних, яких ніколи не знатимуть інші. Сама ідея, що «наші секрети, які ми ревно оберігали десятки років», стануть загальновідомими, багатьох шокувала, може, навіть принижувала у власних очах.

Новою місією архіву стало «організувати якомога простіший доступ до інформації». Її необхідність обґрунтовувалася як на національному рівні — країна мала відкривати білі плями власної історії, так і на людському — кожен мав право дізнатися правду про себе та своїх близьких. Очевидно, новосформульована місія не одразу стала мотивувати до нових підходів у роботі. Вона запрацювала, коли співробітники побачили перший ефект від своїх зусиль — країна заговорила про Архів СБУ, завдяки якому багато проблемних питань нашого минулого постали в новому світлі. На архів посипалися тисячі запитів охочих з'ясувати долю рідних та близьких, репресованих радянською владою. Співробітники почали робити маленькі відкриття, знаходячи унікальні документи про ті чи інші події нашої історії чи відкриваючи комусь правду про долю його діда, бабці, батька, матері, брата, сина, доньки…

Це вже були не просто високі слова про те, що Україна власними очима подивиться на свою історію. Це були конкретні заплакані очі жінки, яка врешті через шістдесят років довідалася про долю батька, яка зможе привести внуків на віднайдене місце поховання їхнього дідуся. Очевидно, не всі отримували від цього задоволення. Його не могло бути в тих співробітників, які опинилися в архіві після довгих років роботи у структурах, часто причетних до злочинів системи. Проте вони не зуміли зупинити зміни і… швидко пішли.

Для закріплення нових методів роботи, розгортання її нових форм треба було залучати нових працівників. І тут знову довелося зіткнутися із синдромом української «владофобії» — здатні до жорсткої критики архіву історики не особливо були готові братися за те, аби зробити його іншим. Тим паче, що для цього довелося б ризикувати своєю «кришталево чистою репутацією академічного науковця», примірявши на себе вигадане і вдало розкручене російськими ЗМІ тавро «спецісторика СБУ». Тим паче за таку зарплату… Тим не менше, до роботи долучилася ціла група молодих людей, істориків та адміністраторів, які не тільки змінили обличчя установи, а й суттєво розширили її функції.

Результат проявився досить швидко. Галузевий державний архів СБУ почав змінюватися — це вже не лише звичні сховища і читальний зал, це — науковий центр досліджень, дискусійний майданчик, на якому періодично в рамках громадських слухань обговорюються ті чи інші актуальні історичні питання. Це унікальний електронний архів, мережа якого розкидана у всіх обласних центрах, Києво-Могилянській академії, Львівському національному університеті імені Івана Франка, це електронні бази даних, що дозволяють віднаходити інформацію за лічені секунди. Це відкритий перший в Україні музей на території колишньої тюрми НКВД — КҐБ (Національний музей-меморіал жертв окупаційних режимів «Тюрма на Лонцького»), десятки підготовлених за неповних два роки на архівних матеріалах книг, документальні фільми, міжнародні проекти з поляками, чехами, угорцями, литовцями, латвійцями, ізраїльтянами.

Під час реалізації цих проектів нам неодноразово доводилося чути: добре, що ви все це робите, але це не функція СБУ. Ми це чудово розуміли і саме тому підготували цілий пакет нормативних актів для передання унікальних документів в окрему установу і створення архіву національної пам'яті. Саме такі рекомендації ми постійно чули від наших міжнародних партнерів, досвід яких вивчали. Проте рішення про передання архіву можна було ухвалити лише у формі закону чи постанови Кабінету Міністрів. За два роки нашим можновладцям не дійшли руки до вирішення цієї для них зовсім не проблеми. Отож, залишався вибір: з чистою совістю скласти руки, мовляв, «ми спробували — нам не дали» і нічого не робити, чи все ж розгорнути роботу в рамках Архіву СБУ. Ми обрали друге.

Ми — це дуже цікава та енергійна команда молодих людей — істориків і тих, хто вперше в житті потрапив до архіву. Перші з них вишукували унікальні документи в архіві, будували на їхній основі свої дослідження. Другі робили ці відкриття можливими, налагоджуючи адміністративну систему роботи архіву. Хочу назвати імена тих людей, без участі яких «архівна революція» 2008—2010 років була б неможливою. Це насамперед мій заступник Аліна Шпак, чудові співробітники Ігор Кулик, Тетяна Сергійчук, Марійка Шеремета, Віта Лошак, історики Олександр Іщук, Олександр Пагіря, Валерій Огороднік, Володимир Ковальчук, Володимир Іванченко, директор музею «Тюрма на Лонцького» Руслан Забілий.

Найбільш показовим у діяльності архіву став процес, відомий як «розсекречення» (офіційно — приведення грифів секретності документів у відповідність до чинного законодавства). Він був, напевно, найважчим — тут довелося зіткнутися як із психологічними проблемами (небажання працювати по-новому), так і з політичним тиском (побоювання певних сил щодо можливої люстрації). Врешті, розсекречення стало навіть елементом ширшого геополітичного протистояння. Росія, яка активно відновлює свої міжнародні позиції і поряд із тим у внутрішній політиці посилено використовує радянський досвід, чинила відвертий тиск на Україну, що послідовно викривала злочини комуністичного режиму і його вождя (він у сучасній російській версії фігурує як «ефективний менеджер»).

Як запустити розсекречення, ми собі чітко уявляли. Ще як представники громадських організацій ми брали участь у численних експертних групах та дискусіях, вивчали міжнародний досвід, мали певні напрацювання щодо змін до законів про державну таємницю, інформацію, Національний архівний фонд та інших норм. Проте знати, як змінити закон, — це далеко не те саме, що мати можливість його змінити. І знову спокуса сказати «ми зробили все, що могли» і залишити так, як було. Як протягом «надцяти» років у незалежній Україні. Але було би справжнє бажання, а засоби знайдуться. І вони справді були в цьому недосконалому і недолугому законодавстві, яке ми завзято намагалися переробити. Ретельний аналіз чинних законів засвідчив: розсекречення на їхній базі проводити не лише можна, але й необхідно.

Ми розпочали приведення архівної практики відповідно до чинної законодавчої бази — в Україні не є дійсними радянські грифи «Секретно» чи «Совершенно секретно». Адже більшість документів, що були таємні, не містили інформації, розголошення якої може завдати шкоди національним інтересам. У жодному випадку не можуть бути державною таємницею документи, що містять інформацію про порушення прав і свобод громадян, а таких у нашому архіві з документами репресій — понад 90 %.

Цього не робив ніхто протягом усіх років незалежності, працюючи за принципом звичаєвого права. Стартом відкриття архівів став указ президен-

Відкриття фотовиставки «Українська повстанська армія. Історія нескорених» у центральному офісі СБУ в Києві. Голова СБУ Валентин Наливайченко, ветеран УПА та учасник Норильського повстання Степан Семенюк, багатолітній політв'язень, син Головного командира УПА Юрій Шухевич

та України в січні 2009 року. Розгорнута діяльність із розсекречення не була розрубуванням гордієвого вузла (чого нам хотілося одразу), а лише його скрупульозним розв'язуванням. Цей процес виявився значно тривалішим, ніж ми очікували, але результативним. Резонанс вийшов далеко за межі України. Дослідники з інших країн, які вивчали радянське минуле, отримали в Україні доступ до інформації, якого вони не мали в жодній іншій пострадянській державі. Врешті, аби хоч якось реагувати на нашу активну роботу, хай дуже повільно, дуже вибірково і тенденційно, але почала показувати свої архіви й Росія.

Активну роботу з відкриття архівів КҐБ було різко зупинено зі зміною політичної влади в Україні. Новий президент Віктор Янукович дослухався до «прохань» північно-східного сусіда. Поставлений ним до керма СБУ Валерій Хорошковський на першій же прес-конференції заявив журналістам про згортання розсекречення, тому що «вся правда, яку треба було відкрити, — вже відкрита». Майже відразу почалися скорочення співробітників архіву — першим із посади директора звільнили мене, згодом мою заступницю, а відтак майже всіх тих, хто прийшов працювати зі мною.

Восени 2010 року нове керівництво СБУ продемонструвало хижий чекістський оскал, затримавши в Києві на вокзалі директора музею «Тюрма на Лонцького» Руслана Забілого. Історика звинуватили у «спробі розголосити інформацію, що містить державну таємницю». У нього конфіскували комп'ютер та зовнішні накопичувачі з копіями документів 1940—1950-х років. Згодом провели обшук у музеї, звідки забрали, крім комп'ютерів, колекцію відеоінтерв'ю українських дисидентів. Дії співробітників СБУ були брутальними і нахабно порушували чинне законодавство. Очевидно, їхньою метою було залякування істориків та суспільства загалом. Проте вони забули, що на вулиці був не 1937-й і навіть не 1972-й. Почалися активні громадські протести як в Україні, так і за кордоном. Українських істориків своїми петиціями підтримала ціла низка їхніх відомих у світі колег. Врешті влада змушена була відступити — Забілого відпустили, повернувши йому частину вилучених матеріалів. Справу, порушену у вересні 2010 року «за фактом підготовки до розголошення інформації, що містить державну таємницю», закрили тільки на початку 2012 року, а про сам факт її припинення повідомили лише через півтора року — влітку 2013-го. Жодних матеріалів, вилучених під час слідства (а серед них відеоінтерв'ю з учасниками визвольного руху, зокрема й тими, кого вже немає серед живих), досі не повернуто.

Тож іще одна українська революція, цього разу маленька архівна, увійде в історію як незавершена. Хоча те, що відбулося в 2008—2010 роках, не зникло безслідно — за ці роки з'явилося багато книг, написаних на основі матеріалів архіву; зрештою, вони з'являються досі, адже цей процес

Громадський протест проти спроб переслідування істориків, вересень 2010 р.

неможливо зупинити в один момент. Українці побачили, які унікальні документи зберігають архіви КҐБ, у них пробудився великий інтерес до минулого, який не вгамувати жодними заборонами чи обмеженнями.

Експерти Міжнародної ради архівів, котрі займалися архівами комуністичних спецслужб, твердять: «Шлях, яким репресивний режим припинив існування, визначає значною мірою майбутнє його архівів». Те, що робиться сьогодні в Україні з архівами, — додаткове свідчення того, що репресивний режим не припинив остаточно свого існування після падіння СРСР і зараз намагається взяти реванш. Спроби теперішньої влади приховати злочини радянської системи безпосередньо пов'язані з її намаганням використовувати в сьогоденні ганебні практики тоталітарного минулого. Проте минулі трагедії повторюються в сучасності лише як фарс. Влада, яка намагається відновити в країні радянську дійсність, приречена. Завдяки архівам комуністичних спецслужб в Україні та світі знають достатньо багато і про те, яким чином злочинні режими спинаються на ноги і як цьому протистояти.

P. S. З літа 2014 року:

Реванш минулого в Україні закінчився очікуваним фіаско взимку 2014 року. Несподіваним був хіба настільки кривавий його кінець, що забрав життя багатьох людей.

Після перемоги Євромайдану країна знову отримала можливість завершити як «велику» національно-демократичну революцію, почату ще в 1991, так і «маленьку», архівну. Служба безпеки України знову почала відкривати свій архів для істориків та усіх охочих.

Видання Центру досліджень визвольного руху на допомогу тим, хто шукає

Проте ми розуміємо, що цього не досить. Аби безцінні історичні матеріали перестали бути заручником політичної ситуації в країні, їх мають забрати із відання сучасної спецслужби. Для цього розпочато підготовку спеціального законопроекту про документи карально-репресивної системи комуністичного режиму та особливості їх використання. Такого роду законодавчі акти забезпечили незворотність відкриття архівів у більшості країн Східної Європи. А це відкриття, у свою чергу, посприяло формуванню імунітету, що не дає шансів повторити тоталітарне минуле. Сподіваюся, вже незабаром такий запобіжник, вкрай необхідний у нашій ситуації, отримають й українські громадяни.

Фотографії та документи:
Архів Центру досліджень визвольного руху, Галузевий державний архів Служби безпеки України, архів видавництва «Смолоскип», архів газети «День», архів Левка Лук'яненка (фото М. Найєма), архів Українського наукового інституту Гарвардського університету, архів Харківської правозахисної групи, Богдан Нагайло, Володимир Репік, Галузевий державний архів Служби зовнішньої розвідки, Дмитро Стойков, збірка Лесі Бондарук, Історична правда (istpravda.com.ua), книга «Українська Гельсінська спілка (1988—1990 pp.): у світлинах і документах», книга Василя Щеглюка «… Як роса на сонці», книга Володимира Пристайка «Чи був "матч смерті"?», книга Дмитра Малакова «Київ. 1939—1945. Фотоальбом», книга Юрія Шаповала «Полювання на "Вальдшнепа". Розсекречений Микола Хвильовий», Михайло Шуляк, Ольга Сало, Росинформ, Российский государственный архив кинофотодокументов, серія книг «Реабілітовані історією», Центральний державний електронний архів України, Центральний державний кінофотофоноархів України ім. Г. С. Пшеничного, Юрій Ольш, Ace^eVg, AP Photo, artukraine.com, Bettmann/CORBIS, chernobil.info, drugoi.livejournal.com, fotoart.org.ua, Hulton-Deutsch Collection / Corbis, ipn.gov.pl, ITAR-TASS, Life, Lyon.fr, Mark Voorendt, mfa.gov.ua, Michael Rougier, nac.gov.pl, nezapomente.cz, oda.kherson.ua, os1.i.ua, postpredstvo.ru, pripyat.com, pripyat-city.ru, Reuters, STF/AFP, Terry Fincher, yuris-design.io.ua, zaxid.net.

В'ятрович В.

В995 Україна. Історія з грифом «Секретно» / Володимир В'ятрович. — Харків : Книжковий Клуб «Клуб Сімейного Дозвілля», 2022. — 512 с. : іл.

ISBN 978-617-12-8910-9 (дод. наклад)

Ця книга — зустріч із минулим. Тут — 61 історія, 74 роки і набагато більше людей та ситуацій, котрі дивляться на читача зі світлин та архівних документів. Разом вони складають образ українського XX століття — часу, коли світ по-справжньому відкрив для себе Україну та українців, століття, коли творилося обличчя України.

Свого часу життя кожного з героїв опинилося під грифом «Секретно» стараннями, здавалося б, нездоланної спецслужби. Сьогодні Володимир В'ятрович, який розсекретив раніше таємні матеріали радянських «органів» від ЧК до КҐБ, розповідає про минуле України 1918—1991 років. Описані в сухих звітах і відтворені істориком хитрі спецоперації, смертоносні ходи, інформаційні війни та складні партії на кількох гравців — спроба знайти відповідь на питання: що творить нашу долю — воля людини чи обставини?

УДК 94(477)